Bildhaftigkeit und Metakognitionen

Ergebnisse der Pädagogischen Psychologie

herausgegeben von A. Knapp und D. H. Rost

Wissenschaftlicher Beirat

Prof. Dr. L. Blöschl, Graz
Prof. Dr. J. Bredenkamp, Bonn
Prof. Dr. A. Cropley, Hamburg
Prof. Dr. O. Ewert, Mainz
Prof. Dr. A. Flammer, Bern
Prof. Dr. K. J. Klauer, Aachen
Prof. Dr. H. W. Krohne, Mainz
Prof. Dr. H. Nickel, Düsseldorf

Prof. Dr. R. Oerter, München
Prof. Dr. W. Seitz, Mainz
Prof. Dr. H. Skowronek, Bielefeld
Prof. Dr. K. A. Schneewind, München
Prof. Dr. G. Steiner, Basel
Prof. Dr. L. Tent, Marburg
Prof. Dr. F. E. Weinert, München
Prof. Dr. W. Wieczerkowski, Hamburg

Band 7

Silvia Mecklenbräuker, Werner Wippich
und Jürgen Bredenkamp
Bildhaftigkeit und Metakognitionen

Hogrefe · Verlag für Psychologie
Göttingen · Toronto · Zürich

Bildhaftigkeit und Metakognitionen

Wissensentwicklung und bildhafte
Verarbeitungsformen im
Vorschul- und Schulalter

von
Silvia Mecklenbräuker, Werner Wippich
und Jürgen Bredenkamp

Hogrefe · Verlag für Psychologie
Göttingen · Toronto · Zürich

Silvia Mecklenbräuker, geboren 1953. Studium der Psychologie in Göttingen. Diplom 1978, Promotion zum Dr. rer. nat. 1980. Tätigkeit als wissenschaftliche Angestellte am Psychologischen Institut der Universität Göttingen und seit 1981 am Fachbereich I – Psychologie der Universität Trier.
Arbeitsschwerpunkte: Gedächtnispsychologie, Gedächtnisentwicklung.

Werner Wippich, geboren 1944. Studium der Psychologie in Göttingen. Diplom 1969, Promotion zum Dr. rer. nat. 1973, Habilitation 1979. In der Vergangenheit tätig an der Universität Göttingen; im Moment Vertreter einer Professur für Kognitionspsychologie an der Universität Trier.
Arbeiten zur Lern- und Gedächtnispsychologie, zur Sozialpsychologie, zur Entwicklungspsychologie und zur Kognitionspsychologie.

Jürgen Bredenkamp, geboren 1939. Studium der Psychologie in Hamburg. Promotion zum Dr. phil. 1964, Habilitation 1971 in Heidelberg. 1964–1971 wissenschaftlicher Assistent und von 1971–1972 Universitätsdozent an der Universität Heidelberg. 1972 wissenschaftlicher Rat und Professor an der Universität Bonn. 1972–1980 Professor für Psychologie in Göttingen, 1980–1984 Professor für Psychologie in Trier. 1984–1991 Professor für Psychologie in Bonn. Seit 1990 Präsident der Deutschen Gesellschaft für Psychologie. Arbeitsschwerpunkte: Wahrnehmungs-, Gedächtnis- und Denkpsychologie.

Herausgeber der Reihe „Ergebnisse der Pädagogischen Psychologie"

Prof. Dr. A. Knapp
Psychologisches Institut
Johannes-Gutenberg-Universität
Saarstraße 21
D-6500 Mainz

Prof. Dr. D. H. Rost
Fachbereich Psychologie
Philipps-Universität
Gutenbergstraße 18
D-3550 Marburg/Lahn

© by Verlag für Psychologie · Dr. C. J. Hogrefe, Göttingen 1992

Das Werk einschließlich aller seiner Teile ist urheberrechtlich geschützt. Jede Verwertung außerhalb der engen Grenzen des Urheberrechtsgesetzes ist ohne Zustimmung des Verlages unzulässig und strafbar. Das gilt insbesondere für Vervielfältigungen, Übersetzungen, Mikroverfilmungen und die Einspeicherung und Verarbeitung in elektronischen Systemen.

Druck- und Bindearbeiten: Offsetdrukkerij Kanters B. V., Alblasserdam
Printed in the Netherlands
ISBN 3-8017-0388-6

Inhaltsverzeichnis

Vorworte IX

1. Bildhaftigkeit und Informationsverarbeitung 1
   1.1   Einführung 1
   1.2   Operationalisierungen und Ergebnismuster 3
   1.3   Modelle der Vorstellungsforschung 7
   1.3.1 Duale Kodierungstheorie 8
   1.3.2 Alternativen: Nonimaginistische Positionen 11
   1.3.3 Vorstellungen in einer funktionalistischen Perspektive 13
   1.3.4 Das Modell von Kosslyn 15
   1.3.5 Zusammenfassung 16
   1.4   Zur Entwicklung bildhafter Repräsentations- und
         Verarbeitungsformen 16
   1.5   Anwendungsmöglichkeiten: Die Schlüsselwort-Methode 18

2. Bildhaftigkeit beim Paarassoziationslernen (PAL) und
   bei der Textverarbeitung 21
   2.1   Einführung 21
   2.2   Paarassoziationslernen 21
   2.2.1 Bildhaftigkeit und Paarassoziationslernen: Befunde bei
         Erwachsenen 22
   2.2.2 Bildhaftigkeit und Paarassoziationslernen: Befunde bei
         Kindern 26
   2.2.2.1 Zum Einfluß der Bildhaftigkeit des Lernmaterials und
           vorgegebener bildhafter Elaborationen 26
   2.2.2.2 Zum Einfluß von Vorstellungsinstruktionen 29
   2.2.3 Zusammenfassung 35
   2.3   Textverarbeitung 36
   2.3.1 Bildhaftigkeit und Textverarbeitung: Befunde bei Erwachsenen 41
   2.3.2 Bildhaftigkeit und Textverarbeitung: Befunde bei Kindern 44
   2.3.2.1 Zur Bedeutung von Textillustrationen 46
   2.3.2.2 Zum Einfluß von Vorstellungsinstruktionen 50
   2.3.3 Zusammenfassung 53

3. Metagedächtnis 55
   3.1   Zum Begriff "Metagedächtnis" 55
   3.2   Verfahren zur Erfassung des Gedächtniswissens 65
   3.3   Entwicklung des Gedächtniswissens 65
   3.4   Zusammenfassung 71

4. Metagedächtnis und Gedächtnisverhalten 73
    4.1   Metagedächtnis als notwendige Bedingung für Gedächtnisverhalten ? 73
    4.2   Metaanalytische Untersuchungen 76
    4.3   Multivariate Zusammenhänge 80
    4.4   Trainingsstudien 84
    4.5   Zusammenfassung 89

5. Metagedächtnis, Gedächtnisverhalten und Bildhaftigkeit 91
    5.1   Metakognitive Ansätze zur Vorstellungsforschung 91
    5.2   Rahmenbedingungen für "Metagedächtnis - Gedächtnis" Zusammenhänge 95
    5.3   Generelle Zielstellungen und Hypothesen 98

6. Experimentelle Untersuchungen: Entwicklung und Stellenwert von Metakognitionen bei imaginalen Verarbeitungsbedingungen 103
    6.1   Experiment 1: Paarassoziationslernen 103
    6.1.1   Fragestellung und Hypothesen 103
    6.1.2   Methode 104
    6.1.2.1 Design und Versuchspersonen 104
    6.1.2.2 Material 105
    6.1.2.3 Versuchsdurchführung 108
    6.1.3   Ergebnisse 109
    6.1.3.1 Behaltensleistungen 110
    6.1.3.2 Metagedächtnis 112
    6.1.3.3 Zusammenhang von Metagedächtnis- und Außenvariablen mit der Behaltensleistung 117
    6.1.4   Zusammenfassung und Diskussion 120
    6.1.4.1 Bildhafte Vorstellungen und Behaltensleistungen 120
    6.1.4.2 Metagedächtnis 122
    6.1.4.3 Zusammenhang "Metagedächtnis - Gedächtnisleistung" 123
    6.2   Experiment 2: Textlernen 125
    6.2.1   Fragestellung und Hypothesen 125
    6.2.2   Methode 128
    6.2.2.1 Design und Versuchspersonen 128
    6.2.2.2 Material 129
    6.2.2.3 Versuchsdurchführung 132
    6.2.3   Ergebnisse 133
    6.2.3.1 Behaltensleistungen 133
    6.2.3.2 Metagedächtnis 138

6.2.3.3 Zusammenhang von Metagedächtnis- und Außenvariablen
    mit der Behaltensleistung 141
6.2.4   Zusammenfassung und Diskussion 144
6.2.4.1 Bildhafte Vorstellungen und Behaltensleistungen 144
6.2.4.2 Metagedächtnis 147
6.2.4.3 Zusammenhang "Metagedächtnis - Gedächtnisleistung" 147
6.3   Gesamtdiskussion und Ausblick 149

7. Pädagogische Implikationen 153

Literaturverzeichnis 159

Sachregister 185

Personenregister 189

Vorwort der Reihenherausgeber

Nicht nur von Fachkollegen, sondern auch von einer breiteren Öffentlichkeit wurde in den letzten Jahren der beklagenswerte Zustand des Fachs „Pädagogische Psychologie" bemängelt. Daher verwundert es nicht, daß das Ansehen der Pädagogischen Psychologie in Wissenschaftskreisen und in der Fachpresse nachgelassen hat. Manfred Hofer karikierte dies 1987 mit der Bemerkung, die Pädagogische Psychologie befände sich in der Rolle einer „Abstauber-Disziplin" (Psychologische Rundschau, 38, S. 82). Darüber hinaus wird beklagt, es würde in Relation zum Ertrag der Forschung zu schnell und zu viel geschrieben, so daß eine Flut reproduktiver Publikationen entstanden sei.

In den letzten Jahren scheint sich das Bild zu wandeln. Neue thematische Schwerpunkte und Fragestellungen, umfassende Forschungsansätze und ein erweitertes Methodenspektrum haben offensichtlich zu einem neuen Selbstverständnis und Selbstbewußtsein der Pädagogischen Psychologie geführt und dieses Fach für Nachwuchswissenschaftler besonders interessant gemacht. Die Initiierung einer eigenen Fachgruppe für Pädagogische Psychologie in der Deutschen Gesellschaft für Psychologie, die Entscheidung der Studienreformkommission Psychologie (1985), das Fach Pädagogische Psychologie wieder in den Pflichtkatalog der sogenannten Anwendungsfächer aufzunehmen, sowie vor allem die 1987 erfolgte Gründung eines eigenen Organs („Zeitschrift für Pädagogische Psychologie") haben dem Fach weiteren Auftrieb gegeben. Die Pädagogische Psychologie muß sich neu auf ihre Rolle im Gesamtgebiet der Psychologie besinnen. Damit könnte sie wieder das werden, wodurch sie sich früher ausgezeichnet hat: eine integrierende Klammer für alle diejenigen psychologischen Bemühungen, die zu einem tieferen Verständnis und zur Verbesserung der Entwicklung, Erziehung und Unterrichtung von Individuen oder Gruppen beitragen. Nur so kann die Pädagogische Psychologie ihrer Bedeutung als anwendungsorientierte Disziplin für die Sozialisation und Lebensbewältigung in einer komplexer werdenden Umwelt gerecht werden.

In diesem Sinne versuchen die Bände „Ergebnisse der Pädagogischen Psychologie", traditionelle Grenzen zwischen der Pädagogischen Psychologie und anderen Teilbereichen aufzuheben und deren Erkenntnisse für ein erweitertes Verständnis von Pädagogischer Psychologie zu nutzen. Entsprechend sind die Bände so konzipiert worden, daß sie den überkommenen engen Rahmen der Pädagogischen Psychologie sprengen und fruchtbare Impulse zu ihrer Weiterentwicklung geben.

Jeder Band soll dem Anschluß an neuere Entwicklungen dienen und als Bestandsaufnahme und Diskussion des Forschungsstandes eine Ergänzung zu den Standardwerken darstellen. Die einzelnen Werke sind nicht als unverbundene Sammlung von Einzelbeiträgen, sondern als aufeinander bezogene Übersichtsartikel, kritische Diskussionsbeiträge und empirische Originalarbeiten geplant. Darüber hinaus erscheinen in der Reihe auch Monographien. In jedem Band wird auf Ausgewogenheit von Grundlagenforschung, anwendungsbezogener Forschung und technologischer Forschung geachtet.

Die „Ergebnisse der Pädagogischen Psychologie" wenden sich an Psychologen der Universitäten und Pädagogischen Hochschulen, Hauptfachstudenten der Psychologie, Erziehungswissenschaftler mit dem Arbeitsschwerpunkt „Pädagogische Psychologie" sowie an interessierte Sozialwissenschaftler und Mediziner. Wir hoffen, daß die Reihe das Interesse an solider pädagogisch-psychologischer Forschung zu wecken und zu fördern vermag.

Nach „Angstbewältigung in Leistungssituationen" (herausgegeben von H. W. Krohne), „Aufmerksamkeitsverhalten und Leseschwierigkeiten" (H. Marx), „Lebensbewältigung im Jugendalter" (herausgegeben von R. Oerter), „Sozialisation im Vorschulalter" (herausgegeben von H. Nickel), „Lernschwierigkeiten und Einzelfallhilfe" (J. H. Lorenz), „Aktion und Reaktion - die Beachtung des Schülers im Handeln des Lehrers" (M. Dobrick & M. Hofer) und „Mathematische Lehr-Lern-Denkprozesse" (K. Haussmann & M. Reiss) kann nun als weiterer Band der „Ergebnisse der Pädagogischen Psychologie" die von S. Mecklenbräuker, W. Wippich und J. Bredenkamp verfaßte Monographie „Bildhaftigkeit und Metakognition" vorgelegt werden. Dieser Band behandelt auf hohem forschungsmethodischen Niveau Fragen der Wissensentwicklung und bildhafter Verarbeitungsformen in Vorschul- und Schulalter. In einer gelungenen Kombination von grundlagenbezogener Forschung einerseits und anwendungsbezogener Orientierung andererseits gehen die Autoren der Frage nach, welche Bedeutung bildhaften Vorstellungen umschriebener Sachverhalte für das verstehende Umgehen mit Texten zukommt. Durch die Einbeziehung verschiedener Altersstufen sowie schulnaher Situationen und Materialien in Verbindung mit entwicklungspsychologischen Ansätzen stellt „Bildhaftigkeit und Metakognition" ein schönes Beispiel für die weiter oben angesprochene, integrative Konzeption der „Ergebnisse der Pädagogischen Psychologie" dar.

Als nächster Band der Reihe wird in Kürze D. Sembills "Problemlösefähigkeit, Handlungskompetenz, emotionale Befindlichkeit - Zielsetzungen forschenden Lernens" erscheinen.

Detlef H. Rost, Marburg   Andreas Knapp, Mainz

Vorwort

Um neuen Anforderungen flexibel entsprechen zu können, sind Lern- und Behaltensleistungen nahezu ständig gefordert und unverzichtbar. Dies gilt in verschärfter Form natürlich für Menschen, die in arbeitsteiligen, sich dynamisch entwickelnden Gesellschaften leben. Man mag hier von neuen Technologien Entlastung erwarten, doch auch das Anlegen und die Nutzung "externer Gedächtnisse" müssen gelernt werden. Überdies kann durchaus nachdenklich gefragt werden, ob menschliche Lern- und Behaltensmöglichkeiten überfordert werden können oder nicht schon überfordert werden, eine Frage, die vor allem im Zusammenhang mit realen oder sich abzeichnenden ökologischen oder gar Überlebenskrisen ihre Berechtigung hat.

Die vorliegende Monographie verfolgt nicht den Anspruch, den angedeuteten "großen Fragen" zum Lernen und Behalten nachzugehen. Phänomene des Lernens und Behaltens sind alltäglich und ubiquitär. Sie können sich beiläufig, unbeabsichtigt und ohne Bewußtsein einstellen, aber auch geplant, organisiert und mit Anstrengung verbunden sein. Lernen und Behalten können auf der Ebene einzelner Zellen beschrieben und analysiert werden oder auch beim Umgehen mit komplexen Systemen, die Computern implementiert werden. Demzufolge ist es nicht überraschend und durchaus sinnvoll, wenn Lernen und Behalten mit verschiedenen Begriffssprachen beschrieben und erklärt werden.

In diesem Buch beschäftigen wir uns mit Lern- und Behaltensphänomenen, die der sog. Kognitionspsychologie zuzurechnen sind. Wir stellen und überprüfen die Frage, ob und wann es nützlich ist, beim Lernen und Behalten sprachlicher Informationen von Vorstellungen Gebrauch zu machen. Es geht also um das Lernen und Behalten relativ komplexer Informationen, um Prozesse, die in der Regel mit Anstrengung verbunden sind und um beschreibende wie erklärende Konstrukte, die in der Kognitionspsychologie verankert sind. Wir beschäftigen uns mit dieser Frage jedoch nicht nur grundlagenorientiert und kognitionspsychologisch, sondern versuchen, die Konstrukte auch für Anwendungen zu nutzen. Der Anwendungsbezug ergibt sich zum einen dadurch, daß wir unsere Überlegungen und Untersuchungen auf Kinder unterschiedlichen Alters beziehen, ist also entwicklungspsychologisch geprägt. Zum anderen benutzen und analysieren wir in unseren Untersuchungen Aufgabenbedingungen und Materialien, die auch für schulische Kontexte typisch sind. Insofern ist die Monographie auch Anliegen der Pädagogischen Psychologie und der Instruktionspsychologie verbunden.

Ist es nützlich, wenn man sich beim Lernen mit Texten Vorstellungen von den beschriebenen Sachverhalten macht? Welche Qualität sollten solche Vorstellungen haben? Können schon Vorschulkinder mit Texten besser umgehen, wenn sie instruiert werden, sich Vorstellungen zu machen? Dies sind einige von vielen Fragen, auf die in der vorliegenden Arbeit eingegangen wird und zu denen wir experimentelle Untersuchungen durchgeführt haben. Die Leserin oder der Leser werden, mit solchen Fragen konfrontiert, selbst ohne einschlägige Vorkenntnisse des Forschungsstandes eigene Antworten und Annahmen zu solchen Fragen haben. Und solche Vorannahmen, naive Theorien, Einstellungen oder auch nur "Wissensgefühle" interessieren uns ebenfalls in den zu berichtenden Untersuchungen. In der Kognitionspsychologie spricht man von Metakognitionen bzw. in der Gedächtnispsychologie von einem Metagedächtnis, um zu kennzeichnen, daß Menschen nicht nur Wissen von der durch die "äußeren Sinne" wahrnehmbaren Welt erwerben und repräsentieren, sondern auch durch Selbstbeobachtung, durch die Beobachtung anderer, durch Vergleiche mit anderen, durch Selbstbewertungen und zumal in pädagogischen Kontexten Bewertungen von anderen um mentale Phänomene "wissen". Menschen haben also auch zu Lern- und Behaltensphänomenen (Meta-) Gedächtniswissen verfügbar. Wie entwickelt sich dieses Wissen in der Ontogenese, wie präzise bildet es Erfahrungen ab und wie wirkt es sich auf konkretes Verhalten aus? Diese Fragen sind in unserem Buch zentral, wobei wir - u.W. erstmals - speziell nach dem Wissen um Vorstellungsphänomene in behaltensrelevanten Kontexten entwicklungspsychologisch fragen.

Damit sind die Komponenten benannt, die nicht nur voneinander isoliert behandelt, sondern miteinander verknüpft erörtert werden sollen. Unter einer entwicklungspsychologischen Perspektive wird auf pädagogische Kontexte zugeschnitten analysiert und experimentell überprüft, wie Kinder unterschiedlichen Alters unter verschiedenen Aufgabenbedingungen mit Vorstellungen beim Lernen und Behalten sprachlicher Informationen umgehen oder umgehen können, über welches Wissen zu Vorstellungsphänomenen und allgemein zum Gedächtnis sie verfügen und in welchem Maße dieses Wissen Lern- und Behaltensleistungen beeinflußt oder beeinflussen kann.

Um diesen Zielstellungen zu genügen, werden in Kapitel 1 Hintergrundinformationen zur Vorstellungsforschung eingeführt. Da wir vor allem an visuellen, bildhaften Vorstellungen interessiert sind und die Kognitionspsychologie vom "Paradigma der Informationsverarbeitung" dominiert wird, ist dieses Kapitel "Bildhaftigkeit und Informationsverarbeitung" überschrieben. Es soll mit generellen Positionen der Vorstellungsforschung vertraut machen, über wichtige Operationalisierungen und Ergebnismuster informieren, Mutmaßungen zur Entwicklung bildhafter Repräsentationsformen mitteilen und auf pädagogische Anwendungsmöglichkeiten der Vorstellungsforschung verweisen. Da in Kapitel 1 Hintergrundinformationen zur Vorstellungsforschung dargestellt werden, ist dieses Kapitel für unsere eigenen empirischen Untersuchungen eher von untergeordneter Bedeutung. Will man aber wie wir nicht nur über die für die eigenen Untersuchungen relevanten Modelle und Befunde informieren, sondern es den Leserinnen und Lesern ermöglichen, Kapitel 1 bis 5 unabhängig von der Darstellung des empirischen Projekts zu nutzen, um sich mit dem Forschungsstand in den Bereichen bildhafte Vorstellungen und Metagedächtnis vertraut zu machen, dann ist Kapitel 1 von grundlegender Bedeutung. Hier werden also nicht für die später beschriebenen Untersuchungen Hypothesen generiert, sondern es wird versucht, den generellen Kenntnisstand der Vorstellungsforschung möglichst präzise zu beschreiben.

Kapitel 2 spezifiziert die zuvor eingeführten Hintergrundinformationen und erfüllt somit auch die Funktion, auf Hypothesen vorzubereiten, die für die eigenen Untersuchungen bedeutsam werden. Wir informieren über Modelle und Ergebnisse, die zur Wirkung der Bildhaftigkeit unter zwei verschiedenen Aufgabenbedingungen vorliegen, dem Paarassoziationslernen (PAL), also einer Variante des Vokabellernens, und der Textverarbeitung. Diese beiden Aufgaben werden auch in unseren Versuchen verwendet. Und da unsere Untersuchungen der Entwicklung bildhafter Verarbeitungsformen nachgehen, werden vor allem entwicklungspsychologische Ergebnismuster zusammengefaßt, die für die Hypothesenbildung leitend sind.

In Kapitel 3 wird dann das Konstrukt "Metagedächtnis" umrissen. Es wird berichtet, welche Verfahren vorliegen, um Gedächtniswissen zu erfassen und welche Evidenzen zur Entwicklung des Wissens vorliegen. Da es sich beim Metagedächtnis um ein unpräzise definiertes bzw. verschwommen gefaßtes Konstrukt ("fuzzy concept") handelt, werden Probleme bei der Definition und Konzeption von Metagedächtnis bzw. Metakognition relativ breiten Raum einnehmen. Diese Probleme sind für unser eigenes empirisches Projekt nicht unmittelbar relevant. Kapitel 3 wird u.a. auf das Problem eingehen, daß bislang keine ausgeprägte Übereinkunft besteht, was alles dem Begriff "Metagedächtnis" subsumiert werden soll. Dies hat Implikationen für die empirische Forschung, die eine vorempirische Begriffsklärung erforderlich macht, damit überhaupt Operationen zur Erfassung von Konstrukten entwickelt werden können. Nach unserer Auffassung müssen diese Fragen sorgfältig behandelt und beschrieben werden, um die in unseren Untersuchungen vorgenommenen Einordnungen und Operationalisierungen angemessen bewerten und mit anderen Arbeiten vergleichen zu können. Aus unserer Sicht kann die Metagedächtnis- bzw. Metakognitionsforschung nur dann weitere Fortschritte erzielen, wenn eindeutige Begriffsklärungen und begründbare Operationalisierungen vorgenommen werden.

Kapitel 4 ist der Frage nach Zusammenhängen zwischen Gedächtniswissen und Gedächtnisverhalten gewidmet. Ist davon auszugehen, daß Kinder, die z.B. über Gedächtnisaufgaben, Gedächtnisprozesse und/oder über ihre eigenen Fähigkeiten präziseres Wissen haben als andere, sich in Aufgabensituationen, die "das Gedächtnis" fordern, aufgabenangemessener verhalten und damit auch bessere Leistungen erbringen? Wie entwickeln sich Zusammenhänge zwischen Gedächtniswissen und Gedächtnisverhalten? Allein diese Fragen zeigen schon an, daß sich die Erforschung des Metagedächtnisses nicht allein darauf beschränkt, solches Wissen und dessen Entwicklung abzubilden. Vielmehr hat diese Forschung schon in den Anfängen immer auch eminent praktische Zielsetzungen verfolgt und ist davon ausgegangen, daß Wissensvermittlung und Trainingsversuche dann erfolgversprechender sind, wenn den subjektiven Theorien der (des) Lernenden Rechnung getragen wird und versucht wird, Wissen so zu vermitteln, daß dessen Nutzung selbstgesteuert und -kontrolliert erfolgen kann. Wir werden in Kapitel 4 relativ ausführlich auf methodologische Überlegungen eingehen. Sie sind extrem wichtig, um Befunde über Zusammenhänge zwischen Gedächtniswissen und Gedächtnisverhalten beurteilen zu können. Beispielsweise wird häufig die Annahme, ein adäquates Gedächtniswissen sei eine notwendige Bedingung für ein entsprechendes Gedächtnisverhalten, mittels Korrelationsanalysen geprüft. Wir werden aber sehen, daß mit der Annahme einer notwendigen Bedingung korrelative Zusammenhänge zwischen Metagedächtnis und Gedächtnisverhalten unterschiedlicher Stärke verträglich sind. Metaanalytische Untersuchungen, die diesen korrelativen Zusammenhang anhand vieler Untersuchungen prüfen, scheinen zu deutlichen positiven Korrelationen zu führen. Derartige Ergebnisse werden häufig als Beleg für einen engen positiven Zusammenhang zwischen Metagedächtnis und Gedächtnisverhalten gewertet. Wir werden Überlegungen anstellen, die die Unsicherheit der Interpretation metaanalytischer Befunde verdeutlichen.

Kapitel 5 schließlich ist der letzte vorbereitende Buchteil für unsere eigenen Untersuchungen. Wir berichten hier über die noch spärlichen Kenntnisse und Überlegungen, die zum Wissen über bildhafte Verarbeitungsformen vorliegen. Die Konstrukte "Metagedächtnis" und "Bildhaftigkeit" werden also miteinander verknüpft, wobei zugleich über mögliche Zusammenhänge zwischen dem Wissen und dem Gedächtnisverhalten nachgedacht wird. Dabei wird das zentrale Anliegen unserer Untersuchungen fokussiert, nämlich die Frage dieses Zusammenhangs unter entwicklungspsychologischer und anwendungsbezogener Perspektive diskutiert.

Unabhängig von den eigenen Untersuchungen können die Kapitel 1 bis 5 genutzt werden, um sich den Stand der Forschung zu vergegenwärtigen. Kapitel 6 ist ausschließlich zwei Experimenten gewidmet, die wir zum PAL bzw. zur Textverarbeitung an

Kindergartenkindern sowie an Schulkindern (Zweit- und Viertkläßler) durchführten, um die in den vorangegangenen Kapiteln eingeführten Überlegungen und Ergebnismuster zu prüfen oder zu replizieren bzw. um neue Erkenntnisse zur Entwicklung und zum Stellenwert von Metakognitionen bei bildhaften Verarbeitungsformen zu gewinnen. Kapitel 7 nimmt unsere Ergebnisse zum Anlaß, um über einige pädagogische Implikationen nochmals und gesondert Aussagen zu treffen und auch zu spekulieren.

Anzumerken sei, daß englischsprachige Zitate von uns ins Deutsche übersetzt wurden. Nicht übersetzt wurden einige englische Begriffe, für die weder eingeführte Übersetzungen noch treffende deutsche Bezeichnungen existieren.

Die in Kapitel 6 dargestellten Untersuchungen beruhen auf einem Forschungsprojekt, das von der Stiftung Volkswagenwerk gefördert wurde, wofür wir an dieser Stelle nochmals herzlich danken möchten. Erste Überlegungen zu diesem Projekt stellten wir bereits 1979 an. Das Projekt wurde dann Anfang der 80er Jahre realisiert, was nicht einfach war, da wir zwischenzeitlich von der Universität Göttingen nach Trier wechselten. So ergab es sich dann, daß an zwei verschiedenen Orten, in Göttingen und dann in Trier, Untersuchungen durchgeführt wurden. Daß sich die Publikation dann noch auf den heutigen Tag verschob, war durch eine weitere Veränderung bedingt, da sich einer der Autoren (J. B.) nach Bonn veränderte. Wir sind dennoch gewiß, daß die hier vorgestellten Befunde und Überlegungen nichts an Aktualität eingebüßt haben, was etwas überraschen mag, weil es in der schnellebigen Forschungswelt eher unüblich ist, daß ein Thema über einen Zeitraum von zehn Jahren attraktiv bleibt. Eine Durchsicht einschlägiger Fachzeitschriften beweist jedoch, daß generell wie entwicklungspsychologisch und allemal anwendungsbezogen betrachtet den hier behandelten Themen nach wie vor sehr viel Aufmerksamkeit beigemessen wird. Und die von uns vorgenommene Verknüpfung der Themenbereiche "Vorstellungen" und "Metagedächtnis" unter entwicklungspsychologischem und anwendungsbezogenem Vorzeichen füllt nach wie vor eine Lücke in der Forschungslandschaft.

Es ist selbstverständlich, daß das Forschungsprojekt und die Monographie ohne die Mithilfe und Unterstützung zahlreicher Personen nicht hätten abgeschlossen werden können. Wir können hier nur stellvertretend einige wenige Namen nennen, denen wir zu danken haben. Als Projektmitarbeiter in der "Göttinger Phase" haben sich Willi Nunendorf und Wolfgang Hiller ausgezeichnet. In Trier haben sich u.a. Claudia und Hendrik Caspar sowie Jonek Ziellenbach Verdienste um das Projekt erworben. Wichtige Auswertungsarbeiten haben Marlies Kruppert-Duchêne, Karoline Litsch, Jörg Gehrke und Jörg Bublitz übernommen. Dank gebührt Barbara Krafczyk für das sorgfältige Tippen großer Teile des Manuskripts.

Den Herausgebern, Prof. Andreas Knapp und Prof. Detlef H. Rost, haben wir nicht nur für zahlreiche Anregungen und Verbesserungsvorschläge sondern auch ebenso wie dem Hogrefe Verlag für die unendliche Geduld zu danken, die sie unserer Arbeit entgegengebracht haben. Wir hoffen, daß sich die Geduld gelohnt hat und daß die Monographie dazu beiträgt, für ein Forschungsthema Interesse zu wecken oder zu erhalten, das u.E. weitere Beachtung verdient.

1. Bildhaftigkeit und Informationsverarbeitung

1.1 Einführung

Was geht mir durch den Kopf, wenn ich bedenke, mit welchen schulischen Erfahrungen ich aufgewachsen bin? Natürlich fallen mir Namen ein, und selbstverständlich forme ich Phrasen und Sätze. Doch selbst, wenn ich dies hier nur schreibe, scheinen sich in meinem Bewußtsein gelegentlich "Bilder" einzustellen, auf die ich meine Aufmerksamkeit richten kann, was ich aber unterlasse, weil es – denke ich – den Schreibfluß mindern würde. Manchmal fallen mir auch Stimmen ein, und ich meine, mich sogar an Gerüche (die Turnhalle) und den Geschmack des Pausenfrühstücks zu erinnern. All dies geht mit Bewertungen und Gefühlen einher. Überdies ergeben sich Assoziationen zu Ereignissen, die ich mit dem Thema verknüpfe.

Bilder, Stimmen, Gerüche – solche "inneren" Erfahrungen einer introspektiven Betrachtung werden Vorstellungen genannt. Sie beziehen sich auf das subjektive Erleben und auf Erfahrungen, die wir machen, wenn wir meinen, konkrete Dinge oder Ereignisse zu sehen, zu hören oder eben zu riechen, ohne daß diese Dinge oder Ereignisse vorhanden sind. Vorstellungen gelten als Bestandteile und Begleiter des Bewußtseinsstroms. Vorstellungen und Namen, Phrasen oder Sätze – dies scheinen die wichtigsten Komponenten einer mentalen Welt zu sein, wobei wir unterstellen, daß Vorstellungen im hohen Maße sensorische Anteile aufweisen, die Wahrnehmungen entsprechender Objekte oder Ereignisse ähnlich sind.

Vorstellungen als subjektive Erfahrungen – mit diesem Thema hat sich die wissenschaftliche Psychologie in ihren Anfängen beschäftigt. Mit introspektiven Methoden sollten Vorstellungen unter kontrollierten Bedingungen beschrieben und analysiert werden. Angesichts der Probleme, die sich allein daraus ergaben, daß inkonsistente, nicht replizierbare bzw. äußerst heterogen interpretierte "Bewußtseinsdaten" berichtet bzw. analysiert wurden, geriet nicht nur die Methode der Introspektion in Verruf (vgl. Lyons, 1986), sondern wurde das gesamte Programm einer Bewußtseinspsychologie aufgegeben, ein Verzicht, der nicht nur subjektive Erfahrungen als relevante Daten aus der Psychologie ausschloß, sondern – zumal im klassischen Behaviorismus – Vorstellungen als unwichtig (wenn überhaupt "existent") erklärte (vgl. zur Geschichte der Vorstellungsforschung z.B. Hilgard, 1981).

Gegenwärtig ist nach der nun schon hinlänglich gewürdigten "Kognitiven Wende" zu beobachten, daß sich die Psychologie wieder der Frage "nach dem Bewußtsein" stellt (vgl. Mandler, 1975; Underwood & Stevens, 1979; Klatzky, 1984; Tulving, 1989). Zusammen mit der ebenfalls erkennbaren Tendenz, sich vermehrt alltags- und anwendungsbezogenen Themenstellungen zu widmen (z.B. Wippich, 1984; 1985), hat dies dazu beigetragen, daß auch Vorstellungen als Untersuchungsgegenstand wieder attraktiv geworden sind. In einem neo-mentalistischen Forschungsprogramm (Paivio, 1975a) macht man sich dabei aber nicht mehr allein von introspektiven Berichten abhängig, sondern versucht, Vorstellungen zu begreifen und zu analysieren, indem experimentelle

Operationen vorgenommen werden, die zur Bildung oder Nutzung von Vorstellungen Anlaß geben sollen (oder nicht). Über verschiedene Operationalisierungen sollen spezifische Merkmale, die man Vorstellungen zuweist, isoliert werden, wobei auf Daten gehofft wird, die reliabel und intern valide sein sollen. Ziel solcher Bemühungen ist es, Annahmen über Vorstellungen, die als theoretische Konstrukte zu gelten haben, möglichst streng zu prüfen. Neben experimentellen Verhaltensdaten sind auch neurophysiologische Erkenntnisse sowie Versuche, Annahmen über Vorstellungen am Computer zu simulieren, für diese Forschungsunternehmung wichtig. Annahmen über Vorstellungen müssen dabei keineswegs subjektiven Erfahrungen entsprechen, obwohl eine theoretische Konstruktion letztlich auch dazu in der Lage sein sollte, nicht nur experimentelle Daten vorherzusagen, sondern auch (möglicherweise abweichende) subjektiv erfahrene "Bewußtseinstatsachen" erklären zu können.

Das neo-mentalistische Forschungsprogramm ist auch als "Paradigma der Informationsverarbeitung" (Lachman, Lachman & Butterfield, 1979) bezeichnet worden. Hier interessiert vor allem "... wie man Umwelt- oder schon intern gespeicherte Informationen sammelt, speichert, modifiziert und interpretiert" (Lachman et al., 1979, S. 7). Unverzichtbar für das Paradigma sind die Kernannahmen, daß wir Informationen (über die Umwelt, uns selbst usf.) mental repräsentieren und daß das Verhalten und Erleben als Ergebnis von Prozessen zu begreifen ist, die auf diesen Repräsentationen ablaufen (Zimmer & Engelkamp, 1988). Mentale Strukturen und Prozesse sind theoretische Konstrukte, und die Psychologie hat die Aufgabe, Modelle zu konstruieren und zu überprüfen, die in der Lage sein sollen, solche Repräsentationen und Prozesse abzubilden.

Im Paradigma der Informationsverarbeitung wird die Annahme gesetzt, von der Außenwelt rezipierte und intern generierte Informationen würden symbolisch repräsentiert. Informationsverarbeitung wird als "Manipulation von Symbolen" begriffen, wobei häufig eine Analogie zur Funktionsweise von Computern hergestellt wird. Es werden untereinander verbundene Subsysteme postuliert (wie sensorische Register, Kurzzeit- und Arbeitsspeicher, Wissensspeicher), die Informationen in verschiedenen Kodes mehr oder minder dauerhaft verfügbar halten. Je nach Aufgabenbedingung und Zielstellung erfolgen mentale Operationen an und mit solchen kodierten Informationen. Ein Zentraler Prozessor oder eine Exekutive werden postuliert, mit denen abgebildet werden soll, wie solche Operationen eingeleitet, gesteuert, kontrolliert, überwacht und schließlich zu einem "Output" geführt werden (zur Einführung vgl. z.B. Bower, 1978 oder Wippich, 1984). Im Zusammenhang mit solchen Modellierungen stellt sich natürlich die für dieses Buch interessierende Frage, ob es sinnvoll, möglich und notwendig ist, Vorstellungen als mentale Repräsentationen und/oder Prozesse hier einzufügen.

Die skizzierte generelle Sichtweise, bei der Informationsverarbeitung als ein sequentieller Prozeß der Symbolmanipulation rekonstruiert wird, ist derzeit allerdings nicht mehr "der letzte Stand" der Dinge. Vor allem in Computersimulationen wird ein sog. konnektionistischer Bezugsrahmen mehr und mehr anerkannt, und es wird schon wieder von einem Paradigmawechsel (Schneider, 1987) geredet. Hier wird Informationsverarbeitung in Analogie zu angenommenen Prozessen in neuralen Netzwerken gesehen. *Parallele* Aktivitäten einfacher "processing devices" mit vielfältigen Verknüpfungen werden postuliert. Mentale Repräsentationen werden als Erregungsmuster interpretiert, die über Netzwerke *verteilt* sind. Dieser Ansatz hat zwar den Vorteil, ohne das Konstrukt eines Zentralen Prozessors auszukommen, doch ist es angesichts der derzeit noch mangelhaften empirischen Überprüfbarkeit fraglich, ob konnektionistische Modellbildungen für die hier anstehenden Fragen relevant werden (vgl. zur Einführung etwa McClelland,

1988). In jedem Falle können wir im weiteren von konnektionistischen Modellierungen, die eher die Mikrostruktur kognitiver Vorgänge abbilden wollen, absehen, da für die Vorstellungsforschung noch keine Anwendungen vorliegen.

Im folgenden wird deshalb vom "klassischen" Paradigma der Informationsverarbeitung die Rede sein. Um Vorstellungen in dieses Forschungsprogramm einordnen zu können, wird es zunächst notwendig sein, zusammenfassend darzustellen, mit welchen Operationalisierungen die Vorstellungsforschung im Rahmen dieses Paradigmas arbeitet und welche typischen Ergebnismuster vorliegen, die auf Vorstellungen attribuiert werden (1.2). Da wir uns in diesem Buch auf den Einfluß von Bildhaftigkeit auf Lern- und Behaltensleistungen konzentrieren, werden Ergebnisse fokussiert, die auf die Wirkungen *visueller* Vorstellungen beim Enkodieren, Speichern und Nutzen von Informationen schließen lassen (oder zumindest in diesem Sinne interpretiert werden). Wie Modellierungen aussehen, mit denen zuvor dargestellte Befundmuster erklärt werden sollen, wird unter 1.3 dargestellt. Nachfolgend soll eingeführt werden, welche Auffassungen zur Entwicklung bildhafter Repräsentations- und Verarbeitungsformen vorliegen (1.4). Wie deutlich werden wird, sind sowohl generelle Modellierungen wie auch entwicklungspsychologische Überlegungen trotz relativ konsistenter Ergebnismuster eher als "heterogen" zu bewerten. Von *einer* weitgehend anerkannten, ausformulierten und in ein Rahmenmodell der Informationsverarbeitung eingeordneten Vorstellungstheorie kann keine Rede sein. Um den Eindruck zu korrigieren, angesichts z.T. heftiger theoretischer Kontroversen könne man mit Ergebnissen der Vorstellungsforschung wenig anfangen, wollen wir deshalb abschließend auf u.E. erfolgreiche Anwendungen der Bildhaftigkeitsforschung verweisen, die vor allem für die pädagogische Praxis vorliegen (1.5).

1.2 Operationalisierungen und Ergebnismuster

Welche Maßnahmen können getroffen werden, um Anhaltspunkte über die Wirksamkeit und Qualität visueller Vorstellungen bei der Informationsverarbeitung zu gewinnen? Eine erste und naheliegende Forschungsstrategie besteht darin, systematisch zu variieren, welche Informationen zu bearbeiten sind. Geht man davon aus, daß bestimmte Informationen bevorzugt dazu Anlaß geben, bei der Bearbeitung visuelle Vorstellungen zu nutzen, läßt sich an den Resultaten der Verarbeitung ablesen, welche Funktion Vorstellungen zukommt. Die zu bearbeitenden Informationen werden auf einer Dimension variiert, die wir mit dem Begriff der *Bildhaftigkeit* belegen. Objekte, bildliche Darstellungen, Begriffe, die konkrete Objekte und Ereignisse benennen oder Begriffe, die abstrakte Sachverhalte bezeichnen, variieren mutmaßlich in der Bildhaftigkeit. Gerade wahrgenommene Objekte kann man sich sehr leicht vorstellen, während abstrakte Begriffe in der Regel nur mit Mühe (wenn überhaupt) mit Vorstellungen zu verknüpfen sind. Soll die Bildhaftigkeit sprachlichen Materials variiert werden, kann auf zuverlässige Normierungsdaten zurückgegriffen werden. Für den deutschen Sprachraum haben Baschek, Bredenkamp, Oehrle und Wippich (1977) bzw. Wippich und Bredenkamp (1979) Bildhaftigkeitswerte für Substantive bzw. Adjektive und Verben erfaßt. Hohe Bildhaftigkeit wird dabei solchen Begriffen zugeordnet, die sehr schnell und leicht eine Vorstellung hervorrufen (vgl. z.B. die Begriffe "Auto" und "Bedeutung").

Eine zweite Forschungsstrategie besteht darin, die Merkmale der zu bewältigenden *Aufgabe* zu variieren. Hier sind die verschiedensten Operationen denkbar, um auf Vorstellungen schließen zu können, wobei natürlich der theoretische Hintergrund, die Spezifität eines Vorstellungsmodells etc. bedeutsam sind. Naheliegend ist es allemal, Instruktionen einzuführen (und einzuüben), die den Probanden (die Probandin) zu Vorstellungsaktivitäten anregen sollen. Es können aber auch Aufgabenbedingungen hergestellt werden, von denen anzunehmen ist, daß bei der Bearbeitung Vorstellungen keine Rolle spielen oder gar kontraproduktiv wären (z.b. extrem kurze Bearbeitungszeiten). Zu erwähnen sind auch Operationen, die neben einer Hauptaufgabe Zusatztätigkeiten einführen, die eine Nutzung von Vorstellungen beeinträchtigen sollen oder nicht.

Eine dritte Forschungsstrategie besteht schließlich darin, *interindividuelle Differenzen* mit geeigneten Instrumenten zu erfassen (oder Personen nach "natürlichen" Gruppierungsmerkmalen zu selegieren) und in Untersuchungen zur Informationsverarbeitung einzubeziehen. Per Fragebogen oder mit objektiven Testverfahren kann man z.B. erfassen, ob Personen bevorzugt mit Vorstellungen umgehen oder über Fertigkeiten verfügen, die auf die Wirksamkeit von Vorstellungsprozessen schließen lassen. Zu dieser Forschungsstrategie gehört auch, Personen zu überprüfen, die nach Erkrankungen oder Schädigungen (z.B. Hirnläsionen) vermutlich Vorstellungsdefizite aufweisen. Auch die im Rahmen unserer Untersuchungen behandelte Frage nach alterskorrelierten Unterschieden beim Vorstellen ist prinzipiell dieser Forschungsstrategie zuzurechnen, zumal wenn man der These zuneigt, daß sich Vorstellungsfertigkeiten mit dem Lebensalter verändern (vgl. 1.4).

Welche der genannten Operationalisierungen gewählt wird, hängt natürlich davon ab, welche theoretischen Annahmen geprüft werden sollen. Wir glauben jedoch, daß sich sämtliche empirischen Untersuchungen, die zum Thema "Bildhaftigkeit und Informationsverarbeitung" vorliegen, unter die genannten Forschungsstrategien einordnen lassen, wobei die hier gesondert aufgeführten Operationalisierungen häufig miteinander kombiniert werden, was die Aussagekraft der Ergebnisse erhöht. Unsere Untersuchungen greifen z.B. nicht nur alterskorrelierte Differenzen beim Umgang mit Vorstellungen auf, sondern prüfen diese bei verschiedenen Behaltensaufgaben (Paarassoziationslernen und Textverarbeitung) unter unterschiedlichen Instruktions- und Materialbedingungen, die für Vorstellungen mehr oder weniger nützlich sein sollen.

Welche Ergebnismuster sind nun mit den beschriebenen Operationalisierungen erzielt worden? Paivio (1983) hat einige Phänomenbereiche zusammengefaßt, die zumindest aus seiner Sicht dafür sprechen, Vorstellungen eine bedeutsame Funktion bei der Informationsverarbeitung zuzuweisen. Da bereits umfangreiche Überblicke zu einschlägigen Befunden vorliegen (vgl. u.a. Paivio, 1971; Wippich & Bredenkamp, 1979; Wippich, 1980a; 1984; Perrig, 1988), wollen wir uns bei der Darstellung der Phänomenbereiche darauf beschränken, Hauptergebnisse aufzuzählen, ohne ins Detail zu gehen. Befunde, die für unsere eigenen Untersuchungen besonders relevant sind, bleiben dabei weitgehend ausgespart und werden im nächsten Kapitel ausführlich behandelt.

Bezogen auf die erste Forschungsstrategie (Variationen der Bildhaftigkeit zu bearbeitender Informationen) ist in der Tat festzustellen, daß in der Regel sog. *Bildhaftigkeitseffekte* festzustellen sind. Dies gilt z.B. für episodische Behaltensleistungen, d.h. bei Untersuchungen zum Behalten vorgegebener Informationen. Werden z.B. Bilder, deren konkrete Namen oder abstrakte Begriffe zur Einprägung vorgegeben, ist vielfach demonstriert worden, daß in Bildform übermittelte Informationen am besten und abstrakte Begriffe am schlechtesten erinnert werden. Da es bei den Bildern am wahrscheinlichsten und bei abstrakten Begriffen am unwahrscheinlichsten ist, daß Vorstellungen bei der Enkodierung eine Rolle spielen, *kann* darauf geschlossen werden, daß der Effekt auf die

Nutzung von Vorstellungen zurückgeht. Bildhaftigkeitseffekte erweisen sich vor allem in Untersuchungen mit weniger komplexen Materialien (z.B. Bild- und Wortlisten oder Paarassoziationen) als stabil. Ob Bilder und bildhafte Informationen auch bei komplexeren Lernaufgaben (z.B. beim Umgang mit Texten) förderlich sind, wird kontrovers diskutiert (vgl. Perrig, 1988). Wir kommen darauf zurück (vgl. Kapitel 2). In jedem Falle ist schon hier anzumerken, daß es Situationen geben kann und soll, in denen Bildhaftigkeitseffekte ausbleiben. Müssen z.B. unter erschwerten Wahrnehmungsbedingungen Wörter identifiziert werden, sollten konkrete und abstrakte Begriffe vergleichbar abschneiden, da unter diesen Bedingungen Vorstellungen zur Bedeutung der Begriffe keine Rolle spielen sollten. Wären auch hier Bildhaftigkeitseffekte nachweisbar, wäre eine Interpretation der Ergebnisse episodischer Behaltensprüfungen, die auf bildhafte Vorstellungen zurückgreift, sogar belastet. In diesem Sinne ist auch zu erwarten, daß Bildvorteile beim Behalten ausbleiben können, wenn bei der Enkodierung extrem kurze Darbietungszeiten gewählt werden und bei der Behaltensprüfung die zeitliche Abfolge der vorgegebenen Informationen abgefragt wird (Paivio & Csapo, 1969; 1971).

Bildhaftigkeitseffekte bleiben im übrigen keineswegs auf episodische Behaltenssituationen beschränkt. Auch bei Wissensprüfungen, mit denen die Nutzung schon gespeicherter Bedeutungsinformationen erfaßt werden soll, ist mehrfach gezeigt worden, daß Bilder besser abschneiden als deren Namen. In mentalen Vergleichsuntersuchungen soll z.B. "aus dem Kopf" beurteilt werden, ob bestimmte Objekte in der Realität größer oder kleiner sind als andere. Werden die zu beurteilenden Objekte in Bildform vorgegeben, können Urteile schneller getroffen werden als bei Vorgabe der Namen, obwohl die Antwort dem Bild selbst nicht entnommen werden kann (vgl. Paivio, 1975b). Hier ist im übrigen auch festgestellt worden, daß die Reaktionszeiten von den Differenzen zwischen den zu beurteilenden Objekten auf der Urteilsdimension abhängig sind: Die Reaktionszeiten nehmen mit größeren Differenzen systematisch ab. Solche symbolischen Distanzeffekte sind Befunden vergleichbar, die bei perzeptuellen Vergleichen eintreten, also in Situationen, bei denen das Urteil anhand wahrgenommener Unterschiede getroffen wird. Dies läßt darauf schließen, daß bei der Wissensnutzung wahrnehmungsähnliche (oder analoge) Informationen eine Rolle spielen, die über Vorstellungen abgebildet werden können.

Wenn Vorstellungen wahrnehmungsähnliche Funktionen erfüllen können, sollte es im Rahmen der zweiten Forschungsstrategie möglich sein, Bildhaftigkeitseffekte systematisch durch bestimmte *Aufgabenbedingungen* zu beeinflussen. Saltz und Donnenwerth-Nolan (1981) fanden z.B., daß das Behalten von Sätzen von der Instruktion, sich das Beschriebene visuell vorzustellen, nicht profitierte, wenn die Proband(inn)en beim Einprägen zusätzlich eine Ablenkungsaufgabe durchzuführen hatten, die das visuelle Wahrnehmungssystem forderte. Andere Ablenkungsaufgaben (wie motorische Tätigkeiten) hatten solche Interferenzen nicht zur Folge, sondern wirkten nur auf entsprechende Lerninstruktionen. Modalitätsspezifische Interferenzen sind also ein weiteres Instrument, um über die Qualität und den "Inhalt" der Verarbeitungsprozesse Anhaltspunkte zu gewinnen. Unabhängig von Interferenzeffekten ist bei der systematischen Manipulation der Aufgabenbedingungen auch festzustellen, daß Instruktionen, sich Sachverhalte bildlich vorzustellen, im allgemeinen behaltensförderlich wirken. Dies gilt beispielsweise beim Paarassoziationslernen, wo sich Beziehungen zwischen den beiden Paarlingen (z.B. beim Vokabellernen) nach einer Vorstellungsinstruktion besser einprägen als ohne entsprechende Instruktionen. Auch hier ist es wichtig, wie die Instruktion vorgegeben und eingeübt wird und mit welchen Informationen zu "arbeiten" ist (auf alterskorrelierte Unterschiede in der Instruktionswirkung gehen wir im Kapitel 2 ein). Die Instruktion muß vor allem darauf ausgerichtet sein, Relationen oder Interaktionen zwischen den vorgestellten Sachverhalten herzustellen (Bower, 1970). Die Bildung separater Vorstellungsbilder bleibt zumeist unwirksam.

Kommen wir nochmals auf die unterstellte "Wahrnehmungsnähe" der Vorstellungstätigkeit zurück. In der Tat ist bei verschiedenen Aufgabenbedingungen gezeigt worden, daß sich unter Instruktionen, sich Sachverhalte mental vorzustellen, Ergebnismuster einstellen, die zu vergleichbaren Wahrnehmungsbedingungen funktionale Ähnlichkeiten aufweisen.

Bewegt man sich z.B. in der Vorstellung von einem Ortspunkt zu einem anderen auf einer vorgestellten Landkarte, nimmt die Vorstellungszeit mit der räumlichen Distanz systematisch zu (Kosslyn, Ball & Reiser, 1978). Verwiesen sei auch auf Untersuchungen zu mentalen Rotationsphänomenen (Shepard & Cooper, 1982) und zu einer mentalen Psychophysik (Kerst & Howard, 1978). Manche Operationen an selbst konstruierten visuellen Vorstellungen ähneln Operationen, die an visuellen Repräsentationen wahrgenommener Objekte vorgenommen werden. Merkmale der benutzten Repräsentationen und mentalen Operationen scheinen funktional äquivalent zu sein (Finke, 1980; 1985; Wallace, 1984; Bagnara, Simion, Tagliabue & Umilta, 1988). Einfallsreiche Versuche haben gezeigt, daß sich visuelle Wahrnehmungen und Vorstellungen gegenseitig beeinflussen können, was auf die Nutzung sich überlappender Repräsentationsstrukturen zurückgehen dürfte (Farah, 1985). Allerdings liegen auch Ergebnisse vor, die auf deutliche Unterschiede zwischen Wahrnehmen und Vorstellen schließen lassen (z.B. Chambers & Reisberg, 1985).

Ergebnisse zur dritten Forschungsstrategie, mit der *interindividuelle Differenzen* als "Subjekt"-Variable in Untersuchungspläne einbezogen werden, sind bislang weniger eindeutig ausgefallen. An blindgeborenen Personen konnte z.B. keineswegs durchgängig gezeigt werden, daß Aufgabenbedingungen, die eine Nutzung visueller Vorstellungen erwarten lassen, zu gravierenden Defiziten Anlaß geben (vgl. den Überblick bei Ernest, 1987). Dies mag teilweise daran liegen, daß Erfahrungen in anderen Sinnesmodalitäten beim Vorstellen genutzt werden können und der Schwierigkeitsgrad der Aufgaben nicht hinreichend manipuliert worden ist (De Beni & Cornoldi, 1988). Auch Untersuchungen an Personen, die bei objektiven Testverfahren (z.B. räumliche Vorstellungstests) oder bei Befragungen zur "Lebendigkeit" eigener Vorstellungen als "gute" bzw. "schlechte Vorsteller" klassifiziert wurden, haben keineswegs konsistente Resultate ergeben (vgl. u.a. Ernest, 1977; Katz, 1983; Marks, 1983). Selbst unter Aufgabenbedingungen, die eine Nutzung visueller Vorstellungen vorauszusetzen scheinen, können "gute Vorsteller" sogar schlechter abschneiden (Reisberg & Leak, 1987). Solche "Fehlschläge" dürften zum einen auf die Unzulänglichkeit vorliegender Meßinstrumente zurückgehen (Kaufmann, 1981; McKelvie, 1986). Zum anderen ist es wahrscheinlich, daß ein Vorstellungskonstrukt mehrdimensional zu konzipieren ist, wenn interindividuelle Differenzen bestimmt werden sollen (Leistungen bei objektiven Testverfahren und Selbstbericht zu subjektiv erlebten Vorstellungsqualitäten sind z.B. meistens nicht miteinander korreliert, vgl. Ernest, 1977). Schließlich sind Effekte interindividueller Differenzen keineswegs durchgängig zu erwarten, sondern beispielsweise vom Schwierigkeitsgrad und von der subjektiven Interpretation der Aufgabenbedingungen abhängig (vgl. Katz, 1987), ein Aspekt, den wir im Zusammenhang mit einem anderen Konzept, das für unsere Untersuchungen wichtig ist, nämlich dem Wissen über das Gedächtnis (Metagedächtnis), wieder aufgreifen werden.

Informativ sind derzeit neuropsychologische Untersuchungen, deren Stellenwert noch zunimmt. So zeigen Untersuchungen an Patienten mit lokalisierbaren Hirnläsionen, daß visuell-räumliche Informationen bevorzugt der rechten Hemisphäre zuzuordnen sind, während semantische und lexikalische Informationen eher linkshemisphärisch repräsentiert und bearbeitet werden, wenn Gesichter identifiziert werden (Rhodes, 1985). Abstrakte Begriffe sind eher in der linken Hemisphäre repräsentiert, während konkrete Begriffe in beiden Hemisphären bearbeitet werden können (Deloche, Seron, Scius & Segui, 1987). Viele andere Untersuchungen (einen kleinen Überblick geben Paivio & te Linde, 1982) zeigen an, daß es sehr wahrscheinlich ist, Vorstellungstätigkeiten von verbalen Prozessen auch neurophysiologisch abgrenzen zu können.

Im Zusammenhang gesehen zeigt eine vielfältige und differenzierte Forschungsliteratur, daß die Annahme berechtigt ist, Vorstellungen eine zumindest nützliche Funktion bei vielen kognitiven Untersuchungen zuzusprechen. Besonders eingängig sind hier Bildhaftigkeitseffekte unter verschiedenen Lernbedingungen. Wie wir noch sehen werden, können zwar Ergebnisse einzelner Untersuchungen meistens auch in anderer Weise interpretiert werden (Bildhaftigkeitseffekte beim Erinnern von Wortlisten könnten z.B. mit anderen Attributen der verwendeten Materialien interpretiert werden). Doch ist darauf zu verweisen, daß bestimmte Ergebnismuster (wenn auch nicht alle, vgl. unsere Anmerkungen zur dritten Forschungsstrategie) unter verschiedenen Bedingungen der Operationalisierung des Konstrukts "Vorstellungen" nachweisbar sind. Konvergierende Befunde bei unterschiedlichen Realisationen des Konstrukts tragen dazu bei, schärfere Abgrenzungen zu alternativen Erklärungsversuchen vornehmen zu können. Im folgenden Teil wird es darum gehen, einige Modelle zu beschreiben, in denen Vorstellungen zur Erklärung der hier skizzierten Befunde zur Informationsverarbeitung benutzt werden, wobei auch auf alternative Interpretationen eingegangen werden soll.

1.3 Modelle der Vorstellungsforschung

Da es einerseits eine generelle, weithin akzeptierte Theorie der Informationsverarbeitung nicht gibt, andererseits aber selbst im Bereich der Vorstellungsforschung keineswegs von einer geschlossenen, nicht kontrovers diskutierten Theorie die Rede sein kann, beschränken wir uns im folgenden darauf, einige der bekanntesten Modelle zu beschreiben, welche die gegenwärtige Forschung beeinflussen und auch für unsere Arbeit maßgeblich waren. Bemühungen, Vorstellungen auf generellere Modelle der Informationsverarbeitung zu beziehen (z.B. auf Mehr-Speicher-Konzeptionen oder auf "levels of processing" Sichtweisen), werden nur am Rande erwähnt (vgl. Wippich & Bredenkamp, 1979; Wippich, 1980a). Diese Einschränkung entspricht – leider – dem gegenwärtigen Stand der Dinge. Die Vorstellungsforschung hat sich weitgehend von Entwicklungen in der allgemeinen Kognitionsforschung abgekapselt, und die allgemeine Kognitionsforschung hat Vorstellungen eher stiefmütterlich behandelt.

In einem ersten Abschnitt stellen wir die wohl bekannteste Konzeption, die duale Kodierungstheorie, vor. Nachfolgend werden wir einige kritische Argumente zu diesem Modell sammeln und dabei vor allem "nonimaginistische" Positionen beschreiben. Da solche Alternativen der vorliegenden Befundlage nur teilweise gerecht werden, werden wir nachfolgend eher funktionalistische Sichtweisen betrachten, die derzeit zu prosperieren scheinen. Abschließend soll eine der differenziertesten Auffassungen zur Vorstellungsforschung beschrieben werden (Kosslyn, 1980), die u.E. die interessantesten Perspektiven aufweist, für die vorliegenden Untersuchungen aber nur ausschnittsweise relevant wird, weil wir es mit komplexen Lern- und Behaltenssituationen zu tun haben werden, während in dem Modell von Kosslyn Vorstellungsprozesse nahezu mikroskopisch analysiert werden. Eine Übertragung des Modells auf komplexe Behaltensanforderungen steht noch aus und war nicht unser Untersuchungsziel.

1.3.1 Duale Kodierungstheorie

Vor allem Paivio (1971, 1986) vertritt die Auffassung, die unter 1.2 dargestellten Ergebnismuster ließen sich auf die Wirksamkeit von zwei voneinander unabhängigen, aber teilweise miteinander verbundenen Kodierungssystemen zurückführen. Paivio nennt diese hypothetischen Systeme "imaginal" bzw. "verbal". Das *imaginale System* soll auf die Verarbeitung und dauerhafte Repräsentation nonverbaler, perzeptueller Daten spezialisiert sein. Als Basiseinheiten des Systems werden "Imagene" (für "image generators") angenommen, welche durch nonverbale Reize aktiviert werden, wobei subjektiv Vorstellungen entstehen können. Das *verbale System* soll zur Verarbeitung und Repräsentation linguistischer Informationen dienen. Die Basiseinheiten dieses Systems werden Logogene genannt, die als wortähnliche Einheiten verstanden werden. Verbindungen zwischen den postulierten Systemen ergeben sich je nach der (vom Kontext und von der Zielstellung abhängigen) Qualität der Informationsverarbeitung. Paivio unterscheidet zwischen repräsentationalen, referentiellen und assoziativen Verarbeitungsprozessen. Bei repräsentationaler Verarbeitung aktivieren nonverbale Informationen (z.B. Bilder) lediglich nonverbale Kodes und linguistische Informationen verbale Kodes. Verbindungen zwischen den Systemen werden bei referentieller Verarbeitung zusätzlich aktiviert. Dies ist dann der Fall, wenn z.B. Bilder benannt (Imagen-Logogen Verbindung) oder zu sprachlichen Informationen Vorstellungen gebildet werden (Logogen-Imagen Verbindung). Zwischen Imagenen und Logogenen werden dabei nicht "eins-zu-eins"-Konnektionen unterstellt, d.h. ein Bild kann verschieden benannt oder das verbal Bezeichnete unterschiedlich vorgestellt werden. Welche Verbindung dominiert, soll von Kontext- und Erfahrungsbedingungen probabilistisch determiniert sein (vgl. Paivio, Clark, Digdon & Bons, 1989). Schließlich können innerhalb der beiden Systeme assoziative Verarbeitungsprozesse zur Aktivierung weiterer Logogene bzw. Imagene Anlaß geben. Abbildung 1 veranschaulicht diese Auffassungen.

Diese Annahmen reichen für einen ersten Erklärungsversuch des unter 1.2 eingeführten Bildhaftigkeitseffektes aus. Bilder und Objekte werden primär imaginal und konkrete bzw. abstrakte Begriffe verbal kodiert (repräsentationale Verarbeitung). Bei referentieller Verarbeitung können Objekte und Bilder zusätzlich verbal und konkrete Begriffe imaginal bearbeitet werden. Für abstrakte Begriffe ist eine referentielle Verarbeitung nur mit Mühe möglich und weniger wahrscheinlich, weil direkte Logogen-Imagen-Verbindungen fehlen. Da zudem in der Regel Bilder und Objekte schneller benannt werden können als Vorstellungen zu konkreten Begriffen gebildet werden (Fraisse, 1968; Potter & Faulconer, 1975), ergibt sich in der Bilanz, daß bei Bildern und Objekten die größte und bei abstrakten Begriffen die geringste Wahrscheinlichkeit für eine duale Kodierung vorliegt. Duale Kodierungsmöglichkeiten liegen somit Bildhaftigkeitseffekten zugrunde. Eine duale Ereignisrepräsentation verbessert die Chance, das Ereignis zu erinnern (Prinzip der Kode-Redundanz).

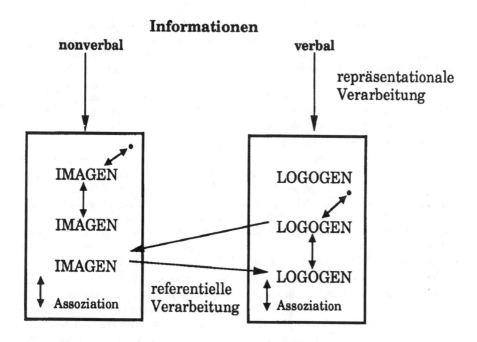

Abbildung 1: Schematische Skizze der Annahmen einer dualen Kodierungstheorie

Wie ist es dann zu begründen, daß unter bestimmten Bedingungen, die eine referentielle Verarbeitung wenig wahrscheinlich machen, immer noch Bildvorteile eintreten können (Paivio & Csapo, 1973)? Warum kann sich eine sensu Paivio "pure" imaginale Kodierung im Vergleich zu sprachlichen Kodierungen als vorteilhaft erweisen? Nach Paivio unterscheiden sich die beiden Systeme nicht nur nach der Art der Information, auf die sie bevorzugt ansprechen, sondern auch nach ihrem Operationsmodus. Damit werden *Qualitätsunterschiede* zwischen den postulierten kognitiven Systemen eingeführt, die für die Begründung spezifischer Effekte benötigt werden.

Der Operationsmodus im imaginalen System wird als "räumlich-parallel" und der im verbalen System als "sequentiell" gekennzeichnet. Damit wird gemeint, daß Imagene perzeptuelle Sachverhalte analog abbilden. Vorstellungen sind damit Wahrnehmungseindrücken ähnlich, eine Annahme, mit der z.B. symbolische Distanzeffekte bei mentalen Vergleichsurteilen begründet werden sollen (vgl. 1.2). Damit ist auch gemeint, daß imaginale Repräsentationen verschiedene Aspekte von Informationen simultan oder parallel verfügbar halten und untereinander verknüpfen. Der parallele Operationsmodus soll die Integration verschiedener perzeptueller Merkmale von Informationen begünstigen. Logogene dagegen bilden Sachverhalte diskret ab und werden sequentiell verwendet gemäß der zeitlichen Abfolge, in der sich Sprache vollzieht.

Es ist erstaunlich, wie erfolgreich die duale Kodierungstheorie nahezu 20 Jahre aktiver Forschung beinahe unverändert überstanden hat. Bei genauerer Betrachtung sind aber auch erhebliche Defizite dieser Konzeption auszumachen, die wir – ohne Vollständigkeit anzustreben – stichwortartig aufführen wollen, wobei sowohl Forschungsergebnisse wie auch konzeptuelle Probleme zu erörtern sind.

Bezogen auf das Behalten von Bildinformationen ist berichtet worden, daß Erinnerungsleistungen nicht von den Möglichkeiten, Bilder schnell benennen zu können, abhängen (Intraub, 1979), obwohl die Darbietungszeiten so gewählt waren, daß sich nach der dualen Theorie Effekte hätten einstellen müssen. Leicht zu benennende Bilder sollten eher dual repräsentiert werden und damit besser erinnert werden. Überhaupt bleibt bei der Bildverarbeitung fraglich, ob eine Restriktion auf zwei Kodes ausreichend ist, um sämtlichen Prozessen und Informationen, die zu beachten sind, Rechnung zu tragen (vgl. z.B. Mandler & Ritchey, 1977; Wippich, 1984).

Bildhaftigkeitseffekte beim Umgang mit sprachlichen Informationen müssen nicht zwangsläufig auf Vorstellungen zurückgehen. Day und Bellezza (1983) berichten z.B., daß präexperimentell stark verbundene, abstrakte Wortpaare nach der Aufforderung, sich die Bedeutungen der Konzepte in einer integrierten Vorstellung zu denken, zu relativ ausgeprägten subjektiven Vorstellungseindrücken beitragen. Die geschätzte Lebendigkeit ("vividness") der Vorstellung übertrifft jedenfalls deutlich entsprechende Angaben für konkrete Wortpaare, die präexperimentell nicht miteinander verknüpft sind. Dennoch sind bei einem Behaltenstest Konkretheitsvorteile nachzuweisen. Daraus folgt zumindest, daß Konkretheitseffekte nicht allein auf Vorstellungen (oder bestimmte Qualitäten von Vorstellungen) zurückgeführt werden können (s. auch Paivio, Clark & Khan, 1988).

In mentalen Vergleichsuntersuchungen konnte gezeigt werden, daß symbolische Distanzeffekte auch bei Beurteilungsdimensionen eintreten, die Paivios verbalem System zuzurechnen wären (Urteile über Intelligenz, Geldwert oder affektive Qualitäten z.B., vgl. Banks & Flora, 1977; Kerst & Howard, 1977; Paivio, 1978). Paivio hat deshalb nachträglich solche Informationen dem imaginalen System zugeordnet, eine Interpretation, die wir hier nicht weiter analysieren wollen. Hervorzuheben bleibt lediglich, daß solche Reinterpretationen den prognostischen Wert des Modells in Frage stellen. Weiterhin wird das – ohnehin nicht präzise eingeführte – Merkmal der analogen Repräsentation im imaginalen System fragwürdig (wie stellt sich die analoge Repräsentation des Merkmals "Geldwert" im imaginalen System dar? Vgl. hierzu Anderson, 1980).

Konzeptuell ist zu kritisieren, daß bei Paivio Vorstellungen als Resultat von Aktivitäten der Imagene rekonstruiert werden, wobei das Resultat nicht notwendigerweise bewußt werden muß. Vorstellungen resultieren aus einer Assoziationsmechanik, und zwar nahezu zwangsläufig. Es wird nicht berücksichtigt, daß es offenbar verschiedene Formen des Vorstellens gibt und daß Vorstellungen ein mehrdimensionales Konstrukt darstellen. Vorstellungen mögen sich ("ungerufen") einstellen oder aber mit Aufwand und wissensgeleitet konstruiert und genutzt werden. Clark und Paivio (1987) postulieren neuerdings "metakognitive" Logogene und Imagene, die Prozesse der Enkodierung kontrollieren sollen. Der Status dieser Komponenten innerhalb der beiden Systeme bleibt aber reichlich vage.

Schließlich ist anzumerken, daß es Untersuchungsbefunde (z.B. zur Textverarbeitung) gibt, die auf erhebliche Gemeinsamkeiten beim Umgang mit abstrakten und konkreten Informationen verweisen und nicht mit "verbalen" oder "imaginalen" Kodes interpretiert werden können. Darauf wird im nächsten Kapitel ausführlicher einzugehen sein. Marschark und Paivio (1977) deuteten eine multiple Kodierungstheorie an, die neben imaginalen und verbalen Kodierungen zusätzlich abstrakte Repräsentationen zuläßt. Diese Idee ist von Paivio später verworfen worden. Paivio (1986) hält abstrakte oder konzeptuelle Repräsentationen für überflüssig.

Insgesamt gesehen scheint uns die duale Kodierungstheorie nützlich zu sein und erste Orientierungen zu ermöglichen. Man kann ihr generelle Prognosen (gewissermaßen Daumenregeln) entnehmen. Dies reicht derzeit für bestimmte Problemfelder aus. Bei genauerer Betrachtung stellt sich heraus, daß die Theorie in Gefahr gerät, nicht mehr falsifiziert werden zu können. Paivio (1986) interpretiert mittlerweile nahezu jedes Ergebnis der experimentellen Forschung "dual". Was denn nun eigentlich Vorstellungen sein könnten ("innere Bilder" oder Abbilder?), bleibt unklar, weil Vorstellungen relativ distanziert (als vermittelnde Prozesse) untersucht bzw. auch nur gedacht werden. Vorstellungen auf Aktivitäten sog. Imagene zurückzuführen, ist ein durchaus nützlicher Rekonstruktionsversuch. Doch bleiben Informationen, die in Vorstellungsform (oder in einem Vorstellungsmedium) beurteilt worden sind, als Vorstellungen abgespeichert? Paivio scheint dies anzunehmen. Da sein Modell nur Imagene und Logogene kennt, gibt es keine andere Möglichkeit. Und diese Möglichkeit wird vor allem dann fragwürdig, wenn relativ komplexe Informationen zu beurteilen sind. Behalten wir von einem konkreten Text eine umfangreiche Kette oder Hierarchie von Vorstellungsbildern, deren Reaktivierung uns den Textinhalt wieder vor Augen führt?

1.3.2 Alternativen: Nonimaginistische Positionen

Als einer der schärfsten Kritiker hat Pylyshyn (1973, 1981) die neuere Vorstellungsforschung begleitet. Aus seiner Sicht kommt Vorstellungen, die subjektiv imponieren mögen, keinerlei explikative Funktion in Modellen der Informationsverarbeitung zu. Da Vorgestelltes in Sprache übersetzt werden kann und umgekehrt, hält Pylyshyn ein beide Ausdrucksformen des menschlichen Geistes umschließendes abstraktes Repräsentationssystem (eine Interlingua) für entscheidend. Und in diesem Zusammenhang führt er den Begriff der Proposition ein. Propositionen sollen Relationen zwischen abstrakten, namenlosen "Ideen" (Konzepten) repräsentieren. Gesprochene oder geschriebene Sprache ist *eine* mögliche "Oberflächenrealisation" abstrakter Bedeutungseinheiten. Und Vorstellungen sollen auch auf dieser Basis verstanden werden können.

Für unsere Zwecke reicht es aus, wenn wir uns Propositionen aus einem Prädikat (Relationskonzept) und einem oder mehreren Argumenten (Konzepte von Gegenständen oder Gegebenheiten) zusammengesetzt denken. Propositionen sind dann (abstrakte) Prädikat-Argument-Strukturen, über die mit "wahr" oder "falsch" geurteilt werden kann. Pylyshyn hatte gute Gründe, das Konzept der Propositionen (bzw. eine abstrakte Wissensbasis) einzuführen. Untersuchungen zur Satz- und Textverarbeitung haben gezeigt, daß gedächtnismäßig nicht der "Wortlaut" (vgl. Paivios Logogene) dominiert und repräsentiert wird, sondern konzeptuelle Informationen, die im abstrakten (und sprachfreien) Format der Propositionen dargestellt werden können (vgl. u.a. Kintsch, 1974; 1978). Darauf wird im nächsten Kapitel einzugehen sein.

Wir wollen hier nur einen Befundbereich erwähnen, der u.E. eindeutig zugunsten der Annahme abstrakter Wissensrepräsentationen spricht. Untersuchungen an mehrsprachigen Personen haben gezeigt, daß zwischen verschiedenen Sprachen Informationen im kognitiven System vergleichbar gut transferiert werden können wie innerhalb einer Sprache. Dies gilt z.B. für Untersuchungen mit lexikalischen Entscheidungsaufgaben, bei denen Personen so schnell wie möglich entscheiden sollen, ob eine vorliegende Buchstabenfolge einem sinnvollen Wort entspricht. Hierbei ist bekannt, daß ein zuvor repräsentierter, semantisch verwandter Begriff (z.B. Kralle) die Entscheidungszeit für das kritische Wort (z.B. Katze) verkürzt, ein Phänomen, das "semantisches Priming" genannt wird (vgl. z.B. Neely, 1977). Schwanenflugel und Rey (1986) haben nun zeigen können, daß solche Priming-Effekte in völlig vergleichbarer Stärke auftreten, wenn die beiden Begriffe in verschiedenen Sprachen (bei Personen, die flüssig englisch und spanisch sprechen) präsentiert werden. Dieses Ergebnismuster spricht dafür, daß Priming-Effekte über ein für beide Sprachen gemeinsames, "amodales" konzeptuelles System vermittelt werden, das nicht auf der Ebene der Logogene (sensu Paivio) angesiedelt werden kann. Vanderwart (1984) konnte zeigen, daß auch bei einem Modalitätswechsel (Bild-Wort) vergleichbare Priming-Effekte eintreten. Und Chen und Ng (1989) haben berichtet, daß ein semantisches Priming innerhalb einer Sprache, zwischen zwei Sprachen und zwischen Bild- und Sprachinformationen völlig vergleichbar ist.

Es gibt also gute Belege zugunsten der Annahme abstrakter Repräsentationsformen, die über das hinausgehen, was Paivio Imagenen bzw. Logogenen zugeordnet hat. Zur Abgrenzung von "dualen" Positionen hat es sich eingebürgert, diese Repräsentationsform "abstrakt", "konzeptuell", "propositional" und/oder "amodal" zu nennen. Einige Autoren haben im Anschluß an Pylyshyn die Auffassung vertreten, propositionale Repräsentationsformen reichten völlig aus, um die unter 1.2 beschriebenen Ergebnismuster zu erklären. Anderson und Bower (1973) führen z.B. Bildhaftigkeitseffekte darauf zurück, daß sich – je nach der Bildhaftigkeit zu bearbeitender Informationen – auf propositionaler Ebene Repräsentationen konstruieren lassen, die (z.B. bei verschiedenen Prädikaten) Argumente mehr oder weniger gut zusammenfügen. Und Bildvorteile bei der Informationsverarbeitung sind darauf zurückgeführt worden, daß Bilder konzeptuelle Repräsentationen schneller aktivieren als Wörter, weil Bilder gewöhnlich bedeutungshaltiger sind (Durso & Johnson, 1979) oder weil eine zusätzliche akustisch-phonemische Analyse bei Bildern nicht notwendig sei (Nelson, 1979). Abbildung 2 veranschaulicht in einfacher Form Positionen, die konzeptuelle Repräsentationen postulieren (und auf "duale" Ereignis- und Wissensrepräsentationen verzichten).

Die elaborierteste Version nonimaginistischer Alternativen hat Kieras (1978) vorgestellt, der zwischen semantischen Propositionen, die Faktenwissen abbilden, und perzeptuellen Propositionen, die anschauliches Wissen repräsentieren, unterscheidet. Nach Kieras können konkrete Informationen "dual" (d.h. durch semantische *und* perzeptuelle Propositionen) repräsentiert werden, was für abstrakte Informationen nicht zutrifft. Kieras erkennt allerdings Vorstellungsprozesse und deren Bedeutung an, ordnet sie aber einer abstrakten Datenbasis (perzeptuellen Propositionen) zu. Vorstellen heißt hier nicht einfach, daß – wie bei Paivio – entsprechende "Kodes" aktiviert werden. Vielmehr wird der Vorstellungsprozeß als komplexer Konstruktionsprozeß an eine abstrakte Datenbasis gebunden und mit anderen semantischen Interpretations- und Entscheidungsprozessen verknüpft. Wir glauben, daß diese Auffassung die Vorstellungsforschung mit Entwicklungen in der allgemeinen Kognitionsforschung stärker verbindet und zu spezifischen Modellierungen beitragen wird. Gegenwärtig ist der prognostische Wert des Modells allerdings nicht höher anzusetzen als der von Paivios Modell. Bildhaftigkeitseffekte werden auch bei Kieras auf "einfache" bzw. "duale" Repräsentationsmöglichkeiten zurückgeführt, nur daß hier die Repräsentationen in *einem* Format beschrieben werden. Theoretisch sehen wir in diesem Rekonstruktionsversuch einen Fortschritt. Zum einen wird der Prozeß des Vorstellens besser begreifbar. Zum anderen gibt Kieras Möglichkeiten an, wie Vorstellungsprozesse wirksam werden können, ohne daß Vorstellungen als Vorstellungen abgespeichert werden müssen.

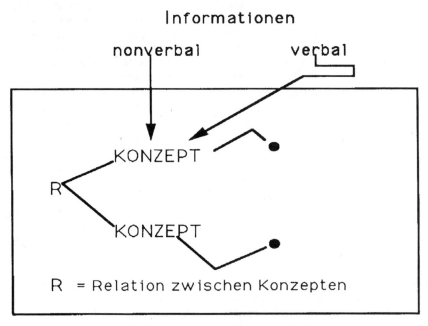

Abbildung 2: Schematische Skizze der Annahmen von einheitlichen Kodierungssystemen

1.3.3 Vorstellungen in einer funktionalistischen Perspektive

Die Frage nach den Grundlagen von Vorstellungsprozessen und nach der Speicherung und Repräsentation von Resultaten solcher Prozesse wird – wie wir gesehen haben – kontrovers diskutiert, ohne daß sich eindeutige Prüfmöglichkeiten für die "Format"-Frage derzeit abzeichnen (vgl. z.B. Anderson, 1978). So mag es sinnvoll sein, diese schwierige Frage zunächst einmal zurückzustellen und danach zu fragen, für welche Funktionen Vorstellungen nützlich sein könnten. Bezogen auf Gedächtnisleistungen haben vor allem Marschark und Hunt eine solche funktionalistische Perspektive eingenommen (vgl. u.a. Hunt & Marschark, 1987; Marschark, Richman, Yuille & Hunt, 1987; Marschark & Hunt, 1989; Marschark & Cornoldi, 1990). Vorstellungen werden hier generell als Mittel und Werkzeuge des kognitiven Apparats gesehen. Der ontologische Status sog. Repräsentationen bleibt ausgeklammert. Es wird an der Entwicklung von Prozeß-Modellen gearbeitet und nicht an der Repräsentationsfrage.

Grundlegend ist die Überlegung, daß Vorstellungsprozesse die Funktion haben können, die Distinktivität enkodierter Ereignisse zu erhöhen. Informationen, zu denen Vorstellungen konstruiert werden können, heben sich von anderen gespeicherten Informationen ab. Daneben können Vorstellungen aber auch dazu beitragen, daß Zusammenhänge oder Relationen zwischen enkodierten Ereignissen hergestellt und abgespeichert werden. Die Unterscheidung zwischen itemspezifischen bzw. relationalen Enkodierungsprozessen, die auf die Distinktivität bzw. Organisation abgespeicherter Informationen Einfluß nehmen, ist außerhalb der Vorstellungsforschung entstanden (vgl. z.B. Einstein & Hunt, 1980) und u.W. erstmals von Wippich (1980a) auf Vorstellungsprozesse übertragen worden. Sie hat den Vorteil, daß die Vorstellungsforschung in eine breitere, funktionalistische Perspektive eingebunden wird. Zugleich werden aber auch Abgrenzungen schwierig, weil die beschriebenen Funktionen nicht für Vorstellungsprozesse spezifisch sind, sondern z.B. auch für "verbale Prozesse" zutreffen können.

Wir geben zwei Forschungsbeispiele an, um den Ansatz etwas klarer zu machen. Begg (1983) ließ konkrete Wortpaare lernen, wobei entweder zu jedem einzelnen Wort eine Vorstellung des Bezeichneten gebildet werden sollte oder zu jedem Paar eine integrierte Bedeutungsvorstellung zu konstruieren war. Ging es nachfolgend darum, einzelne Wörter wiederzuerkennen, erwies sich die Bildung separater Vorstellungen als vorteilhaft. Sollte dagegen nach Vorgabe eines Paarlings das Wortpaar erinnert werden ("cued recall"), erwies sich die integrierte Vorstellungsbildung als effizienter. Separates Vorstellen erhöht die Distinktivität der enkodierten Einzelwörter (positiver Effekt beim Wiedererkennen), während relationales Vorstellen die Integration und Bildung von Organisationseinheiten fördert und – bei Vorgabe eines "cues" – die Redintegration dieser Einheit erhöht. Marschark und Hunt (1989) berichten, daß konkrete gegenüber abstrakten Wortpaaren nur dann besser erinnert werden, wenn ein "cued recall" und nicht ein Freier Reproduktionstest (ohne Vorgabe von "cues") durchgeführt werden. Nach diesen Autoren gehen Konkretheitseffekte beim Erinnern von Wortpaaren darauf zurück, daß relationale Enkodierungsprozesse (d.h. entsprechende Vorstellungsprozesse) die Distinktivität des Wortpaares innerhalb der gesamten Lernliste erhöhen, wobei sich die erhöhte Distinktivität aber nur dann förderlich auswirken kann, wenn angemessene "cues" den Zugriff auf die Relation ermöglichen.

Ein genauer Vergleich der beiden Forschungsbeispiele würde zeigen, daß die deskriptiven Begriffe "distinktiv" bzw. "relational" bei der Interpretation unterschiedlich verwendet werden, was vor allem daran liegt, daß auf verschiedene Analyseeinheiten (Wortpaar vs. Listenkontext) Bezug genommen wird. Dies zeigt an, daß die funktionalistische Sichtweise noch in den Anfängen steckt und noch nicht dazu in der Lage ist, klare Vorhersagen zu treffen. Um die unterstellten Funktionen des Vorstellens zu präzisieren, bedarf es vorweg genauerer Analysen der Aufgabenbedingungen. Positiv gewendet kommt diesem Ansatz eine höhere Flexibilität zu. Während Paivios Modell nahezu unter allen Aufgabenbedingungen "Bildhaftigkeitseffekte" vorherzusagen hat, wenn Imagene "aktiviert" werden können, läßt die hier betrachtete Sichtweise unter vielen Aufgabenbedingungen ausbleibende Effekte von Vorstellungsprozessen zu. Sie "lebt" deshalb momentan vor allem von "Fehlschlägen" des dualen Modells. Wir werden darauf zurückkommen (vgl. Kapitel 2).

Unklar bleibt auch, wie Vorstellungen als Vorstellungen wirksam werden können. Marschark et al. (1987) lehnen dezidiert die Auffassung ab, Vorstellungen gingen auf Aktivierungen überdauernder Gedächtnisrepräsentationen (sensu Paivio: Imagene) zurück und Resultate des Vorstellens würden dauerhaft in einem eigenständigen System als Vorstellungen abgespeichert werden. Nach Marschark und Cornoldi (1990) sind Vorstellungsprozesse einem Arbeitsspeicher zuzuordnen (Baddeley, 1986), einem Prozeßsystem, das Vorstellungen konstruiert, wobei "amodale" Repräsentationen in einem Langzeitspeicher genutzt werden. Diese Denkmöglichkeit bleibt jedoch ohne weitere

Spezifizierung. Im nächsten Abschnitt werden wir auf eine Modellierung eingehen, die solche Spezifizierungen liefert.

1.3.4 Das Modell von Kosslyn

Nahezu zeitlich parallel zur dualen Kodierungstheorie hat Kosslyn ein Modell zum Vorstellen entwickelt, verfeinert und experimentellen Prüfungen unterzogen (vgl. z.B. Kosslyn, 1980; 1981; 1983), ohne daß sich zur dualen Konzeption enge Berührungen ergeben haben. Dies liegt wohl vor allem daran, daß Kosslyn sich mehr mit dem Vorstellen selbst beschäftigt ("how the mind works" oder "on-line processing") und Behaltensleistungen in Konsequenz von Vorstellungsprozessen nur am Rande beachtet. Dennoch haben wir den Eindruck, daß Kosslyn das derzeit elaborierteste und überzeugendste Modell zum Vorstellen ausgearbeitet hat, ein Modell, das im übrigen mittlerweile auch auf neurophysiologische Daten bezogen wird (z.B. Kosslyn, 1987).

Wie kommt es zur subjektiven Erfahrung, eine Vorstellung "zu haben"? Kosslyn macht Aussagen über Strukturen und Prozesse, die beim Vorstellen eine Rolle spielen sollen. Bezüglich struktureller Aussagen ist wichtig, daß zwischen Oberflächen- und Tiefenrepräsentationen unterschieden wird. Vorstellungen sollen auf im Langzeitspeicher repräsentierten "Tiefenstrukturen" beruhen. Auf der Basis gespeicherter Informationen werden in einem Arbeitsspeicher (als Prozeßsystem) wahrnehmungsähnliche Vorstellungen konstruiert. Solche kurzfristigen "Oberflächenrepräsentationen" entsprechen der Vorstellungserfahrung. Sie werden einem analogen räumlichen Medium, das als visueller "buffer" bezeichnet wird (eine Art "innerer Bildschirm"), zugeordnet. Auf der "Oberfläche" können Objekte oder Szenen quasi-bildlich dargestellt werden ("depict"), indem Punktmuster oder Regionen des buffers "gefüllt" werden. Der Oberflächenrealisation liegen Datenstrukturen zugrunde, die als "propositional" und "literal" bezeichnet werden. Fakten über Objekte sind propositional repräsentiert. "Literal" sind Datenstrukturen, die Wissen über das Aussehen von Objekten repräsentieren (die globale Form, Spezifikationen zur Lokalisierung von Objektteilen, die durch propositionale Relationen – z.B. links von – verknüpft sind). Man kann sich solches Wissen durch "data files" repräsentiert denken, die – z.B. auch in Computersimulationen – angeben, welche Punktmuster in einer Matrix zu füllen sind, um das Aussehen eines Objekts auf dem Bildschirm abzubilden.

Um aus abstrakten Datenstrukturen Vorstellungen konstruieren zu können und an solchen (Oberflächen-) Vorstellungen Operationen vornehmen zu können, werden Prozesse benötigt. Kosslyn unterscheidet Prozesse des Generierens, der Inspektion und der Transformation von Vorstellungen. Prozessen sind Module oder spezialisierte Subsysteme zugeordnet (beim Generieren einer Vorstellung z.B. "Picture", "Put" und "Find"-Module).

Kosslyn betont die aktive (wenn auch passagere) Rolle des Vorstellens, also Vorstellungs*prozesse*. Die "modulare" Analyse macht deutlich, daß mehrere Subsysteme "am Vorstellen" beteiligt sind. Die Generierung von Vorstellungen ist nicht als (passive, automatische) Aktivierung eines Imagens zu verstehen, sondern als konstruktiver, wissensgeleiteter und häufig – je nach Aufgabenbedingung – zu modifizierender Vorgang. Selbst wenn es nur darum geht, sich einen Buchstaben geschrieben vorzustellen, scheint sich ein Vorstellungsbild – unter Beteiligung mehrerer Module – sequentiell (segmentweise) aufzubauen (vgl. Kosslyn, Cave, Provost & von Gierke, 1988). Die modulare Perspektive ist auch zur Aufklärung interindividueller Differenzen nützlich und macht deutlich, daß es sich beim Vorstellen um ein mehrdimensionales Konstrukt handelt. Es gibt keine generelle Vorstellungsfertigkeit, sondern Unterschiede beim Generieren, Inspizieren und/oder Transformieren von Vorstellungen (vgl. Kosslyn, Brunn, Cave & Wallach, 1984). Und neurophysiologische Daten belegen, daß Teilprozesse, die für das Vorstellen wichtig sind, über das Gehirn verteilt und keineswegs einseitig lateralisiert sind (Farah, 1984).

1.3.5 Zusammenfassung

Modelle der Vorstellungsforschung scheinen auf den ersten Blick relativ heterogen auszufallen. Wir gehen davon aus, daß die Modellierung von Kosslyn, die wir nur ausschnittsweise wiedergeben konnten, am meisten überzeugt. Hier werden Prozesse des Vorstellens betont, die an abstrakte Wissensstrukturen geknüpft werden bzw. an "Oberflächenrepräsentationen" operieren. Insofern wird hier die funktionalistische Perspektive, die ebenfalls prozeßorientiert ist, präzisiert. Die duale Kodierungstheorie bleibt aber als globaler Ausgangspunkt der Vorstellungsforschung diskutabel, zumal dann, wenn neben "imaginalen" und "verbalen" Systemen, die wir vor allem als Prozeßsysteme interpretieren, abstrakte Datenstrukturen (propositionale oder amodale Repräsentationen) zusätzlich akzeptiert werden.

Für unser Forschungsvorhaben haben wir die duale Position in prozeßorientierter Sichtweise, also unter Nutzung der funktionalistischen Perspektive, zugrundegelegt. Auf die differenzierte Modellierung von Kosslyn wird kaum eingegangen, weil der Bezug zu Behaltensleistungen, die für uns die entscheidenden abhängigen Variablen sind, weitgehend fehlt.

1.4 Zur Entwicklung bildhafter Repräsentations- und Verarbeitungsformen

Die bislang referierten Befunde bzw. Modelle sind an Erwachsenen (in der Regel Studierenden) erhoben bzw. auf Erwachsene bezogen. Fragen nach der Entwicklung mentaler Repräsentationen (speziell: bildhafter Kodierungen) und nach alterskorrelierten Änderungen in der Nutzung von Vorstellungen blieben ausgeblendet. Unabhängig von der bislang behandelten Vorstellungsforschung haben Entwicklungspsychologen wie vor allem Piaget und Bruner (vgl. z.B. Bruner, Olver & Greenfield, 1966; Piaget & Inhelder, 1971) repräsentationale Entwicklungshypothesen formuliert. Bei Bruner gelten Vorstellungen (auf einer ikonischen Repräsentationsstufe) als ein relativ primitiver (da inflexibler und statischer) Repräsentationsmodus, der ungefähr im Alter von acht Jahren von (abstrakten) symbolischen Repräsentationsmöglichkeiten abgelöst werden soll. Ikonische Repräsentationen sollen im übrigen enaktiven (oder motorischen) Repräsentationen, die im ersten Lebensjahr dominieren, folgen. Piaget hat vor allem Veränderungen in der Qualität der Vorstellungsoperationen herausgestellt, die zunehmend (ab sieben bis acht Jahren) zur Antizipation möglicher Ereignisse und Handlungskonsequenzen genutzt werden können und damit die subjektive Realität nicht nur "statisch" widerspiegeln, sondern "dynamische" Merkmale gewinnen. Allgemein ist die Aussage keineswegs übertrieben, daß Vorstellungen in Modellen der Entwicklungspsychologie keine zentrale Rolle gespielt haben und eher als "kindliche", defizitäre Repräsentationsformen gekennzeichnet worden sind.

Kosslyn (1978) hat versucht, repräsentationale Entwicklungshypothesen zu präzisieren, wobei er seine Überlegungen zum Vorstellungskonstrukt zugrundelegt (vgl. 1.3.4). Danach sagen repräsentationale Entwicklungshypothesen voraus, daß vor allem jüngere Kinder sich auf Vorstellungen stützen, wenn sie ihr Wissen oder ihre Erfahrungen aus dem Gedächtnis abrufen und nutzen. Vorstellungen werden hier als "Oberflächenrepräsentationen" in einem visuellen "buffer" verstanden (vgl. 1.3.4). Unter diesem Vorzeichen kritisiert Kosslyn Untersuchungen zu Entwicklungshypothesen, die klassische Operationalisierungen zur Prüfung von Vorstellungstätigkeiten verwendet haben (vor allem Material- und Instruktionsmanipulationen), da sie seiner Meinung nach nur indirekt auf die Nutzung von Vorstellungen schließen lassen und alternative Interpretationen nicht ausschließen. Diese Kritik ist nicht überraschend, da Kosslyn vor allem an Vorstellungs*prozessen* interessiert ist und Untersuchungsparadigmen präferiert, die möglichst direkt ("on-line") den Umgang mit Vorstellungen erfassen.

Beispielhaft sei eine Studie erwähnt (Kosslyn, 1976), bei der so schnell wie möglich verbal übermittelte Wissensfragen beantwortet werden sollten. Variiert wurde die "Größe" der Konzepten zugeordneten Merkmale (Katzen haben einen Kopf bzw. Krallen), wobei die Merkmale so ausgewählt waren, daß präexperimentell kleinere Merkmale mit den Konzepten stärker assoziiert waren. Werden Vorstellungen genutzt, sollten Fragen zu größeren Merkmalen, die in der Vorstellung leichter entdeckt werden können, schneller beantwortet werden. Werden "verbale" (oder abstraktere) Repräsentationen genutzt, sollte sich entsprechend der Assoziationsstärke ein "negativer Größeneffekt" ergeben. Nach einer Instruktion, sich die vorgegebenen Aussagen vorzustellen, zeigten Erst- und Viertkläßler ebenso wie Erwachsene einen "Bildhaftigkeitseffekt" (kürzere Reaktionszeiten bei größeren Merkmalen). Ohne Vorstellungsinstruktion war nur noch bei Erstkläßlern tendenziell ein Bildhaftigkeitseffekt auszumachen, ein Ergebnis, das so gedeutet werden *kann,* daß entsprechend der repräsentationalen Entwicklungshypothese vor allem jüngere Kinder spontan auf die Nutzung von Vorstellungen zurückgreifen.

Die meisten Untersuchungen, die sich mit der Entwicklung der Vorstellungstätigkeit im Zusammenhang mit Lern- und Gedächtnisphänomenen beschäftigt haben, sind auf dem Hintergrund der dualen Kodierungstheorie entstanden und zu bewerten. Vor allem beim Paarassoziationslernen (PAL) sowie bei der Bearbeitung von Texten ist variiert worden, in welcher Form das Lernmaterial vorgegeben wird, wobei häufig Bild- und Wortinformationen kontrastiert worden sind.

Außerdem ist versucht worden, in solchen Lernsituationen durch Instruktionen oder Trainingsmaßnahmen die Vorstellungstätigkeit anzuregen. Systematische Überblicksartikel zu einschlägigen entwicklungspsychologischen Arbeiten hat Pressley (1977a, 1982) verfaßt. Da wir im nächsten Kapitel in Vorbereitung unserer eigenen Untersuchungen die vorliegenden Befunde ausführlich behandeln, genügt es an dieser Stelle, darauf hinzuweisen, daß repräsentationale Entwicklungshypothesen (zumindest in der Version von Bruner) in diesen Untersuchungskontexten keine Stützung erfahren. So nehmen z.B. Bildhaftigkeitseffekte (Vorteile von Bildern gegenüber Wörtern als Stimuli beim PAL) mit dem Alter der untersuchten Kinder eher zu als ab. Und Effekte elaborierter Imaginationstechniken scheinen sich alterskorreliert im Vergleich zu verbalen Elaborationen ebenfalls zu verstärken.

Bei unseren Untersuchungen wird deshalb auf repräsentationale Entwicklungshypothesen nicht weiter Bezug genommen. Mit Kosslyn (1978) müssen wir aber anmerken, daß die auch von uns bevorzugten Operationalisierungen zur Untersuchung der Wirksamkeit von Vorstellungen nicht direkt (oder "on-line") auf die Repräsentationen und die Nutzung entsprechender Kodes zielen. Es geht uns also nicht um eine detaillierte Analyse von Vorstellungsprozessen. Vielmehr wollen wir – auch in Anlehnung an vorliegende entwicklungspsychologische Befundmuster – prüfen, welche Behaltenseffekte eintreten, wenn bestimmte experimentelle Maßnahmen (wahrscheinlich) dazu anregen, Informationen bildhaft zu verarbeiten.

1.5 Anwendungsmöglichkeiten: Die Schlüsselwort-Methode

Da die vorangegangenen Abschnitte den Eindruck vermittelt haben könnten, wissenschaftliche Analysen von Vorstellungen seien eher durch Kontroversen bestimmt und hätten keinen erheblichen Erkenntnisgewinn, der praktisch genutzt werden kann, erbracht, wollen wir hier zum Abschluß des Kapitels ein Anwendungsfeld beschreiben, das eindeutig die Nützlichkeit von Vorstellungen in einem pädagogischen Kontext zeigt (zu weiteren Anwendungen vgl. Wippich, 1984). Es mag sein, daß insbesondere kontroverse "Repräsentationsdebatten" von Anwendungsmöglichkeiten abgelenkt haben. Andererseits haben solche Debatten aber zumindest auch dazu beigetragen, die Untersuchungsinstrumente zu verfeinern, um schärfere Prüfmöglichkeiten theoretischer Positionen zu erreichen, eine Entwicklung, die natürlich auch der Anwendungsforschung zugute kommt.

Nahezu sämtliche Technologien, die zur Verbesserung von Lern- und Behaltensleistungen eingesetzt werden, stützen sich zumindest teilweise auf Vorstellungen. Wippich (1984) gibt einen Überblick zur sog. Mnemotechnik. Generell sollten mit Mnemotechniken drei Ziele erreicht werden, die Levin (1983) mit den Stichwörtern "Recode", "Relate" und "Retrieve" beschreibt. Zum einen wird eine optimale Enkodierung der Informationen angestrebt, was häufig eine Transformation vorgegebener Informationen impliziert ("Recode"). Ferner sollen Beziehungen zwischen enkodierten Informationen und zum vorgängigen Wissen hergestellt werden ("Relate"). Diese Operationen sind aber nur dann erfolgversprechend, wenn zugleich geeignete Zugangsrouten für die spätere Nutzung der gespeicherten Informationen vorbereitet werden ("Retrieve"). Prinzipiell können Vorstellungen für alle drei Ziele relevant werden. Sie können dazu verhelfen, Informationen für den Lernenden sinnvoller zu machen, sie können Beziehungen zwischen Einzelinformationen stiften und schließlich als zusätzliche Abrufwege genutzt werden.

Wir gehen im folgenden auf die sog. Schlüsselwort (oder Keyword) - Methode ein, die zumeist beim Vokabellernen eingesetzt worden ist. Wir haben diese Methode ausgewählt, weil sie sowohl verbale Prozesse wie Vorstellungsprozesse involviert, ein Sachverhalt, der "natürlichen" Gedächtnisanforderungen entspricht, bei Laboraufgaben aber eher vernachlässigt wird oder sogar als Störgröße bewertet wird, wenn es darum geht, Vorstellungen zu analysieren. Die Methode ist in neuerer Zeit von Atkinson (1975) systematisch überprüft und eingeführt worden. Überblicke zu einschlägigen Forschungsergebnissen sind u.a. bei Paivio und Desrochers (1981), Pressley, Levin und Delaney (1982) sowie Desrochers und Begg (1987) zu finden.

Soll die Bedeutung von Vokabeln einer fremden Sprache erlernt werden, muß zunächst ein Wort der eigenen Sprache gefunden werden, das ähnlich klingt wie die gesprochene fremdsprachige Vokabel. Dieses Schlüsselwort sollte zudem eine bildhafte Vorstellung auslösen können. Es wird also zunächst über das Schlüsselwort eine akustische Brücke konstruiert. Im zweiten Schritt soll dann ein Vorstellungsbild generiert werden, das die Bedeutung des Schlüsselworts mit der übersetzten Bedeutung der fremdsprachigen Vokabel verknüpft, also eine bildhafte Brücke geschlagen werden. Bei der Nutzung muß nach Vorgabe der Vokabel zunächst das Schlüsselwort erinnert werden. Ist die Bedeutungsvariante des Schlüsselworts, die in die Vorstellungsbildung eingegangen ist, erinnert worden, kann die komplexe Vorstellung re-integriert werden. Anhand dieser Vorstellung kann die Bedeutung des Begriffs "dekodiert" werden. Soll z.B. gelernt werden, daß die spanische Vokabel "pato" auf deutsch mit "Ente" zu übersetzen ist, würde zunächst ein angemessenes Schlüsselwort generiert werden (z.B. "Pott"). Danach wird eine Vorstellung konstruiert, welche die Bedeutungen der Konzepte "Pott" und "Ente" enthält (z.B. die Vorstellung einer Ente mit einem Pott auf dem Kopf).

Inzwischen ist mehrfach demonstriert worden, daß die Methode beim Vokabellernen verglichen mit Kontrollbedingungen, die uninstruiert bleiben oder einfach per Memorieren lernen sollen, erhebliche Vorteile aufweist (vgl. u.a. Atkinson & Raugh, 1975; Raugh & Atkinson, 1975). Effekte sind sowohl bei "besseren" wie bei "schlechteren" Lernenden erzielt worden (Griffith, 1981). Schlüsselwörter sollten allerdings vorgegeben werden, weil die Eigenkonstruktion relativ schwierig ist. Zumindest bei Erwachsenen ist es dagegen günstiger, bildhafte Brücken selbst konstruieren zu lassen, die im übrigen "verbalen Brücken" (sprachlichen Elaborationen, die einen Zusammenhang zwischen Schlüsselwort und der Übersetzung herstellen) überlegen sind (Atkinson, 1975).

Die Wirksamkeit der Methode bleibt nicht auf das Vokabellernen beschränkt. Auch für den Geographie-Unterricht (z.B. welche Städte stellen welche Produkte her? vgl. Pressley & Dennis-Rounds, 1980) oder den Physik-Unterricht (was bedeuten bestimmte technische Begriffe? vgl. Jones & Hall, 1982) sind positive Effekte berichtet worden. Auch lernbehinderte Schüler(innen) profitieren von dieser Methode beim Erwerb wissenschaftlicher Fakten oder naturgeschichtlicher Informationen (Mastropieri, Scruggs & Levin, 1985; Veit, Scruggs & Mastropieri, 1986). Modifizierte Varianten der Technik tragen dazu bei, daß zusätzliche Informationen besser behalten werden können. Beim Vokabellernen kann z.B. in der Vorstellungsbildung das Geschlecht des Konzepts mitberücksichtigt werden, was für die Nutzung des Gelernten förderlich ist (Desrochers, Gélinas & Wieland, 1989).

Entwicklungspsychologische Studien haben gezeigt, daß schon bei Dreijährigen Erfolge möglich sind (Pressley, Samuel, Hershey, Bishop & Dickinson, 1981). Bei älteren Kindern scheint aber die Wirksamkeit größer zu sein (Pressley, 1977b). Bei Fünftkläßlern war es ausreichend, die Konstruktion bildhafter Brücken per Instruktion anzuregen, während jüngere Kinder nur dann von der Methode profitierten, wenn ihnen passende elaborierte Bilder vorgegeben wurden (Pressley & Levin, 1978), ein Ergebnis, das erneut anzeigt, daß ältere Kinder über eine aktivere und effizientere Vorstellungstätigkeit verfügen (vgl. 1.4).

Welche Nachteile könnten mit der Methode verbunden sein? Möglicherweise führt die Schlüsselworttransformation dazu, daß die fremde Vokabel nur unzureichend beachtet und registriert wird, was den aktiven Fremdsprachengebrauch behindern könnte. In der Tat ist berichtet worden, daß nach Vorgabe der übersetzten Bedeutung die Fremdvokabel nur unzureichend wiedergegeben werden konnte. Dieses Problem läßt sich jedoch dadurch lösen, daß Proband(inn)en vor dem Training mit den Vokabeln selbst vertraut gemacht werden (Pressley & Levin, 1981). Ein weiterer Nachteil könnte darin bestehen, daß die Nutzung des Gelernten inflexibel bleibt, weil der Erwerb des Bedeutungswissens nicht auf andere Kontexte übertragen werden kann. Gegen diese Annahme spricht, daß die Methode sich auch dann bewährt, wenn mit den Vokabeln neue Sätze zu formulieren sind oder wenn zwischen Sätzen zu diskriminieren ist, in der die Vokabel angemessen oder falsch eingesetzt wird (Pressley, Levin & Miller, 1982). Neuere Studien haben zudem gezeigt, daß im Vergleich zu Lernmethoden, die einen aktiven, auf Verstehen ausgerichteten Erwerb anstreben (z.B. die Vokabeln in sinnvolle Sätze einfügen, eine korrigierende Rückmeldung geben), mit der Schlüsselwort-Methode nicht nur ein besseres Erlernen des Vokabulars erreicht werden kann, sondern zugleich keine Nachteile eintreten, Texte zu verstehen, in denen die neuen Vokabeln in neuen Kontexten verwendet werden (McDaniel & Pressley, 1984; 1989).

Wir können also festhalten, daß Imaginationstechniken einen erheblichen Beitrag zu verbesserten Lern- und Behaltensmöglichkeiten leisten, wobei die konkrete Form der anzuregenden bildhaften Verarbeitung von den zu behaltenden Informationen einerseits wie auch von Merkmalen der (des) Lernenden mitbeeinflußt sein sollte. Bei der Schlüsselwort-Methode trägt eine bildhafte Kodierung vor allem dazu bei, Relationen zwischen Informationen herzustellen. Grundlagentheoretisch mag man die Wirkung dieser Vorgehensweise auf eine zusätzliche Kodierung in einem imaginalen System zurückführen (die duale Position), von einer "stärkeren Vernetzung" der Konzepte in einem amodalen, abstrakten Repräsentationssystem reden, perzeptuelle Propositionen annehmen oder die Wirksamkeit und Qualität bestimmter Vorstellungsprozesse hervorheben. Für welche der theoretischen Alternativen man sich auch entscheiden mag – an der Wirksamkeit von Imaginationstechniken in pädagogischen Kontexten ändert dies natürlich nichts.

2. Bildhaftigkeit beim Paarassoziationslernen (PAL) und bei der Textverarbeitung

2.1 Einführung

Während es im ersten Kapitel darum ging, den Stellenwert bildhafter Vorstellungen bei der Informationsverarbeitung generell kenntlich zu machen und dabei relevante Operationalisierungen und theoretische Positionen einzuführen, werden in diesem Kapitel unter diesem Aspekt zwei Untersuchungsfelder gesondert betrachtet. Zunächst geht es darum, genauer zu beschreiben, welche Ergebnisse zum Einfluß bildhafter Vorstellungen auf das Paarassoziationslernen (PAL) vorliegen (2.2). Nachfolgend behandeln wir unter diesem Vorzeichen das Problemgebiet der Textverarbeitung (2.3). Diese beiden Untersuchungsfelder sind natürlich nicht zufällig ausgewählt worden. Zum einen werden sie auch in den eigenen Experimenten aufgegriffen. Zum anderen werden hier Phänomene angesprochen, die von erheblicher pädagogischer Relevanz sind. Wie im ersten Kapitel gezeigt wurde, kommt es in vielen alltäglichen Lernsituationen darauf an, Zusammenhänge zwischen Einzelinformationen zu erwerben. Genau dies wird – wenn manchmal auch in abstrahierter Form – beim PAL verlangt. Daß Vorgänge der Textverarbeitung pädagogisch relevant sind, dürfte selbst-evident sein. Lernende vor Texten – dies dürfte wohl (noch?) eine "pädagogische Grundsituation" sein.

Die folgenden Abschnitte sind jeweils so gegliedert, daß nach generellen Ausführungen auf vorliegende Befunde zur Wirkung von Vorstellungen eingegangen wird, wobei zuerst (und relativ knapp) Erwachsenen-Untersuchungen und danach entwicklungspsychologische Ergebnisse geschildert werden.

Schließlich werden Zusammenfassungen erstellt, die solche Ergebnismuster fokussieren, die für die eigenen Experimente wichtig werden. Anzumerken bleibt noch, daß wir auch hier keine Vollständigkeit anstrebten. Vor allem die generellen Ausführungen zur Textverarbeitung sind eher als einführende Skizze zu verstehen, mit der wichtige Konstrukte erläutert werden sollen.

2.2 Paarassoziationslernen

Bei einer PAL-Aufgabe wird den Proband(inn)en eine Liste von Paaren präsentiert, typischerweise Paare von Wörtern, Bildern, Bildern und Wörtern oder Objekten u.ä.. Jedes Paar besteht aus einem Stimulus-Item (Reizwort) und einem Response-Item (Reaktionswort). In experimentellen Untersuchungen zum PAL lassen sich mehrere Methoden unterscheiden. Da sich die Lern-Prüf-Methode gegenüber anderen Methoden durchgesetzt hat (vgl. Bredenkamp & Wippich, 1977), soll im folgenden nur auf diese etwas genauer eingegangen werden. Wie der Name schon impliziert, werden Lern- und Prüfphase in getrennten Abschnitten durchgeführt. Zunächst werden in der Lernphase alle Paare einzeln präsentiert. In der anschließenden Prüfphase werden nur die Stimuli – in veränderter Reihenfolge – dargeboten, und die Proband(inn)en sollen auf jeden Stimulus den zugehörigen Response produzieren. Es findet also ein "cued recall" Test statt, bei dem die Stimuli als Abrufhilfen ("cues") fungieren. Erfolgt nur ein Lern- und Prüfdurchgang (bzw. einige wenige Durchgänge), fungiert die Anzahl korrekt reproduzierter Response-Items als Indikator der Behaltensleistung. Häufig aber werden so viele Lern- und Prüfphasen (wobei in der Regel die Paare bzw. in der Prüfphase die Stimuli jeweils in anderen Zufallsreihenfolgen präsentiert werden) durchgeführt, bis ein vorher festgelegtes Lernkriterium (ein- oder auch mehrmalige korrekte Wiedergabe aller Responses) erreicht ist. Als Indikator der Behaltensleistung fungiert in diesem Falle die Anzahl der benötigten Lerndurchgänge.

Die Leistungen beim PAL sagen nichts darüber aus, welche Prozesse den Leistungen zugrunde liegen. Underwood, Runquist und Schulz (1959) konnten zeigen, daß zumindest zwei verschiedene Prozesse oder Phasen am PAL beteiligt sind: eine Phase des *Response*-Lernens und eine *assoziative* Phase (für eine genauere Darstellung s. z.B. Bredenkamp & Wippich, 1977, S. 18-19). Für die assoziative Phase ist entscheidend, möglichst sinnvolle Relationen zwischen den Paargliedern herzustellen. Grundsätzlich lassen sich verbale und nonverbale (bildhafte) Elaborationsprozesse unterscheiden. Wir wollen im folgenden mit Pressley (1977a, 1982) von verbaler Elaboration sprechen, wenn auf verbalem Wege eine sinnvolle Relation zwischen Stimulus- und Response-Items vorgegeben wird (durch Einbettung in sinnvolle Sätze oder Phrasen z.B.) oder wenn Proband(inn)en einen derartigen Zusammenhang selbst herstellen. Bildhafte Elaboration meint, daß Bilder präsentiert werden, die Stimulus- und Response-Items in einem interaktiven Zusammenhang darstellen, oder daß Proband(inn)en entsprechende interaktive Vorstellungsbilder generieren. Neben einer Phase des Response-Lernens und einer assoziativen Phase müssen Modelle zum PAL mindestens noch eine weitere Phase berücksichtigen, nämlich eine Phase der *Stimulus-Kodierung*. Wie wir noch sehen werden, wird gerade in Konzeptionen, die die Bedeutung von bildhaften Vorstellungen beim PAL betonen, dem Stimulus große Bedeutung beigemessen. In der Prüfphase fungiert der Stimulus nämlich als Abrufinformation, dem die wichtige Funktion zukommt, die enkodierte Paarrelation wieder ins Bewußtsein zu rufen und den zugehörigen Response zugänglich zu machen. Der Abrufvorgang beim PAL wird als mehrstufiger (mindestens dreistufiger) Prozeß konzipiert, wobei u.a. die Stufen "Zugang zur Gedächtnisspur", "Nutzung der Spur" und "Dekodierung" unterschieden werden (vgl. z.B. Desrochers & Begg, 1987; s. auch 2.2.1).

2.2.1 Bildhaftigkeit und Paarassoziationslernen: Befunde bei Erwachsenen

Das PAL gehört zu den bevorzugten Untersuchungsfeldern der Vorstellungsforschung. Überwiegend wurden Untersuchungen durchgeführt, die von den Forschungsstrategien Gebrauch gemacht haben, die Bildhaftigkeit von Stimuli und Responses zu variieren (meistens konkrete vs. abstrakte Wörter, aber auch Bilder vs. Wörter) und/oder die Instruktionsbedingungen zu manipulieren. Studien, in denen interindividuelle Differenzen im Vorstellen berücksichtigt wurden, sind demgegenüber selten. Die vorliegenden Ergebnisse sind konsistent: In einer Vielzahl von Untersuchungen konnte demonstriert werden, daß sich bildhafte Vorstellungen positiv auf PAL-Leistungen auswirken. So fördern Instruktionen, sich Stimulus- und Response-Items in einer Interaktion vorzustellen, die Leistungen. Ebenso konnten Untersuchungen, in denen die Bildhaftigkeit bzw.

die Konkretheit der Stimuli und der Responses variiert wurden, immer wieder zeigen, daß sich die Leistungen mit zunehmendem Konkretheitsgehalt sowohl der Stimuli als auch der Responses verbessern, wobei die Effekte in Größenordnungen liegen, die in anderen Bereichen der Gedächtnispsychologie relativ selten zu beobachten sind (vgl. z.B. Wippich, 1980a, Experiment 4). Die beim PAL beobachteten Konkretheitseffekte werden von Paivio auf nonverbale Mediationsprozesse zurückgeführt und im Rahmen einer auf das PAL bezogenen "*conceptual peg*" ("konzeptueller Aufhänger") Hypothese interpretiert (vgl. z.B. Paivio, 1969; 1971). Diese Hypothese ist aus der dualen Kodierungstheorie abgeleitet (vgl. 1.3.1) und gilt als eine frühe Version der Organisations-Redintegrationshypothese (s.u.). Nach der "conceptual peg" Hypothese soll ein konkretes Wortpaar (z.B. Haus - Bleistift) gelernt werden, indem die Versuchsperson (Vp) versucht, "... die beiden Wörter zu assoziieren, indem sie ein zusammengesetztes Vorstellungsbild generiert, auf dem ein Haus und ein Bleistift in einer räumlichen Beziehung stehen" (Paivio, 1971, S. 247). Je bildhafter Stimulus- und Response-Wort sind, desto leichter kann ein zusammengesetztes Vorstellungsbild hergestellt werden. Das Attribut "Bildhaftigkeit" beeinflußt somit in der assoziativen Phase sowohl auf der Stimulus- als auch der Response-Seite die Möglichkeit, ein komplexes Vorstellungsbild zu generieren. Eine weitere, sehr wichtige Annahme dieser Hypothese besagt, daß konkrete Stimuli nicht nur als Aufhänger ("peg") bei der Speicherung der Paarrelation fungieren, sondern auch sehr effiziente Abrufhilfen darstellen: "... der Stimulus fungiert als 'Aufhänger', an den sein Assoziat während der Lerndurchgänge gehängt wird und von dem es in Reproduktionsdurchgängen wiedergefunden werden kann. Je konkreter der Stimulus, desto 'stabiler' ist er als konzeptueller Aufhänger und desto besser ist die Reproduktion" (Paivio, 1971, S. 248). Da dem Stimulus die Funktion zukommt, in der Abrufphase das vermittelnde, integrierte Vorstellungsbild ins Bewußtsein zurückzurufen (zu redintegrieren), von dem aus das geforderte verbale Response-Item abgeleitet (dekodiert) werden kann, sagt die Hypothese vorher, daß der Effekt der Variablen "Bildhaftigkeit" auf der Stimulus-Seite stärker sein sollte als auf der Response-Seite.

Eine Vielzahl von Befunden steht mit der "conceptual peg" Hypothese in Einklang. So gilt der Konkretheitseffekt beim PAL als einer der robustesten Effekte in der Literatur zum menschlichen Gedächtnis (s. Marschark et al., 1987), und der Konkretheitsgehalt von Items hat ein größeres Gewicht auf der Stimulus- als auf der Response-Seite (vgl. Paivio, 1971; 1986). Es konnte auch nachgewiesen werden, daß diese Ergebnisse nicht auf andere mit der Konkretheit korrelierte Wortattribute wie Gebrauchshäufigkeit oder verbal-assoziativer Bedeutungsgehalt zurückzuführen sind (vgl. z.B. Paivio, 1986, Kapitel 8). Die Möglichkeit, daß der Effekt der Konkretheit der Stimuli auf eine bessere Diskrimination konkreter Items und nicht auf die von der "conceptual peg" Hypothese angenommenen assoziativen und Abrufmechanismen zurückgeht, wurde ebenfalls geprüft und anhand der erhaltenen Resultate zurückgewiesen (vgl. z.B. Paivio, 1971, S. 289-291). Im übrigen ist die Bildhaftigkeit der Stimuli nicht nur dann ein bedeutender Prädiktor von PAL-Leistungen, wenn verbales Lernmaterial verwendet wird. Untersuchungen, die mit Bild- und Wortmaterial gearbeitet haben, konnten ebenfalls zeigen, daß Bilder konkreten Substantiven als Stimuli überlegen sind, aber nicht unbedingt als Responses (Paivio & Yarmey, 1966; Dilley & Paivio, 1968; Yarmey, 1974). Die Interpretation dieser Ergebnisse im Rahmen der "conceptual peg" Hypothese wird gestützt durch eine Lernstufen-Analyse der assoziativen Effekte (Brainerd, Desrochers & Howe, 1981), die den Effekt der Überlegenheit von Bildern auf der Stimulus-Seite in der Abrufphase lokalisiert. Der Befund, daß Bild-Wort Paare Bild-Bild Paaren überlegen sein können (z.B. Paivio & Yarmey, 1966), weist darauf hin, daß es Dekodierungs- und Benennungsprobleme gibt, wenn Bilder als Responses fungieren.

Als neuere Version der "conceptual peg" Hypothese, die aber nicht nur speziell auf das PAL bezogen ist, gilt die insbesondere von Begg (z.B. Begg, 1972; 1973; 1982; Desrochers & Begg, 1987) formulierte – und im übrigen auch von Paivio (vgl. z.B. Paivio, 1986, Kapitel 8) vertretene – Organisations-Redintegrationshypothese, "... nach der Bildhaftigkeit ein effektiver Prozeß ist, um separate Aspekte von Informationen in neuen, sinnvollen Einheiten zu organisieren, die den Abruf aus dem Gedächtnis vermitteln" (Begg, 1982, S. 273). Diese Hypothese betont primär Prozesse (bei der Enkodierung und beim Abruf), die die Vorteile einer bildhaften Verarbeitung ausmachen, wohingegen die Anzahl der in der Versuchssituation generierten Kodes keine wesentliche Rolle spielt, ist also einer funktionalistischen Perspektive zuzuordnen (vgl. 1.3.3). Entsprechend dem "levels of processing"-Ansatz (Craik & Lockhart, 1972) werden Gedächtnisspuren oder -einheiten als Produkte von Verarbeitungsprozessen betrachtet (vgl. Begg, 1982; Desrochers & Begg, 1987). Die Anzahl der Einheiten und die Anzahl an Items, die jede Einheit repräsentiert, ist von der Art der Kodierung abhängig. Eine wichtige Unterscheidung betrifft die zwischen relationalen und itemspezifischen Enkodierungsprozessen (vgl. z.B. Einstein & Hunt, 1980; Hunt & Einstein, 1981; vgl. auch 1.3.3), wobei angenommen wird, daß eine integrative bildhafte Verarbeitung eine relationale Kodierung fördert, d.h. Stimulus und Response in einen Zusammenhang bringt. Relationale Enkodierungsprozesse begünstigen die Speicherung weniger, aber umfassenderer, integrierter Gedächtniseinheiten. Eine itemspezifische Enkodierung erhöht die Distinktivität (Unterscheidbarkeit) des enkodierten Items – die umso größer ist, je weniger Attribute ein Item mit anderen Items teilt (vgl. z.B. Nelson, 1979) – und fördert somit die Diskrimination der Gedächtnisspur. Der Abrufprozeß wird als Sequenz von Stufen konzipiert. Die erste Stufe, der Zugang zur Gedächtnisspur, erfordert die Diskrimination der Spur. Die zweite Stufe, die Nutzung der Gedächtnisspur, erfordert deren Redintegration. Es wird nun angenommen, daß itemspezifische Informationen, die für den Zugang zu den Gedächtnisspuren wichtig sind, und relationale Informationen, die für die Redintegration relevant sind, im allgemeinen unabhängig voneinander sind. Dies bedeutet, daß eine integrative bildhafte Verarbeitung von Stimulus- und Response-Items nichts über die Wahrscheinlichkeit aussagt, Zugang zu den Gedächtnisspuren zu finden. Diesen Annahmen entsprechend sagt die Organisations-Redintegrationshypothese vorher, daß sich der Vorteil einer integrativen bildhaften Verarbeitung hauptsächlich unter "cued recall" Bedingungen, also im Standard PAL-Verfahren, manifestieren sollte, da unter diesen Testbedingungen der Zugriff zu den relationalen Informationen wahrscheinlicher ist als wenn eine Freie Reproduktion der Paare verlangt wird. Ähnliche Vorhersagen wie aus der Organisations-Redintegrationshypothese ergeben sich auch aus Annahmen von Marschark und Hunt (1989). Nach diesen Autoren gehen Konkretheitseffekte beim PAL darauf zurück, daß relationale Enkodierungprozesse (d.h. entsprechende Vorstellungsprozesse) die Distinktivität des enkodierten Wortpaares innerhalb der gesamten Lernliste erhöhen, wobei die erhöhte Distinktivität aber nur dann die Gedächtnisleistung fördern kann, wenn angemessene "cues" den Zugang zur Relation ermöglichen (vgl. 1.3.3). Während also nach Begg Behaltensvorteile nach einer bildhaften Verarbeitung auf relationale Enkodierungsprozesse (unter Zugrundelegung der Analyseeinheit "Wortpaar") zurückgehen, ist nach Marschark und Hunt die Distinktivität der Paare (bei der Analyseeinheit "gesamte Lernliste") ausschlaggebend.

Neben dem beim PAL demonstrierten Konkretheitseffekt steht eine Vielzahl von Befunden in Einklang mit der Organisations-Redintegrationshypothese (und auch mit den Annahmen von Marschark und Hunt), von denen im folgenden nur einige beispielhaft angeführt werden sollen. Begg (1972) z.B. verglich Freie Reproduktions- und "cued recall"- Leistungen für einzelne Wörter aus konkreten Phrasen (Adjektiv-Substantiv-Verbindungen; z.B. weißes Pferd) oder aus abstrakten Phrasen (z.B. grundlegende Wahrheit). Die "cued recall"- Leistungen (ein Wort der Phrase fungierte als "cue" in der Abrufsituation) waren den Freien Reproduktionsleistungen überlegen, sofern es sich um konkrete Phrasen handelte, nicht aber bei abstrakten Phrasen. Dieses Resultat läßt sich so erklären, daß konkrete, nicht aber abstrakte Wörter als "cues" integrierte Gedächtnisspuren wiederherstellen konnten. Desweiteren fällt die Überlegenheit des "cued recall" gegenüber der Freien Reproduktion bei konkreten Wortpaaren unter einer interaktiven Vorstellungsinstruktion deutlicher aus als unter einer separaten (Begg, 1973).

Interaktive (oder relationale) Vorstellungsinstruktionen fordern die Proband(inn)en auf, zu jedem Paar eine integrierte Bedeutungsvorstellung zu konstruieren, d.h. Vorstellungsbilder zu generieren, in denen Stimulus- und Response-Item in eine Interaktion treten, fördern also eine relationale Kodierung. Demgegenüber sollen die Proband(inn)en unter *separaten Vorstellungsinstruktionen* zu jedem einzelnen Wort eine Vorstellung des Bezeichneten bilden, wodurch eine relationale Kodierung erschwert wird. In einer Reihe von Untersuchungen konnte demonstriert werden, daß die *"bildhafte Interaktion"* eine ganz wesentliche Komponente positiver Effekte einer bildhaften Verarbeitung beim PAL ist. So fallen PAL-Leistungen für Bildpaare besser aus, wenn Stimulus- und Response-Items integriert (z.B. eine Hand *in* einer Schüssel) als wenn sie als separate Einheiten präsentiert werden (z.B. eine Hand *neben* einer Schüssel) (Epstein, Rock & Zuckerman, 1960; Wollen & Lowry, 1971). Bei Bower (1970) waren nach interaktiven Vorstellungsinstruktionen deutlich bessere "cued recall"- Leistungen zu verzeichnen als nach separaten, die sich nicht von Memorierinstruktionen unterschieden. Die Überlegenheit interaktiver Vorstellungsinstruktionen konnte in vielen Untersuchungen repliziert werden (Begg, 1978; 1983; vgl. auch Begg, 1982), wobei zum Teil substantielle Effekte beobachtet werden konnten, z.B. 60% vs. 10% korrekte Responses (Begg, 1978, Experiment 1). Der Effekt ist nicht auf konfundierende Variablen, wie etwa die Bizarrheit der Vorstellungsbilder zurückzuführen (s. Wollen, Weber & Lowry, 1972). Vorteile einer relationalen Vorstellungsinstruktion bleiben nur dann aus (bzw. sind minimal), wenn eine effektive relationale Kodierung auf anderem Wege erreicht wird, z.B. indem Paare bereits sinnvoll miteinander verbunden sind oder indem jedes Paar mit einem einzigartigen Kontext assoziiert wird (vgl. Begg & Sikich, 1984). In Einklang mit den Annahmen der Organisations-Redintegrationshypothese, nach denen interaktive und separate Vorstellungsinstruktionen zu Unterschieden in der relationalen, nicht aber der itemspezifischen Kodierung führen sollen, sind in der Mehrzahl der Untersuchungen keine Unterschiede zwischen beiden Instruktionsbedingungen beim Freien Reproduzieren von Paaren (wohl aber wie zu erwarten in Organisationsmaßen beim Freien Reproduzieren) und beim Wiedererkennen von Stimuli und/oder Responses demonstriert worden (vgl. Begg, 1982). Die Überlegenheit von interaktiven gegenüber separaten Vorstellungsinstruktionen beim "cued recall", nicht aber beim Freien Reproduzieren, findet eine interessante Parallele in Befunden von Marschark und Hunt (1985, 1986, 1989). Diese Autoren konnten zeigen, daß der Konkretheitseffekt eliminiert oder deutlich abgeschwächt wird (in den meisten Experimenten war, obwohl nicht signifikant, tendenziell ein Effekt zu beobachten), wenn mittels entsprechender Orientierungsinstruktionen eine relationale Verarbeitung der Paarlinge verhindert bzw. zumindest unwahrscheinlich gemacht wird oder wenn beim Abruf der Zugang zu den relationalen Informationen erschwert wird, indem eine Freie Reproduktion verlangt wird.

Die *"bildhafte Interaktion"* ist also entscheidend für positive Effekte von Vorstellungen beim PAL. Ist nun eine bildhafte Elaboration – wie nach der Organisations-Redintegrationshypothese zu erwarten – effektiver als eine verbale? Die bekannteste Studie zu dieser Frage dürfte die von Paivio und Foth (1970) sein. Die Autoren konnten zeigen, daß bei konkreten Wortpaaren eine interaktive Vorstellungsinstruktion zu besseren Leistungen ("cued recall") führte als eine verbale Elaborationsinstruktion, während bei abstrakten Paaren der umgekehrte Effekt zu verzeichnen war. Die Überlegenheit einer verbalen Elaboration bei abstrakten Paaren läßt sich darauf zurückführen, daß bildhafte Mediatoren hier sehr viel schwieriger zu generieren waren als verbale. Demgegenüber konnte die Überlegenheit einer bildhaften Elaboration bei konkreten Paaren nicht auf diese Weise erklärt werden. Bildhafte Elaborationsprozesse scheinen vielmehr bei konkreten Wortpaaren effizienter zu sein als verbale.

Festzuhalten bleibt, daß in einer Vielzahl von Untersuchungen positive Effekte bildhafter Vorstellungen beim PAL demonstriert werden konnten. Zu den wichtigsten Ergebnissen gehören deutliche Konkretheitseffekte sowie der Befund, daß das verwendete Material oder die Instruktionen zu relationalem Vorstellen auffordern sollten, um den Lernerfolg zu fördern. Lassen sich diese Befunde mit Kindern replizieren? Ab welchem Alter können Kinder von Vorstellungsinstruktionen profitieren?

2.2.2 Bildhaftigkeit und Paarassoziationslernen: Befunde bei Kindern

Wir wollen zunächst auf Untersuchungen eingehen, in denen von der Forschungsstrategie Gebrauch gemacht wurde, Charakteristika des Lernmaterials zu manipulieren (2.2.2.1). Dazu zählen Studien, in denen die Bildhaftigkeit separat (d.h. nicht-elaboriert) dargebotener Stimulus- und Response-Items variiert wurde, sowie Untersuchungen, in denen Materialien, die zu einer relationalen bildhaften Verarbeitung auffordern sollen (die Paarlinge sind in einer Interaktion zu sehen; vorgegebene bildhafte Elaboration), mit Materialen kontrastiert wurden, die eine relationale Kodierung erschweren sollen (Stimuli und Responses werden als getrennte Bilder präsentiert; nicht-elaborierte Darbietung). Anschließend werden Studien vorgestellt (2.2.2.2), in denen die Instruktionsbedingungen manipuliert wurden. Was interindividuelle Differenzen im Vorstellen betrifft, werden wir unter 2.2.2.1 und 2.2.2.2 insbesondere auf Untersuchungen eingehen, die sich mit alterskorrelierten Differenzen in der Fähigkeit, von einem bildhaften Verarbeitungmodus profitieren zu können, beschäftigen, sowie auf solche Studien, die der Frage nachgehen, auf welche Variablen alterskorrelierte Differenzen zurückgehen könnten.

2.2.2.1 Zum Einfluß der Bildhaftigkeit des Lernmaterials und vorgegebener bildhafter Elaborationen

In Untersuchungen, in denen die Konkretheit separat dargebotener Stimulus- und Response-Items variiert wurde, erhielt die Gruppe um Paivio für ältere Schulkinder (älter als zehn Jahre) ähnliche Ergebnisse wie für Erwachsene, d.h. einen Konkretheitseffekt sowie ein stärkeres Gewicht der Variablen "Konkretheit" auf der Stimulus- als auf der Response-Seite (Paivio, 1969). Allerdings war der Unterschied im allgemeinen weder so groß noch so konsistent wie in Studien mit Erwachsenen. So fiel die Überlegenheit von konkret-abstrakten Paaren gegenüber abstrakt-konkreten Paaren bei Erwachsenen sehr viel deutlicher aus als bei den von Paivio und Yuille (1966) untersuchten Viert-, Sechst- und Achtkläßlern. Paivio und Yuille (1966) führen diese alterskorrelierten Differenzen nicht auf Unterschiede im assoziativen Lernen zurück, sondern auf solche in der Schwierigkeit des Response-Lernens: Kinder sollen bei konkret-abstrakten Paaren Probleme haben, die abstrakten Responses zu produzieren, da abstrakte Items für sie weniger bedeutungsvoll sind als für Erwachsene. Ähnlich werden auch die Ergebnisse von Studien interpretiert, in denen – wie z.B. in fast allen Experimenten mit kleineren Kindern – die Bildhaftigkeit des Lernmaterials variiert wurde, indem konkrete Wörter mit Bildern der Objekte, die durch die Wörter bezeichnet werden, kontrastiert wurden. Paivio und Yarmey (1966) führen ihr bei Erwachsenen erzieltes Resultat, daß Bild-Wort Paare gegenüber Bild-Bild Paaren von Vorteil sind, darauf zurück, daß Bilder als Stimuli das assoziative Lernen fördern, aber als Responses zu einem Dekodierungs- bzw. Benennungsproblem führen. Trifft diese Interpretation zu, dann sollte die Überlegenheit von Bild-Wort über Bild-Bild Paaren bei kleineren Kindern noch sehr viel deutlicher ausfallen. Diese Vermutung konnte von Dilley und Paivio (1968) an Kindern im Alter von vier bis sechs Jahren bestätigt werden. Ferner nahm die Überlegenheit von Bildern über Wörter in der Stimulus-Position zwischen vier und sechs Jahren zu (zu einem ähnlichen Ergebnis für den Altersbereich zwischen fünf und zehn Jahren s. Calhoun, 1974). So war – betrachtet man die Ergebnisse für die einzelnen Altersgruppen getrennt (vgl. auch Rohwer, 1970) – bei den Sechsjährigen auch ein Vorteil von Bild-Bild gegenüber Wort-Wort Paaren zu beobachten, nicht aber bei den Vier- und Fünfjährigen. Demgegenüber lernten bei Rohwer (1968) auch schon Fünfjährige Bild-Bild Paare besser als Wort-Wort Paare. Die Überlegenheit von Bild- über Wortpaare nahm aber auch in dieser Untersuchung mit dem Alter zu, wie auch bei Rohwer, Ammon, Suzuki und Levin (1971). Insgesamt gesehen unterstützen die meisten der vorliegenden Befunde die von Rohwer (z.B. Rohwer, 1970) aufgestellte Entwicklungshypothese, nach der ältere Kinder mehr von einer bildhaften Präsentation von PAL-Items gegenüber einer verbalen Darbietung profitieren als jüngere Kinder. Nach Rohwer (1970) gehen diese alterskorrelierten Veränderungen darauf zurück, daß ältere Kinder, nicht aber jüngere, Bilder spontan benennen und den Namen mit dem Vorstellungsbild zusammen speichern. Ältere Kinder sollen also dual kodieren, jüngere demgegenüber nur bildhaft. Diese Hypothese findet aber nur wenig empirische Unterstützung (s. Pressley, 1977a). So liegen keine überzeugenden Evidenzen vor, daß – wie nach Rohwers Hypothese zu erwarten – die zusätzliche Präsentation von Namen zu Bildern jüngeren Kindern mehr hilft als älteren (z.B. Kee, Bell & Davis, 1981). Möglicherweise fördern die Benennungen jüngerer Kinder nicht die Leistung (Reese, 1962), oder ältere Kinder benennen und memorieren strategischer (Flavell, 1970), aber schon Vierjährige benennen Bilder spontan, und daher spricht wenig für Rohwers Hypothese eines einfachen Produktionsdefizits im Benennen. Teilweise Unterstützung findet die von Dilley und Paivio (1968) aufgestellte Hypothese, daß jüngere Kinder Dekodierungsprobleme haben, und deshalb nur dann benachteiligt sind, wenn verbale Antworten verlangt werden. So war z.B. bei Calhoun (1974) kein negativer Effekt von Bildern auf der Response-Seite zu beobachten, wenn ein PAL-Wiedererkennenstest gegeben wurde (s. aber auch Kee et al., 1981). Auch andere Untersuchungen weisen darauf hin, daß Abruffaktoren von Bedeutung sind. So scheinen insbesondere sehr kleine Kinder (drei bis vier Jahre alt) neben den bereits angesprochenen Dekodierungsproblemen auch Probleme zu haben, bildhafte Mediatoren beim Abruf spontan zu nutzen (Pressley & MacFayden, 1983). Wir werden darauf zurückkommen.

Untersuchungen mit Erwachsenen konnten immer wieder die Bedeutung relationaler Vorstellungen für den Lernerfolg beim PAL demonstrieren. Ähnliche Resultate stellten sich in Studien mit Kindern ein. Die Präsentation von Paaren in Form interaktiver Bilder (bildhafte Elaboration) verbessert die Leistung gegenüber einer nicht-elaborierten Darbietungsform (separate Bilder) bereits bei Drei- bis Vierjährigen (vgl. Pressley, 1977a). Der in einigen Untersuchungen nachgewiesene stärkere Vorteil einer bildhaften Elaboration bei älteren Kindern wird von Reese (1970) darauf zurückgeführt, daß kleinere Kinder visuelle Elaborationen oft nicht richtig "lesen", d.h. sie erkennen den Zusammenhang zwischen den Komponenten eines Paares nicht. Die Fähigkeit, Zusammenhänge auf Bildern "lesen" zu können, ist offensichtlich erfahrungsabhängig. So stellte Reese (1974) fest, daß Kinder nach Beginn der Fernsehserie "Sesamstraße", die viel Erfahrung im "Lesen" von Bildern vermittelt, von interaktiven Bildern besser profitieren konnten. Ergebnisse von Evertson und Wicker (1974) stützen die Vermutung, daß die Probleme jüngerer Kinder beim "Lesen" interaktiver Bilder auf mangelnde Erfahrung mit der Art von Bildern zurückgehen, die häufig in PAL-Studien verwendet wird. Wenn Farbfotos anstelle der üblichen Strichzeichnungen oder schwarz-weiß Fotos präsentiert wurden, zeigten jüngere Kindergartenkinder bessere Leistungen für interaktive Bilder. Da Kinder mit Beginn der formalen Beschulung im Alter von fünf bis sechs Jahren Erfahrung mit vielen Arten von Bildern machen, ist der in einigen Untersuchungen in diesem Alter beobachtete "Sprung" in der Fähigkeit, von bildhaften Elaborationen zu profitieren, verständlich. Daneben bestimmen aber auch die Bedingungen in der Abrufphase, in welchem Maß – und ob überhaupt – drei- bis vierjährige Kinder von bildhaften Elaborationen profitieren können. Pressley und MacFayden (1983) weisen darauf hin, daß in vielen Untersuchungen die Instruktionen in der Testphase nur vage beschrieben sind. Sie konnten zeigen, daß bei drei- bis vierjährigen Kindern nur dann ein Vorteil von interaktiv gegenüber separat präsentierten Bildern zu beobachten war, wenn die Kinder in der Testphase, in der die Stimuli in verbaler Form präsentiert wurden, explizit instruiert wurden, sich an die Bilder zu erinnern. Demgegenüber benötigten Fünf- bis Sechsjährige keine expliziten Abrufinstruktionen. Insgesamt gesehen erweisen sich vorgegebene bildhafte Elaborationen bereits bei kleinen Kindern als effektiv, ein Befund, der auch von pädagogischer Relevanz ist. Beispielsweise läßt sich eine "imagery"-Version der Schlüsselwort-Methode (vgl. 1.5) schon bei dreijährigen Kindern mit Erfolg einsetzen, wenn Bilder präsentiert werden, die das jeweilige Schlüsselwort und die Übersetzung in einer interaktiven Beziehung darstellen (Pressley et al., 1981).

Nicht nur vorgegebene bildhafte, sondern auch vorgegebene verbale Elaborationen führen schon bei sehr kleinen Kindern zu einer deutlichen Leistungsverbesserung gegenüber nicht-elaborierten Darbietungsformen (vgl. Pressley, 1977a). Bei verbalen Elaborationen scheint eine Verknüpfung von Stimulus- und Response-Item mittels eines Verbs am effektivsten zu sein. Die beobachtete Abfolge in der Effizienz der Verknüpfung "Verb (z.B. der Schuh *berührt* den Sessel) > Präposition (z.B. der Schuh *unter* dem Sessel) > Konjunktion (z.B. der Schuh *und* der Sessel)" (z.B. Rohwer, 1973) wird von Rohwer, Lynch, Levin und Suzuki (1967) darauf zurückgeführt, daß die verschiedenen Arten von Verknüpfungen unterschiedliche visuelle Vorstellungsbilder hervorrufen. So soll z.B. eine Konjunktion lediglich ein statisches Bild zweier nebeneinander stehender Objekte hervorrufen und ein Verb ein Handlungsbild.

Sind nun bildhafte oder verbale Elaborationen effektiver? Der überwiegende Teil der Befunde spricht dafür, daß beide Elaborationsformen den Lernerfolg bei Kindergarten- und Schulkindern gleichermaßen begünstigen (s. Pressley, 1977a). Allerdings liegen für das Kindergartenalter sehr widersprüchliche Befunde vor. In Untersuchungen der Gruppe um Rohwer (Rohwer, Lynch, Levin & Suzuki, 1968; Rohwer et al., 1971) erwiesen sich bildhafte Elaborationen bei Kindergartenkindern als weniger effektiv, während es sich bei älteren Kindern (Drittkläßler) umgekehrt verhielt. Nach Rohwer (1970) nimmt die Effektivität vorgegebener bildhafter Elaborationen während der frühen Grundschuljahre zu. Er führt dies auf ein verbales Produktionsdefizit jüngerer Kinder zurück, d.h. ältere Kinder sollen eher eine verbale Elaboration zusammen mit der bildhaften speichern. Rohwers Hypothese findet allerdings wenig empirische Stützung (vgl. Pressley, 1977a). Die vorliegenden Befunde sprechen vielmehr für die bereits erörterte Hypothese, daß jüngere Kinder bei unvertrauten Bildern Probleme haben, die bildhaften Elaborationen zu "lesen" (z.B. Jones, 1973; Evertson & Wicker, 1974). Ferner haben sehr kleine Kinder Abrufprobleme für bildhafte Mediatoren (Pressley & MacFayden, 1983; s.o.). Im übrigen existieren, im Gegensatz zu den Ergebnissen von Rohwer et al. (1968, 1971), auch keine überzeugenden Belege dafür, daß bildhafte Elaborationen bei Grundschulkindern verbalen überlegen sind.

Steigert das Hinzufügen einer bildhaften zu einer verbalen Elaboration (oder umgekehrt) den Lernerfolg? Die vorliegenden Befunde sind widersprüchlich. Allerdings sprechen die meisten dafür, daß es bei allen Altersgruppen von geringer Bedeutung ist, ob eine Elaboration bildhaft, verbal oder sowohl bildhaft als auch verbal erfolgt. Wenn sich Unterschiede einstellten, dann fielen sie gering aus im Vergleich zu den Effekten einer elaborierten gegenüber einer nicht-elaborierten Präsentation (vgl. Pressley, 1977a). Diese Befunde lassen sich u.a. so erklären, daß Bedeutung weder an bildhafte Vorstellungen noch an Sprache gebunden ist, sondern daß es sich um einen abstrakten Prozeß handelt (vgl. auch 1.3.2). Dementsprechend ist der entscheidende Aspekt nicht das Medium der Elaboration, sondern der bedeutungsvolle Kontext, den sie bereitstellt (z.B. Anderson & Bower, 1973; Kintsch, 1974). Andere Autoren sind der Ansicht, daß die bei bildhaften und verbalen Elaborationen involvierten Prozesse sehr verschieden sind, aber zum selben Resultat führen können (z.B. Kosslyn & Pomerantz, 1977).

Von besonderem Interesse für unsere eigene Untersuchung ist, daß es auch innerhalb eines Altersbereichs erhebliche interindividuelle Unterschiede in der Fähigkeit gibt, von einer bildhaften Präsentation von Paarlingen zu profitieren. Während einige Kinder "separate" Bildpaare besser lernten als "separate" Wortpaare, zeigten sich bei anderen keine Unterschiede (z.B. Levin, Rohwer & Cleary, 1971; Levin, Divine-Hawkins, Kerst & Guttmann, 1974). Ebenso profitierten einige Kinder eher von einer bildhaften und andere eher von einer verbalen Elaboration (Mallory, 1972). Ein wesentliches Ziel unserer Untersuchung wird sein, die Frage zu prüfen, welche Bedeutung dem Wissen um Bildhaftigkeit bei der Aufklärung der beobachteten interindividuellen Differenzen zukommt.

2.2.2.2 Zum Einfluß von Vorstellungsinstruktionen

Es besteht kein Zweifel, daß Kinder von vorgegebenen bildhaften Elaborationen profitieren können. Können sie aber auch aus bildhaften Elaborationsinstruktionen Nutzen ziehen, d.h. aus Instruktionen, interaktive Vorstellungsbilder zu separat präsentierten PAL-Items zu konstruieren? Ab welchem Alter gebrauchen Kinder bildhafte Elaborationsstrategien spontan? Es sei darauf hingewiesen, daß der Begriff "Strategie" nicht einheitlich definiert ist. Techniken der Informationsverarbeitung werden als Strategien bezeichnet, sofern es sich um planvolle, zielgerichtete Verhaltensweisen handelt. Wenn das Ziel des Verhaltens oder einer Handlung gedächtnisbezogen ist, wird von einer Gedächtnisstrategie gesprochen (vgl. Wippich, 1984, S. 48). Strategien sind potentiell bewußte und kontrollierbare Aktivitäten (vgl. für eine ausführliche Darstellung Schneider & Pressley, 1989, S. 37-38). In der Forschung zur Gedächtnisentwicklung werden alterskorrelierte Verbesserungen in Gedächtnisleistungen allgemein auf entsprechende alterskorrelierte Verbesserungen im Einsatz von Gedächtnisstrategien, auf die sich entwickelnde Wissensbasis sowie auf Verbesserungen im Metagedächtnis zurückgeführt (vgl. z.B. Wippich, 1984, Kapitel 2).

Einen guten Überblick über die vorliegenden Befunde zum Einfluß von bildhaften Elaborationsinstruktionen geben z.B. Pressley (1982), Pressley, Borkowski und Johnson (1987a) sowie Schneider und Pressley (1989). In Untersuchungen zur Frage, ob Kinder von einer Elaborationsinstruktion profitieren können, werden typischerweise die Leistungen nach einer Elaborationsinstruktion mit denen einer Kontrollgruppe verglichen, die eine Standardlerninstruktion erhält. Ab welchem Alter zeigen Kinder bessere Leistungen nach einer Elaborationsinstruktion? Die Antwort auf diese Frage ist komplex. Beispielsweise ist es von erheblicher Bedeutung, ob zu einer bildhaften oder einer verbalen Elaboration aufgefordert wird. Während nämlich Kinder im Vorschulalter im allgemeinen nur unter ganz bestimmten Bedingungen von bildhaften Elaborationsinstruktionen profitieren können, sind verbale Elaborationsinstruktionen bereits bei Vierjährigen effektiv (z.B. Milgram, 1967; Levin, McCabe & Bender, 1975), und ihre Effektivität unterliegt keinen alterskorrelierten Trends (vgl. z.B. Pressley, 1982; Schneider & Pressley, 1989).

Die vorliegenden Ergebnisse zum Einfluß bildhafter Elaborationsinstruktionen stehen in Einklang mit Rohwers (1973) *Entwicklungs-Elaborationshypothese,* nach der Kinder mit zunehmendem Alter bildhafte Elaborationsstrategien in immer mehr Situationen bzw. mit immer weniger Hilfestellung einsetzen können. Strittig ist, ob und unter welchen Bedingungen bereits vier- bis fünfjährige Kinder von interaktiven Vorstellungsinstruktionen profitieren können. In Untersuchungen der Gruppe um Levin (Wolff & Levin, 1972; Wolff, Levin & Longobardi, 1972) konnte gezeigt werden, daß kleine (etwa fünfjährige) Kinder nur dann von einer Instruktion, interaktive Vorstellungsbilder zu Spielzeugpaaren zu generieren, profitieren konnten, wenn die Kinder die Interaktion auch tatsächlich herstellten, und zwar auch dann, wenn das Resultat der Manipulation nicht gesehen werden konnte. Wolff und Levin (1972) führen dieses Ergebnis darauf zurück, daß die motorischen Aktivitäten die Qualität der mentalen Vorstellungsbilder verbessern. Diese Argumentation basiert auf Vorstellungen von Piaget (z.B. Piaget & Inhelder, 1971) und von sowjetischen Theorien (Zaporozhets, 1965), nach denen motorische Aktivitäten als "Schlüssel" zu den bildhaften Vorstellungen von Vorschulkindern gelten. Spätere Untersuchungen konnten allerdings demonstrieren, daß tatsächliche Manipulationen nicht unbedingt notwendig sind, damit kleinere Kinder von interaktiven Vorstellungsinstruktionen profitieren. So wirkte sich z.B. bei Bender und Levin (1976) bereits die Planung einer Interaktion positiv auf die Leistungen vierjähriger Kinder aus. Und bei fünf (Yuille & Catchpole, 1973) oder sechs Jahre alten Kindern (Varley, Levin, Severson & Wolff, 1974) erweist sich eine "einfache" interaktive Vorstellungsinstruktion ohne motorische Aktivitäten als effektiv, sofern Kinder Informationen darüber erhalten, wie ein gutes interaktives Vorstellungsbild aussieht. Kinder können also mit etwa fünf bis sechs Jahren von interaktiven Vorstellungsinstruktionen profitieren, sofern ihnen Bildoder Objekt-Paare präsentiert werden (vgl. Pressley, 1982). Bei verbalem Material erweisen sich bildhafte Elaborationsinstruktionen erst bei etwa sieben bis acht Jahre alten

Kindern als wirksam, oder sogar noch später, falls komplexe elaborative Aktivitäten verlangt werden, wie etwa bei der Schlüsselwort-Methode (s.u.).

Generell nimmt die Effektivität bildhafter Elaborationsinstruktionen zwischen fünf und elf Jahren zu. So war bei Levin und Pressley (1978), die Bildpaare lernen ließen, ein zunehmender Vorteil einer interaktiven Vorstellungsinstruktion gegenüber der Kontrollbedingung zwischen fünf und sieben Jahren zu verzeichnen. Pressley und Levin (1977b) konnten zeigen, daß sich auch nach dem Alter von sieben Jahren die Fähigkeit, von bildhaften Elaborationsstrategien zu profitieren, noch weiterentwickelt.

> Sie prüften zunächst, wieviel Zeit Zweit- und Sechstkläßler benötigten, um interaktive Vorstellungsbilder zu konkreten Wortpaaren zu konstruieren, wobei die Komponenten der Paare entweder offensichtliche Assoziationen aufwiesen ("verbundene" Paare) und somit relativ leicht zu elaborieren waren, oder keine unmittelbaren Zusammenhänge erkennen ließen ("unverbundene" Paare). Während Sechstkläßler bei verbundenen *und* unverbundenen Paaren weniger als fünf Sekunden pro Paar benötigten, um interaktive Vorstellungsbilder zu generieren, brauchten Zweitkläßler ebenfalls weniger als fünf Sekunden bei "verbundenen" Paaren, aber fünf bis acht Sekunden bei "nicht verbundenen" Paaren. Im zweiten Teil dieser Untersuchung wurden anderen Zweit- und Sechstkläßlern die verbundenen oder unverbundenen Paare mit einer Darbietungsrate von sechs oder zwölf Sekunden pro Paar präsentiert. Bei den Sechstkläßlern erwies sich eine interaktive Vorstellungsinstruktion generell als effektiv. Demgegenüber konnten die Zweitkläßler dann nicht von einer interaktiven Vorstellungsinstruktion profitieren, wenn schwer zu elaborierende Paare schnell präsentiert wurden. Dieses Ergebnis weist auf die Bedeutung der schnellen Verfügbarkeit elaborativer Zusammenhänge in der Wissensbasis hin, macht also deutlich, daß der Gebrauch von Elaborationsstrategien auch von Wissensfaktoren beeinflußt ist.

Ob und in welchem Ausmaß Grundschulkinder von interaktiven Vorstellungsinstruktionen profitieren können, ist aber nicht nur von Bedingungen in der Enkodierungsphase beeinflußt, sondern auch von Bedingungen in der Abrufphase. So konnten Pressley und Levin (1980) nachweisen, daß Kinder im frühen Grundschulalter nicht durchgängig generierte bildhafte Mediatoren nutzen: Erstkläßler lernten konkrete Wortpaare nach interaktiven Vorstellungsinstruktionen nur dann besser als nach Standardlerninstruktionen, wenn sie beim Abruf explizit aufgefordert wurden, sich an die in der Lernphase konstruierten Vorstellungsbilder zu erinnern.

Generell läßt sich festhalten, daß während der frühen Grundschuljahre Kinder eher von interaktiven Vorstellungsinstruktionen profitieren, wenn die PAL-Items als Bilder oder Objekte, nicht aber verbal, präsentiert werden, wenn die Paarkomponenten offensichtliche semantische Beziehungen aufweisen, wenn eine langsame Darbietungsgeschwindigkeit gewählt wird und wenn beim Abruf an die bildhaften Mediatoren erinnert wird. Desweiteren spielt auch die Komplexität der Behaltensaufgabe eine Rolle, wie Untersuchungen zur Schlüsselwort-Methode deutlich machen (vgl. Pressley et al., 1987a). Bei Verwendung dieser Methode erweist sich die Instruktion, Schlüsselwort und Übersetzung imaginal zu verknüpfen, bei Zweitkläßlern – anders als bei Fünftkläßlern – nur dann als effektiv, wenn Schlüsselwort und Übersetzung in Form von Bildern präsentiert werden, nicht aber bei verbaler Darbietung (Pressley & Levin, 1978). Alle genannten Einschränkungen in der Effektivität von bildhaften Elaborationsstrategien gelten mit etwa elf Jahren nicht mehr. In diesem Alter unterscheiden sich Kinder nicht mehr von Erwachsenen in der Fähigkeit, von interaktiven Vorstellungsinstruktionen zu profitieren.

Auch in Studien mit Kindern konnte demonstriert werden, daß entscheidend für die Effektivität von Vorstellungsinstruktionen ist, daß sie zu relationalem Vorstellen auffordern. Während interaktive Vorstellungsinstruktionen zu besseren Leistungen führen als separate, fördern letztere im allgemeinen die Leistungen nicht (z.B. Begg & Young, 1977). Welche Auswirkungen interaktive und separate Vorstellungsinstruktionen haben, ist aber auch von der Darbietungsform des Materials abhängig. Beispielsweise verschwindet der unter Standardlerninstruktionen zu beobachtende Vorteil einer verbalelaborierten Darbietung von Wortpaaren gegenüber einer nicht-elaborierten Präsentation (die Paarlinge sind durch Konjunktionen verknüpft), wenn die Paare unter interaktiven oder separaten Vorstellungsinstruktionen gelernt werden. Dieses Ergebnis läßt sich darauf zurückführen, daß interaktive Vorstellungsinstruktionen das Behalten nicht-elaborierter Paare stärker fördern als das bereits elaborierter Paare, während separate Vorstellungsinstruktionen stärker die Leistung bei elaborierter Darbietung beeinträchtigen (da sie von der Relation ablenken) als bei nicht-elaborierter Präsentation (Begg & Young, 1977; vgl. Begg & Sikich, 1984).

Ebenso wie große interindividuelle Unterschiede in der Fähigkeit beobachtet wurden, von vorgegebenen bildhaften Mediatoren zu profitieren, zeigte sich dies auch bei selbst generierten bildhaften Elaborationen. Beispielsweise profitierten bei Kerst und Levin (1973) einige Viert- und Fünftkläßler deutlich mehr von Elaborationsinstruktionen als andere. Labouvie-Vief, Levin und Urberg (1975) konnten zeigen, daß Viertkläßler mit guten Ergebnissen im Raven Test, der visuell schlußfolgerndes Denken erfaßt, eine bildhafte Elaborationsstrategie effektiver einsetzen konnten als solche mit schlechten Testergebnissen.

Von erheblicher pädagogischer Relevanz ist die Frage, ob auf entsprechende Instruktionen hin eingesetzte Elaborationsstrategien längerfristig beibehalten ("maintenance") und vor allem auch auf neue Situationen übertragen und verallgemeinert ("generalization") werden. Die meisten Befunde sprechen dafür, daß Grundschulkinder, und selbst schon Vorschulkinder (Borkowski, Levers & Gruenenfelder, 1976), Elaborationsstrategien beibehalten (s. Pressley, 1982), aber meistens keinen Strategietransfer zeigen (Campione & Brown, 1977; Brown, Bransford, Ferrera & Campione, 1983). In den frühen Grundschuljahren ist zumindest manchmal ein Transfer zu beobachten, allerdings nicht dann, wenn es sich um relativ komplexe elaborative Strategien handelt, wie z.B. bei der Schlüsselwort-Methode. Pressley und Dennis-Rounds (1980) untersuchten die Transferfrage an zehn- bis elf- sowie 16- bis 17jährigen Proband(inn)en, wobei sie zwei ähnliche assoziative Aufgaben verwendeten.

> Zuerst sollten Städte und die dort hergestellten Produkte gelernt werden, und als zweite Aufgabe fungierte das Lernen lateinischer Vokabeln. Bei den jüngeren Kindern war kein spontaner Transfer der Schlüsselwort-Strategie von der ersten auf die zweite Aufgabe zu beobachten. Erhielten sie allerdings einen Hinweis ("etwas ähnliches zu tun wie bei der ersten Aufgabe"), dann schnitten sie besser ab als die Kontrollgruppe. Die älteren Kinder zeigten demgegenüber auch ohne Hinweis Strategietransfer. Allerdings fiel das Vokabellernen bei beiden Altersgruppen dann am besten aus, wenn eine explizite Instruktion zur Anwendung der Schlüsselwort-Methode erfolgt war, d.h. selbst 16- bis 17jährige zeigten keinen maximalen Transfer. Insgesamt sind deutliche Verbesserungen in der Fähigkeit zum Strategietransfer in der Adoleszenz zu beobachten, in der Regel aber kein maximaler Transfer (vgl. Pressley et al., 1987a).

Während Kinder schon relativ früh elaborative Strategien effektiv einsetzen können, wenn sie zur Verwendung dieser Strategien aufgefordert werden, ist der spontane Gebrauch von bildhaften und verbalen Elaborationsstrategien im Vergleich zu anderen Strategien, wie Memorieren oder Organisieren bei Wortlisten, erst relativ spät zu beobachten. Wenn Kinder eine Strategie auf eine entsprechende Aufforderung hin effektiv einsetzen können, von dieser aber nicht spontan Gebrauch machen, wird von einem Produktionsdefizit (Flavell, 1970) gesprochen. Experimente zur Frage, ab welchem Alter Kinder das Produktionsdefizit für Elaborationsstrategien beim PAL überwinden, beinhalten typischerweise eine Bedingung, in der dazu aufgefordert wird, bildhafte oder verbale Elaborationen zu generieren, sowie eine Kontrollgruppe, die eine Lerninstruktion erhält. Zeigt die Kontrollgruppe ebenso gute Leistungen wie die Elaborationsgruppe, wird geschlossen, daß Kontrollpersonen spontan von einer Elaborationsstrategie Gebrauch gemacht haben. Allerdings könnte dieses Ergebnis auch darauf zurückgehen, daß Kontrollpersonen spontan behaltensförderliche nicht-elaborative Strategien verwendet haben. Glücklicherweise sprechen Untersuchungen, in denen die Proband(inn)en nach ihren Strategien gefragt wurden, dafür, daß gute Leistungen in der Kontrollgruppe tatsächlich auf elaborative Aktivitäten zurückgehen (vgl. Pressley, 1982). Pressley und Levin (1977a) z.B. konnten einen engen Zusammenhang zwischen der Lernleistung und dem berichteten Gebrauch von Elaborationsstrategien bei Kindern und Adoleszenten (fünfte, siebte und neunte Klasse) nachweisen. Die vorliegenden Befunde zeigen deutliche alterskorrelierte Verbesserungen im spontanen Gebrauch von bildhaften und verbalen Elaborationsstrategien zwischen den späten Grundschuljahren, also dem Alter von zehn bis elf Jahren, und der Adoleszenz (vgl. Pressley et al., 1987a). Einer der überzeugendsten empirischen Belege für diesen Schluß wurde von Beuhring und Kee (1987a,b) geliefert. Während in früheren Untersuchungen die Proband(inn)en nach der Lernaufgabe nach den von ihnen verwendeten Strategien gefragt wurden, forderten Beuhring und Kee ihre zehn bis zwölf und 16 bis 18 Jahre alten Proband(inn)en auf, während des Lernens die eingesetzte Strategie laut zu verbalisieren (Ericsson & Simon, 1983). Es zeigte sich ein deutlicher Rückgang in der Verwendung einer einfachen Memorierstrategie ("verbal rehearsal") mit zunehmendem Alter, begleitet von einer sehr deutlichen Zunahme im Gebrauch elaborativer und anderer assoziativer Strategien. Während die jüngeren Kinder bei etwa einem Drittel der Paare Elaborationsstrategien und verwandte assoziative Strategien nannten, setzten die älteren Kinder diese Strategien bei etwa zwei Dritteln der Paare ein.

Auch im spontanen Einsatz von Elaborationsstrategien konnten erhebliche interindividuelle Differenzen beobachtet werden, und zwar selbst bei Jugendlichen (z.B. Rohwer & Bean, 1973). Ferner berichten Pressley und Levin (1977b) von einem Sechsjährigen, der laut Sätze äußerte, die die PAL-Items enthielten, also offensichtlich spontan von einer verbalen Elaborationsstrategie Gebrauch machte. Zu beachten ist allerdings, daß nicht jede Elaboration "strategisch" sein muß. Items, die mit der Wissensbasis übereinstimmen, wie semantisch verbundene Paarlinge, können zu einer automatischen semantischen Elaboration anregen (Rohwer, Rabinowitz & Dronkers, 1982).

Zusammenfassend läßt sich festhalten, daß die vorliegenden Befunde Rohwers (1973) Hypothese stützen, daß der Gebrauch von bildhaften Elaborationsstrategien alterskorrelierten Veränderungen unterliegt. Drei- bis Vierjährige können eigene imaginale Mediatoren im allgemeinen noch nicht generieren, d.h. sie zeigen eine Produktionsineffizienz (Flavell, 1970). Zwischen vier und elf Jahren können Kinder mit zunehmendem Alter bildhafte Elaborationsstrategien nach entsprechenden Instruktionen in immer mehr Situationen bzw. mit immer weniger Hilfe einsetzen, verwenden diese Strategien aber meistens nicht spontan, weisen also ein Produktionsdefizit auf. Deutliche Verbesserungen im spontanen Gebrauch von Elaborationsstrategien sind zwischen der späten Kindheit (elf bis zwölf Jahre) und der späten Adoleszens (17 bis 18 Jahre) zu beobachten.

Worauf lassen sich die beobachteten alterskorrelierten und interindividuellen Differenzen im Gebrauch bildhafter Elaborationsstrategien zurückführen? Zur Erklärung des Befundes, daß Kinder mit zunehmendem Alter immer weniger Hilfen benötigen, um bildhafte Elaborationsstrategien auf entsprechende Instruktionen hin effektiv einsetzen zu können, wird gegenwärtig eine *Informationsverarbeitungshypothese* (bzw. eine *Verarbeitungskapazitätshypothese*) präferiert (vgl. Pressley et al., 1987a). Diese Hypothese betont den engen Zusammenhang zwischen der Fähigkeit, bildhafte Elaborationen produzieren zu können, und der funktionalen Kapazität des sog. Kurzzeit- bzw. Arbeitsspeichers. Sie steht in Einklang mit Auffassungen, daß diese Kapazität während der Kindheit zunimmt (zur Entwicklung des Kurzzeitspeichers vgl. z.B. Case, 1985; Schneider & Pressley, 1989, Kapitel 2) – wobei als wesentliche Determinanten eine effizientere und schnellere Verarbeitung gelten – und daß Kinder aufgrund dieser Zunahme immer komplexere kognitive Aufgaben bewältigen können (s. Case, 1978; 1980). Die vorliegenden Befunde zum Einfluß bildhafter Elaborationsinstruktionen beim PAL lassen sich gut mit der Kapazitätshypothese in Einklang bringen. So dürfte die Generierung interaktiver Vorstellungsbilder zu semantisch verbundenen Paaren oder bei einer langsamen Darbietungsrate weniger Anforderungen an die Verarbeitungskapazität stellen als wenn semantisch unverbundene Paare oder eine schnelle Darbietungsrate gewählt werden. Ebenso läßt sich das Ergebnis, daß Kinder von einer interaktiven Vorstellungsinstruktion zunächst bei Bild- und Objektpaaren und erst später bei Wortpaaren profitieren können, darauf zurückführen, daß die bildhafte Elaboration von Bild- und Objektpaaren deutlich weniger Verarbeitungskapazität beansprucht als die von Wortpaaren. Deutliche Unterstützung erfährt die Kapazitätshypothese durch eine Untersuchung von Pressley, Cariglia-Bull, Deane und Schneider (1987b).

> Pressley et al. forderten ihre Proband(inn)en – sechs bis zwölf Jahre alte Kinder – in der Bildhaftigkeitsbedingung auf, Vorstellungsbilder der Bedeutung konkreter Sätze zu konstruieren. Die Kapazität des Kurzzeitgedächtnisses (die mittels verschiedener Aufgaben erfaßt wurde, die sich auf verschiedene Kurzzeitgedächtnisaspekte bezogen) erwies sich als bester Prädiktor der Gedächtnisleistung bei den Kindern, die eine Vorstellungsinstruktion erhalten hatten, und zwar als deutlich besserer Prädiktor als bei den Kindern, die sich die Sätze unter einer Standardlerninstruktion eingeprägt hatten. Die Kurzzeitgedächtniskapazität blieb auch dann ein bedeutsamer Prädiktor der Behaltensleistung in der Vorstellungs-, nicht aber in der Kontrollbedingung, wenn die Variablen "Alter" und "allgemeine verbale Kompetenz" statistisch kontrolliert wurden. Die Daten von Pressley et al. zeigen somit deutlich, daß die Kapazität des Kurzzeitgedächtnisses eine wesentliche Determinante der Fähigkeit ist, bildhafte Strategien *produzieren zu können*.

Als Determinanten individueller Differenzen im spontanen Gebrauch von Elaborationsstrategien sind verschiedene Variablen diskutiert worden (vgl. Pressley, 1982; Pressley et al., 1987a), u.a. die psychometrische Intelligenz und die assoziative Lernfähigkeit (Rohwer, Raines, Eoff & Wagner, 1977). Als entscheidender Prädiktor für den spontanen Gebrauch von Elaborationsstrategien und von Gedächtnisstrategien überhaupt sowie für den Transfer von Strategien gilt das Metagedächtnis (s. Pressley et al., 1987a; vgl. Kapitel 3 - 5). In unseren eigenen empirischen Untersuchungen soll der Frage nachgegangen werden, inwieweit sich auch individuelle Unterschiede in der Fähigkeit, von vorgegebenen oder auf entsprechende Instruktionen hin generierten bildhaften Elaborationen zu profitieren, auf Unterschiede im Metagedächtnis zurückführen lassen.

2.2.3 Zusammenfassung

Im Hinblick auf unsere eigene Untersuchung, in der der Einfluß bildhafter Vorstellungen bei Kindern im Alter zwischen fünf und elf Jahren untersucht wurde, läßt sich zusammenfassend festhalten, daß Kinder in diesem Altersbereich von einer bildhaften Verarbeitung profitieren, wenn diese durch die Art des Lernmaterials nahegelegt wird: Bildpaare werden besser behalten als Wortpaare. Der Vorteil von Bild- gegenüber Wortpaaren nimmt dabei in der Regel mit dem Alter zu. Um den Lernerfolg zu fördern, sollten die Instruktionen und/oder das verwendete Material zu relationalen Vorstellungen auffordern. So fördert die Präsentation der Paarlinge in Form interaktiver Bilder (vorgegebene bildhafte Elaborationen) die Leistungen gegenüber der Darbietung von Stimulus und Response in Form separater Bilder bereits bei dreijährigen Kindern. Alterskorrelierte Veränderungen in der Effektivität bildhafter Elaborationen sind dabei ab dem Alter von etwa fünf bis sechs Jahren nicht mehr zu beobachten. Neben vorgegebenen bildhaften erweisen sich auch vorgegebene verbale Elaborationen bei Kindern aller Altersgruppen als behaltensförderlich, wobei widersprüchliche Befunde darüber vorliegen, welche Art von Elaboration effektiver ist.

Während schon dreijährige Kinder von vorgegebenen bildhaften Elaborationen profitieren können, unterliegt die Fähigkeit, aus selbst generierten interaktiven Vorstellungsbildern Nutzen zu ziehen, deutlichen alterskorrelierten Trends. Zwischen fünf und elf Jahren können Kinder mit zunehmendem Alter von bildhaften Elaborationsstrategien auf entsprechende Instruktionen hin in immer mehr Situationen bzw. mit immer weniger Hilfe Gebrauch machen, verwenden diese Strategien aber meistens nicht spontan. Fünf- bis sechsjährige Kinder können von bildhaften Elaborationsinstruktionen profitieren – wenn auch nicht in dem Maße wie Grundschulkinder –, sofern Bild- oder Objekt-Paare präsentiert werden, nicht aber bei Wortpaaren. Bei verbalem Material können erst sieben- bis achtjährige Kinder aus derartigen Instruktionen Nutzen ziehen, allerdings nur unter Bedingungen, die nicht zu hohe Anforderungen an die Verarbeitungskapazität stellen. Ab etwa elf Jahren sind dann keine Unterschiede mehr in der Effektivität interaktiver Vorstellungsinstruktionen zwischen Kindern und Erwachsenen zu verzeichnen. Neben alterskorrelierten Differenzen gibt es auch auf einer Altersstufe erhebliche interindividuelle Unterschiede in der Fähigkeit, von einem integrativen bildhaften Verarbeitungsmodus zu profitieren, Unterschiede, die zum Teil noch nicht vollständig aufgeklärt sind.

Anders als interaktive Vorstellungsinstruktionen führen separate Vorstellungsinstruktionen (Instruktionen, separate Vorstellungen der Bedeutung von Stimulus und Response zu generieren) im allgemeinen – verglichen mit "einfachen" Lerninstruktionen – nicht zu verbesserten Leistungen. Ferner sind Wechselwirkungen zwischen den Instruktionsbedingungen und der Elaboriertheit der Darbietung zu beachten. So beeinträchtigen separate Vorstellungsinstruktionen die Leistungen bei einer elaborierten Darbietung stärker als bei einer nicht-elaborierten Präsentation, und interaktive Vorstellungsinstruktionen fördern das Behalten nicht-elaboriert präsentierter Paare stärker als das bereits elaborierter Paare.

2.3 Textverarbeitung

Wenn man sich mit umfangreichen Texten auseinanderzusetzen hat, ist sozusagen das gesamte informationsverarbeitende System gefordert. Beim Lesen eines Textes sind u.a. subsemantische Prozesse (Silben, Wörter und Wortgruppen müssen identifiziert werden), semantische und syntaktische Verarbeitungsprozesse, Inferenzen und Elaborationen wie auch Prozesse der Informationsreduzierung (Wichtiges herausfinden und zusammenfassen) notwendig bzw. zu erwarten. Vom Textangebot ausgelöste ("datengetriebene") Prozesse werden beeinflußt und überlagert von "wissensgeleiteten" Prozessen, die von Erwartungen, Zielsetzungen und dem Vorwissen gesteuert sind. Es gilt nahezu als eine Doktrin innerhalb der Kognitionspsychologie, daß für das Verstehen eines Textes aktive Konstruktionsprozesse entscheidend sind. "Personen speichern nicht passiv die in einer Textpassage enthaltenen Informationen und rufen diese später wieder ab. Vielmehr werden eingehende Informationen aktiv im Kontext des Weltwissens, über das die Leserin (der Leser) verfügt, interpretiert" (Potts, St. John & Kirson, 1989, S. 303). Diese generelle Sicht wird von Ballstaedt, Mandl, Schnotz und Tergan (1981) in einem Ordnungsversuch als "Leser-Text-Interaktion" beschrieben: Vorgängiges Wissen und Zielsetzungen steuern zielgerichtete Leseaktivitäten, wobei dem Text Informationen entnommen und zusammengefügt werden. Mit diesem Konstruktionsprozeß wird zugleich eine Modifikation des Wissens möglich.

Bevor wir Untersuchungen zur Wirksamkeit bildhafter Vorstellungen bei der Textverarbeitung schildern, soll skizziert werden, welche generellen Auffassungen und Modellierungen zur Textverarbeitung vorliegen. Wir vernachlässigen dabei subsemantische sowie syntaktische Prozesse, die der Konstruktion einer Bedeutungsstruktur vorauslaufen. Wir schließen uns Auffassungen an, die – entsprechend den Verarbeitungsprozessen – als Folge und in Konsequenz der Textverarbeitung Repräsentationen von *Oberflächenmerkmalen* (graphisch-visuelle, phonetisch-auditive und syntaktische Merkmale z.B.), von abstrakten *Bedeutungen* (Propositionen) und von *Situationsmodellen* (worüber der Text Aussagen macht) annehmen (vgl. u.a. van Dijk & Kintsch, 1983; Perrig, 1988). Wir unterscheiden in unserem knappen Überblick nicht zwischen verschiedenen Textsorten, stellen aber fest, daß unsere eigenen Untersuchungen auf eine Unterklasse narrativer Texte, nämlich Geschichten, beschränkt bleiben.

Zur Repräsentation von strukturellen ode*r Oberflächenmerkmalen* ist zu sagen, daß deren Stellenwert in Modellen der Textverarbeitung gering angesetzt wird. Zumal bei längeren Texten ist festzustellen, daß wortwörtliche Wiedergaben, die eine Repräsentation von Oberflächenmerkmalen implizieren, natürlich nur in Ausnahmefällen zu erwarten sind. Sie lassen auf ein Auswendig-Lernen schließen und bekräftigen den Verdacht, daß die Bedeutung des Wiedergegebenen möglicherweise überhaupt nicht verstanden wurde. Untersuchungen von Sachs (1967, 1974) und anderen haben gezeigt, daß der exakte Wortlaut und die syntaktische Form dargebotener Sätze schon nach wenigen Sekunden nicht mehr erinnert werden, während Satzbedeutungen längerfristig verfügbar bleiben. Sprachliche Informationen werden auf das Gemeinte hin reduziert, so daß die sprachliche Verpackung oder Form gegenstandslos wird (Engelkamp, 1976). Dies mag allerdings eine Unterschätzung sein und bei anderen Zielstellungen der Leserin (des Lesers) oder des Hörers (der Hörerin) zu Korrekturen Anlaß geben. Neuere Untersuchungen haben demonstriert, daß von Gesprächen (Keenan, MacWhinney & Mayhew, 1977), von Vorlesungen (Kintsch & Bates, 1977) oder von TV-Seifenopern (Bates, Kintsch, Fletcher & Giuliani, 1980) erstaunlich präzise Erinnerungen an konkrete Äußerungen vorliegen können. Ob dies auf die Speicherung und Repräsentation von Oberflächenmerkmalen oder aber auf eine sprechstilistische Rekonstruktion in der Prüfphase zurückgeht, bleibt noch stringent zu prüfen (s. Stevenson, 1988). Geeignete Testverfahren (z.B. Texte mehrfach lesen lassen und die zeitliche Ersparnis erfassen, vgl. Kolers, 1979), die einen hohen Anteil datengetriebener Prozesse aufweisen, könnten einer weiteren Korrektur der möglicherweise unterschätzten Bedeutung von Oberflächenrepräsentationen Vorschub leisten.

Im Mittelpunkt von Modellen zur Textverarbeitung steht zweifelsohne das Bemühen, die Repräsentation konstruierter *Bedeutungseinheiten* zu begreifen. Wir gehen auf zwei Ansätze ein, die sich dieser Frage stellen und die Forschung bestimmen, nämlich auf die Modelle von Kintsch bzw. von Trabasso. Kintsch geht davon aus, daß die Bedeutung von Textaussagen propositional, d.h. durch abstrakte Prädikat-Argument-Strukturen (vgl. 1.3.2) repräsentiert wird (s. u.a. Kintsch, 1974; 1978). Die Bedeutungsstruktur eines Textes wird durch eine geordnete Liste miteinander verbundener Propositionen dargestellt. Tabelle 1 soll dies an einem kurzen Beispieltext veranschaulichen (zum Verfahren der Propositionsanalyse vgl. Turner & Greene, 1977).

Tabelle 1: Die Repräsentation eines Textes durch Propositionen einer Textbasis; jede Proposition wird durch eine Ziffer markiert, die bei einer Einbettung in andere Propositionen wiederholt wird. Argumenttypen werden kleingeschrieben (nach Kintsch, 1978)

Text: Meier kaufte das sehr große Schiff, nachdem er vorläufige Berechnungen vorgenommen hatte.

Propositionen:
1. (KAUFEN, agent: MEIER, objekt: SCHIFF)
2. (GROSSES, SCHIFF)
3. (SEHR, 2)
4. (NACHDEM, 1, 5)
5. (BERECHNEN, agent: MEIER)
6. (VORLÄUFIG, 5)

Verbindungen zwischen den Propositionen (d.h. eine Kohärenzstruktur) ergeben sich durch Argumentüberlappungen und durch Einbettungen ganzer Propositionen als Argumente in anderen Propositionen. Die resultierende Bedeutungsstruktur wird auch *Textbasis* genannt, wobei zwischen einer impliziten Textbasis (hier werden ausschließlich Informationen der Textoberfläche berücksichtigt) und einer expliziten Textbasis (hier werden zusätzlich Kohärenz stiftende Inferenzen eingefügt) unterschieden wird. Zugunsten dieser Modellierung kann angeführt werden (vgl. z.B. Kintsch, 1978), daß Lesezeiten wie Erinnerungswahrscheinlichkeiten mit der propositionalen Struktur vorhergesagt werden können. Beispielsweise ist berichtet worden, daß Erinnerungshilfen, die Argumenten entsprechen, welche in Propositionen mehrfach repräsentiert sein sollten, wirksamer sind als solche, die nur in wenigen Propositionen enthalten sind. Überdies läßt sich zeigen, daß in der Texthierarchie (bzw. in einem Kohärenzgraphen) übergeordnete Propositionen am häufigsten erinnert werden, ein Ergebnis, das darauf zurückgeführt wird, daß solche Propositionen bei der Konstruktion der Textbasis mehrfach verarbeitet worden sind, um Zusammenhänge zwischen den Bedeutungseinheiten herzustellen.

Die bisher geschilderten Annahme sind in einer prozeßorientierten Modellierung weiterentwickelt worden. In einem Modell der zyklischen Textverarbeitung, das Begrenzungen des informationsverarbeitenden Systems berücksichtigt und abbilden will, wie die Bedeutungsstruktur bei der Textverarbeitung "real" (d.h. in und über die Zeit) aufgebaut wird, ist davon die Rede, daß Propositionen in einem Arbeitsspeicher stückchenweise (in "chunks") eingelesen und auf Kohärenz überprüft werden. Für den nächsten Zyklus wird eine begrenzte Propositionsmenge selegiert und in einem Kurzzeitspeicher verfügbar gehalten, während der gesamte Kohärenzgraph in einen Langzeitspeicher kopiert wird (Kintsch & van Dijk, 1978; Miller & Kintsch, 1980). Im nächsten Zyklus geht es dann darum, die neuen Propositionen (des folgenden "chunks") im Arbeitsspeicher mit dem im Kurzzeitspeicher präsent gehaltenen Kohärenzgraphen zu verknüpfen. Gelingt dies nicht, werden zusätzliche Verarbeitungsprozesse (unter Nutzung des Langzeitspeichers) erforderlich. Die Selektion von Propositionen für den nächsten Zyklus kann also einen mehr oder minder reibungslosen Aufbau der Bedeutungsstruktur gewährleisten (oder auch nicht). Kintsch schlägt hierfür eine sog. "leading-edge"-Strategie vor, bei der nach Wichtigkeit und Neuheit aus dem Kohärenzgraphen Propositionen selegiert werden (vgl. auch Fletcher, 1981).

Bei der Konstruktion einer Textbasis ist es manchmal notwendig, Inferenzen zu konstruieren, die zum Verstehen notwendig sind (z.B. um Kohärenz zwischen Propositionen herzustellen, deren Argumente sich nicht überlappen). Daß solche notwendigen Inferenzen "on-line" (bei der Bearbeitung im Arbeitsspeicher) enkodiert werden, ist gut belegt (vgl. z.B. Dell, McKoon & Ratcliff, 1983). Sog. elaborative Inferenzen, die gewissermaßen über den Text hinausgehen, die Bedeutung ergänzen und ausschmücken, werden dagegen nicht notwendigerweise enkodiert (Singer, 1979; McKoon & Ratcliff, 1986). Hierzu bedarf es naheliegender Kontextinformationen bzw. entsprechender Zielstellungen des Textbearbeiters (O'Brien, Shank, Myers & Rayner, 1988; McKoon & Ratcliff, 1989).

Der Aufbau einer Bedeutungsstruktur vollzieht sich im übrigen nicht nur in mikroskopischen Analysen (die Textbasis wird auch als Mikrostruktur bezeichnet). Zusätzlich wird angenommen, daß auch sog. Makrostrukturen konstruiert werden, wobei Makrooperatoren (wie Auslassen, Bündeln, Generalisieren) rekursiv angewendet werden können, so daß eine reduzierte Bedeutungsstruktur konstruiert werden kann, in der die wichtigsten Aussagen zusammengefügt und beispielsweise für Zusammenfassungen genutzt werden können (Kintsch, Mandel & Kozminsky, 1977).

Bei der Konstruktion sog. Makrostrukturen sind – je nach Textsorte – übergeordnete Wissensschemata zu berücksichtigen, die auch auf Inferenzen und Elaborationen Einfluß nehmen können. Zu solchen Schemata gehören z.B. *Skripte* und *Geschichten-Grammatiken*. Skripte gelten als eine spezielle Form sehr komplexer Schemata. Sie sollen verallgemeinertes Wissen über Handlungs-Ereignis-Folgen in wohldefinierten Situationen abbilden (Schank & Abelson, 1977). Nach Graesser (1981) tragen solche Ereignisschemata dazu bei, daß auch Informationen enkodiert und "erinnert" werden, die typischerweise in entsprechenden Situationen passieren, im Text jedoch ausgespart geblieben sind. Entwicklungspsychologische Untersuchungen haben demonstriert, daß schon Vorschulkinder Texte effektiv bearbeiten können, wenn der Inhalt auf Skripte zugeschnitten ist (vgl. u.a. Hudson & Nelson, 1983; Fivush, 1984; Hudson, 1988).

Geschichten-Grammatiken, die in unseren Untersuchungen bei der Materialkonstruktion Verwendung finden, sind auch entwickelt worden, um dem Sachverhalt Rechnung zu tragen, daß bereits jüngere Kinder mit in Geschichten mitgeteilten Informationen relativ gut "umgehen" können. Qualitative Unterschiede in den Behaltensmustern sind z.B. häufig ausgeblieben, während sich quantitativ die Behaltensmengen alterskorreliert verbessern (vgl. z.B. Brown & Smiley, 1977). Eine solche Stabilität in den Behaltensmustern könnte darauf zurückgehen, daß Geschichten bestimmten Aufbauprinzipien folgen, die als Regeln formalisiert werden können. Zumindest implizit scheinen schon Vorschulkinder über ein solches Geschichten-Schema zu verfügen (Mandler & Goodman, 1982). Nach Stein und Glenn (1979) setzen sich z.B. wohlgeformte Geschichten aus bestimmten Konstituenten zusammen, die miteinander verknüpft sind. Generell wird zwischen einem Rahmen (setting) und mindestens einer Episode unterschieden. Im Rahmen werden der Protagonist und/oder die Protagonistin eingeführt und Hintergrundinformationen mitgeteilt. In einer Episode verändert zunächst ein Anfangsereignis die Ausgangslage und löst beim Protagonisten interne Reaktionen aus, die zu Handlungen motivieren. Handlungen ziehen direkte Konsequenzen nach sich, die wiederum beim Protagonisten Reaktionen verursachen. Untersuchungen haben gezeigt, daß Teile des Rahmens, Anfangsereignisse und Konsequenzen am besten und interne Reaktionen (mit Ausnahme wichtiger Ziele) sowie Reaktionen am schlechtesten erinnert werden (vgl. u.a. Mandler & Johnson, 1977; Stein & Glenn, 1979).

Die Konstrukte "Skript" bzw. "Geschichten-Grammatik" sind zwar nicht von Kintsch entwickelt worden, lassen sich aber in dessen Modellierung mühelos einfügen. Dies trifft nicht für eine andere Analyse der Bedeutungsstrukturen zu, die von Trabasso und Mitarbeitern angeregt worden ist, wobei der propositionale Grundgedanke nicht weiter verfolgt wird. Textverarbeitung wird hier weitgehend als Problemlöseprozeß konzipiert. Es geht darum, über Geschichten kausale Netzwerke zu konstruieren, so daß ein Ausgangszustand über eine Sequenz kausaler Verbindungen mit einem Endergebnis verknüpft wird (vgl. u.a. Trabasso & Sperry, 1985; Trabasso & van den Broek, 1985). Mit dieser Modellierung konnte gezeigt werden, daß Aussagen, die am häufigsten mit anderen Aussagen im kausalen Netzwerk verknüpft sind, am besten erinnert werden (Trabasso, Secco & van den Broek, 1984). Aussagen, die der Kausalkette zuzuordnen sind (und somit dem "roten Faden" entsprechen), haben ebenfalls hohe Erinnerungswahrscheinlichkeiten (Black & Bower, 1980; Trabasso et al., 1984). Neuere Untersuchungen haben gezeigt, daß mit kausalen Netzwerken auch die eingeschätzte Wichtigkeit von Textaussagen (van den Broek, 1989) sowie Zusammenfassungen vorhergesagt werden können (van den Broek & Trabasso, 1986), wobei auch entwicklungspsychologische Unterschiede in der Sensibilität für Wichtigkeitsunterschiede (vgl. z.B. Brown & Smiley, 1977) begründet werden. Auch im Vergleich mit Vorhersagen des Konstrukts "Geschichten-Grammatik" liegen Evidenzen vor, die das Modell als vorteilhaft erscheinen lassen. Nezworski, Stein und Trabasso (1982) berichten jedenfalls, daß die schon dargestellten Unterschiede in den Behaltensleistungen für verschiedene Konstituenten der Grammatik mehr mit der inhaltlichen Bedeutung in einem kausalen Netzwerk als mit der Grammatik per se zu tun haben.

Aktuell zeichnet sich ab, daß es sinnvoll sein kann, die Überlegungen von Trabasso mit dem Modell von Kintsch zu kombinieren. Dies trifft insbesondere für die sog. "leading-edge"-Strategie bei der Selektion von Propositionen für einen nächsten Verarbeitungszyklus zu. Diese allzu mechanistische Selektionsroutine scheint korrekturbedürftig, wobei "kausale Analysen" im Sinne von Trabasso hilfreich sein können. Fletcher und Bloom (1988, S. 244) fanden jedenfalls, "... daß Leser(innen) lokale kausale Relationen verwenden, um die Propositionen zu identifizieren, die am wahrscheinlichsten dem nächsten Satz, den sie lesen, vorausgehen. Diese Propositionen werden immer im Kurzzeitspeicher gehalten und erlauben uns, einen kausalen Pfad durch den Text zu entdecken".

Selbst unter Einbezug "schematischer" Wissensstrukturen und übergeordneter Verarbeitungsebenen (Makrostruktur, Skript, Geschichten-Grammatik) bleibt der Eindruck, daß Modelle, die konstruierte Textbedeutungen grundsätzlich auf nahezu mikroanalytische Einheiten gründen, mindestens unvollständig bleiben. Würde Textverarbeitung allein an solchen atomistischen Einheiten orientiert bleiben, würde sich – zumal bei längeren Texten – ein kaum noch zu bewältigender Arbeitsaufwand ergeben (vgl. Tabelle 1; bei umfangreicheren Texten würden sich die Propositionslisten nahezu exponentiell erhöhen). Insofern ist es nicht überraschend, daß die elementaristische Sichtweise mittlerweile durch Konzeptionen ergänzt wird, die als "holistisch" bezeichnet werden können. Textverstehen wird hier zusätzlich als Konstruktion eines *Szenarios* (Sanford & Garrod, 1981), eines *mentalen Modells* (Johnson-Laird, 1983) oder eines *Situationsmodells* (van Dijk & Kintsch, 1983) begriffen. Wir sprechen im folgenden nur noch von Situationsmodellen. Was ist darunter zu verstehen? Situationsmodelle sollen abbilden, was Texte beschreiben ("what the text is about"), nicht aber Texte selbst. Unter erheblichem Einfluß des Vorwissens und der eigenen Leseperspektive wird vom Text übernommen (und nicht dem Text entnommen), welche Dinge (Objekte, Ereignisse, Personen) beschrieben werden. Bei Geschichten ist z.B. anzunehmen, daß entsprechend der Erzählperspektive die Ereignisse aus der Sicht des Protagonisten fokussiert werden, wobei ein Modell konstruiert wird, das den Protagonisten "im Auge behält". Aktuell sind dabei jeweils Ereignisse, Aktivitäten, räumliche Gegebenheiten etc. Bestandteile des sich aufbauenden Modells, mit denen der Protagonist zu tun hat. In die Modellbildung fließt all das Wissen ein, über das der Leser oder die Leserin zur gegebenen Situation verfügt. Texte (oder propositionale Repräsentationen) spezifizieren das Modell, ohne es vollständig zu determinieren. So resultieren "wahrnehmungsnahe" Abbildungen des Beschriebenen (Glenberg, Meyer & Lindem, 1987), die beim Textverstehen ständig ergänzt und evaluiert werden. Situationsmodelle sollen es möglich machen, die beschriebenen Ereignisse oder Handlungen "vor dem geistigen Auge" wieder ablaufen zu lassen (mentale Simulation) und vor allem die Interpretation leiten und Inferenzen anregen. Einschlägige Untersuchungen, die darauf hindeuten, daß Textverarbeitung und -verstehen über die Konstruktion zusammenhängender Propositionslisten hinausgehen und – bei vergleichbaren propositionalen Bedeutungen – je nach Situationsmodell zu unterschiedlichen Resultaten und Interpretationen führen, sind u.a. von Mani und Johnson-Laird (1982), Perrig und Kintsch (1985), Glenberg et al. (1987), Morrow, Greenspan und Bower (1987) sowie Morrow, Bower und Greenspan (1989) vorgelegt worden. Relativ unklar ist noch, wie dieses Konstrukt mit der Repräsentationsform "propositionale Textbasis" zusammenpaßt. Bei van Dijk und Kintsch (1983) stehen beide Repräsentationsformen "nebeneinander". Nach Mani und Johnson-Laird (1982) soll dagegen ("sobald ein Modell gebildet worden ist") eine propositionale Repräsentation "aufgegeben" werden (S. 185).

Nach diesen generellen Skizzen soll nachfolgend untersucht werden, welche Ergebnisse zur Wirksamkeit bildhafter Vorstellungen auf die Textverarbeitung bei Erwachsenen bzw. Kindern vorliegen. Wie wir gesehen haben, ist es mittlerweile gängig, die Ergebnisse der Textverarbeitung verschiedenen Ebenen zuzuordnen. Es wird deshalb auch nützlich sein, darauf zu achten, ob eventuelle Vorstellungswirkungen eher an Oberflächenrepräsentationen, propositionalen Repräsentationen und/oder Situationsmodellen festzumachen sind.

2.3.1 Bildhaftigkeit und Textverarbeitung: Befunde bei Erwachsenen

Bildhafte Vorstellungen bei der Textverarbeitung – diesem Problem ist erstaunlich wenig Aufmerksamkeit gewidmet worden. Bei der Entwicklung von Modellen zur Textverarbeitung wurden Vorstellungen vernachlässigt. Im Vordergrund standen propositionale Modellierungen. Erst die Ergänzung elementaristischer Sichtweisen durch eine "holistische" Repräsentationsebene, dem Situationsmodell, hat gelegentlich die Einsicht gefördert, beim Umgang mit Texten könnten Vorstellungen nützlich sein, obwohl die meisten Autoren davor warnen, das Format der Repräsentation einer beschriebenen Situation mit Vorstellungen gleichzusetzen (vgl. z.B. Glenberg et al., 1987). Andererseits hat die Vorstellungsforschung eher einfach strukturierte Materialien präferiert und Situationen gemieden, in denen umfangreiche Texte bearbeitet und behalten werden sollen. Wahrscheinlich wurde es von vornherein für wenig plausibel gehalten, die Bedeutung eines umfangreichen Textes sei in Form einer Kette oder Serie komplexer Vorstellungen abgespeichert, eine Annahme, die von der dualen Kodierungstheorie vertreten worden ist. Folgt man z.B. Begg und Paivio (1969), würden abstrakt formulierte Texte nur in ihrem *Wortlaut* (per Aktivation entsprechender Logogene) festgehalten werden können, während die Speicherung von Text*bedeutungen* ausschließlich an Vorstellungen (bzw. entsprechenden Imagenen) festgemacht wird und somit nur für konkret formulierte Texte möglich wäre. Wie wir gesehen haben, sind solche Überlegungen bei der Entwicklung von Modellen zur Textverarbeitung aus guten Gründen völlig bedeutungslos geblieben.

Im folgenden beschreiben wir einige Ergebnisse, die zum Behalten von Texten bei erwachsenen Personen vorliegen. Wir gehen auf Untersuchungen ein, die von den Forschungsstrategien Gebrauch gemacht haben, die Bildhaftigkeit des Textmaterials zu variieren, die Instruktionsbedingungen zu verändern und/oder interindividuelle Differenzen im Vorstellen zu berücksichtigen, um den Stellenwert von Vorstellungen beim Umgang mit Texten einzuschätzen. Wie wir sehen werden, sind die Befunde keineswegs konsistent. Dies ist allerdings nicht allzu überraschend, weil viele Untersuchungen einen eher atheoretischen Ausgangspunkt haben, die Resultate der Textverarbeitung nicht in einem einheitlichen und vergleichbaren Gefüge abhängiger Variablen erfaßt wurden und Differenzierungen zwischen verschiedenen Ebenen der Textrepräsentation die Ausnahme sind.

Die *Bildhaftigkeit* des Textes zu manipulieren, ist bei Untersuchungen an Erwachsenen die am häufigsten verwendete Forschungsstrategie. Die Manipulationen reichen von Vergleichen zwischen Texten, die sich z.B. nur in den Adjektiven (anschaulich vs. abstrakt) unterscheiden (Kirchner, 1969; de Vito & Olson, 1973), bis hin zu Vergleichen zwischen verschiedenen, konkret bzw. abstrakt formulierten Texten. Während im zuerst genannten Fall nachfolgend erfaßte Erinnerungen an die Adjektive und/oder die zugehörigen Substantive positive Bildhaftigkeitseffekte zeigen, ist für den zweiten Fall von solchen Effekten berichtet worden, wenn die einzeln dargebotenen Wörter einer Textfolge entsprechen (und nicht zufällig aneinandergereiht werden, vgl. Yuille & Paivio, 1969; Philipchalk, 1972). Wenn wir von den relativ künstlichen Bearbeitungs- und Wiedergabebedingungen absehen, die eher Wortlistenuntersuchungen entsprechen, könnte aus diesen Ergebnissen gefolgert werden, Vorstellungen förderten (per "lebendiger Sprache") die Repräsentation von Oberflächenmerkmalen oder begünstigten die Konstruktion eines Situationsmodells (wenn die Wörter eine sinnvolle Text-Beschreibung ergeben).

Da in den bislang beschriebenen Untersuchungen Texte miteinander verglichen wurden, die sich möglicherweise nicht nur in der Bildhaftigkeit unterscheiden, sondern auch in anderen Textmerkmalen (z.B. in der Verständlichkeit), ist die vorgebrachte Interpretation allerdings voreilig. In dem Bemühen, die zu vergleichenden Texte auf anderen Dimensionen äquivalent zu halten, sind Untersuchungen von de Villiers (1974) sowie Wippich und Bredenkamp (1979) beispielhaft. Wippich und Bredenkamp (1979) ließen völlig identische Texte reproduzieren. Eine Manipulation der Bildhaftigkeit erfolgte hier durch unterschiedliche Kontexteinbettungen (Titel), die entweder eine bildhafte oder eine abstrakte Interpretation des Textes nahelegten. De Villiers präsentierte die Sätze eines Textes entweder so, daß ein Zusammenhang erkennbar war, oder als isolierte Einheiten. Bei Wippich und Bredenkamp blieben Bildhaftigkeitseffekte aus; bei de Villiers war unter der "Zusammenhangsbedingung" (Textinterpretation) ebenfalls kein Bildhaftigkeitseffekt (bezogen auf die Erinnerungsleistungen bei einzelnen Sätzen unterschiedlicher Bildhaftigkeit) nachweisbar. Dem stehen Ergebnisse gegenüber, die von Eye (1989) vorgelegt hat (vgl. auch Thiel & von Eye, 1986). Nach Verständlichkeit, Lesbarkeit und nach stilistischen Merkmalen äquivalente konkrete und abstrakte Texte wurden deutlich unterschiedlich gut reproduziert. Für ähnlich gut kontrollierte Texte berichtet dagegen Marschark (1985) ein anderes Ergebnismuster: Bildhaftigkeitseffekte waren nur dann nachweisbar, wenn die Textsätze in ungeordneter Zufallsfolge präsentiert wurden, ein Ergebnis, das allerdings von Ransdell und Fischler (1989) mit dem gleichen Material nur teilweise bestätigt werden konnte.

Wie lassen sich solche Widersprüchlichkeiten begründen? Eine duale Kodierungstheorie, die Bildhaftigkeitseffekte auf die zusätzliche "Aktivierung" sog. Imagene zurückführt, hat die größten Probleme mit den beschriebenen Ergebnismustern. Warum in einem Fall Effekte eintreten und im anderen nicht, kann nicht begründet werden, wenn Vorstellungen quasi zwangsläufig unter geeigneten Materialbedingungen (konkrete Texte) "ausgelöst" werden sollen. Offensichtlich hängt es auch von den Zielstellungen des Textbearbeiters und den Prüfbedingungen ab, ob und auf welchem Repräsentationsniveau Vorstellungen funktional werden. In den zuletzt beschriebenen Untersuchungen wurde immer nur die Reproduktionsleistung erfaßt. Bei klar geordneten Texten mit eindeutiger Struktur dürften vor allem Makrostrukturen für diese Leistung wichtig sein. Es besteht kein Grund zu der Annahme, daß bei Erwachsenen die Konstruktion solcher Strukturen von der Bildhaftigkeit des Materials oder von Vorstellungen erheblich beeinflußt wird. Genauere Analysen (z.B. nach dem Behalten von Oberflächenmerkmalen, nach der Konstruktion einer Textbasis oder nach Inferenzen auf der Grundlage eines Situationsmodells fragen) können andere Ergebnisse zur Folge haben, ohne daß man wissen kann, ob und in welchem Maße solche Ebenen der Auseinandersetzung mit Textinformationen in die Ergebnisse der bislang geschilderten Untersuchungen eingeflossen sind oder nicht, was zu unterschiedlichen Ergebnissen beigetragen haben mag.

Ganz in diesem Sinne sind Untersuchungen angelegt, die Perrig und Kintsch (1985) sowie Perrig (1988) vorlegen. Hier konnte wahrscheinlich gemacht werden, daß Vorstellungen vor allem zur Konstruktion eines Situationsmodells beitragen. Wippich (1987) prüfte das Behalten von Oberflächeninformationen (Wiedererkennen von Inhaltswörtern), die Repräsentationsebene der Textbasis (die in Texten enthaltenen Inhaltswörter wurden erneut vorgelegt; die Vpn sollten die Bedeutungseinheiten rekonstruieren) und die Ebene des Situationsmodells (es war zwischen naheliegenden und falschen Inferenzen, die aus der Textbeschreibung gezogen werden konnten, zu unterscheiden). Bildhaftigkeitseffekte waren hier auf allen Repräsentationsebenen nachweisbar. Nach diesen Ergebnissen *können* Vorstellungen zum Behalten von Oberflächenmerkmalen beitragen (eine sog. *itemspezifische* Funktion), die Verknüpfung von Propositionen in der Textbasis erleichtern (eine "relationale" Funktion) und vor allem die Konstruktion eines Situationsmodells präzisieren (und damit Schlußfolgerungen aus dem Beschriebenen ermöglichen). Daraus folgt *nicht,* daß Vorstellungen als Vorstellungen abgespeichert werden. Vorstellungen erfüllen Hilfsfunktionen bei der Textverarbeitung, von denen Gebrauch gemacht werden kann, wenn es die Aufgabenbedingungen zulassen und wenn die Zielstellungen der Leserin/Hörerin (des Lesers/Hörers) es geraten erscheinen lassen, dieses Hilfsmittel zu nutzen. Nachwirkungen der Vorstellungstätigkeit lassen sich aber erst dann lokalisieren, wenn geeignete Prüfverfahren modellgeleitet eingesetzt werden. Globale Erinnerungsmaße (wie die Anzahl reproduzierter Textwörter) sind möglicherweise nicht geeignet, um solche Vorstellungseffekte reliabel zu indizieren, zumal bei solchen Maßen damit zu rechnen ist, daß die Vpn das von ihnen Erwartete unterschiedlich interpretieren (soll ich nur das Wichtigste wiedergeben oder auch Details erwähnen?).

In Ergänzung zur ersten Forschungsstrategie sind auch Untersuchungen zu nennen, bei denen die Wirkung von zusätzlich zu Texten präsentierten Bildern erfaßt worden ist. Unter der Voraussetzung, daß Bilder die Vorstellungstätigkeit anregen, würden auch mit diesem Untersuchungstyp Bildhaftigkeitseffekte geprüft werden. Untersuchungen an Erwachsenen haben in der Tat "positive Bildeffekte" ergeben (vgl. u.a. Rasco, Tennyson & Boutwell, 1975; Mayer, 1989). Wir verzichten auf eine differenziertere Analyse der Ergebnisse (z.B. welche Textinhalte bei welchen Textsorten sollten wie durch Bilder illustriert werden, um auf welcher Repräsentationsebene Effekte zu erzielen?), da dieses Problemfeld im Zusammenhang mit entwicklungspsychologischen Untersuchungen ausführlicher behandelt wird. In jedem Fall stützen "Bilduntersuchungen" die Annahme, daß Vorstellungen für die Textverarbeitung hilfreich sein *können.*

In einer zweiten Forschungsstrategie ist auch bei der Textverarbeitung geprüft worden, welche Wirkungen *Instruktionen* nach sich ziehen, die zur bildhaften Verarbeitung auffordern. Solche Untersuchungen haben den Vorteil, daß das Lernmaterial konstant gehalten werden kann. Nachteilig ist allerdings, daß immer damit zu rechnen ist, daß auch Kontrollpersonen (ohne explizite Bildhaftigkeitsinstruktion) spontan auf Visualisierungen rekurrieren. Dennoch zeigen die meisten Untersuchungen an Erwachsenen, daß Vorstellungsinstruktionen positive Effekte auf das Textbehalten ausüben (vgl. z.B. Anderson & Kulhavy, 1972; Rasco et al., 1975). Einen genaueren Überblick gibt Perrig (1988). Diese Ergebnisse zeigen zumindest an, daß – ganz im Sinne der schon vorgebrachten Überlegungen – selbst bei konkret formulierten Texten keineswegs zwangsläufig mit Vorstellungsaktivitäten bei allen (erwachsenen) Personen zu rechnen ist. Wäre dem so, müßten Instruktionseffekte ausbleiben.

Relativ spärlich sind schließlich Untersuchungen, bei denen *interindividuelle Differenzen* in der Vorstellungsfertigkeit auf die Textverarbeitung bezogen worden sind (dritte Forschungsstrategie). Denis (1987) stellt z.B. eigene Untersuchungen dar, die zeigen, daß (nach eigenen Angaben) "gute Vorsteller" nur bei konkreten Texten längere Lesezeiten benötigen als "schlechte Vorsteller" (was auf Visualisierungsbemühungen beim Lesen schließen läßt). Entsprechend überproportional verbessern sich ihre Wiedererkennensleistungen für Textwörter. Und muß beurteilt werden, ob eine Zeichnung einem verbal beschriebenen Textkonzept entspricht, könnten "gute Vorsteller" solche Urteile ohne Zeitverzögerung treffen, während "schlechte Vorsteller" beim "Bildtest" mehr Zeit benötigen als beim verbalen Wiedererkennen.

2.3.2 Bildhaftigkeit und Textverarbeitung: Befunde bei Kindern

Auch in Untersuchungen mit Kindern wurde überwiegend von den Forschungsstrategien Gebrauch gemacht, die Charakteristika des Lernmaterials und/oder die Instruktionen zu variieren, wobei in den meisten Studien, die der ersten Forschungsstrategie zuzurechnen sind, die Wirkung von zusätzlich zu Texten präsentierten Bildern erfaßt wurde, während angesichts zu erwartender Verstehensprobleme nur selten (und dann bei älteren Kindern) abstrakte und konkrete Texte kontrastiert wurden. Während mehrere Untersuchungen der Frage nachgingen, mit welchen Variablen interindividuelle Unterschiede in der Fähigkeit, von einem bildhaften Verarbeitungsmodus profitieren zu können, zusammenhängen, wurden interindividuelle Unterschiede in der Vorstellungsfertigkeit nur sehr selten berücksichtigt. In den vorliegenden Untersuchungen wurde eine Vielzahl von unterschiedlichen Formen der Behaltensprüfung eingesetzt: u.a. die freie Wiedergabe, die Wiedergabe der Hauptideen oder die Beantwortung von Fragen (ja/nein Fragen, "multiple-choice" Fragen, Fragen, die kurze Antworten erfordern). Am häufigsten wurden Fragen gestellt, die kurze Antworten verlangen ("short-answer questions"; meistens "w..."-Fragen, d.h. "wer"-, "was"-, "wo"-, "wann"-Fragen). Eine freie Wiedergabe, die nur in wenigen Studien gefordert wurde und bei der dann häufig Bodeneffekte zu beobachten waren, erfaßt vermutlich nicht immer alles, was Kinder an Informationen erworben haben (vgl. z.B. Levin & Lesgold, 1978; Pressley & Miller, 1987). Gezielte Untersuchungen zur Frage, inwieweit Ergebnisse von der Art der erhobenen abhängigen Variablen (AV) beeinflußt sind, fehlen weitgehend (vgl. auch Levin, 1989). Diese Frage ist aber von besonderem Interesse, weil sich verschiedene AVn auf unterschiedliche Ebenen der Textverarbeitung beziehen. So dürfte für eine freie Wiedergabe bzw. ein Nacherzählen insbesondere die Makrostruktur wichtig sein, und Situationsmodelle sollten Inferenzen anregen (vgl. 2.3.1). Die vorliegenden Untersuchungen mit Kindern, die noch atheoretischer sind als die mit Erwachsenen, sind aber bis auf ganz wenige Ausnahmen nicht auf die Frage bezogen, an welcher Ebene der Textrepräsentation eventuelle Vorstellungswirkungen festzumachen sind. Wir wollen in unserer Untersuchung verschiedene Formen der Behaltensprüfung einsetzen, die sich auf verschiedene Repräsentationsebenen beziehen sollen.

Ähnlich wie beim PAL liegen auch beim Textlernen überzeugende Evidenzen vor, daß schon fünfjährige Kinder von einer bildhaften Verarbeitungsstrategie profitieren können, wenn ihnen Bilder zusätzlich zu Texten präsentiert werden, daß aber die Fähigkeit, aus Vorstellungsinstruktionen Nutzen ziehen zu können, deutlichen alterskorrelierten Trends unterliegt (vgl. z.B. Pressley, 1977a; Pressley et al., 1987a). Will man genaue Aussagen darüber treffen, ab welchem Alter und in welchem Ausmaß Kinder von bildhaften Verarbeitungsstrategien beim Textlernen Gebrauch machen können, sind eine Reihe von Faktoren zu berücksichtigen, u.a. die Art der Texte (narrativ oder expositorisch), die Form der Darbietung (mündlich oder schriftlich), ob Texte vollständig oder nur teilweise illustriert sind oder welche Funktion Bilder beim Textlernen erfüllen.

Levin (1981) betont, daß Effekte von Bildern, wobei mit Bildern sowohl zusätzlich zu Texten präsentierte Bilder als auch auf entsprechende Instruktionen hin generierte Vorstellungsbilder gemeint sind, in hohem Maße von der Funktion abhängen, die Bilder erfüllen (vgl. auch Levin, 1982; 1983; Levin, Anglin & Carney, 1987). Er stellt einen konzeptuellen Rahmen vor, in dem mehrere Funktionen angenommen werden (zu anderen, ähnlichen Listen von Bildfunktionen s. Duchastel & Waller, 1979 und Levie & Lentz, 1982), von denen für das Verstehen und Behalten von Texten insbesondere vier relevant sein sollen: die *Repräsentations-, Organisations-, Interpretations-* und *Transformationsfunktion* (Beispielillustrationen für diese Funktionen finden sich bei Levin et al., 1987). Daneben sind in Büchern aber auch – und das nicht gerade selten – Illustrationen anzutreffen, die lediglich eine Dekorationsfunktion erfüllen. Derartige Bilder sind "textirrelevant", d.h. sie dienen lediglich dem Zweck, das Aussehen von Büchern attraktiver zu machen und Interesse am Text zu wecken (Motivationsfunktion). Illustrationen zu narrativen Texten, zu denen auch die in unserer Untersuchung verwendeten Geschichten gehören, erfüllen primär eine *Repräsentationsfunktion.* Im Gegensatz zu rein dekorativen Bildern repräsentieren sie die Akteure, Objekte und Handlungen, um die es im Text geht, und bilden einen guten Teil, das meiste oder den ganzen Textinhalt ab. Behaltensvorteile für illustrierte Texte werden in diesem Fall von verschiedenen theoretischen Ansätzen vorhergesagt, z.B. von einem dualen Kodierungsansatz: Die Wahrscheinlichkeit, daß illustrierte Texte dual, d.h. bildhaft und verbal, verarbeitet werden, ist größer als bei nicht illustrierten Texten. Aus einer funktionalistischen Perspektive her ließe sich argumentieren, daß Bilder die zu lernenden Inhalte konkreter und spezifischer machen, m.a.W. die Distinktivität der enkodierten Informationen fördern. Bilder, die eine *Organisationsfunktion* erfüllen, helfen, den Inhalt eines Textes zu organisieren, ihn kohärenter zu machen, fördern also eine relationale Kodierung. Sie sollen dann effektiv sein, wenn wenig strukturierte Textpassagen verwendet werden oder bei Texten, bei denen räumliche Beziehungen zwischen Objekten von Bedeutung sind. Wenn Bilder relativ abstrakte und schwer zu verstehende Informationen verständlicher machen, erfüllen sie eine *Interpretationsfunktion.* Die drei gerade beschriebenen Funktionen schließen sich nicht gegenseitig aus. So erfüllen z.B. Bilder, die eine Organisationsfunktion ausüben, immer auch gleichzeitig eine Repräsentationsfunktion. Positive Bildeffekte beim Textlernen werden also je nach Funktion, die Bilder vorwiegend erfüllen, auf verschiedene Mechanismen zurückgeführt: Bei einer Repräsentationsfunktion auf eine größere Konkretheit, bei einer Organisationsfunktion auf eine größere Kohärenz und bei einer Interpretationsfunktion auf ein besseres Verständnis. Schließlich können Bilder auch eine Transformationsfunktion erfüllen, die darin besteht, den Inhalt bei der Enkodierung so zu transformieren, daß er bedeutsamer und damit leichter zu behalten wird. Diese Funktion kommt bei Textpassagen zum Tragen, die schwer zu merkende Informationen beinhalten, z.B. viele Daten, Definitionen etc., also überwiegend bei Sachtexten (expositorischen Texten). Die Anwendung einer Variante der Schlüsselwort-Methode (vgl. 1.5), um in Textpassagen eingebettete Informationen zu lernen, wäre ein Beispiel für diese Funktion (vgl. z.B. McCormick & Levin, 1987).

Levin (1982) ordnet die beschriebenen vier Bildfunktionen in ein zweidimensionales Klassifikationsschema ein, mit den Dimensionen "Mikro- vs. Makrostrukturstrategien" sowie "Verstehens- vs. Gedächtnisstrategien". Nach diesem Schema ist die Interpretationsfunktion primär auf das Verstehen gerichtet und soll sich sowohl auf die Makrostruktur, d.h. auf das Verstehen der wesentlichen Ideen auswirken können (wenn Bilder einen Kontext bereitstellen, um den Inhalt zu verstehen, also als vorangestellte Organisationshilfen ("advance organizers"; z.B. Ausubel, 1963) fungieren), als auch auf die Mikrostruktur, d.h. das Verstehen von Details, von einzelnen Sätzen. Die Organisationsfunktion wird primär den Gedächtnisstrategien zugeordnet und soll die Organisation des gesamten Inhalts fördern, wird also als Makrostrukturstrategie gesehen. Beispielsweise kann eine einzige Illustration die interpropositionalen Zusammenhänge einer Textpassage darstellen. Repräsentations- und Transformationsfunktion werden ebenfalls den Behaltensstrategien zugerechnet, beziehen sich aber auf die Mikrostruktur. Während die

Bedeutung bildhafter Verarbeitungsstrategien als Mikrostrukturstrategien unbestritten ist, liegen kontroverse Auffassungen zur Frage vor, ob sich Vorstellungen auch auf die Konstruktion von Makrostrukturen auswirken (vgl. 2.3.1). In den meisten Untersuchungen an Kindern wurden, wie auch in unserer Untersuchung, gut strukturierte und verständliche Texte (häufig Geschichten) als Lernmaterial verwendet. Die Illustrationen bildeten zumindest einen Teil des Textinhalts ab, und Bildhaftigkeitsinstruktionen – falls gegeben – forderten dazu auf, sich die Aussagen des Textes bildhaft vorzustellen. Demnach erfüllten Bilder in den meisten Studien primär eine Repräsentationsfunktion, d.h. es wurden nach der Klassifikation von Levin (1982) überwiegend Mikrostruktur-Gedächtnisstrategien untersucht.

Levin (1981) vermutet, daß aufgrund der unterschiedlichen zugrundeliegenden behaltensfördernden Mechanismen die verschiedenen Funktionen von Bildern Behaltensleistungen in unterschiedlichem Maße verbessern. Ein substantieller Bildvorteil wird bei einer Transformationsfunktion angenommen, ein mäßiger bis substantieller bei einer Organisations- und Interpretationsfunktion und ein mäßiger bei einer Repräsentationsfunktion. Eine Metaanalyse der vorliegenden Befunde konnte diese Vermutungen zum Teil bestätigen (Levin et al., 1987; zur Kritik an Metaanalysen vgl. Kapitel 4.2), wobei die Ergebnisse aber auch davon beeinflußt waren, ob mit "Bildern" Illustrationen von Textinhalten oder Vorstellungsbilder gemeint sind. Wir wollen zunächst auf die Effekte von Textillustrationen eingehen (2.3.2.1) und anschließend auf die von Vorstellungsinstruktionen (2.3.2.2)

2.3.2.1 Zur Bedeutung von Textillustrationen

Die Frage, inwieweit zusätzlich zu einem Text präsentierte Bilder bzw. Illustrationen (wir werden die beiden Begriffe im folgenden austauschbar verwenden) das Verstehen und Behalten dieses Textes fördern, ist von erheblichem pädagogischen Interesse. Eine über 500jährige Tradition, Kinderbücher zu illustrieren (s. Pressley & Miller, 1987), spricht deutlich dafür, welcher Wert Illustrationen in der pädagogischen Praxis beigemessen wurde und wird. Aber erst in den letzten 10 bis 15 Jahren richtete sich im Zuge der Bildhaftigkeitsforschung, und insbesondere auch angeregt durch Paivios duale Kodierungstheorie (vgl. Pressley & Miller, 1987), das Interesse psychologischer Forschung auf die Frage nach der Bedeutung von Illustrationen für das Lernen schulischer Inhalte. Es konnte gezeigt werden, daß Illustrationen nicht generell den Erwerb schulischer Inhalte fördern. Beispielsweise wirken sie sich – im Widerspruch zur Praxis, Lesebücher reichhaltig zu illustrieren (vgl. Willows, Borwick & Hayvren, 1981) – im allgemeinen nicht positiv auf das Lesenlernen aus, sondern haben oft sogar einen negativen Effekt, da sie die Aufmerksamkeit von den eigentlich relevanten Prozessen abziehen, nämlich dem Beachten, Unterscheiden und Erinnern von Buchstabenkonfigurationen (vgl. Levin, 1983). Demgegenüber konnten in einer Vielzahl von Untersuchungen sehr deutliche positive Auswirkungen von Bildern auf das Behalten von Texten demonstriert werden – verglichen mit einer Kontrollgruppe, die die Texte nur hörte oder las –, sofern die Bilder zumindest einen Teil des Textinhalts abbildeten (sog. textredundante bzw. textüberlappende Bilder). Wir werden uns im folgenden nur auf Untersuchungen beziehen, in denen die verwendeten Bilder Ereignisse, Objekte, Personen etc. aus dem Text darstellen. Ausgeklammert bleiben Graphiken, Diagramme und Karten, die im übrigen auch vorwiegend nur in Studien mit Erwachsenen Verwendung fanden (einen Überblick hierzu gibt z.B. Winn, 1987; 1989). In einem früheren Überblick über zwölf Studien zu Bildeffekten beim Behalten mündlich präsentierter Texte (einen neueren Überblick geben Pressley & Miller, 1987) stellten Levin und Lesgold (1978) fest, daß Bildeffekte in fast allen Studien zu beobachten waren: Bilder führten gegenüber Kontrollbedingungen zu einer Leistungsverbesserung von mindestens 40 %. Levin und Lesgold kommen zu dem positiven Schluß, daß mäßige bis substantielle Bildeffekte zu erwarten sind, sofern folgende Voraussetzungen erfüllt sind: 1) die Vpn sind Kinder, 2) bei den Texten handelt es sich um fiktive Erzählungen, 3) die Bilder sind "textüberlappend" und 4) es werden explizit im Text enthaltene Informationen mittels Fragenstellen geprüft. Diese positiven Schlußfolgerungen konnten durch nachfolgende Untersuchungen ausgedehnt werden auf schriftlich präsentierte Texte (vgl. z.B. die Überblicke von Schallert, 1980; Levie & Lentz, 1982), auf Erwachsene (vgl. z.B. Schallert, 1980), auf verschiedene Textsorten (vgl. z.B. Schallert, 1980; Levie & Lentz, 1982; Pressley & Miller, 1987) und eine Vielzahl anderer Bedingungen. Mittlerweile liegen mehrere Überblicksartikel vor, die sich auf Bildeffekte bei schriftlich und/oder mündlich präsentierten Texten und oft auch auf die Effekte von Vorstellungsinstruktionen beziehen, u.a. von Pressley (1977a), Duchastel (1980), Schallert (1980), Levin (1981, 1982, 1983), Levin et al. (1987) und Pressley und Miller (1987).

Positive Bildeffekte lassen sich, im übrigen ganz in Einklang mit der dualen Kodierungstheorie, nicht einfach mit einer bloßen Wiederholung des Materials durch zusätzliche Bilder erklären. Bildvorteile sind nämlich auch gegenüber Bedingungen zu beobachten, in denen Texte zweimal präsentiert werden, fallen dann aber nur etwa halb so groß aus wie beim Vergleich mit einer einmaligen Textpräsentation (Levin, Bender & Lesgold, 1976). Außerdem verbessern Bilder die Leistungen lernbehinderter Kinder, nicht aber eine zweimalige Textdarbietung (Bender & Levin, 1978), die zudem lediglich das Behalten von Oberflächenmerkmalen fördert, nicht aber das von Bedeutungsmerkmalen (Ruch & Levin, 1977). Demgegenüber wirken sich Bilder auch auf die Verarbeitung von Bedeutungsmerkmalen aus. Positive Bildeffekte waren nämlich nicht nur dann zu beobachten, wenn Fragen gestellt wurden, die die im Text enthaltenen Informationen lediglich umstellten ("verbatim questions"), so daß eine korrekte Antwort allein aufgrund von Oberflächenmerkmalen möglich war, sondern auch in vergleichbarer Stärke, wenn in den Fragen die Originalinformationen umformuliert waren ("paraphrased questions"), so daß für eine korrekte Antwort eine tiefere, semantische Verarbeitung erforderlich war (Ruch & Levin, 1977; Bender & Levin, 1978; Dunham & Levin, 1979; Peng & Levin, 1979). Ferner waren Bildvorteile auch in den Studien zu verzeichnen, in denen in der Prüfphase Verständnistests verwendet wurden (vgl. Levie & Lentz, 1982). Desweiteren liegt Evidenz vor, daß Bilder Kindern helfen können, über den Text hinauszugehen, d.h. Inferenzen zu ziehen. So konnten Fünft- und Sechstkläßler von Bildern profitieren, um Fragen zu beantworten, die Inferenzen erforderten (Holmes, 1987).

Das bemerkenswerteste Ergebnis der Studien zu Bildeffekten beim Textlernen ist die Stabilität von Bildvorteilen über eine Vielzahl von Bedingungen. So sind positive Bildeffekte bei mündlich und bei schriftlich präsentierten Texten zu verzeichnen, wobei zum Teil etwas stärkere Effekte bei gehörten Texten zu beobachten sind (vgl. z.B. Duchastel, 1980; Levie & Lentz, 1982). Dies dürfte darauf zurückgehen, daß bei nicht so geübten Leser(inne)n – und Kinder sind nicht immer geübte Leser(innen) – das Lesen des Textes und das Beachten der Bilder interferieren können. Positive Bildeffekte sind nur dann zu erwarten, wenn die Dekodierung der Wörter keine Probleme bereitet (s. Levin, 1983). Sofern diese Voraussetzung erfüllt ist, lassen die vorliegenden Befunde eine eindeutige und positive Schlußfolgerung zu. Levie & Lentz (1982) z.B. berücksichtigten 23 Studien, nahmen 46 Vergleiche vor und stellten fest, daß sich Textillustrationen in 98% der Vergleiche positiv auf das Lernen der tatsächlich illustrierten Informationen (es sind nicht immer alle Textaussagen illustriert; eine vollständige Überlappung von Bildern und Text ist auch gar nicht immer möglich!) auswirkten, wobei in 85% der Vergleiche der Unterschied statistisch bedeutsam ausfiel, und im Mittel eine Verbesserung von 36% gegenüber Kontrollgruppen zu verzeichnen war.

Bildeffekte sind ferner relativ unbeeinflußt von der Länge und Komplexität der Textpassagen (vgl. Levin & Lesgold, 1978; Levie & Lentz, 1982). Sie sind nicht nur bei einfachen Geschichten zu verzeichnen, die am häufigsten als Material verwendet wurden, sondern auch bei Texten von größerer pädagogischer Relevanz, wie z.B. Zeitungsartikeln (Levin & Berry, 1980), expositorischen Texten (vgl. Levie & Lentz, 1982) und sogar abstrakten Texten (Hannafin, 1983). Bei jüngeren Kindern, die Geschichten hören, sind ähnliche Bildeffekte zu beobachten wie bei älteren Kindern, die Sachtexte lesen (vgl. Levie & Lentz, 1982). Da Sachtexte relativ abstrakt sein können, fungieren Bilder hier weniger als konkrete Repräsentanten des Textes, sondern erfüllen meistens eine Interpretations-, oder auch eine Organisations- oder Transformationsfunktion (vgl. Levin, 1983). In einer Metaanalyse der vorliegenden Befunde konnten Levin et al. (1987) ihre Vermutung bestätigen, daß Illustrationen, die eine Transformationsfunktion erfüllen, zu substantiellen Behaltensvorteilen führen. Repräsentations-, Organisations- und Interpretationsfunktion unterschieden sich aber entgegen den Erwartungen (s.o.) nicht. Hier waren mäßige, für die pädagogische Praxis bedeutsame Effekte zu beobachten. Zu beachten ist allerdings – neben generellen Problemen bei der Interpretation der Ergebnisse von Metaanalysen (vgl. Kapitel 4.2) –, daß Bildfunktion, Alter der Proband(inn)en und Art der Texte (narrativ vs. expositorisch) in der Regel konfundiert sind (s. Levin et al., 1987). Anders als die "Bildfunktion" scheint die Art der Darbietung der Bilder (simultan zum Text; nach jedem Satz; nach jedem Abschnitt) keine große Rolle zu spielen (vgl. Levin & Lesgold, 1978). Auch das "genaue Aussehen" der Bilder ist offensichtlich nicht von wesentlicher Bedeutung. In den meisten Studien wurden einfache, skizzenartige Zeichnungen ("line drawings") verwendet, manchmal aber auch Fotos oder Dias. Ebenfalls nicht von Belang ist, ob der wesentliche Inhalt einer Textpassage in einem Bild dargestellt wird, oder ob pro Satz ein Bild verwendet wird (Levin & Berry, 1980).

Ferner sind Illustrationseffekte nicht auf eine sofortige Behaltensprüfung beschränkt, sondern auch dann zu beobachten, wenn der Behaltenstest erst nach drei Tagen (Peng & Levin, 1979; Levin & Berry, 1980) oder sogar erst nach zwei Wochen erfolgt (Hannafin, 1983). Sie fallen oft sogar bei verzögerter Behaltensprüfung stärker aus als bei sofortiger. Levie und Lentz (1982) z.B. kommen in ihrem Überblicksartikel zu dem Ergebnis, daß in 19 von 24 Vergleichen Bilder beim verzögerten Test hilfreicher waren als beim unmittelbaren (s. auch Peeck, 1978, 1989).

Bildeffekte sind desweiteren relativ unabhängig von Lernermerkmalen. So profitieren Mädchen und Jungen aller Altersgruppen, vom Kindergartenalter angefangen, in vergleichbarem Maße von Bildern. Hinweise auf alterskorrelierte Differenzen in der Größe von Bildeffekten liegen nicht vor (vgl. z.B. Levin & Lesgold, 1978; Levie & Lentz, 1982; Levin et al., 1987). Bei älteren Kindern (13 bis 14 Jahre und älter) und Sachtexten, bei denen das Vorwissen eine weitaus größere Rolle spielt als bei Geschichten, muß allerdings mit Interaktionen zwischen individuellen Differenzvariablen (wie dem fachlichen Wissen) und Bildeffekten gerechnet werden (z.B. Reid & Beveridge, 1986).

Die Frage, ob Illustrationen nur das Behalten zentraler oder auch das peripherer Informationen positiv beeinflussen, läßt sich nicht eindeutig beantworten. Während sich bei Haring und Fry (1979) Illustrationen im unmittelbaren und im verzögerten Test nur auf das Behalten von Hauptgedanken, nicht aber Details, auswirkten, erhielten Levin, Bender und Pressley (1979), die Zweit- und Fünftkläßlern eine Serie von "ein Satz Mini-Geschichten" vorlasen, Effekte bei zentralen (z.B. Hauptpersonen, Ereignisse) und peripheren Satzinformationen (z.B. Farbe, Gesichtsausdruck), wobei der Bildvorteil allerdings für zentrale Informationen deutlicher ausfiel.

Angesichts dieser Befundlage stellt sich die Frage, unter welchen Bedingungen keine Bildvorteile eintreten. Keine Lernerleichterung ist beispielsweise dann zu erwarten, wenn Bilder nicht relevant sind, d.h. sie bilden Informationen ab, die keinen Zusammenhang zum Text aufweisen (wie bei der Dekorationsfunktion), oder die, noch schlimmer, dem verbalen Inhalt widersprechen ("mismatched pictures" oder "unpassende Bilder"). Allerdings besteht keine Klarheit darüber, ob unpassende Bilder zu negativen oder zu keinen Effekten führen (vgl. Pressley, Pigott & Bryant, 1982; Pressley, Levin, Pigott, LeComte & Hope, 1983; Peeck, 1985; 1987; 1989).

Zur Frage, ob Illustrationen von Teilen eines Textes auch das Lernen der nicht illustrierten Informationen fördern, liegen ebenfalls konträre Auffassungen vor (vgl. Levie & Lentz, 1982). Eine Hypothese lautet, daß Illustrationen das Lernen des illustrierten Inhalts erleichtern, aber das des übrigen Textes erschweren, weil sie die Aufmerksamkeit vom übrigen Inhalt ablenken (z.B. Vernon, 1953). Die konträre Auffassung (z.B. Williams, 1968) postuliert einen generell motivierenden und organisierenden Effekt, der auch das Lernen der nicht illustrierten Informationen fördern könnte. Nach dieser Auffassung können Bilder ähnlich wie beim PAL als konzeptuelle Aufhänger ("conceptual pegs") (Paivio, 1969) fungieren, die das Behalten von Informationen erleichtern, die mit den im Bild gezeigten Informationen in Beziehung stehen. Rusted (Rusted, 1984; Rusted & Hodgson, 1985) nimmt einen generell organisierenden Effekt von Bildern nur für expositorische Texte an, nicht aber für narrative, bei denen ein organisierender Rahmen bereits durch Geschichten-Grammatiken bereitgestellt wird. Während Rusted seine Annahmen bestätigen konnte, war bei Levin und Berry (1980), die je zur Hälfte nach illustrierten und nicht illustrierten Informationen aus expositorischen Texten (Zeitungsartikeln) fragten, kein Bildeffekt bei nicht illustrierten Informationen zu verzeichnen. Dieses Resultat geht möglicherweise darauf zurück, daß zuwenig vom Text illustriert war (vgl. Peeck & Jans, 1987, die ein ähnliches Ergebnis bei Erwachsenen erhielten). Levie und Lentz (1982) kommen in ihrem Überblicksartikel zu dem Schluß, daß Illustrationen meistens keinen Effekt (weder positiv noch negativ) auf das Lernen der nicht illustrierten Informationen haben. Dieses Ergebnis kann zum einen bedeuten, daß Bilder tatsächlich das Behalten der nicht illustrierten Aussagen unbeeinflußt lassen. Es kann zum anderen aber auch dann eintreten, wenn positive und negative Effekte simultan wirken (auf verschiedene Textelemente) und sich so gegenseitig aufheben (vgl. Peeck, 1987). Wenn im Behaltenstest illustrierte und nicht illustrierte Informationen zusammen und nicht getrennt geprüft werden, ist oftmals ein geringer Vorteil einer Textillustrierung zu verzeichnen, der allerdings nicht immer erwartet werden kann (bei Levie & Lentz war in 79% der Vergleiche ein Bildvorteil zu verzeichnen, der in 56% statistisch signifikant ausfiel).

Damit Textillustrationen effektiv sind, sollten sie zumindest einen größeren Teil des Inhalts abbilden, sollten den zu lernenden Text ergänzen, nicht ersetzen, sollten klar und interpretierbar sein, sollten nicht Informationen abbilden, die keinen deutlichen Zusammenhang zum Text aufweisen oder die beim Behaltenstest gar nicht geprüft werden (vgl. zu diesen und weiteren Empfehlungen Levin et al., 1987).

2.3.2.2 Zum Einfluß von Vorstellungsinstruktionen

Die Fähigkeit, von Vorstellungsinstruktionen profitieren zu können, unterliegt ähnlich wie beim PAL deutlichen alterskorrelierten Trends, wobei Kinder mit zunehmendem Alter immer weniger Hilfen benötigen, um von bildhaften Verarbeitungsstrategien auf entsprechende Instruktionen hin Gebrauch machen zu können. Einen Überblick u.a. über die Befunde beim Textlernen geben z.b. Pressley (1977a), Levin et al. (1987), Pressley et al. (1987a) und Pressley & Miller (1987). Danach ist der Altersbereich zwischen fünf und neun Jahren wichtig für die Entwicklung bildhafter Mediationsprozesse beim Textlernen. Obwohl schon fünfjährige Kinder von einer bildhaften Verarbeitungsstrategie profitieren können, wenn ihnen Bilder zu Texten präsentiert werden, können Kinder erst im Alter von neun bis zehn Jahren (Dritt- oder Viertkläßler) ihre Gedächtnisleistungen verbessern, indem sie ihre eigenen internen Vorstellungsbilder auf entsprechende Instruktionen hin konstruieren (z.B. Shimron, 1975; Guttmann, Levin & Pressley, 1977). Das Unvermögen jüngerer Kinder (jünger als etwa neun Jahre), von Vorstellungsinstruktionen zu profitieren, ihre Produktionsineffizienz also, könnte zum Teil darauf zurückgehen, daß jüngere Kinder keine adäquaten bildhaften Repräsentationen von Textsequenzen generieren können (vgl. Pressley, 1977a). Für diese Vermutung spricht, daß Erstkläßler keine adäquaten "externalen Vorstellungsbilder" zu Texten konstruieren können (Lesgold, Levin, Shimron & Guttmann, 1975a). Lesgold et al. (1975a) forderten die Erstkläßler der Experimentalgruppe auf, eine vorgelesene Geschichte mit Hilfe von Bildausschnitten zu konstruieren, wobei die korrekten Bildkomponenten aus einer Vielzahl von Bildausschnitten ausgewählt werden mußten. Die Experimentalgruppe, die sehr schlechte Bilder konstruiert hatte, erinnerte weniger als die Kontrollgruppe. Nur wenn sie die korrekten Bildausschnitte erhielt oder sehen konnte, wie der Versuchsleiter Bilder konstruierte, zeigte sie bessere Behaltensleistungen als die Kontrollgruppe. Allerdings zeichnen selbst Sechstkläßler noch Bilder zu einem Text, die relativ wenig mit dem Textinhalt zu tun haben, und auch das Behalten nicht fördern (Peeck, 1980).

Die Probleme jüngerer Kinder werden wie beim PAL bevorzugt im Rahmen einer Verarbeitungskapazitätshypothese erklärt (vgl. z.B. Pressley & Miller, 1987; Pressley et al., 1987a, b; s. auch 2.2.2.2). Mit dieser Hypothese ist auch der Befund kompatibel, daß Kinder von Vorstellungsinstruktionen bei komplexeren Textlernaufgaben erst später profitieren können als bei einfachen PAL-Aufgaben. Die Generierung von Vorstellungsbildern zu Textinhalten dürfte deutlich mehr Verarbeitungskapazität beanspruchen als zu Wortpaaren.

Eine Reihe von Untersuchungen wurde durchgeführt, die darauf abzielten, Materialien zu entwickeln, die es auch schon jüngeren Kindern ermöglichen, bildhafte Repräsentationen zu Texten zu generieren. Als Hilfen wurden am häufigsten sog. Teilbilder verwendet, die nicht den gesamten Inhalt "erzählen", und somit dazu anregen sollen, sich die fehlenden Details vorzustellen.

> Die Verwendung von Teilbildern geht auf Guttmann zurück. Er vermutete, daß unvollständige Illustrationen unter entsprechenden Instruktionen bildhafte Vorstellungen der mit ihnen in Zu-

sammenhang stehenden nicht illustrierten Informationen hervorrufen. Um diese Hypothese zu
prüfen, ging er wie folgt vor (Guttmann et al., 1977, Experiment 1): Teilbilder (pro Satz ein
Teilbild, wobei die Geschichten oft aus zehn Sätzen bestanden) wiederholen den verbalen Inhalt
mit Ausnahme eines Objekts – oder auch einer Handlung. Die Vpn erhalten die Instruktion, eine
bildhafte Vorstellung des kompletten Inhalts zu generieren. Die kritische Information, nach der
im Behaltenstest gefragt wird, ist das auf dem Bild fehlende Objekt. Guttmann et al. (1977,
Experiment 1) verglichen die Leistung der untersuchten Kindergartenkinder, Zweit- und Drittkläßler in der Teilbildbedingung mit den Leistungen unter folgenden Bedingungen: a) vollständige Bilder, b) nur Vorstellungsinstruktionen und c) weder Bilder noch Vorstellungsinstruktionen (Kontrollgruppe). Es zeigten sich deutliche alterskorrelierte Veränderungen in der
Fähigkeit, von Teilbildern zu profitieren. Bei den Kindergartenkindern förderten nur vollständige
Bilder das Textlernen. Demgegenüber konnten die Drittkläßler im Vergleich zur Kontrollgruppe
in etwa gleichem Maße von vollständigen Bildern, Teilbildern sowie Vorstellungsinstruktionen
profitieren. Obwohl Teilbilder bei allen untersuchten Altersgruppen zu etwas besseren Leistungen
führten als Instruktionen allein, war in keinem Fall ein signifikanter Vorteil zu verzeichnen. Die
untersuchten Zweitkläßler konnten offensichtlich etwas von Teilbildern profitieren, denn bei
ihnen bestand kein Unterschied zwischen der vollständigen und der Teilbildbedingung. Insgesamt
führten die Studie von Guttmann et al. (1977) und nachfolgende Untersuchungen (z.B. Ruch &
Levin, 1979; Purkel & Bornstein, 1980; Woolridge, Nall, Hughes, Rauch, Stewart & Richman,
1982; Digdon, Pressley & Levin, 1985; Goldston & Richman, 1985) zu widersprüchlichen
Resultaten. Mehrere Studien weisen darauf hin, daß die Präsentation von Teilbildern plus Vorstel-
lungsinstruktionen in der Lernphase bessere Gedächtnisleistungen mit sich bringt als alleinige
Instruktionen (vgl. Pressley & Miller, 1987). Kinder können also offensichtlich bildhafte Vorstel-
lungen zu Textinhalten auf Teilbilder hin generieren, bevor sie dies ohne Hilfe können. Ob
Teilbilder plus Vorstellungsinstruktionen gegenüber dem bloßen Hören von Sätzen oder kurzen
Geschichten zu Behaltensvorteilen führen, hängt aber u.a. vom Alter der Kinder und von der
Komplexität des Lernmaterials ab. So können Kinder unter fünf Jahren auch dann nicht von
Vorstellungsinstruktionen profitieren, wenn sie Teilbilder erhalten (z.B. Guttmann et al., 1977).
Ob bei fünf- bis siebenjährigen Kindern positive Teilbildeffekte zu erwarten sind, wird entschei-
dend von der Komplexität des Lernmaterials bestimmt. Teilbilder plus Vorstellungsinstruktionen
können sich bereits bei fünfjährigen Kindern als effektiv erweisen, sofern einfache Sätze als
Lernmaterial fungieren, aber bei komplexen Geschichten erst bei etwa siebenjährigen Kindern.
Desweiteren scheint es im Altersbereich zwischen fünf und sieben Jahren einen Zeitpunkt zu
geben, vor dem Kinder Probleme haben, das vermittelnde Vorstellungsbild abzurufen. Deshalb
müssen hier Teilbilder sowohl in der Lern- wie auch in der Testphase präsentiert werden, um
effektiv zu sein (Ruch & Levin, 1979). Ob dies tatsächlich erforderlich ist, und ob überhaupt in
der Lernphase zusätzlich zu Teilbildern Vorstellungsinstruktionen gegeben werden müssen, ist
allerdings umstritten (vgl. z.B. Woolridge et al., 1982; Goldston und Richman, 1985). Im übrigen
können Teilbilder in der Enkodierungsphase auch ohne Vorstellungsinstruktionen dazu anregen,
implizierte Informationen zu ergänzen (Miller & Pressley, 1987). Eine andere Variante der
Teilbildtechnik wurde von Dunham und Levin (1979) entwickelt: Statt jeden Satz einer Geschichte teilweise zu illustrieren, wurde die Hälfte der Sätze von einem vollständigen Bild begleitet,
während die andere Hälfte ohne Bild präsentiert wurde. Aber trotz dieser Hilfe konnten fünf- bis
sechsjährige Kinder nicht von Vorstellungsinstruktionen profitieren.

Obwohl Kinder mit etwa neun bis zehn Jahren auch ohne Teilbilder, d.h. ohne externe
visuelle "cues", von Bildhaftigkeitsinstruktionen profitieren können, wenn sie Texte
hören, haben auch sie noch Probleme, aus derartigen Instruktionen Nutzen zu ziehen,
wenn sie Texte selber lesen müssen. Ohne ein Training in der Konstruktion angemessener
Vorstellungsbilder können Dritt- und Viertkläßler bei schriftlich dargebotenen Texten
nicht von Vorstellungsinstruktionen profitieren (Levin & Divine-Hawkins, 1974; Lesgold, McCormick & Golinkoff, 1975b). Erhalten sie ein intensives Training, das auch
Übungen im Zeichnen adäquater bildhafter Repräsentationen enthält, fördern Bildhaftigkeitsinstruktionen das Behalten, sofern die verwendeten Geschichten denen aus dem
Training ähneln, und die Vpn – wie auch bei Pressley (1976) – beim Lesen daran erinnert
werden, Vorstellungsbilder zu generieren (Lesgold et al., 1975b). Pressley (1976) konnte

zeigen, daß auch ein weniger intensives Training (von lediglich 20 Minuten) ausreichen kann, das darin bestand, daß achtjährige Kinder die Generierung von Vorstellungsbildern übten und ein Feedback über deren Angemessenheit erhielten, indem ihnen Beispiele guter Vorstellungsbilder gezeigt wurden. Fünft- und Sechstkläßler benötigen im allgemeinen kein Training mehr (z.B. Kulhavy & Swenson, 1975; Rasco et al., 1975).

Der Befund, daß Kinder bei schriftlich vorgegebenen Texten erst später von Bildhaftigkeitsinstruktionen profitieren als bei vorgelesenen Texten bzw. nur nach einem Training, steht auch in Einklang mit einer Verarbeitungskapazitätshypothese: Nicht nur das Generieren bildhafter Vorstellungen erfordert Verarbeitungskapazität, sondern zusätzlich auch das Lesen der Texte. Ein Training im Generieren von Vorstellungsbildern führt nach den Erkenntnissen der Aufmerksamkeitsforschung dazu, daß für diese Aktivität weniger Verarbeitungskapazität beansprucht wird (vgl. z.B. Kahneman, 1973).

Im Gegensatz zu den konsistent positiven Effekten von Textillustrationen fallen die Effekte von Vorstellungsinstruktionen bei schriftlich und bei mündlich präsentierten Texten relativ bescheiden und variabel aus. Beispielsweise klärte die Instruktionsvariable bei Pressley (1976) nur 6% der Varianz auf, und bei Guttmann et al. (1977, Experiment 1) wurden unter Bildhaftigkeitsinstruktionen 74% richtige Antworten gegeben und unter Kontrollbedingungen 62%. Kulhavy und Swenson (1975) erhielten einen signifikanten Instruktionseffekt nur im nach einer Woche durchgeführten Behaltenstest, nicht aber im unmittelbaren Test, und Maher und Sullivan (1982) konnten einen Effekt bei Viertkläßlern demonstrieren, nicht aber bei Sechstkläßlern. Die relativ geringen Effekte lassen sich darauf zurückführen, daß selbst generierte Vorstellungsbilder meistens eine Repräsentationsfunktion erfüllen, aber in der Regel nicht in dem Maße die Konkretheit eines bereits konkreten Textes fördern wie vorgegebene Illustrationen, die im allgemeinen besser strukturiert sind und den Inhalt konkreter repräsentieren (vgl. z.B. Levin et al., 1987). Die Metaanalyse von Levin et al. (1987) zeigte, daß sofern Bildhaftigkeitsinstruktionen auf Vorstellungsbilder abzielen, die eine Transformationsfunktion erfüllen, substantielle Effekte zu erwarten sind. Eine Interpretations- und Organisationsfunktion von Vorstellungsbildern führten zu mäßigen Effekten, während Vorstellungsbilder, die eine Repräsentionsfunktion erfüllen, meistens nur kleine Effekte - wenn überhaupt - nach sich zogen.

Damit Bildhaftigkeitsinstruktionen das Textlernen von Kindern fördern, sollten sie am besten zur Generierung von Vorstellungsbildern auffordern, die eine Transformationsfunktion erfüllen (vgl. zu den Empfehlungen Levin et al., 1987). Ferner sollte der Text nicht zu leicht sein und nicht zu konkret, denn dann ist zu erwarten, daß ältere Kinder spontan visualisieren und zusätzliche Instruktionen ohne Einfluß bleiben. Bei kleineren Kindern ist zudem sicherzustellen, daß sie überhaupt adäquate Vorstellungsbilder generieren können.

Insgesamt gesehen konnten die bei anderen Behaltensaufgaben demonstrierten positiven Effekte von Vorstellungsinstruktionen beim Textlernen nicht immer nachgewiesen werden. Anders als beim Einfluß von Textillustrationen scheint es zudem erhebliche interindividuelle Differenzen zu geben, wobei neben dem bereits diskutierten chronologischen Alter auch das geistige Alter (bzw. allgemein die intellektuellen Fähigkeiten) von Bedeutung sind: Bei lernbehinderten Kindern fördern Vorstellungsinstruktionen nicht das Behalten (Bender & Levin, 1978). Die Ergebnisse der bereits dargestellten Studie von Pressley et al. (1987b) zum Satzlernen weisen darauf hin, daß im Grundschulalter insbesondere solche Kinder profitieren, die über eine hohe Kapazität des funktionalen Kurzzeitgedächtnisses und eine hohe verbale Kompetenz verfügen. Eine weitere Variable, die bei schriftlich präsentierten Texten eine Rolle zu spielen scheint, ist die Lesefähigkeit. Levin (1973) z.B. konnte zeigen, daß Bildhaftigkeitsinstruktionen Viertkläßlern helfen, die gut lesen können, sowie denen, deren schlechte Lesefähigkeiten auf ein schlechtes Leseverständnis zurückgehen (weil Probleme bestehen, Texte zu integrieren), daß sie sich aber negativ auswirken auf schlechte Leser mit Dekodierproblemen oder fehlendem Vokabelwissen. Bei Levin et al. (1974) konnten Viertkläßler mit guten PAL-Leistungen für Bild-Items von Vorstellungsinstruktionen beim Textlernen profitieren, nicht aber solche mit schlechten Leistungen.

2.3.3 Zusammenfassung

Vorstellungen können zum Behalten von Oberflächenmerkmalen beitragen, die Verknüpfung von Propositionen in der Textbasis erleichtern und die Konstruktion eines Situationsmodells präzisieren. Allerdings sind nur sehr wenige Untersuchungen direkt auf die Frage bezogen, auf welcher Ebene der Textrepräsentation Vorstellungen wirksam werden. In den meisten Studien mit Kindern wurde der Einfluß von Vorstellungen auf das Behalten von Oberflächenmerkmalen untersucht. Die vorliegenden Befunde zeigen, daß bereits Kindergartenkinder von einer bildhaften Verarbeitung profitieren können, wenn eine derartige Verarbeitung durch eine zusätzliche Präsentation von Bildern zu Geschichten (und auch zu anderen Texten) angeregt wird. Alterskorrelierte Differenzen in der Effektivität zusätzlicher Bilder konnten nicht beobachtet werden. Bemerkenswert ist die Stabilität des Bildeffekts über eine Vielzahl von Bedingungen, vorausgesetzt, die Bilder illustrieren zumindest einen größeren Teil des Textinhalts. Da nach den vorliegenden Befunden davon auszugehen ist, daß zusätzliche Bilder in erster Linie nur das Behalten der tatsächlich illustrierten Informationen fördern, nicht aber (bzw. kaum) das des nicht illustrierten Inhalts, sind Bildeffekte nicht unbedingt zu erwarten, wenn Geschichten nur teilweise illustriert sind.

Die Fähigkeit, von bildhaften Verarbeitungsstrategien beim Textlernen auf entsprechende Instruktionen hin Gebrauch zu machen, unterliegt deutlichen alterskorrelierten Differenzen, wobei sich bei der komplexeren Textlernaufgabe Vorstellungsinstruktionen gegenüber einfachen Lerninstruktionen erst in einem späteren Alter als beim PAL als effektiv erweisen: Ab neun bis zehn Jahren können Kinder von Vorstellungsinstruktionen profitieren, wenn sie Texte vorgelesen bekommen. Vorstellungsinstruktionen können aber auch schon bei Sieben- bis Achtjährigen effektiv sein, wenn zusätzlich äußere Hilfe in Form von Teilbildern gegeben wird. Teilbilder, die nur einen Teil einer Aussage bzw. nur einen Teil der Aussagen eines Textes illustrieren, sollen zusammen mit entsprechenden Instruktionen dazu anregen, sich den gesamten Inhalt vorzustellen. Generell fallen die Effekte von Vorstellungsinstruktionen auch bei älteren Kindern weitaus schwächer und variabler aus als die von Textillustrationen. Zu beachten ist ferner, daß die Fähigkeit, von Vorstellungsinstruktionen zu profitieren, erheblichen interindividuellen Differenzen unterliegt.

3. Metagedächtnis

In ihrem kritischen Bericht über den damaligen Stand der verbalen Lern- und Gedächtnispsychologie machten Tulving und Madigan (1970, S. 477) einige Aussagen, die später oft zitiert wurden:

"Warum beginnen wir nicht, nach Möglichkeiten der experimentellen Untersuchung eines der wahrhaft einzigartigen Charakteristika des menschlichen Gedächtnisses, das Wissen um seiner selbst, Ausschau zu halten und es in Theorien und Modellen des Gedächtnisses zu integrieren? ... Wir sind überzeugt, daß, wenn es jemals einen wirklichen Fortschritt in der psychologischen Untersuchung des Gedächtnisses geben wird, dieser u.a. darin bestehen wird, daß das im Gedächtnis gespeicherte Wissen eines Individuums zu seinem Wissen über dieses Wissen in Beziehung gesetzt wird."

Den Begriff "Metagedächtnis" verwendeten Tulving und Madigan (1970) noch nicht; dieser wurde 1971 von Flavell eingeführt. Mitte der siebziger Jahre kam der Begriff "Metakognition" auf (Brown, 1984), der insofern allgemeiner ist, als seine Extension größer ist.

Wir wollen in diesem Kapitel zunächst genauer auf den Begriff "Metagedächtnis" eingehen (3.1). Danach sollen unter 3.2 Verfahren zur Erfassung des Gedächtniswissens dargestellt sowie mit ihnen verbundene Probleme erörtert werden. Anschließend werden - ohne Anspruch auf Vollständigkeit - wichtige Befunde zur Entwicklung verschiedener Komponenten von Metagedächtnis dargestellt, wobei wir uns im Hinblick auf unsere eigenen empirischen Untersuchungen auf Befunde an Kindern im Alter zwischen fünf und zwölf Jahren konzentrieren (3.3). Abschließend (3.4) folgt eine Zusammenfassung der wichtigsten Erkenntnisse.

3.1 Zum Begriff "Metagedächtnis"

Der Hinweis, daß es sich bei "Metagedächtnis" und "Metakognition" um Begriffe handelt, erscheint selbstverständlich, ist aber trotzdem wichtig. Begriffe sind in der Sprache der Logik Aussagefunktionen mit einer Variablen, die für jedes Argument ihres Wertebereichs eine wahre oder falsche Aussage ergeben (Menne, 1966). "X ist ein Säugetier" ist eine derartige Aussagefunktion. Setzt man für "X" Individuen-Namen wie "dieses Tier da" ein, entstehen wahre oder falsche Aussagen. Die Argumente, die zum Wahrheitswert "wahr" führen, heißen die Designate eines Begriffs, und die Klasse aller Designate ist seine Extension. Die Designate sind Träger von Merkmalen. Die Merkmale, die allein notwendig und alle zusammen hinreichend für das Entstehen wahrer Aussagen sind, heißen definierende Merkmale oder die Intension eines Begriffes. Bekanntlich sind die Resultate der psychologischen Begriffsforschung dahingehend interpretiert worden, daß viele Begriffe unscharf insofern sind, als sich definierende Merkmale nicht auffinden ließen (vgl. Bredenkamp, 1986), und diese Unschärfe ("fuzzy concept", s. Wellman, 1983) wird auch für "Metakognition" und "Metagedächtnis" in Anspruch genommen (vgl. z. B. Schneider, 1989); dennoch scheint es nützlich zu sein, bei ihrer Explikation zunächst von der klassischen Begriffsbestimmung in der Logik auszugehen. Welche Argumente führen für die Aussagefunktion "X gehört dem Bereich des Metagedächtnisses an" zu wahren Aussagen? Wie in der Zoologie - der Begriff des Säugetiers hat sich im Laufe der Zeit verändert - so gilt auch für die Psychologie, daß die Antwort von gewissen Übereinkünften und Zweckmäßigkeitserwägungen abhängig ist. Die Übereinkunft, was alles dem Begriff "Metagedächtnis" subsumiert werden soll, ist aber nicht ausgeprägt. Dies ist umso bedauerlicher, als die Verankerung von Begriffen in empirischen Theorien als deskriptive oder explikative Konstrukte auch von empirischen Forschungen abhängig ist (mit welchen anderen Konstrukten korreliert das des "Metagedächtnisses"?), die ihrerseits eine vorempirische Begriffsklärung erforderlich machen, damit überhaupt Operationen zur Erfassung der Konstrukte entwickelt werden können.

Im wesentlichen zählt man zwei große Bereiche dem Metagedächtnis zu. Wie das Zitat von Tulving und Madigan (1970) zum Ausdruck bringt, handelt es sich einmal um das Wissen um das (eigene) Gedächtnis. Flavell und Wellman (1977) haben dieses Wissen, ohne eine vollständige Taxonomie anzustreben, weiter kategorisiert. Sie unterscheiden eine Sensitivitätskategorie und eine Variablenkategorie. Die erstere bezieht sich auf das Gespür für Anforderungen eines Gedächtnisproblems: Sind bestimmte Strategien der Auseinandersetzung mit den Informationen aufzeigbar, wenn bekannt ist, daß diese später zu erinnern sind? Bei der Variablenkategorie werden die Variablen in Aufgaben-, Person- und Strategie-Variablen unterteilt. Auf eine Aufgabenvariable bezieht sich das Wissen z. B., wenn bekannt ist, daß meistens das Wiedererkennen von Informationen leichter fällt als deren Reproduktion. Das Wissen bezieht sich auf eine Person-Variable, wenn etwa einer Person bekannt ist, wieviele Ziffern eine Telefonnummer haben darf, damit sie korrekt reproduziert werden kann. Auf eine Strategie-Variable bezieht sich das Wissen z. B., wenn bekannt ist, daß nicht das einmalige Durchlesen einer Reihe von Vokabeln zu deren Erlernen ausreicht, sondern Wiederholungen notwendig sind.

Neben diesem Wissen um das Gedächtnis sind auch noch exekutive Prozesse wie die Planung der Bearbeitung einer Aufgabe, die Überwachung des Lernens sowie die Ergebnisprüfung unter dem Begriff "Metagedächtnis" subsumiert worden (Brown, 1978). Bei diesen Aktivitäten handelt es sich nach Cavanaugh und Perlmutter (1982) um die Nutzung des Gedächtniswissens. Einige Autoren, wie Cavanaugh und Perlmutter (1982) und neuerdings auch Brown (1984), plädieren dafür, diese kognitiven Aktivitäten nicht dem Begriff "Metagedächtnis" zu subsumieren. "Der Einbezug exekutiver Prozesse als eines Aspektes von Metagedächtnis ist verfehlt, da er wenig zum Verständnis des Gedächtniswissens beiträgt und die konzeptionelle Konfusion erhöht" (Cavanaugh & Perlmutter, 1982, S. 16). Die wachsende Unschärfe des Begriffes wird hier also auf die Erweiterung seiner Extension zurückgeführt. Allerdings hat dies noch nichts mit Unschärfe zu tun. Der Begriff "Säugetier" hat eine größere Extension als "Hund"; dennoch ist er in der Zoologie eindeutig definiert. Wofür Cavanaugh und Perlmutter (1982) plädieren, ist ein Begriff "mittlerer Reichweite". Die Extension eines derartigen Begriffes ist aber immer noch groß im Vergleich zu der spezieller Begriffe wie etwa "Wissen über Person-Variablen im Gedächtnisbereich", von denen sich Brown (1984) die Auflösung der meisten gängigen Kontroversen verspricht.

Unabhängig davon, wie groß oder klein die Extension des Begriffes festgelegt wird, kann dieser präzise oder unscharf definiert sein. Wenn man die Beschränkung auf das Gedächtniswissen mitmacht, fragt es sich immer noch, wie präzise ein derartiger Begriff definierbar ist. Er wird nicht präziser definierbar sein als der des Wissens, da er sich auf das Wissen von Etwas (dem Gedächtnis) bezieht. In der kognitiven Psychologie finden wir die Unterscheidung zwischen deklarativem und prozeduralem Wissen (vgl. z. B. Anderson, 1985). Über das deklarative Wissen von bestimmten Sachverhalten werden empirisch prüfbare Modelle in Form semantischer Netze erstellt, oder im Rahmen schematheoretischer Auffassungen werden Prognosen über die Gedächtnisleistung für typische und atypische Information erstellt und geprüft usw. Derartige Ansätze führen zwar nicht zu einer expliziten Definition, wohl aber zu einer impliziten Bestimmung des Begriffes "deklaratives Wissen", insofern, als unter Verweis auf sie die Frage, was deklaratives Wissen ist, beantwortbar ist. Diese Ansätze kann man als erste Versuche ansehen, einen Begriff wie den des deklarativen Wissens als theoretischen Term einzuführen, der unter Verweis auf die entsprechende Theorie Bedeutung erlangt. Auch im Bereich des prozeduralen Wissens liegen erste theoretische Ansätze in Form der sog. Produktionssysteme vor (Anderson, 1985), die bereits zu empirischen Prüfversuchen geführt haben. Auf dem Hintergrund dieser kurzen Skizze läßt sich sagen, daß die Metagedächtnisforschung noch weit von derartigen Präzisierungsbemühungen entfernt ist. Dennoch kann man auf dem Hintergrund der Unterscheidung zwischen deklarativem und prozeduralem Wissen versuchen, den Begriff "Metagedächtnis" etwas genauer als bisher zu bestimmen.

Wenn wir "Metagedächtnis" als das Wissen um das (eigene) Gedächtnis bezeichnen, fragt es sich, wozu das "Meta" überhaupt nützlich ist. Es geht zunächst einmal um Wissen, das sich immer auf bestimmte Gegenstandsbereiche bezieht (Tiere, englische Vokabeln, meine Augenfarbe, mein Gedächtnis). Es ist nicht üblich, sonst je nach Bereich des Wissens neue Termini zu erfinden. Für den Bereich "Gedächtnis" oder "Kognition" sind aber neue Begriffe erfunden worden. Notwendig war das jedoch nicht. Um den Bereich dieses Wissens, auf den sich der Begriff "Metagedächtnis" bezieht, näher charakterisieren zu können, haben Flavell und Wellman (1977) die o.g. Unterscheidung zwischen den Variablenkategorien und der Sensitivitätskategorie getroffen. Man braucht diese Unterscheidung nicht unbedingt zu akzeptieren. Wie auch immer der Gegenstandsbereich dieses Gedächtniswissens aufgegliedert wird: Es handelt sich um deklaratives und prozedurales Wissen. Deklarativ ist z. B. das Wissen um die Schwierigkeit verschiedener Gedächtnisaufgaben, um die Wirksamkeit verschiedener Gedächtnisstrategien usw. Prozedural ist das Wissen um die Anforderungen einer Behaltenssituation (Sensitivitätskategorie). Es läßt sich in Form einer Produktionsregel darstellen: "Wenn die Situation Behalten erforderlich macht, dann verfolge Strategie A". Da auch in anderen Bereichen deklaratives und prozedurales Wissen unterschiedliches Theoretisieren erforderlich gemacht haben, ist dasselbe für das deklarative und prozedurale Wissen über das Gedächtnis anzunehmen. Ansätze hierzu sind uns jedoch nicht bekannt.

Kommen wir nun auf den erweiterten Begriff des Metagedächtnisses zurück, der auch exekutive Prozesse umfaßt. Können sie mit Recht aus der Extension des Begriffes "Metagedächtnis" ausgeschlossen werden, wie das z. B. Cavanaugh und Perlmutter (1982) fordern? Nehmen wir an, eine Person werde mit einer Reihe von Wörtern konfrontiert, die sie frei zu reproduzieren hat. Sie kennt zwei Strategien, die des oberflächlichen und elaborierten Memorierens. In diesem Fall hat sie sich für eine zu entscheiden, ihr Vorgehen also zu planen. Diese Planung kann man als Produktionsregel darstellen: "Wenn das Ziel 'Behalten' ist und eine Reihe von Wörtern vorgelegt wird, dann memoriere ich sie in Gruppen". Hier handelt es sich um prozedurales Wissen auf der Basis des deklarativen Wissens, welche von zwei Strategien die bessere ist. Dasselbe trifft für andere exekutive Prozesse zu. Die Diagnose des eigenen Lernzustands und erhöhte Aufmerksamkeitszuwendung an die Items, die noch nicht beherrscht werden (Überwachung und Ergebnisprüfung), lassen sich auch als Produktionsregel fassen:

"Wenn Du bemerkst, daß einige Items noch nicht beherrscht werden, dann verwende beim nächsten Durchgang mehr Lernzeit auf diese". In jedem Fall handelt es sich um prozedurales Wissen um das eigene Gedächtnis bei der Bewältigung eines ganz bestimmten Problems. Es wäre willkürlich, diese Aspekte aus der Extension des Begriffes "Metagedächtnis" auszuschließen.

Wir beziehen den Begriff "Metagedächtnis" also auf deklaratives und prozedurales Wissen um das Gedächtnis, wobei das prozedurale Wissen sich häufig auf Situationen bezieht, denen der Lernende jetzt und hier konfrontiert ist. Eine darüber hinausgehende Präzisierung dieses Begriffes erscheint nur möglich, wenn er in empirisch prüfbaren Theorien verankert wird. Relativ unabhängig von den erörterten Problemen existiert ein Phänomenbereich "Metagedächtnis", d. h. es gibt Verfahren, die "Metagedächtnis" zu erfassen beanspruchen, ohne daß der Begriff bisher präzise definiert oder in Theorien verankert worden wäre. Bevor wir uns den Verfahren und einigen entwicklungspsychologischen Befunden zuwenden, sei erwähnt, daß diese Situation nicht spezifisch für die Metagedächtnisforschung ist, sondern z. B. auch für die Intelligenzforschung zutrifft (vgl. Erdfelder, 1987). Neben diesen Problemen ist auch zu beachten, wessen Gedächtnis Gegenstand des Wissens ist, auf das sich der Begriff "Metagedächtnis" bezieht. Manche Autoren wie Brown (1984) sprechen von der Metakognition als dem Wissen über das *eigene* kognitive System, und analog dazu würde sich "Metagedächtnis" auf das eigene Gedächtnis beziehen. Andere Autoren sprechen nur von "Gedächtniswissen", und aus dem Kontext ihrer Ausführungen muß erschlossen werden, ob nur das auf das eigene Gedächtnis bezogene Wissen gemeint ist. Ausdrücklich beziehen Brown et al. (1983) den Begriff der Metakognition auf eigene wie fremde Kognition, und analog dazu würde sich "Metagedächtnis" auf das Wissen um das eigene wie fremde Gedächtnis beziehen. Bei der Erfassung des Wissens, das mit dem Terminus "Metagedächtnis" belegt wird, dürfte es de facto schwierig sein, zu entscheiden, ob sich dieses nur auf das eigene Gedächtnis bezieht. Quelle des Wissens um das eigene Gedächtnis sind nicht nur Auseinandersetzungen mit Gedächtnisaufgaben, die zu einem vermutlich überwiegend inzidentell erworbenen Wissen über das eigene Gedächtnis führen können, sondern auch Aussagen anderer Menschen ("*Du* hast ein gutes Namensgedächtnis", "Je häufiger *man* seine Vokabeln lernt, desto besser werden sie behalten") und im Extremfall Lehrbücher. Voraussetzung dafür ist, daß man Informationen über das Gedächtnis in Büchern oder Aussagen anderer Menschen auf das eigene Gedächtnis bezieht. Man kann sie für die eigene Person als zutreffend übernehmen, unrichtig zurückweisen oder irrelevant ansehen. Legte man sich auf die Extension "eigenes Gedächtnis" fest, so handelte man sich die Schwierigkeit ein, Abgrenzungskriterien zum erweiterten Gegenstandsbereich "Gedächtnis" angeben zu müssen. Dies erscheint aufgrund der unterschiedlichen Quellen und der Unsicherheit darüber, ob Informationen auf das eigene Gedächtnis rückbezogen werden, sehr schwierig. Da der Begriff "Metagedächtnis" in jedem Fall auch das eigene Gedächtnis meint, kann man dennoch in empirischen Untersuchungen versuchen, möglichst nur diesen Aspekt zu erfassen.

3.2 Verfahren zur Erfassung des Gedächtniswissens

Wir kommen jetzt auf Verfahren zur Erfassung des Wissens um das (eigene) Gedächtnis zu sprechen. Um Mißverständnissen vorzubeugen: Durch eine Erörterung dieser Verfahren können wir kein zusätzliches Verständnis dafür gewinnen, was unter "Metagedächtnis" zu verstehen ist. Der Versuch, Begriffe operational definieren zu wollen, muß als gescheitert angesehen werden (vgl. Herrmann, 1973; Erdfelder, 1987). Auf die Metagedächtnisforschung bezogen meint der Begriff "Metagedächtnis" mehr als das jeweilige Verfahren. Wir haben verschiedene Indikatoren des Wissens; auf einige soll nunmehr eingegangen werden. Nach Feger und Graumann (1983, S. 98) verdient "als jüngster Versuch in der Geschichte der Psychologie, wenigstens des (reflexiven) Wissens unseres Bewußtseins habhaft zu werden, ... seine Methodik besondere Aufmerksamkeit". Allerdings ändert eine Durchsicht der gebräuchlichsten Verfahren an dem Urteil der Autoren, daß "derjenige, der die Entwicklung oder den Einsatz einer neuen Methode erwartet, vorerst enttäuscht" (S. 98) wird, absolut nichts.

Bei der Darstellung der Verfahren folgen wir einem Gliederungsvorschlag von Cavanaugh und Perlmutter (1982), die sie danach unterscheiden, ob ihre Anwendung in Abwesenheit ("Unabhängige Verfahren") oder Gegenwart einer simultan zu bewältigenden Gedächtnisaufgabe ("Abhängige Verfahren") erfolgt. Zur ersten Kategorie gehören Fragebogen (vgl. die Übersicht bei Herrmann, 1982) und Explorationen, von denen insbesondere die Studie von Kreutzer, Leonard und Flavell (1975) bekannt geworden ist. Diese Autoren sprechen zwar im Titel ihres Aufsatzes von einer "Interview-Studie"; wir ziehen aber, der Begriffsbestimmung Undeutschs (1983) folgend, den Terminus "Exploration" für eine fachkundig vorgenommene psychologische Befragung vor, die sich auf eigenes Erleben und Verhalten in Vergangenheit und Gegenwart bezieht, während das Interview Wissen, Meinungen und Einstellungen über außerpersönliche Sachverhalte erkundet. Zwar beziehen sich die Fragen von Kreutzer et al. (1975) oftmals auf hypothetische Situationen anderer Personen, die aber eindeutig Informationen über das Gedächtniswissen des befragten Kindes geben sollen.

Je 20 Kindergartenkinder, Erst-, Dritt- und Fünftkläßler nahmen an der Untersuchung teil. Die an die Kinder gerichteten Fragen bezogen sich u. a. auf folgende Wissensaspekte: Vergessen, Ersparnis beim Wiederlernen; Memorieren einer Telefonnummer; PAL; Lernzeit; Planungsaktivitäten beim Lernen von Bildern; vorbeugende Aktivitäten, um benötigte Gegenstände bzw. ein zukünftiges Ereignis nicht zu vergessen; Abrufprozesse, um einen verlorenen Gegenstand wiederfinden bzw. ein vergangenes Ereignis datieren zu können; retroaktive Hemmung; wortwörtliche Reproduktion vs. Reproduktion in eigenen Worten. Teilweise wendeten sich die Fragen an den Probanden, teilweise indirekt insofern, als Geschichten über andere Kinder im Alter der Proband(inn)en erzählt wurden, die einem Gedächtnisproblem konfrontiert waren. "Direkte" Fragen bezogen sich auf persönliche Erfahrungen ("Vergißt Du?") oder Bewertungen der Probandin oder des Probanden ("Kannst Du besser als Deine Freunde behalten?"), in einigen Fällen auf hypothetische Situationen. Ein Beispiel dafür ist die Frage: "Was wäre im Falle einer Einladung zur Geburtstagsfeier eines Freundes? Wie könntest Du sicherstellen, daß Du Dich an den Termin erinnerst? Fällt Dir noch etwas anderes ein, was Du tun könntest? Wie viele Möglichkeiten kannst Du Dir ausdenken?" (Kreutzer et al., 1975, S. 29). "Indirekte" Fragen wurden mit einer Ausnahme dann gestellt, wenn Vergleiche an ein und demselben Lernmaterial vorzunehmen waren. Dies trifft z. B. für die Lernzeit zu. In der betreffenden Geschichte gibt ein Kind an, es benötige nur eine Minute, während das andere Kind fünf Minuten zum Erlernen von 20 Bildern für notwendig hält. Gefragt wurde, welches Kind mehr erinnerte und warum dies so sei. Wiederum wurde auch gefragt, wie lange das befragte Kind selbst lernen und warum es so lange lernen würde. Das Erfragen verschiedener Aspekte und Begründungen zu einer Geschichte ist typisch für die gesamte Studie. Die o. g. Ausnahme bezieht sich auf die Geschichte über *ein* anderes Kind, das eine Erzählung hört, die es wiedergeben soll. Bevor es die Erzählung anhört, fragt es, ob erwartet werde, daß es die Geschichte Wort für Wort oder in eigenen Worten wiedererzählen könne. An diese Geschichte wurden einige Fragen an den Probanden (die Probandin) geknüpft.

Die Auswertung der Ergebnisse erfolgte item-spezifisch durch Vergleich der verschiedenen Altersgruppen. Auf die Ergebnisse gehen wir erst ein, nachdem die gängigsten Verfahren zur Erfassung des Gedächtniswissens dargestellt worden sind. Spätere Untersuchungen haben auch die

Interkorrelation zwischen den einzelnen Items von Kreutzer et al. (1975) mitgeteilt (Cavanaugh und Borkowski, 1980) bzw. Gesamtpunktwerte berechnet.

Am Beispiel der Studie von Kreutzer et al. (1975) lassen sich die minimalen Voraussetzungen erläutern, die erfüllt sein müssen, damit die Exploration valide Informationen liefern kann:

1. Das Kind ist in der sprachlichen Darstellung bestimmten Sachverhalten konfrontiert und muß diese verstehen können.

2. Die Fragen beziehen sich auf ein Wissen, das im Langzeitgedächtnis des Kindes verankert sein muß.

3. Dieses Wissen muß zugänglich sein.

4. Das Wissen muß verbalisierbar sein.

Ob diese Voraussetzungen bei der Exploration erfüllt sind, bleibt unbekannt. Besonders die im Konjunktiv formulierten Fragen, die sich auf hypothetische Situationen beziehen, sind kritisch. War ein Kind einer derartigen Situation niemals konfrontiert, kann sich auch kein Wissen ausgebildet haben, das ja erfaßt werden soll. Auf welcher Basis geantwortet wird - Aktivation des Wissens oder Beantwortung der Fragen ohne diese Aktivation - bleibt unbekannt. Handeln andere Personen in der Geschichte, muß vorausgesetzt werden, daß die Probandin (der Proband) deren Tun auf eigene Erfahrungen bezieht. Nur dann kann davon gesprochen werden, daß auf der Basis des Wissens um das eigene Gedächtnis geantwortet und nicht einfach nur geraten wird. Dieses Wissen muß abrufbar oder zumindest in einer Form verfügbar sein, die Schlußfolgerungen in bezug auf die gestellte Frage erlaubt. Aber auch die "direkten" Fragen werfen Probleme auf. Verfügt das befragte Kind z. B. schon über die Begriffe "erinnern" und "vergessen"? Untersuchungen von Wellman und Johnson (1979) sowie Johnson und Wellman (1980) lassen Zweifel daran aufkommen, ob dies zumindest für die jüngsten Kinder der Studie von Kreutzer et al. (1975) zutraf. Die sprachliche Produktion dessen, was gewußt wird, wirft weitere Probleme auf. Unbekannt bleibt, ob die zwischen den Altersgruppen aufzufindenden Unterschiede (s.u.) Wissensunterschiede reflektieren oder unterschiedliche Kompetenzen bei der Formulierung wiedergeben. Beispiele für unvollständige Berichte finden sich in der Literatur. Z.B. beschrieb ein sieben Jahre altes Kind sein Sortieren und Einprägen der Items nach Kategorien als "Anschauen" (Brown, 1978).

Angesichts dieser Fehlermöglichkeiten sind "unabhängige" Verfahren erwähnenswert, die auf die sprachliche Darstellung gedächtnisbezogener Sachverhalte verzichten und auch keine verbalen Berichte erforderlich machen. Auf Bildern werden Personen dargestellt, die bestimmten Gedächtnisproblemen konfrontiert sind (z.B. Einprägung von 15 Namen vs. 5 Namen). Die Aufgabe besteht darin, Paarvergleiche hinsichtlich der Schwierigkeit der gestellten Aufgabe durchzuführen oder die Bilder bzgl. der Schwierigkeit der dargestellten Probleme in eine Rangreihe zu bringen. Verbale Fähigkeiten sind erforderlich, wenn die Proband(inn)en ihre Beurteilung begründen sollen. Wellman (1978), auf den diese Verfahrensklasse zurückgeht, hat auch Probleme untersucht, für die zwei Variablen relevant sind (18 zu erinnernde Items, die der abgebildete Junge nur anschaut; 3 zu erinnernde Items, die ebenfalls nur angeschaut werden; 3 zu erinnernde Items mit Notizen des lernenden Jungen). Probleme mit einer Variablen wurden schon durch fünfjährige Kinder häufig korrekt gelöst (88 %), während Probleme mit zwei Variablen von Fünfjährigen nur selten richtig gelöst wurden (32 %). Im letzten Fall zentrierten diese Kinder auf eine Dimension. Eine Variante dieser Bildervergleiche besteht darin, gefilmte Demonstrationen verschiedener Strategien hinsichtlich ihrer Geeignetheit paarweise ordnen zu lassen (Justice, 1985).

Bei den "abhängigen" Maßen ("On-line"-Maße) kann man mit Schneider (1989) danach unterscheiden, ob sie vor, während oder nach der Lernaufgabe erhoben werden. Als prototypischer Indikator für die Vorbereitungsphase gilt die Voraussage der eigenen Gedächtnisleistung, die seit der Arbeit von Flavell, Friedrichs und Hoyt (1970) für die unmittelbare Gedächtnisspanne vielfach untersucht worden ist. Die Genauigkeit der Prognose läßt sich durch den Vergleich mit der tatsächlich erzielten Leistung überprüfen. Hier beginnt allerdings auch schon das Problem, wie dieser Vergleich durchgeführt werden soll. Soll einfach die Differenz zwischen prognostizierter und tatsächlicher Leistung berechnet werden, soll diese Differenz noch auf die tatsächliche Leistung relativiert werden, oder sollen noch ganz andere Maße erstellt werden? Hasselhorn und Hager (1989) machen darauf aufmerksam, daß mindestens sechs verschiedene Maße der Prognosegenauigkeit in der Literatur gebräuchlich sind und zeigen, daß keines dieser Maße vollkommen zufriedenstellend ist. Die Autoren weisen ferner darauf hin, daß es bei der Überprüfung des Zusammenhangs zwischen Prognosegenauigkeit und Leistung immer zu einer Variante der "part-whole"-Korrelation kommt, weil in das Maß der Prognosegenauigkeit auch die Leistung selbst eingeht. Die Höhe der Korrelation zwischen den beiden Maßen hängt dann ganz wesentlich von der relativen Größe der Standardabweichungen für die prognostizierten und tatsächlich erzielten Leistungen ab. Allerdings gilt dieser Einwand nur, wenn man gezwungen ist, die Zusammenhangshypothese durch eine Korrelation über verschiedene Individuen zu prüfen, wobei für jeden Probanden ein Prognose- und ein Leistungswert vorliegt. Kann man je Proband über die Items den Zusammenhang prüfen, so gelten die Einwände nicht. Für diese Situation hat Nelson (1984) nach sorgfältigen Analysen die Gamma-Korrelation von Goodman-Kruskal vorgeschlagen. Da deren Stichprobenverteilung bekannt ist, kann man auch für eine ganze Gruppe von Proband(inn)en die Zusammenhangshypothese prüfen. Dies geschieht per Kolmogoroff-Smirnov-Test durch den Vergleich der empirischen Verteilung von Gamma mit der unter H_0 erwarteten zentralen Stichprobenverteilung. Ähnlich kann man vorgehen, wenn jeder Proband einige experimentelle Bedingungen hinsichtlich ihrer relativen Schwierigkeit prognostizieren soll. Wird die Gedächtnisleistung jedes Probanden unter diesen Bedingungen erfaßt, so kann je Proband eine Rangkorrelation (Tau) berechnet werden. Die Zusammenhangshypothese kann derart überprüft werden, daß die Verteilung der individuellen Tau-Werte mit der zentralen Stichprobenverteilung statistisch per Kolmogoroff-Smirnov-Test verglichen wird. Diesen Weg haben wir in unserem empirischen Projekt beschritten, das in Kapitel 6 behandelt wird.

Hasselhorn, Hager und Möller (1987) melden weitere Bedenken gegen das Prädiktionsverfahren an, die darauf hinauslaufen, daß unbekannt ist, was dieses Verfahren überhaupt erfaßt. In der Tat liegt der Verdacht nahe, "daß das Leistungsmotiv zumindest ein potentieller Störfaktor bei der Überprüfung der Zusammenhangshypothese ... ist" (Hasselhorn et al., 1987, S. 208-209 ; vgl. auch Hasselhorn, Hager und Baving, 1989). Die Autoren plädieren dafür, das Prädiktionsverfahren bis zur weiteren Klärung nicht mehr zu verwenden. Allerdings muß auch hier gesagt werden, daß von dieser Kritik die

Prognose der absoluten Leistungshöhe betroffen ist, nicht aber die Prognose relativer Leistungen unter verschiedenen Bedingungen.

Dem Prädiktionsverfahren ähnlich ist das "feeling-of-knowing" Verfahren, das ebenfalls auf eine in der Zukunft liegende Situation bezogen ist. Den Proband(inn)en werden z. B. Bilder vorgelegt, die sie benennen sollen. Wenn der abgebildete Gegenstand nicht benannt werden kann, soll angegeben werden, ob er bekannt ist und wiedererkannt werden könnte. Oftmals werden dann Sicherheitsurteile, die sich auf diese Aussagen beziehen, mit den Ergebnissen des nachfolgenden Rekognitionstests verglichen. Eine Variante des Verfahrens besteht darin, den Probanden zunächst eine Reihe von Items lernen, reproduzieren und dann die Erinnerbarkeit der nicht reproduzierten Items beurteilen zu lassen; die Beurteilung wird mit den nachfolgend erhobenen Rekognitionswerten verglichen.

Nelson und Narens (1980) haben z. B. zuerst einen Paarassoziationslernversuch durchgeführt und dann für die nicht reproduzierten Items die Stimuli paarweise vorgelegt. Aufgabe der Proband(inn)en war es, anzugeben, welches Item sie mit größerer Wahrscheinlichkeit wiedererkennen würden. Dieses Vorgehen erlaubt die Feststellung von Intransitivitäten bei der Urteilsabgabe, wenn alle Items paarweise zu vergleichen sind. Die Zahl der festgestellten Intransitivitäten kann mit einem Erwartungswert statistisch verglichen werden (vgl. dazu Nelson und Narens, 1980). In die vom Probanden vorzunehmenden Vergleiche können zufällig ausgewählte Item-Paare wiederholt einbezogen werden, so daß eine Reliabilitätsprüfung der Urteile möglich wird. Zur weiteren Kontrolle der Zuverlässigkeit der Urteile können niemals dargebotene und korrekt reproduzierte Items ebenfalls in den Paarvergleich einbezogen werden. Für erstere ist selten, für letztere häufig ein Dominanzurteil im Paarvergleich zu erwarten. Diese Kontrollmöglichkeiten wurden in der Untersuchung von Nelson und Narens (1980) berücksichtigt, die an erwachsenen Proband(inn)en durchgeführt wurde. Für Kinder dürfte der vollständige Paarvergleich häufig zu aufwendig sein. Eine abkürzende Alternative besteht darin, die nicht reproduzierten Items direkt bezüglich ihrer Rekognizierbarkeit in eine Rangreihe bringen zu lassen; in diesem Fall ist die Kontrolle von Intransitivitäten nicht möglich. In jedem Falle ist die Rangreihe bezüglich der Rekognizierbarkeit mit der tatsächlich vorliegenden Information über die Rekognition zu vergleichen. Dies geschieht nach Nelson und Narens (1980) für jedes Individuum derart, daß das Goodman-Kruskal-Gamma berechnet wird. Eine ausführliche Diskussion verschiedener Zusammenhangsmaße findet sich bei Nelson (1984). Als bestes Maß wird die Gamma-Korrelation empfohlen (vgl. dazu Lienert, 1973).

Bekanntlich hängt die Rekognitionsleistung selbst von einigen Parametern wie der Menge der Distraktoren und der Ähnlichkeit der Distraktoren zum Zielitem ab, die den Zusammenhang mit dem beurteilten Wissen modifizieren können (Gruneberg, Monks und Sykes, 1977). Signalentdeckungstheoretische Maße, die unabhängig von der Zahl der Distraktoren die Gedächtnisleistung erfassen, erfordern ein aufwendiges Experimentieren, das zumindest bei Kindern kaum infrage kommen dürfte. Unabhängig davon halten Gruneberg et al. die Validität des "feeling-of-knowing"-Urteils noch aus einem anderen Grund für gefährdet. Es könnte einfach der Fall sein, daß die Proband(inn)en umso motivierter sind, ihr Gedächtnis nach Informationen abzusuchen, je sicherer sie sind, diese im Prinzip verfügbar zu haben. Allerdings haben Gruneberg et al. (1977) durch eine geeignete experimentelle Anordnung Unterschiede in den Suchzeiten für verschieden beurteilte Items eliminieren und dennoch einen Zusammenhang zwischen Wissensgefühl und Erinnerungsleistung aufzeigen können; trotzdem bleibt die unterschiedliche Motivation zur Suche der Informationen, wird sie nicht kontrolliert, eine potentielle Determinante des Zusammenhangs. Ob die erhöhte Suchzeit für Items, von denen angenommen wird, sie seien bekannt, als Störvariable des Zusammenhangs angesehen werden sollte, erscheint allerdings zweifelhaft. Wenn man davon ausgeht, daß das Wissensgefühl handlungsleitend insofern ist, daß länger nach solchen Informationen gesucht wird, von denen man fühlt, sie seien gewußt, könnte die Suchzeit geradezu als nonverbaler Metagedächtnisindikator verwendet werden (Lachman, Lachman und Thronesbery, 1979). Allerdings zeigt die Untersuchung von Gruneberg et al. (1977), daß das Urteil über das Wissensgefühl noch von dieser Zeit unabhängige Aspekte erfaßt, die mit der Gedächtnisleistung korreliert sind.

Unter "abhängige" Maße fallende Erhebungsverfahren wurden bisher insoweit behandelt, als sie die Prognose einer zukünftigen Leistung notwendig machen. Während der Bearbeitung einer Gedächtnisaufgabe zu erhebende Metagedächtnis-Maße beziehen sich häufig auf Verbalisierungen des Probanden. Eine mögliche Fehlerquelle liegt darin, daß wegen der Anforderungen der Gedächtnisaufgabe die Verbalisierung nur unvollständig ist (vgl. Ericsson und Simon, 1980). Außerdem finden sich in der Literatur "abhängige Maße", die nach der Bearbeitung einer Gedächtnisaufgabe erhoben werden (Postdiktionen). Auf diese nachträglichen Beurteilungen der Leistungen soll an dieser Stelle nicht mehr eingegangen werden.

Der Überblick über die Verfahren zur Erfassung des Gedächtniswissens hat sich nur auf die am häufigsten verwendeten bezogen und ist deshalb unvollständig. Ausführlichere Darstellungen finden sich bei Cavanaugh und Perlmutter (1982) und Schneider (1989, Kapitel 3). Alle Indikatoren sind fallible Maße, so daß die genannten Autoren empfehlen, nach Möglichkeit unterschiedliche Erhebungsverfahren anzuwenden. Diesen Weg haben auch wir beschritten (vgl. Kapitel 6.1.2.2). Allerdings wird dadurch in keiner Weise sichergestellt, daß dasselbe Konstrukt auf unterschiedliche Art und Weise erfaßt wird. Es erscheint fraglich, daß es sich bei "Metagedächtnis" um ein eindimensionales Konstrukt handelt. Diese Frage bedarf noch der empirischen Klärung.

Die bisher besprochenen Maße erfassen nicht das Wissen, das bei Flavell und Wellman (1977) der Sensitivitätskategorie subsumiert wird. Die sog. Differenzierungsmethode, erstmals von Appel, Cooper, McCarrell, Sims-Knight, Yussen und Flavell (1972) angewendet, bietet sich für den Versuch an, zu ergründen, ab wann Kinder in der Lage sind, Gedächtnisaufgaben von anderen kognitiven Problemen zu unterscheiden. Dies ist anhand des Vergleichs von Gedächtnisleistungen nach intentionalem und inzidentellem Lernen wie auch aufgrund des Vergleichs von Strategien möglich, die aus dem Verhalten erschlossen werden.

Appel et al. (1972) haben Kindern verschiedenen Alters wiederholt kategorisierbare Bilder unter verschiedenen Instruktionen vorgelegt. Eine Instruktion forderte die Kinder auf, sich die Bilder anzuschauen, während die andere Instruktion darauf hinwies, daß die Namen der Bilder zu erinnern seien. Diese Instruktion umfaßte auch einen Reproduktionsversuch zur Übung. Intraindividuell wurden die Reproduktionsleistungen und die Häufigkeiten der Anwendung bestimmter Strategien, die sich aus dem Verhalten erschließen ließen (z.B. Memorieren: Benennung der Bilder, wenn sie nicht angeschaut werden, u. U. aus Lippenbewegungen erschlossen; Kategorisierung: Umgruppierung der Bilder), zwischen den Instruktionsbedingungen verglichen. Während sich bezüglich beider Indikatoren keine Unterschiede für die Vorschulkinder ergaben, traten diese bei den Fünftkläßlern deutlich zutage. Aus dem Unterschied in der Gedächtnisleistung läßt sich folgern, daß es Unterschiede in den kognitiven Aktivitäten vor der Reproduktion gegeben haben muß, und dieser Schluß bestätigt sich, wenn die Häufigkeiten der Anwendung bestimmter Strategien unter beiden Instruktionsbedingungen verglichen werden. Für Fünftkläßler kann also ein Wissen darüber angenommen werden, daß Gedächtnisaufgaben den Einsatz bestimmter Strategien erforderlich machen. Was aber folgt aus dem Ergebnis für die Vorschulkinder? Ist bei ihnen dieses Wissen noch nicht vorhanden, oder lassen sich andere Schlüsse ziehen?

Um diese Frage beantworten zu können, erscheint es notwendig, sich etwas gründlicher mit der Differenzierungsmethode zu beschäftigen. Der in der Untersuchung von Appel et al. (1972) festgestellte Unterschied wird dahingehend interpretiert, daß Fünftkläßler absichtlich bestimmte Strategien verfolgen, um das Behaltensziel zu erreichen. Nach

Wellman (1977a) müssen folgende Kriterien erfüllt sein, damit Intentionalität diagnostiziert werden kann:

(1) Es müssen Verhaltensweisen beobachtbar sein, die hilfreich bei der Bewältigung einer Gedächtnisaufgabe sind. In der Untersuchung von Appel et al. (1972) sind dies das Memorieren und Kategorisieren.

(2) Diese Verhaltensweisen werden aufgrund der Bewußtheit eines Zieles, das erreicht werden soll, produziert. In Untersuchungen, in denen Proband(inn)en zur Erinnerung instruiert werden, macht die Diagnose der Bewußtheit erforderlich, daß

(a) der Proband instruiert wird, ein bestimmtes Ziel zu verfolgen,

(b) und auch anders instruiert wird, damit eine Kontrolle habitueller Produktionen, auf Mißverständnis der Instruktionen beruhender oder anderweitiger nicht-intentionaler Verhaltensproduktionen ermöglicht wird.

Dieses Kriterium soll die Fehldiagnose intentionalen Verhaltens ausschließen.

(3) Falls der Proband das für die Bewältigung der Gedächtnisaufgabe hilfreiche Verhalten nicht produziert, "kann er nur als nicht intentional diagnostiziert werden, wenn gezeigt werden kann, daß er fähig ist, das Verhalten zu produzieren, daß diese spezielle Aufgabe nicht zu schwierig ist und daß er sich bemüht" (Wellman, 1977a, S. 92). Dieses Kriterium soll die Fehldiagnose des Ausbleibens intentionalen Verhaltens ausschließen.

Wendet man diese Kriterien auf die Ergebnisse für die Vorschulkinder bei Appel et al. (1972) an, so stellt sich die Frage ein, ob sie überhaupt schon fähig waren, Strategien des Memorierens und Kategorisierens zu verfolgen. Sollte dies nicht der Fall gewesen sein, wäre die Differenzierungsmethode, soweit sie sich auf diese Strategien bezieht, kein geeignetes Diagnostikum für Vorschulkinder. Wenn diese Kinder, zum Erinnern instruiert, sich keine andere Strategie als das sorgfältige Anschauen ausdenken können, ist aus dem Ausbleiben von Verhaltens- und Leistungsunterschieden zwischen den Instruktionsbedingungen nicht zu schließen, daß sie das Erinnern nicht intendierten oder wüßten, daß das Erinnern bestimmte Strategien erforderlich macht. Die Aufgabe wäre dann einfach zu schwierig. Ein weiterer Grund für das Ausbleiben von Unterschieden zwischen verschiedenen Instruktionsbedingungen kann darin liegen, daß die Instruktionen nicht verstanden wurden. Ausbleibende Unterschiede können also ohne weitere Forschung nicht interpretiert werden. Spätere Untersuchungen haben z. B. ergeben, daß schon 4 1/2jährige Kinder häufiger auf eine Modellperson blickten und häufiger richtig reproduzierten, wenn sie zum Erinnern instruiert worden waren (Yussen, 1974). Sie waren also in der Lage, die intentionale Strategie der sorgfältigen Beobachtung anzuwenden. Ein derartiges Ergebnis kann nicht gefunden werden, wenn das Beobachten die einzig verfügbare Gedächtnisstrategie ist, die bereits unter der Kontrollbedingung angewendet werden soll. Wellman (1977a, S. 95-96) kommt aufgrund der Durchsicht neuerer Befunde zu dem Resultat, "daß sogar Dreijährige strategische Verhaltensweisen zeigen, wenn sie zum Erinnern instruiert werden... Dieses Verhalten erscheint intentional, da es nur auftritt, wenn das Kind zum Erinnern instruiert wird, und indiziert somit ein gewisses Maß an Bewußtheit. Diese Schlußfolgerung beschreibt eine bemerkenswerte Leistung des drei bis vier Jahre alten Kindes. Da (a) das Kind aber nur begrenzt strategische Verhaltensweisen zeigt, (b) nur bei bestimmten Aufgabenstellungen intentional erscheint und (c) sein Verhalten nur ein Minimum an Bewußtheit anzeigt, ist diese Leistung auch sehr begrenzt."

Mit diesem Bild stimmen Befunde überein, die Schneider (1989, Kapitel 2.2) zusammengestellt hat. Läßt man die Kinder die Effizienz verschiedener Gedächtnisstrategien beurteilen, ergibt sich bei Vorschulkindern ganz deutlich eine Präferenz für das "Anschauen", während andere Strategien wie das bloße Wiederholen und Gruppieren von Items als gleichermaßen ineffizient beurteilt werden. Wenn Vorschulkinder über diese Strategien noch nicht verfügen, ist zu erwarten, daß sie im Paarvergleich gleich häufig als effizienter bzw. weniger effizient beurteilt werden. Erst im vierten Schuljahr zeigt sich eindeutig eine Bevorzugung des Memorierens und Gruppierens gegenüber dem "Anschauen", und im sechsten Schuljahr wird zuverlässig zugunsten des Gruppierens gegenüber dem bloßen Wiederholen entschieden.

3.3 Entwicklung des Gedächtniswissens

Nunmehr werden die wichtigsten Ergebnisse zur Entwicklung des Gedächtniswissens dargestellt. Berücksichtigt werden hauptsächlich Kinder vom Vorschulalter bis etwa zum 12. Lebensjahr. Wir konzentrieren uns auf diesen Bereich vor allem deshalb, weil auch in unserem Projekt Kinder dieser Altersgruppen die Proband(inn)en waren.

Bei der Darstellung der Differenzierungsmethode wurde bereits ausgeführt, daß frühzeitig ein rudimentäres Wissen um die Anforderungen einer behaltensrelevanten Situation nachgewiesen werden kann. Der Nachweis dieses Wissens setzt voraus, daß ein Proband die Strategien verfügbar hat, auf die sich der Vergleich zwischen verschiedenen Instruktionsbedingungen bezieht (s. o.). Insofern ist der Nachweis entwicklungsbedingter Veränderungen dieses Wissens eng mit der Entwicklung der Gedächtnisstrategien selbst verknüpft. Diese ist ein Hauptgegenstand der Psychologie der Gedächtnisentwicklung (Kail, 1984; Wippich, 1984; Schneider und Pressley, 1989). Auf diese Entwicklung können wir hier jedoch nicht eingehen.

Welche Entwicklungstendenzen bzgl. des Wissens über Person-, Aufgaben- und Strategievariablen sind aufgezeigt worden? Die Voraussage eigener Gedächtnisleistungen wird nach der Klassifikation von Flavell und Wellman (1977) dem Bereich der Person-Variablen subsumiert (Wippich, 1984), aber auch als Indikator metakognitiver Gedächtnisüberwachung angesehen (vgl. z.B. Schneider, 1989). Hier haben verschiedene Untersuchungen ergeben, daß Vorschulkinder ihre Gedächtnisspanne hochgradig überschätzen (z.B. Flavell et al., 1970). Diese unrealistische Überschätzung findet sich selbst dann noch, wenn den Kindern zuvor die Begrenztheit ihrer Möglichkeiten demonstriert worden ist (Wippich, 1980b). Der Abstand zwischen vorhergesagter und tatsächlicher Leistung verringert sich mit zunehmendem Alter und verschwindet bei den Zehn- bis Zwölfjährigen. Die unrealistische Überschätzung eigener Möglichkeiten kann natürlich verhaltenswirksam sein: "Wenn das durchschnittliche, vier Jahre alte Kind glaubt, daß es eine Gedächtnisspanne von acht Items hat, mag es keine Notwendigkeit sehen, Gedächtnisstrategien anzuwenden" (Kail, 1984, S. 52).

Wie stark Vorschulkinder ihre Gedächtnisspanne überschätzen, ist aber auch vom Erhebungsmodus beeinflußt. Überschätzungen fallen geringer aus, wenn Vorschulkinder (Fünf- bis Siebenjährige) statt verbaler nonverbale Vorhersagen abgeben, indem sie Wörter vom Tonband hören und das Band stoppen, wenn sie so viele Wörter gehört haben, wie sie glauben, erinnern zu können (Cunningham und Weaver, 1989). Die unrealistische Überschätzung ist dennoch ein bei Vorschulkindern offenbar generell auftretendes Phänomen; ob ältere Kinder ihre Leistungen über- oder sogar unterschätzen, hängt von der jeweiligen Lernaufgabe ab.

Worden und Sladewski-Awig (1982) haben die Überschätzung der Reproduzierbarkeit von Bildern für Kindergartenkinder gefunden, für alle anderen Kinder (2. bis 6. Schuljahr) trat eine leichte Unterschätzung ein. Diese Untersuchung ist insofern interessant, als die Kinder außerdem je Bild eine Prognose abzugeben hatten. Sieht man - wie die Autorinnen - im Sinne der Signalentdeckungstheorie die bedingten Wahrscheinlichkeiten für die Prognosen "Reproduktion wird erfolgreich sein", wenn sie tatsächlich erfolgreich war bzw. erfolglos blieb, als Treffer- bzw. falsche Alarmquote an, lassen sich je Altersgruppe bei der Unterstellung zweier Normalverteilungen mit gleichen Varianzen d'- und ß-Werte berechnen. In der Untersuchung von Worden und Sladewski-Awig (1982) ergab sich überhaupt keine Veränderung von d' mit dem Alter. Das scheint für gleiche Unterscheidungsmöglichkeiten reproduzierbarer und nicht reproduzierbarer Items in allen Altersgruppen zu sprechen. Außerdem fanden die Autorinnen ein mit dem Alter zunehmend strenger werdendes Antwortkriterium ß. Allerdings bleibt unklar, welche Schlußfolgerungen aus diesem Befund gezogen werden dürfen. Sieht man einmal von den ungeprüften Verteilungsannahmen ab, so ist der Befund mit der zusätzlichen Unsicherheit behaftet, daß die bedingten Wahrscheinlichkeiten durch Summierung der Antworten über die Items und Proband(inn)en geschätzt wurden. Dieses Vorgehen führt nur bei Zugrundelegung weiterer spezieller Voraussetzungen zu einer Schätzung der mittleren d'-Werte (McNicol, 1972).

Bezüglich der Aufgaben- und Strategie-Variablen präsentieren wir einige Ergebnisse aus der Studie von Kreutzer et al. (1975), denen weitere Resultate hinzugefügt werden. Das Wissen, daß das sofortige Erinnern einer Telefonnummer leichter als das verzögerte Erinnern fällt, ist der Aufgabenkategorie zu subsumieren. Dasselbe gilt für das Wissen um die gedächtnismäßigen Konsequenzen der Lernzeit. Beide Aspekte wurden in der Exploration von Kreutzer et al. (1975) berücksichtigt. Was wußten die Kinder über diese Variablen? Daß ein Kind, das fünf Minuten lernt, mehr behält als eines, das nur eine Minute lernt, wußten schon 75 % der Vorschulkinder, und bereits vom ersten Schuljahr an stieg dieser Prozentsatz auf 90 - 100. Die Prozentsätze waren jeweils geringfügig geringer, wenn gefragt wurde, wie lange das befragte Kind selbst lernen würde. Bezüglich der Begründungen dieser Wahlen gab es jedoch größere Unterschiede zwischen den Altersgruppen. Nur 35 % der Begründungen der Vorschulkinder wurden als adäquat eingestuft. Für Erstkläßler betrug dieser Prozentsatz immerhin schon 75 %, während er für die älteren Kinder auf 100 % angewachsen war. Obwohl also von allen Kindern überzufällig oft die Behaltensleistung des länger lernenden Kindes als höher eingestuft worden war, konnten nur die älteren Kinder dafür eine adäquate Begründung geben. Möglicherweise ist dieser Befund auf Verbalisierungsprobleme der jüngeren Kinder zurückzuführen. Ein Wissen um die Wirksamkeit der Lernzeit muß auch schon bei vielen Vorschulkindern unterstellt werden.

Welche Ergebnisse ergaben sich bezüglich des Behaltensintervalls für eine Telefonnummer? Das Wissen um das schnelle Vergessen von derartigen Informationen wird in dieser Frage implizit angesprochen. Nur 40 % der Vorschulkinder gaben an, nach dem Hören der Telefonnummer sofort zu telefonieren und nicht erst etwas zu trinken. Dieser Prozentsatz stieg auf etwa 80 % für die Dritt- und Fünftkläßler. Nun kann man aber überzeugt davon sein, daß es keinen Unterschied macht, ob man sofort die Telefonnummer anwählt oder erst ein Glas Wasser trinkt, da man die Nummer solange behalten könnte. Wird diese Bewußtheit der Möglichkeit zum Vergessen in die Auswertung einbezogen, ergeben sich nach wie vor 40 % "richtige" Angaben für die Vorschulkinder, aber schon 95 % für die Dritt- und Fünftkläßler. Offenbar ist dieser Anstieg auf das Wissen zurückzuführen, daß man bestimmte Strategien zur Verfügung hat, um die

Telefonnummer präsent zu halten. Auf die Frage: "Was tust Du, wenn Du eine Telefonnummer behalten willst?" stieg der Prozentsatz der Kinder, die ihre schriftliche Notiz der Nummer angaben, bis zum dritten Schuljahr und fiel dann wieder ab. Dieser Abfall ist darauf zurückzuführen, daß erst die Fünftkläßler häufig eine andere Strategie erwähnten, nämlich die des Memorierens. Die Ergebnisse stehen insgesamt im Einklang mit anderen Untersuchungen. Da für die jüngsten Kinder das Verständnis des Begriffes "Vergessen" aufgrund der Untersuchungen von Wellman und Johnson (1979) als nicht ausgeprägt anzusehen ist, kann nicht erwartet werden, daß sie häufig Aktivitäten angeben, die dem Vergessen vorbeugen. Die zunehmende Bevorzugung internaler Strategien wie das Memorieren hat eine Parallele in der Strategieentwicklung. Jüngere Kinder bewältigen Gedächtnisaufgaben relativ gut, wenn diese die externale Speicherung und Nutzung externaler Hinweise zum Abruf der Information erforderlich machen (Wellman, 1977a); sie geben eine internale Strategie nach einer entsprechenden Induktion selbst dann wieder auf, wenn diese sich als erfolgreich erwiesen hat (Keeney, Cannizzo und Flavell, 1967).

Eine weitere Aufgabenvariable von Interesse ist das Wissen um die relativen Schwierigkeiten des Rekognizierens und Reproduzierens. Frühe Untersuchungen hatten ergeben, daß bei jungen Kindern das Wissen um die größere Schwierigkeit des Reproduzierens nicht vorhanden ist. Erst die Untersuchung von Speer und Flavell (1979) hat für Vorschulkinder und Erstkläßler andere Ergebnisse erbracht. Die Inkonsistenz der Ergebnisse liegt u.U. darin begründet, daß bei Speer und Flavell (1979) erstmalig der Vergleich auf identische Gedächtnisprobleme bezogen war, die in Form von Geschichten präsentiert wurden. In jeder Geschichte standen zwei gleichgeschlechtliche Zwillinge vor demselben Problem, nur daß einer die Information zu reproduzieren, der andere wiederzuerkennen hatte.

Wenn das Wissen um die relative Schwierigkeit des Reproduzierens schon so frühzeitig ausgeprägt ist, fragt es sich, ob dies auch für die relativen Schwierigkeiten des wortwörtlichen und sinngemäßen Reproduzierens gilt. Informationen zu dieser Frage liefert wiederum die Studie von Kreutzer et al. (1975). Der Prozentsatz der Kinder, die angeben, daß es leichter sei, eine Geschichte in eigenen Worten zu reproduzieren, wächst von 55 % (Vorschulkinder) über 75 % und 90 % bis 100 % (Fünftkläßler) (siehe Tab. 25 bei Kreutzer et al., 1975, S. 46). Ein vergleichbares Ergebnis haben Myers und Paris (1978, Frage 13, S. 686) für Zweit- und Sechstkläßler erhalten.

Altersunterschiede finden sich auch beim Wissen um Strategievariablen. Untersuchungen zum Wissen um die bislang wohl am häufigsten untersuchten Strategievariablen, nämlich Organisationsstrategien bei "sort-recall"-Aufgaben, haben z.B. gezeigt, daß sich das Wissen um diese Strategie erst gegen Ende der Grundschulzeit ausbildet (z.B. Schneider, Körkel und Vogel, 1987a). Diese Altersunterschiede konnten auch in der Studie von Kreutzer et al. (1975) bei Fragen beobachtet werden, die sich auf Aktivitäten beziehen, um am nächsten Tag die Schlittschuhe oder eine Geburtstagsparty nicht zu vergessen. Ältere Kinder werden als planvoller bewertet. Die vielfach aufgewiesenen Altersunterschiede in der Studie von Kreutzer et al. (1975) machen deutlich, daß mit zunehmendem Alter immer mehr Kinder Antworten geben, die als optimal bewertet werden. Allerdings hat ein derartiger Befund noch wenig mit der Entwicklung individuellen Wissens zu tun. Je Item und je Kind kann dieses nur als (nicht) vorhanden diagnostiziert werden. Wenn bereits ein fünf Jahre altes Kind eine optimale Antwort gibt, kann bezüglich des erfragten Aspektes seine Entwicklung als abgeschlossen gelten. Da die Auswertung der Ergebnisse durch Kreutzer et al. (1975) aus berechtigtem Grund item-spezifisch erfolgte, konnten verschiedene Ausprägungsgrade des jeweils erfragten Wissens nicht erfaßt werden. Der Ausdruck "Entwicklung" bezieht sich hier hauptsächlich auf die alterskorrelierte Vermehrung optimaler Antworten. Erst in späteren Studien, die die Items von Kreutzer et al. vollständig oder unvollständig übernommen haben, wurden Summenwerte über die verschiedenen Items gebildet. Ein solches Vorgehen wird besonders dann erforderlich, wenn das Gedächtniswissen neben anderen Prädiktoren auf seinen prognostischen Gehalt für Gedächtnisleistungen geprüft werden soll (vgl. Kapitel 4.3). Was dieser Summenwert allerdings genau erfaßt, bleibt unbekannt. Das Wissen zweier Kinder mit gleichen Punktwerten kann sich auf sehr unterschiedliche Aspekte der Explorationsstudie von Kreutzer et al. (1975) beziehen.

Passen Kinder die Wahl einer Strategie ihrem Wissen an? Rogoff, Newcombe und Kagan (1974) haben dies anhand der Länge des Anschauens zu erinnernder Bilder studiert. Es interessierte, ob sich die Beobachtungsdauer dem Behaltensintervall (einige Minuten, ein Tag, sieben Tage) anpassen würde. Damit die Kinder Erfahrungen mit der Länge eines Zeitintervalls sammeln konnten, wurde ihnen die zweite Hälfte eines Spielzeugs erst nach einigen Minuten (einem Tag bzw. sieben Tagen) ausgehändigt. Erst dann wurde das Lernexperiment durchgeführt. Die Kinder wußten, daß ihre Erinnerung an die Bilder erst nach einem Zeitintervall geprüft werden würde, das so lang wie das zwischen Vergabe der ersten und zweiten Hälfte des Spielzeugs ist. Vier- und sechsjährige Kinder paßten die Inspektionszeit für die Bilder nicht dem Behaltensintervall an. Diese Anpassung fand sich erst bei den Achtjährigen. Obwohl das ausdauernde Beobachten eine Gedächtnisstrategie ist, die frühzeitig intentional verfolgt werden kann (s.o.), tritt sie hier bei den jüngsten Kindern nicht auf. Diese jüngsten Kinder differenzierten also nicht zwischen den verschiedenen Behaltensanforderungen, die durch das Zeitintervall gesetzt werden. Dies mag mit dem ungenügenden Verständnis des Begriffes "Vergessen" zusammenhängen.

Während der Inspektionszeit können weitere Strategien zur Anwendung kommen, die für die Bewältigung eines Gedächtnisproblems hilfreich sind. Wirkt sich die Erfahrung, daß eine elaborierte Memorierstrategie zu besseren Ergebnissen führt als eine Strategie des bloßen Wiederholens, auf die Wahl der Strategie bei der Bewältigung einer neuen Aufgabe aus, wenn sie freigestellt ist? Nach den Ergebnissen von Moynahan (1978) trifft dies nur für die Erst- und Fünftkläßler, nicht aber für die Drittkläßler zu, ein Ergebnis, das schwierig zu interpretieren ist. Fraglich bleibt jedoch, ob der größere Erfolg wirklich einer Strategie zugeschrieben wird. Von den Kindern, die diese Zuschreibung vornahmen, wählten immerhin 92 % die entsprechende elaborierte Strategie, während nur 47 % der Kinder, die ihren Erfolg nicht auf die elaborierte Strategie attribuierten, diese wählten. Wird der Erfolg also der Strategie zugeschrieben, so wird diese auch gewählt. Was sich hier hauptsächlich mit dem Alter veränderte, war der Prozentsatz der Erfolgsattribuierungen auf eine bestimmte Strategie.

Die Untersuchung von Moynahan (1978) stellte es den Kindern frei, irgendeine Strategie zu wählen. In der Untersuchung von Lodico, Ghatala, Levin, Pressley und Bell (1983) waren sie gezwungen, eine von zwei Strategien zu wählen, mit deren relativem Erfolg sie hatten Erfahrungen machen können. Am ehesten ist die Kontrollbedingung mit den Bedingungen der Untersuchung von Moynahan (1978) vergleichbar. 44 % bzw. 38 % der Kinder (nur Zweitkläßler) wählten die effektivere Strategie für das Paarassoziationslernen bzw. Freie Reproduzieren. Diese Werte sind im Vergleich zu denen für die Erstkläßler bei Moynahan (1978) gering. Leider berichten Lodico et al. (1983) nichts über die Häufigkeit der Strategienwahl im Zusammenhang mit der Erfolgsattribuierung.

Auf ihre Untersuchung werden wir an anderer Stelle (vgl. Kapitel 4.4) noch ausführlich zurückkommen.

Die bisher berichteten Resultate beziehen sich auf das Wissen über die Wirksamkeit einer isolierten Variablen. Wird das Wissen über die Wirksamkeit einer Kombination von zwei Variablen erfaßt, sprechen die Autoren vom Wissen um die Interaktion der Variablen (Wellman, 1978; Schneider, 1989). Dieser Ausdruck ist insofern unglücklich gewählt, als er im Sinne der Varianzanalyse ein Ergebnis vorausnimmt, das nicht einzutreffen braucht. Die Proband(inn)en können z. B. der Meinung sein, daß die untersuchten Variablen additiv zusammenwirken. Es gibt nur wenige Untersuchungen, die das Wissen um die Wirksamkeit der Kombination zweier Variablen zu erfassen versuchen.

> Wellman, Collins und Glieberman (1981) haben die Kombination zweier dreistufiger Variablen untersucht, die vollständig gekreuzt waren. Auf Bildern wurden die Variablen "Menge der Items" und "Anstrengungsaufwand" veranschaulicht. Aufgabe der Proband(inn)en war es, anzugeben, wieviele Items die jeweils abgebildete Person erinnern würde. Diese Angaben wurden auf die tatsächliche Anzahl zu lernender Items relativiert. Die Anwendungsvoraussetzungen für die durchgeführte Varianzanalyse waren nicht gegeben, da unter der Bedingungskombination "hoher Anstrengungsaufwand und wenige Items" alle Altersgruppen angaben, alle vier Items würden erinnert werden. Die Inspektion von Abb. 1 bei Wellman et al. (1981, S. 1315) macht klar, daß, sollte eine Interaktion zwischen beiden Variablen vorliegen, diese ordinal wäre: Für jede Altersgruppe gilt, daß dem Anstrengungsaufwand unabhängig von der Menge der Items dieselbe relative Wirksamkeit zugeschrieben wird, und innerhalb jeder Altersgruppe gilt auch, daß die relative Wirksamkeit der Item-Menge unabhängig vom Anstrengungsaufwand beurteilt wird. Der Unterschied zwischen den Altersgruppen liegt allenfalls darin, daß die Vorschulkinder die Schwierigkeiten, acht oder zwölf Items zu erinnern, als gleich betrachteten, während Viertkläßler und Erwachsene hier noch differenzierten. Wenn man meint, maximal nur eine bestimmte Zahl von Items erinnern zu können, muß letzteres Ergebnis auftreten. Bei den jüngsten Kindern lag aber offenbar die Überzeugung vor, bei mehr als vier Items einen konstanten Prozentsatz erinnern zu können. Ihr Wissen um die Schwierigkeit der Aufgabe ist defizitär und erinnert an die Ergebnisse zur Prädiktion der Gedächtnisspanne. Hinsichtlich der Wirksamkeit der Kombination von Variablen muß man aber auch den jüngsten Kindern dieser Untersuchung ein adäquat ausgeprägtes Wissen zuschreiben. Dies scheint klar gegen die Ergebnisse von Wellman (1978), die oben dargestellt wurden, zu kontrastieren. Diese Untersuchung hat aber nicht beide Faktoren vollständig gekreuzt und war deshalb kaum in der Lage, zum Wissen über die Wirksamkeit der Kombination von Variablen Auskunft zu geben.

Die Überwachung der eigenen Gedächtnistätigkeit wurde eingangs dem Begriff "Metagedächtnis" subsumiert. Können z. B. Kinder beurteilen, ob sie die Namen nicht zu benennender Bilder wiedererkennen werden? Diese Frage hat Wellman (1977b) an Kindergartenkindern, Erst- und Drittkläßlern untersucht.

> Die "feeling-of-knowing"-Urteile waren dichotom, und in der Rekognitionsphase wurde jedes nicht benannte Bild mit acht Distraktoren vorgelegt, die jeweils zur Hälfte andere Bilder aus der Benennungsphase waren. Aufgabe der Proband(inn)en war es, den vom Experimentator genannten Namen einem Bild zuzuordnen. Wellman (1977b) hat den Zusammenhang zwischen Wissensgefühl und Rekognitionsleistung je Proband als Phi-Korrelation ermittelt. Die mittleren Phi-Korrelationen stiegen für die Altersgruppen von 0.19 über 0.35 bis auf 0.60 an. Danach wird das Wissensgefühl mit zunehmendem Alter immer genauer. Auf dem Hintergrund der Analysen verschiedener Zusammenhangsmaße durch Nelson (1984) muß der Phi-Koeffizient jedoch als suboptimal angesehen werden. Nelson (1984) zeigt, daß einem festen Wert der optimalen Goodman-Kruskal-Gamma-Korrelation sehr unterschiedliche Phi-Werte entsprechen können. Da die Goodman-Kruskal Korrelation asymptotisch auf Signifikanz getestet werden kann (vgl. Lienert 1973, S. 636-637), wäre es besser, die Verteilungen der individuellen Gamma-Korrelationen per Kolmogoroff-Smirnov-Test gegen die zentrale Stichprobenverteilung zu prüfen, um zu testen, ob für eine bestimmte Altersgruppe schon ein überzufällig ausgeprägtes Wissensgefühl angenommen werden kann. Auch der Vergleich zweier Altersgruppen ist mit einem Kolmogoroff-Smirnov-Test möglich (vgl. Lienert, 1973, S. 449-451).

Eine Untersuchung, in der Goodman-Kruskal-Gamma-Koeffizienten berechnet wurden, wurde von Butterfield, Nelson und Peck (1988) an Sechs-, Zehn- und Achtzehnjährigen (Experiment 1) durchgeführt. Wie bei Nelson und Narens (1980; vgl. 3.2) wurden zusätzlich zu den üblichen absoluten "feeling-of-knowing" (FOK)-Urteilen relative Urteile erhoben, indem anzugeben war, bei welchem von zwei Wörtern, die zuvor nicht hatten definiert werden können, es leichter sei, das Bild des Referenten des Wortes aus vier Bildern auszuwählen. Butterfield et al. konnten zeigen, daß Sechsjährige zwar weniger reliable FOK-Urteile abgaben, aber - im Widerspruch zu den Ergebnissen von Wellman (1977b) - eine größere FOK-Genauigkeit aufwiesen als Zehn- und Achtzehnjährige.

Für die Postdiktion ergeben sich ähnliche Überlegungen bzgl. des Zusammenhangsmaßes wie beim "feeling-of-knowing". Bei jenem Verfahren lernen die Proband(inn)en zuerst und beurteilen dann, welche Items sie erinnert und vergessen haben. Üblicherweise ergibt sich hier eine anwachsende Genauigkeit der Urteile mit dem Alter (z. B. Goodman und Gardiner, 1981). Das im Prädiktionsverfahren für junge Kinder so typische Überschätzen der eigenen Gedächtnisleistung findet sich Schneider (1989) zufolge bei der Postdiktion nicht (s. aber Pressley und Ghatala, 1989).

Wenn man davon ausgehen kann, daß schon junge Kinder relativ sicher beurteilen können, ob sie bestimmte Items beherrschen, fragt es sich, welche Verhaltenskonsequenzen dieses Wissen zeitigt. Denkbar ist, daß mehr Lernzeit auf die noch nicht beherrschten Items verwendet wird. Dies trifft aber einer Untersuchung von Masur, McIntyre und Flavell (1973) zufolge zumindest für die Erstkläßler nicht zu, obwohl dieser Altersgruppe aufgrund der Untersuchungen von Wellman (1977b), Butterfield et al. (1988) und Goodman und Gardiner (1981) schon relativ genaue Wissengefühle bzw. Beurteilungen darüber, welche Items beherrscht bzw. vergessen sind, zugeschrieben werden müssen. Möglicherweise besteht diese Ergebnis-Inkonsistenz nur zum Schein. Es ist denkbar, daß die jüngsten Kinder ihr Ziel relativ niedrig gesteckt haben und deshalb auch schon gewußte Items mit gleicher Intensität weiter studieren (Kail, 1984). Insgesamt machen die vorliegenden Studien deutlich, daß alterskorrelierte Unterschiede in der Zuteilung der Lernzeit existieren. Dufresne und Kobasigawa (1989) z.B. konnten alterskorrelierte Differenzen in der differentiellen Zuteilung der Lernzeit – Erst- und Drittkläßler verwendeten beim PAL etwa gleich viel Zeit auf schwierige und leichte Paare, während Fünft- und Siebtkläßler den schwierigen Paaren mehr Zeit widmeten – wie auch in der ausreichenden Zuteilung demonstrieren – mehr Fünft und Siebtkläßler als Erst- und Drittkläßler erzielten perfekte Leistungen.

Auch zu den Überwachungsaktivitäten beim Lernen von Texten liegen einige Befunde vor. Es geht einmal darum, die Sensivität von Kindern für besonders wichtige Textstellen herauszufinden. Frühere Forschungen haben die Bedeutung solcher Textstellen ohne Bezug auf eine Theorie der Struktur von Geschichten spezifiziert. 1980 haben Yussen, Mathews, Buss und Kane erstmals eine Geschichtengrammatik (Stein und Glenn, 1979, vgl. Kapitel 2.3) benutzt, um zu prüfen, welche Art von Wissen sich während der Grundschuljahre ändert.

> Aufgabe der Proband(inn)en war es, anzugeben, welche Merkmale der Geschichte zu ihrer Kommunikation notwendig seien (kritische Merkmale). Außerdem sollten die wichtigsten Stellen angegeben werden. Für beide Urteile sollten drei Karten ausgewählt werden, die jeweils die beiden Sätze einer grammatikalischen Kategorie enthielten. So bezogen sich die Urteile erzwungenermaßen auf drei von insgesamt sechs Kategorien. Drei bestimmte Kategorien waren von den Experimentatoren als die wichtigsten festgelegt worden. Wenn noch kein Wissen um die Bedeutung dieser Kategorien entwickelt ist, sollte die Wahrscheinlichkeit, genau diese als wichtig oder

kritisch auszuwählen, $1/\binom{6}{3} = 0.05$ sein. Für die Zweitkläßler trat ein mit dieser Erwartung übereinstimmendes Ergebnis ein; vom vierten Schuljahr an wurden die drei bedeutsamsten Kategorien überzufällig oft gewählt, wobei die Häufigkeit für die Wahl dieser Kategorien mit dem Alter ständig stieg. In diesem Kontext erwähnenswert ist auch die Studie von van den Broek (1989). Der Autor untersuchte die Fähigkeit von acht-, elf- und vierzehnjährigen Kindern, die Wichtigkeit von Geschichtenaussagen auf der Basis der kausalen Relationen zwischen Aussagen zu beurteilen (vgl. auch Kapitel 2.3). Während alle Altersgruppen Aussagen mit vielen intraepisodischen kausalen Relationen für wichtiger hielten als Aussagen mit wenigen solcher Relationen, schätzten nur Kinder, die elf Jahre und älter waren, Aussagen als wichtiger ein, wenn diese viele interepisodische Relationen aufwiesen. Van den Broek (1989) vermutet aufgrund dieses Ergebnisses, daß diskrepante Befunde bzgl. des Alters, ab dem Kinder die Wichtigkeit von Textaussagen reliabel beurteilen können, auf Unterschiede in den verwendeten Texten zurückgehen könnten. Werden Geschichten mit wenigen zusammenhängenden Episoden präsentiert, können Kinder die Wichtigkeit von Aussagen eher (etwa ab acht) korrekt beurteilen als bei Geschichten mit vielen zusammenhängenden Episoden.

Wie sich das Wissen um die Wichtigkeit bestimmter Textstellen auf die Lernzeit auswirkt, wurde von Brown und Smiley (1978) untersucht, wobei als Maßstab für die Einschätzung der Wichtigkeit aber keine Geschichtengrammatik benutzt wurde. Wie in der Untersuchung von Masur et al. (1973) hatten die Proband(inn)en zuerst zu lernen und zu reproduzieren, bevor einige Sätze zum weiteren Studium ausgewählt werden konnten. Fünft- bis Zwölftkläßler wählten die wichtigsten Sätze zum weiteren Studium aus, während Studenten der Überzeugung waren, die wichtigsten Ideen ohnehin erinnern zu können und deshalb weniger wichtige Sätze wählten.

Weitere Ergebnisse zur Entwicklung des Gedächtniswissens sollen hier nicht dargestellt werden. Eine vollständigere Übersicht findet sich bei Schneider (1989, Kapitel 4). Auffällig ist, daß offensichtlich die Aufgabenvariable "Bildhaftigkeit des Lernmaterials" und die Strategievariable "Vorstellungen bilden" bis auf wenige Ausnahmen (s. Kapitel 5.1) nicht Gegenstand der Metagedächtnisforschung gewesen sind, obwohl die Determination von Gedächtnisleistungen durch diese Variablen gut belegt ist (vgl. Kapitel 2). Deshalb haben wir uns in unserem empirischen Projekt (vgl. Kapitel 6) der Frage gewidmet, was Kinder über diese Variablen wissen und wie dieses Wissen mit der Gedächtnisleistung zusammenhängt.

3.4 Zusammenfassung

Beim "Metagedächtnis" handelt es sich um ein unpräzise definiertes bzw. verschwommen gefaßtes Konstrukt ("fuzzy concept") (Wellman, 1983). Auch wenn diese Beurteilung unbestritten ist, muß daran nicht gleichzeitig eine negative Einschätzung der Forschungsmöglichkeiten im Problembereich gekoppelt sein. Nach Auffassung der meisten Metakognitionsforscherinnen und -forscher lassen sich zwei große Bereiche dem Metagedächtnis subsumieren: das Wissen um das Gedächtnis (deklaratives Gedächtniswissen) sowie exekutive Prozesse wie Planen, Überwachen, Prüfen (prozedurales Gedächtniswissen). Unabhängig von den Problemen bei der Definition und Konzeption von Metagedächtnis, gibt es eine Vielzahl von Verfahren, die "Metagedächtnis" zu erfassen beanspruchen. Alle Indikatoren sind aber fallible Maße - m.a.W. alle Verfahren sind in unterschiedlichem Maße problematisch -, so daß nach Möglichkeit unterschiedliche Verfahren einzusetzen sind. Dadurch soll errreicht werden, daß die Zuschreibung von Gedächtniswissen relativ methodenunabhängig erfolgt. Ungeklärt ist allerdings, ob unterschiedliche Indikatoren, die sich auf unterschiedliche Gedächtnisbereiche beziehen, *ein* Konstrukt erfassen.

Was die Entwicklung des Gedächtniswissens anbelangt, läßt sich festhalten, daß schon frühzeitig ein rudimentäres Wissen um die Anforderungen einer behaltensrelevanten Situation nachgewiesen werden kann. Inwieweit bei Kindergartenkindern Gedächtniswissen demonstriert werden kann, ist dabei entscheidend von der Schwierigkeit bzw. Vertrautheit der Aufgabe abhängig. Deutliche alterskorrelierte Verbesserungen im deklarativen wie prozeduralen Gedächtniswissen sind insbesondere im Grundschulalter zu beobachten, also in dem Zeitraum, in dem Kinder viele neue Erfahrungen mit Gedächtnisaufgaben machen. Aber auch in diesem Altersbereich spielt die Aufgabenschwierigkeit eine entscheidende Rolle, so daß genaue Altersangaben, wann Kinder über ein bestimmtes Gedächtniswissen verfügen, schwer möglich und nicht besonders sinnvoll sind.

4. Metagedächtnis und Gedächtnisverhalten

4.1 Metagedächtnis als notwendige Bedingung für Gedächtnisverhalten?

In diesem Kapitel geht es um die Frage des Zusammenhangs zwischen "Metagedächtnis" und "Gedächtnisverhalten", wobei letzterer Terminus sich sowohl auf die Anwendung bestimmter Strategien wie auch auf die Gedächtnisleistung selbst bezieht. Die praktische Relevanz dieses Forschungsthemas dürfte deutlich sein. Wenn sich herausstellen sollte, daß "Metagedächtnis" eine Determinante der Gedächtnisleistung ist, so könnte dies z. B. die Konsequenz haben, nach Defiziten im Gedächtniswissen als einer möglichen Ursache für schlechte Gedächtnisleistungen bestimmter Schüler zu suchen und diese Defizite durch Trainingsprogramme auszugleichen, um damit auch das Gedächtnisverhalten zu ändern. Die auf die Behebung metakognitiver Defizite ausgerichtete Intervention setzt einen gerichteten Zusammenhang zwischen Metagedächtnis und Gedächtnisverhalten schon voraus, und in der Tat scheint nichts natürlicher als die Annahme zu sein, das Wissen um die Wirksamkeit einer bestimmten Strategie sei eine notwendige Voraussetzung für deren Anwendung.

Warnungen, daß der Zusammenhang nicht eng sein brauche, müssen dieser Annahme nicht widersprechen. So fragen sich Flavell und Wellman (1977), ob eine Person unbedingt das "Kategorisieren" als Strategie anwendet, wenn sie weiß, daß kategorisierte Stimuli besser zu behalten sind. Sie verneinen die Frage und geben verschiedene Gründe dafür an. Ähnlich Weinert (1984, S. 16), dem zufolge "die funktionalen Beziehungen zwischen Metagedächtnis und Gedächtnisleistung .... also notwendigerweise populations- und aufgabenspezifisch sein (müssen)". Der Annahme, daß das Wissen um die Wirksamkeit einer Strategie notwendig für deren Anwendung sei, widersprechen solche Ausführungen nicht, da mit dieser Annahme Zusammenhänge ganz verschiedener Stärke verträglich sind. Die Annahme müßte auch anders geprüft werden als durch bloße Korrelationsanalysen, da sie ein bestimmtes Ereignis verbietet, nämlich das Auftreten bestimmter Strategien, ohne daß ein Wissen über sie vorhanden ist. Umgekehrt erlaubt die Annahme das Auftreten solcher Fälle, wie sie häufig zur Erläuterung der Erwartung herangezogen werden, daß der Zusammenhang zwischen Metagedächtnis und Gedächtnisleistung nicht eng sein könne: Trotz vorhandenen Gedächtniswissens kommt es nicht zur Anwendung einer Strategie. Sollte die Annahme der notwendigen Bedingung zutreffen, so hieße dies für Interventionen, daß nicht nur metakognitive Defizite zur Anhebung der Gedächtnisleistungen beseitigt, sondern auch die Nutzung vorhandenen Wissens trainiert werden müßte. Leider ist nur wenig über den Grad der Bewährung dieser einfachen Hypothese zu sagen, da sie selten geprüft worden ist. Die u.E. beste Untersuchung dazu haben Wimmer und Tornquist (1980) durchgeführt. Das Wissen um den Effekt des kategorialen Gruppierens auf die Gedächtnisleistung erwies sich nicht nur als Prädiktor der Anwendung dieser Strategie; die Ergebnisse bestätigten darüber hinaus sehr deutlich die Hypothese einer notwendigen Bedingung. Die Strategieanwendung wurde aus dem kategorialen Ordnen der Stimuli in der Einprägephase erschlossen. Da es sich um 27 Bilder handelte, von denen jeweils drei zu einer Kategorie gehörten, gab es maximal 9 x 2 Möglichkeiten, kategorial zusammengehörige Stimuli auch paarweise nebeneinander zu legen. Trat dies in 16 von 18 möglichen Fällen auf, so wurde auf

Strategieanwendung geschlossen. Nicht ein einziger Proband zeigte die Anwendung der Strategie, ohne über das entsprechende Wissen zu verfügen. Besser können Daten mit der zu prüfenden Hypothese nicht übereinstimmen.

Zur Gewinnung weiterer Informationen haben wir aus Tabelle 2 bei Wimmer und Tornquist (1980) alle Vierfelder-Tafeln über den Zusammenhang zwischen Wissen und Strategieanwendung rekonstruiert. Das Ergebnis ist in Tabelle 2 festgehalten. Die Bedingung "Metagedächtnis vor Gedächtnisversuch" besagt, daß das Wissen vor dem Gedächtnisversuch erfaßt wurde; entsprechendes gilt für die Bedingung "Metagedächtnis nach dem Gedächtnisversuch". Zu jeder Vierfelder-Tafel haben wir einen Phi-Koeffizienten berechnet. Jeder einzelne dieser Koeffizienten steht im Einklang mit der Hypothese des Wissens als einer notwendigen Bedingung für die Strategieanwendung, da das verbotene Ereignis nicht in einem einzigen Fall eingetreten ist! Die Koeffizienten von 0.30 für die 17- und 0.38 für die Zehnjährigen verdeutlichen, daß einem Unterschied zwischen den Korrelationen nicht immer ein Unterschied in der Enge des Zusammenhangs entspricht. Dieser läßt sich besser als Prozentsatz der Strategieanwender fassen, die über das entsprechende Wissen verfügen. Dieser Prozentsatz (in Tabelle 2 "P" genannt) steigt mit dem Alter an. Gleichzeitig zeigt sich aber, daß er auch davon abhängig ist, ob das Wissen vor oder nach dem Gedächtnisexperiment erfaßt wurde. Die *Aktivation* des Wissens vor dem eigentlichen Gedächtnisversuch beeinflußt also die Höhe der Korrelation, nicht aber die Art des Zusammenhangs: Alle Daten stehen im Einklang mit der Hypothese des Wissens als einer notwendigen Bedingung für die Strategieanwendung.

Selbstverständlich bezieht sich diese Hypothese auf ein aufgabenspezifisches Wissen, hier auf das Wissen um die Effektivität des Kategorisierens. Ergebnisse von Cavanaugh und Borkowski (1980) vermögen diese Hypothese nicht zu widerlegen, da sie sich auf das allgemeine (aufgabenunspezifische) Gedächtniswissen, erfaßt über Items aus der Studie von Kreutzer et al. (1975), beziehen. Dennoch ist der Status der Hypothese alles andere als klar. Schneider (1986) hat z.B. gefunden, daß das Ausmaß des Organisierens (erfaßt über das ARC-Maß der kategorialen Organisation nach Roenker, Thompson und Brown, 1971) bei Kindern, die offensichtlich noch nicht über das aufgabenspezifische Strategie-Wissen verfügen, von bestimmten Item-Parametern abhängt. Wenn mit dem Ausmaß des Clustering die Anwendung der Strategie des Ordnens kovariiert, könnte dies bedeuten, daß ohne entsprechendes Wissen die Strategie "automatisch" in Abhängigkeit von bestimmten Item-Merkmalen aufgetreten ist. Allerdings erfordert die Prüfung der Hypothese einer notwendigen Bedingung das Auszählen der Proband(inn)en, die Strategien anwenden, ohne über Wissen über sie zu verfügen. Wie groß muß der ARC-Wert sein, damit davon gesprochen werden kann, daß die Strategie des Kategorisierens verfolgt wird? Darauf gibt es keine eindeutige Antwort. Zu vermuten ist, daß sich die infrage stehende Hypothese umso besser bewährt, je strenger dieses Kriterium gesetzt wird, ein Ergebnis, das in der Wimmer-Tornquist-Untersuchung zutage trat. Korrelationen zwischen Wissen und Ausmaß des Kategorisierens besagen noch nichts darüber, ob jenes den Status einer notwendigen Bedingung hat.

Eine neuere Studie, deren Daten weitgehend - wenn auch nicht so gut wie die von Wimmer und Tornquist (1980) - mit der Hyothese des aufgabenspezifischen Wissens als einer notwendigen Bedingung für die Strategieanwendung übereinstimmen, stammt von Schneider und Sodian (1988, Experiment 2). Bei einer Versteck- und Suchaufgabe verhielten sich nur drei der untersuchten 48 vier- und fünfjährigen Kinder strategisch, ohne ein entsprechendes aufgabenspezifisches Wissen über die Effekte dieser Strategie zu besitzen.

Tabelle 2: Ergebnisse aus der Untersuchung von Wimmer und Tornquist (1980)*

a) "Metagedächtnis vor Gedächtnisversuch"

		Alter: 7 Jahre Wissen			Alter: 10 Jahre Wissen			Alter: 17 Jahre Wissen		
		+	−		+	−		+	−	
Strategie	+	2	0	2	5	0	5	10	0	10
	−	3	7	10	3	4	7	1	1	2
		5	7	12	8	4	12	11	1	12
		Phi = 0.53 P = 40 %			Phi = 0.60 P = 63 %			Phi = 0.67 P = 91%		

b) "Metagedächtnis nach Gedächtnisversuch"

		Alter: 7 Jahre Wissen			Alter: 10 Jahre Wissen			Alter: 17 Jahre Wissen		
		+	−		+	−		+	−	
Strategie	+	0	0	0	2	0	2	6	0	6
	−	6	6	12	5	5	10	5	1	6
		6	6	12	7	5	12	11	1	12
		Phi = 0 P = 0 %			Phi = 0.38 P = 29 %			Phi = 0.30 P = 54%		

* P ist die Häufigkeit in ++ Zelle dividiert durch die Anzahl der Proband(inn)en, die über das Wissen verfügen, multipliziert mit 100

Im folgenden gehen wir auf *Korrelationen* zwischen Metagedächtnis und Gedächtnisverhalten ein, die den Gegenstand konstituieren, dem sich die Forschungen überwiegend gewidmet haben. Zunächst (4.2) werden die metaanalytischen Untersuchungen Schneiders (1985a, 1989) dargestellt, die den Zusammenhang nicht anhand einer, sondern vieler Untersuchungen prüfen. Sodann (4.3) wird exemplarisch auf zwei nicht-experimentelle Untersuchungen eingegangen, die Modelle des gerichteten Zusammenhangs zwischen Metagedächtnis und Gedächtnisverhalten unter Einbezug weiterer Variablen prüfen. Die Aussage ist hier nicht mehr die, daß das Gedächtniswissen eine notwendige Bedingung für ein bestimmtes Gedächtnisverhalten sei. Postuliert wird ein kausaler Einfluß, dessen Form nicht als notwendige oder hinreichende Bedingung spezifiziert werden kann. Nach der Besprechung dieser Untersuchungen gehen wir auf Trainingsstudien ein (4.4). Nicht mehr gesondert erörtert werden Untersuchungen, in denen das Metagedächtnismaß selbst die Höhe des Zusammenhangs mit der Gedächtnisleistung wiedergibt (vgl. Kapitel 3.2). Derartige Maße sind zusammen mit anderen Maßen in multivariaten Zusammenhangsuntersuchungen berücksichtigt worden, auf die wir in Abschnitt 4.3 zu sprechen kommen. Allein die Existenz derartiger Maße demonstriert schon, daß die theoretische Validierung des Konstrukts "Metagedächtnis" ohne Berücksichtigung seines Bezugs zum Gedächtnisverhalten nicht möglich ist. Abschließend (4.5) werden die wesentlichen Ergebnisse zusammengefaßt.

4.2 Metaanalytische Untersuchungen

Metaanalysen sind statistische Verfahren zur Zusammenfassung der Resultate verschiedener Untersuchungen. Deutschsprachige Einführungen in diese Techniken geben Fricke und Treinies (1985) sowie Schwarzer (1987). Es gibt verschiedene Möglichkeiten der Zusammenfassung. Wir beschränken uns hier auf die Darstellung des Weges, den Schneider (1985a, 1989) beschritten hat. Er besteht darin, für jede Studie, die berücksichtigt wird, wenigstens ein Effektmaß für den Zusammenhang zwischen Metagedächtnis und Gedächtnisverhalten und dann das (u.U. mit den Stichprobenumfängen gewogene) Mittel zu errechnen. In eine derartige Metaanalyse gehen meistens Untersuchungen unabhängig von ihrer versuchsplanerischen Qualität ein, obwohl dies nicht so sein muß (vgl. Schwarzer, 1987). Ferner müssen sich Metaanalysen auf publizierte Resultate beziehen und laufen deshalb Gefahr, ein zu positives Bild über den Zusammenhang zweier Variablen zu vermitteln, da seitens der Autoren und Herausgeber von Fachzeitschriften die Tendenz besteht, "negative" Resultate - und das heißt meistens fehlende Zusammenhänge - nicht zu publizieren. Solange Einzeluntersuchungen nicht rationaler als bisher geplant werden (vgl. dazu Bredenkamp 1980), wird sich an dieser Tendenz nichts ändern lassen, und es fragt sich, wie auf diesem Hintergrund metaanalytische Befunde zu bewerten sind. Darauf werden wir noch zu sprechen kommen. Zur Vorbereitung verweisen wir auf eine weitere Schwierigkeit der metaanalytischen Integration von Forschungsbefunden, die bei Schneider (1985a, 1989) ganz deutlich wird. Zusammengefaßt werden sollen Befunde aus Untersuchungen, die man als konzeptuelle Replikationen begreifen kann, in denen der Zusammenhang der interessierenden Variablen ganz unterschiedlich erfaßt wird (z. B. durch eine punktbiseriale Korrelation, eine Phi-Korrelation u.a.m.). Wie soll man so verschiedene Koeffizienten integrieren? Phi- und punktbiseriale Korrelationen sind Produktmomentkorrelationen, aber bzgl. ihrer Größe untereinander und auch mit der Korrelation zwischen zwei normalverteilten Variablen nicht vergleichbar. Deshalb werden sie bei Schneider in tetrachorische bzw. biseriale Korrelationen verwandelt. Aufgrund dieser Transformation sind sie beide mit einer Produktmomentkorrelation zwischen normalverteilten Variablen und somit auch untereinander vergleichbar. Eine derartige Transformation geschieht um den Preis der zusätzlichen Annahme, daß die alternativ verteilten Variablen durch Dichotomisierung von Normalverteilungen entstanden sind. Die Berücksichtigung möglichst vieler Untersuchungen macht also eine Integration auf dem höchsten Annahmeniveau erforderlich. Möglicherweise werden Annahmen eingeführt (wie die einer Normalverteilung), die in einer in der Metaanalyse zu berücksichtigenden Einzeluntersuchung gar nicht notwendig waren bzw. ausdrücklich vermieden werden sollten. Und weiterhin besteht die Möglichkeit, daß die im Sinne größter Annahmearmut besten Untersuchungen gar nicht berücksichtigt werden können, weil der Zusammenhang zwischen den infrage stehenden Variablen sich nicht in eine Produktmomentkorrelation umrechnen läßt.

Diese kurzen Ausführungen mögen genügen, um erkennbar zu machen, daß Metaanalysen nicht einfach zu bewerten sind. Wir sehen ihren Wert nicht darin, daß sie ein endgültiges Resultat innerhalb gewisser Fehlergrenzen über den Zusammenhang zweier Variablen liefern. Eher liefern sie für die rationale statistische Planung von Einzeluntersuchungen eine Information darüber, wie hoch der Zusammenhang maximal angesetzt werden darf, der mit kontrollierten Fehlerwahrscheinlichkeiten entdeckt werden soll (vgl. dazu Bredenkamp, 1980; Hager und Westermann, 1983). Hinzuweisen bleibt darauf, daß "Metagedächtnis" und "Gedächtnisverhalten" Konstrukte sind, die sehr verschieden operationalisiert werden können. So kann man die Gedächtnisleistung auf sehr unterschiedliche Art und Weise erfassen (z. B. Reproduktion, Rekognition, Ersparnis), und die Verfahren sind unterschiedlich sensibel (vgl. dazu Nelson, 1978). Dies kann sich derart manifestieren, daß die Effektstärken zu integrierender Untersuchungen sehr unterschiedlich ausfallen. Solange die Zusammenhänge zwischen verschiedenen Erfassungsmodi der Gedächtnisleistung auf theoretischer Ebene nicht besser als bisher geklärt sind, sprechen wir uns für variablenspezifische Integrationen aus. Dies deshalb, um für zukünftige Untersuchungen Informationen zur Effektstärke zu erhalten, die sich auf eine bestimmte abhängige Variable beziehen.

Gehen wir nun auf Schneiders Metaanalysen ein. Da die Ergebnisse seiner älteren Untersuchung von 1985 in der neueren (1989) enthalten sind, brauchen wir nur die letztere zu berücksichtigen. Sie basiert auf 60 Publikationen und 123 Korrelationen. Pro Untersuchung fielen also ca. 2 Korrelationen an. Berücksichtigt wurden solche Untersuchungen, die einen Zusammenhang zwischen Metagedächtnis und Gedächtnisleistung berichteten, der sich in eine Produktmoment-Korrelation zwischen zwei normalverteilten Variablen umrechnen ließ; leider werden die Untersuchungen nicht genannt, die diesem Kriterium nicht genügten. Für einen t-Wert bedeutet dies, daß er in eine punktbiseriale Korrelation verwandelt werden mußte, die dann ihrerseits in eine biseriale Korrelation zu transformieren war. Für eine 2 x 2-Kontingenztafel mußte eine tetrachorische Korrelation errechnet werden usw. Schneider (1989) hat sechs Bereiche berücksichtigt, innerhalb derer der Zusammenhang zwischen Metagedächtnis und Gedächtnisverhalten ermittelt wurde: Gedächtnisüberwachung bei Laboraufgaben (r = 0.39), Gedächtnisüberwachung bei Texten (r = 0.44), Gedächtnisüberwachung in Trainingsstudien (r = 0.40), Organisationsstrategien beim Freien Reproduzieren (r = 0.33), Organisationsstrategien beim Paarassoziationslernen (r = 0.60) und Organisationsstrategien in Trainingsstudien (r = 0.37). Die mitgeteilten Korrelationskoeffizienten sind mit den Stichprobenumfängen gewichtete Mittelwerte, so daß eine Untersuchung für die Metaanalyse eine umso größere Bedeutung bekommt, je größer der Stichprobenumfang ist. Als Mittel aller Korrelationen unabhängig vom Bereich ergab sich 0.41. Schneider (1989) berichtet auch über den Zusammenhang in verschiedenen Altersstufen, warnt aber vor dessen Interpretation, da er sich jeweils nur auf wenige Korrelationen bezieht.

Wie soll man die mitgeteilten Korrelationen bewerten? Sie scheinen einen deutlichen Zusammenhang zu belegen. Wenn man aber einmal annimmt, daß es auch nicht publizierte Untersuchungen, die diesen Zusammenhang nicht fanden, gegeben hat, so bleibt die Bewertung weiterhin unklar. Etwas mehr Licht kann folgende Überlegung bringen. Cohen (1977) gibt als Effektmaß für Untersuchungen mit zwei Bedingungen und einer normalverteilten abhängigen Variablen den Index d an, der wie folgt definiert ist: d = (μ_1 - μ_2)/σ. μ_1 und μ_2 sind Mittelwerte beider Populationen, σ ihre gemeinsame Standardabweichung. Für gleich große Populationen ist die punktbiseriale Korrelation

$$\rho_p = \frac{d}{\sqrt{d^2 + 4}} \text{ oder } d = \frac{2\rho_p}{\sqrt{1 - \rho_p^2}}$$

Für Zwei-Stichprobenprobleme ist die Summe der Abstände zwischen dem geschätzten d-Wert ($\bar{d}$) und einem kritischen d-Wert (d_{crit})

$$\sum_{i=1}^{p} (\bar{d}_i - d_{crit}) = p\,(\bar{\bar{d}} - d_{crit})$$

wobei p die Zahl der publizierten Studien und $\bar{\bar{d}}$ die mittlere geschätzte Effektstärke ist. Fragt man sich jetzt, wie groß die Zahl nicht publizierter Studien (N-p), deren Effektstärke Null oder sogar negativ ist, sein darf, damit der für die Gesamtzahl aller Untersuchungen zu ermittelnde mittlere Effektindex dem kritischen Wert genau entspricht, ergibt sich:

$$p\,(\bar{\bar{d}} - d_{crit}) + (N-p)(0 - d_{crit}) = 0 \qquad \text{daraus folgt: } (N-p) = \frac{p\,(\bar{\bar{d}} - d_{crit})}{d_{crit}}$$

Diese Formel entspricht der von Orwin (nach Schwarzer, 1987, S. 62) angegebenen. Um sie für die Bewertung von Schneiders Metaanalysen heranziehen zu können, muß man zunächst einmal annehmen, sämtliche Untersuchungen seien so durchgeführt worden, daß sich das Effektmaß d berechnen läßt. Dies trifft nicht zu. Aber da Schneider Produktmomentkorrelationen auf der Basis der Annahme einer bivariaten Normalverteilung berichtet, bedeutet dies, daß sie in Untersuchungen mit zwei Bedingungen biserialen Korrelationen entsprechen. Diese werden als äquivalent mit anderen Korrelationen angesehen, deren Berechnung die Annahme einer bivariaten Normalverteilung zugrunde liegt. Folgt man diesem Gedankengang, so läßt sich, um die Bedeutung der metaanalytischen Befunde in etwa abschätzen zu können, jede bei Schneider berichtete Korrelation als biseriale Korrelation denken. Unter der Annahme gleich großer Gruppen lassen sich diese in punktbiseriale Korrelationen und d-Werte umrechnen. Schätzt man auf diese Weise die d-Werte aus Schneiders (1989) Metaanalyse, so benötigt man noch zwei Informationen, um die gesuchte Größe (N-p) schätzen zu können. Einmal handelt es sich um den Wert d_{crit}. Cohen (1977) bezeichnet einen Wert d = 0.5, der einer punktbiserialen Korrelation von etwa 0.24 entspricht, als mittlere Effektstärke. Nehmen wir an, wir wollen wissen, wieviele Untersuchungen es mit dem Effekt Null geben darf (das sind alle Untersuchungen, die keinen Effekt in der Richtung der Hypothese gefunden haben), damit insgesamt der mittlere Effekt d = 0.5 ist. Ferner müssen wir p kennen. Schneider (1989) gibt nur die Anzahl der Korrelationen, nicht die der Studien an, auf die sich die mittleren Korrelationen beziehen. Wenn wir von durchschnittlich zwei Korrelationen pro Publikation ausgehen, läßt sich p auf dieser Basis für die einzelnen Bereiche schätzen. (N-p) liegt dann zwischen 2 und 5 (aufgerundete Werte). Dies besagt noch nicht viel. Faßt man (N-p) als Prozentsatz von (N), so ergeben sich Werte, die zwischen 8.5 % (Clustering bei Freier Reproduktion) und 50 % (Gedächtnisüberwachung bei Texten) liegen. Für die Gesamtkorrelation liegt dieser Wert bei 29 %. Das heißt, wenn 29 % aller Studien ohne Effekt geblieben sind, sinkt der Gesamtzusammenhang auf die kritische Größe.

Die angestellten Überlegungen sollen allein die Unsicherheit der Interpretation metaanalytischer Befunde verdeutlichen. (N-p) fällt u.E. nicht unrealistisch hoch aus. Selbstverständlich wäre dieser Wert größer, wenn man d_{crit} niedriger ansetzt. Insgesamt scheinen uns die Ergebnisse dafür zu sprechen, daß ein Zusammenhang zwischen Metagedächtnis und Gedächtnisverhalten besteht, über dessen Höhe wir aber keine Vermutungen anstellen wollen. Ein einzelner Zahlenwert suggeriert eine Genauigkeit, die einer kritischen Überprüfung nicht standhält. Um dies zu belegen, greifen wir zwei Untersuchungen heraus, die in den Metaanalysen Schneiders unter der Kategorie "Organisationsstrategien (Clustering)" behandelt werden. Es geht um die schon erwähnten Studien von Wimmer und Tornquist (1980) und Cavanaugh und Borkowski (1980). Wimmer und Tornquist (1980) haben den Zusammenhang zwischen dem aufgabenspezifischen Metagedächtnis und der Organisation untersucht, während Cavanaugh und Borkowski (1980) den Zusammenhang zwischen dem allgemeinen Metagedächtnis (erfaßt über die Items aus der Studie von Kreutzer et al., 1975) und der Gedächtnisleistung bzw. der Organisation ermittelt haben. Allgemeines und aufgabenspezifisches Metagedächtnis sind aber verschiedene Konstrukte, die vermutlich unterschiedlich hoch mit Maßen des Gedächtnisverhaltens korrelieren. Die Untersuchung von Wimmer und Tornquist (1980) geht in die Metaanalysen Schneiders (1985a, Anhang Tab. A 2) mit *einem* Korrelationskoeffizienten ein. Dieser muß auf der Aggregierung der Daten verschiedener Altersgruppen beruhen (7-, 10- und 17Jährige) und erhält damit eine andere Bedeutung als Korrelationen aus Untersuchungen, die in derselben Kategorie der Metaanalyse auftauchen, sich aber ausschließlich auf Erst- und Zweitkläßler bzw. Fünft- und Sechstkläßler beziehen (vgl. Tab. A 2 bei Schneider, 1985a). Die für die Wimmer und Tornquist-Untersuchung berichtete Korrelation ist ein tetrachorischer Korrelationskoeffizient, dem die Annahme der Dichotomisierung zweier Normalverteilungen zugrunde liegt. Zumindest für die Variable "Metagedächtnis" erscheint diese Annahme aufgrund der Mitteilungen der Autoren über ihre Gewinnung als sehr fragwürdig. Entweder wußten die Proband(inn)en um den Effekt des Gruppierens, oder dieses Wissen war nicht präsent. Die Untersuchung von Cavanaugh und Borkowski (1980) geht mit sechs Korrelationen in die Metaanalyse ein (vgl. Schneider, 1985a, Anhang A 2). Wie man aufgrund der Inspektion von Tab. 6 bei Cavanaugh und Borkowski (1980, S. 448) errechnen kann, ist jede dieser sechs Korrelationen selbst ein Mittelwert aus 14 Korrelationen der einzelnen Items von Kreutzer et al. (1975) mit einem Maß des Gedächtnisverhaltens. Als Maße des Gedächtnisverhaltens fungierten Reproduktions- und Clusterwerte in drei verschiedenen Lernparadigmen. Bei den Korrelationen, die gemittelt wurden, handelte es sich jeweils um Partialkorrelationen zwischen Item und Gedächtnisverhalten, wobei das Alter die auspartialisierte Variable war. Um überhaupt derartige Korrelationen berechnen zu können, mußten die Items von Kreutzer et al. (1975) in einer Weise ausgewertet werden, die von Cavanaugh und Borkowski (1980, S. 444) nur so kurz beschrieben wird, daß eine Beurteilung der Angemessenheit ihrer Vorgehensweise unmöglich ist. Die Berechnung von Partialkorrelationen setzt weiter voraus, daß das Alter einen linearen Einfluß auf jeweils beide zu korrelierenden Maße hat - eine sehr fragwürdige Annahme. Die Mittelung derartiger an derselben Stichprobe gewonnener "korrelierter" Korrelationen, um einen Wert in die Metaanalyse eingehen lassen zu können, steht ebenfalls nicht auf methodisch sicheren Beinen. Kurzum: Die Ergebnisse der Metaanalysen selbst innerhalb einer Kategorie wie "Organisation (Clustering)" sind schwer zu interpretieren. Ein Grund für diese Schwierigkeit ist der, daß Korrelationen über verschiedene Konstrukte hinweg gemittelt wurden. Ein anderer Grund betrifft die statistischen Annahmen, die in die Metaanalyse eingingen. Ein einzelner Wert über die Höhe des Zusammenhangs selbst innerhalb einer Kategorie verschleiert derartige Probleme nur.

Auch Schneider (1989, S. 100) selber weist darauf hin, daß es zur Beurteilung des Zusammenhangs zwischen Metagedächtnis und Gedächtnisverhalten nicht ausreicht, sich auf die Ergebnisse statistischer Metaanalysen zu stützen, sondern daß die quantitative Literaturanalyse durch einen qualitativen Literaturüberblick ergänzt werden müsse. Dementsprechend gibt er (Schneider, 1989, Kapitel 5.3) eine ausführliche qualitative

Ergebnisübersicht zur Beziehung zwischen Metagedächtnis, strategischem Verhalten und Gedächtnisleistung. Diese Ergebnisübersicht macht deutlich, daß "keine einzelne Statistik die Mannigfaltigkeit und Reichhaltigkeit der Ergebnisse repräsentieren kann" (Schneider und Pressley, 1989, S. 120), und gibt Aufschluß darüber, unter welchen Bedingungen Zusammenhänge zwischen Metagedächtnis und Gedächtnisverhalten überhaupt zu erwarten sind. Angesichts der umfangreichen Übersicht bei Schneider (1989) wollen wir auf die Darstellung der Ergebnisse der qualitativen Analyse an dieser Stelle verzichten. Auf die für unsere eigenen empirischen Untersuchungen relevanten Befunde soll in Kapitel 5.2 eingegangen werden.

4.3 Multivariate Zusammenhänge

Unter diese Überschrift fallen Untersuchungen, in denen die Gedächtnisleistung aus Metagedächtnis-Variablen und anderen Prädiktoren vorhergesagt wird. Es sei nur am Rande erwähnt, daß derartige relativ anspruchsvolle Untersuchungen in Metaanalysen nicht berücksichtigt werden können, wenn nicht die Höhe des direkten korrelativen Zusammenhangs zwischen den interessierenden Variablen berichtet wird. Wir werden uns hier nicht mit Untersuchungen beschäftigen, in denen multiple Regressionen oder Pfadanalysen mit manifesten Variablen durchgeführt wurden, sondern beschränken uns auf Pfadanalysen mit latenten Variablen, die den Vorteil haben, der Fehlerbehaftetheit der manifesten Indikatoren Rechnung zu tragen. Die Fehlerbehaftetheit der Prädiktoren ist in nicht-experimentellen Untersuchungen ein ernsthaftes Problem für Analysen mit manifesten Variablen. Voraussetzung für die Durchführung von Analysen mit latenten Variablen (einführend Möbus und Schneider, 1986) ist, daß für diese mehrere Indikatoren zur Verfügung stehen. Im Forschungsbereich "Metagedächtnis und Gedächtnisleistung" sind zwei verschiedene Methoden der Pfadanalyse mit latenten Variablen angewendet worden, auf die hier kurz anhand der knappen und gut lesbaren Arbeit von Lohmöller und Schulte-Cloos (1986) eingegangen werden soll. Beide Modelle - PLS (bzw. LVPLS) und LISREL - umfassen ein Meß- und ein Kernmodell. Bezüglich der Parameterschätzung gibt es aber Unterschiede. Die Maximum-likelihood Methode in LISREL setzt die multivariate Normalverteilung voraus, während diese Verteilungsannahme für PLS nicht notwendig ist. Dies hat zur Folge, daß ein LISREL-Modell inferenzstatistisch geprüft werden kann, während bei der Bewertung eines PLS-Modells auf die beurteilende Statistik verzichtet werden muß. Ein weiterer Unterschied liegt darin, daß PLS die individuellen Meßwerte optimal zu rekonstruieren versucht, während die Modellparameter in LISREL eine Anpassung an die Kovarianzmatrix besorgen. Für jede Methode wird im folgenden jeweils nur ein Beispiel gegeben. Gemeinsam ist ihnen, daß die Metagedächtnis-Variablen bei der Modellspezifikation den Status von Prädiktoren haben. Es wird also eine Beeinflussungsrichtung vom Gedächtniswissen auf das Gedächtnisverhalten angenommen.

Hasselhorns (1986) Untersuchung steht als Beispiel für die Anwendung des PLS-Modells (ein weiteres Beispiel ist die Studie von Kurtz und Weinert, 1989). Sie berücksichtigt folgende latente Variablen, für die es jeweils zwei oder mehr Indikatoren gab: Qualität des Vorwissens, Informationsverarbeitungsgeschwindigkeit, Metagedächtnis, metakognitive Überwachung, entweder subjektives oder kategoriales Ordnen und die Reproduktionsleistung.

Die Qualität des Vorwissens bezieht sich auf eigens für die Untersuchung konstruierte Tests für Wortbedeutungen und Wortklassifikation. "Verarbeitungsgeschwindigkeit" wurde durch die Differenz zwischen richtigen und falschen Durchstreichungen des Buchstaben "a" in Wörtern erfaßt, wobei das "a" instruktionsgemäß nur dann durchzustreichen war, wenn es genau einmal in dem Wort vorkam. Als Indikator für diese Variable wurde auch noch die Gedächtnisspanne für Wörter verwendet, was aufgrund neuerer Untersuchungen zur Gedächtnisspanne a priori naheliegt und durch die hohe Faktorenladung auf der latenten Variablen bestätigt wird. Für die Erfassung der latenten Variablen "Metagedächtnis" wurde ein Aufgabenpool zum Lernen bzw. seriellen und freien Reproduzieren von Wörtern und Zahlen zusammengestellt. Sechs Items bezogen sich auf das Strategie-, 6 auf das Begründungswissen. Diese beiden Aufgabenmengen gingen als getrennte Indikatoren der latenten Variablen "Metagedächtnis" ein. Die "Reproduktionsleistung" bezog sich auf die sofortige und verzögerte Reproduktion kategorisierbarer bzw. nicht kategorisierbarer Wörter. Die Variable "Ordnen" wurde für die kategorisierbaren Wörter durch ein Maß für die kategoriale Ordnung der sofortigen und verzögerten Reproduktion, für die nicht kategorisierbaren Wörter durch ein Maß der subjektiven Organisation erfaßt. Bei diesen Maßen handelt es sich um ARC-Werte (Roenker et al., 1971) bzw. ARC'-Werte (Pellegrino, 1979). Die "Überwachungsaktivität" wurde durch die Genauigkeit der Prognose der Gedächtnisleistung nicht kategorisierbarer Wörter erfaßt, wobei als Maß | P-L | / (P+L) verwendet wurde (P = Prognose, L = Leistung). Die Prognose bezog sich auf die unmittelbare wie verzögerte erste und zweite Reproduktion (4 Indikatoren). Zwar wurden auch Prognosen für die kategorisierbaren Wörter erhoben; diese erwiesen sich aber als ungeeignet für die Erfassung der latenten Variablen.

Aufgrund sorgfältig durchgeführter Überlegungen hat Hasselhorn (1986) für Viertkläßler ein Kernmodell postuliert, das in Abb. 3 dargestellt wird. Die Modellprognosen beziehen sich auf die durchgezogenen Pfeile.

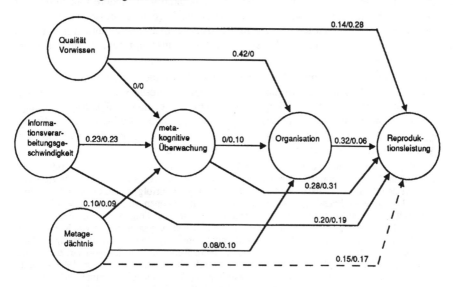

Abbildung 3: Kernmodell aus der Untersuchung von Hasselhorn (1986). Erläuterungen im Text

Die an diesen Pfeilen stehenden Zahlen geben die Pfadkoeffizienten wieder, die aus den tatsächlichen Ergebnissen geschätzt wurden. An jedem Pfeil stehen zwei Zahlen: links der Koeffizient für kategorisierbare, rechts der Koeffizient für nicht kategorisierbare

Wörter. Ist eine Null verzeichnet, so bedeutet dies keine Bestätigung des Modells. Gestrichelte Pfade wurden nicht vorausgesagt und bedeuten ebenfalls eine Modellabweichung. Alle Angaben beziehen sich auf die Gesamtstichprobe und tragen bestimmten Differenzierungen Hasselhorns nicht Rechnung. Deutlich macht die Abbildung 3 sofort folgendes: Es besteht ein - wenn auch relativ schwacher - direkter Einfluß der Metagedächtnisvariablen auf die Gedächtnisleistung, der nicht prognostiziert wurde. Der Einfluß der Metagedächtnisvariablen ist zwar jeweils schwach ausgeprägt, streut aber breit, insofern auch die metakognitive Überwachung und das Organisieren der Reproduktion beeinflußt werden. Aus den Angaben Hasselhorns läßt sich die Korrelation zwischen den latenten Variablen "Metagedächtnis" und "Gedächtnisleistung" auf etwa 0.20 schätzen, wobei der direkte Einfluß größer als der indirekte ist. Der fehlende Einfluß der metakognitiven Überwachung auf die kategoriale Ordnung der Reproduktion mag daran liegen, daß für die erstgenannte Variable nur die Genauigkeit der Prognose für nicht kategorisierbare Wörter berücksichtigt wurde. Auffällig ist auch der unterschiedliche Determiniertheitsgrad der kategorialen und subjektiven Organisation. Auf das kategoriale Ordnen hat das Vorwissen einen starken direkten Einfluß, der für die subjektive Ordnung völlig verschwindet. Dies kann an der Art der Erfassung des Vorwissens liegen, die eher auf das Wissen um Kategorien abgestellt zu sein scheint. Eine andere Möglichkeit besteht darin, daß das subjektive Organisieren bei der untersuchten Altersgruppe noch nicht reliabel ausgeprägt war. Die Interpretation dieses Befundes bleibt unklar. Deutlich wird, daß auch Analysen mit latenten Variabelen konzeptuelle Replikationen (andere Operationalisierungen) der Variablen notwendig machen, damit die Ergebnisse besser interpretierbar werden. Die latenten Variablen werden im PLS-Ansatz als Linearkombination der manifesten Variablen geschätzt und sind deshalb nicht unbedingt repräsentativ für das eigentlich gemeinte Konstrukt.

Als Beispiel für die Anwendung des LISREL-Modells soll die Untersuchung von Schneider, Körkel und Weinert (1987b) dargestellt werden. In dieser Studie wurden ebenfalls sechs latente Variablen berücksichtigt: "Intelligenz", "Hoffnung auf Erfolg", "Metagedächtnis", "metakognitive Überwachung", "kategoriales Ordnen" und "Reproduktionsleistung". Die Bezeichnungen haben wir so gewählt, daß die Ähnlichkeit zu einigen Variablen in der Hasselhorn-Studie deutlich wird.

"Intelligenz" wurde auf eine sehr ähnliche Weise wie das Vorwissen bei Hasselhorn (1986) erfaßt, nur daß zusätzlich die nonverbale Intelligenz durch einen Subtest des Intelligenztestes von Cattell und Weiss (1978) abgeschätzt wurde. Unter "Hoffnung auf Erfolg" fallen in von den Autoren selbst konstruierter Fragebogen zur Erfassung der Attributionen von Erfolg und Mißerfolg in schulischen und alltäglichen Gedächtnissituationen sowie zwei Fragebogen zum Selbstkonzept. Unter "Metagedächtnis" fallen neun Aufgaben, die in Anlehnung an die Studie von Kreutzer et al. (1975) entworfen wurden. Außerdem wurde noch eine aufgabenspezifische Metagedächtnis-Komponente, nämlich die Strategien-Präferenz beim Reproduzieren kategorisierbarer Wörter, erfaßt. Die latente Variable bezieht sich hier also auf sehr verschiedene Maße. "Metakognitive Überwachung" bezieht sich wie bei Hasselhorn (1986) auf die zweimal erfaßte Prognosegenauigkeit, wobei diese allerdings über den absoluten Betrag des logarithmischen Verhältnisses von prognostizierter und tatsächlicher Leistung quantifiziert wurde. Der "Reproduktionsleistung" lagen die im Abstand von zehn Monaten (!) erfaßten Reproduktionen kategorisierbarer Wörter zugrunde, und für das "kategoriale Ordnen" wurde ein zweimal erhobener ARC-Index verwendet.

Nur zum Teil hatten die Autoren a priori Annahmen zum Kernmodell. Abb. 4 gibt die Kernmodelle für die Dritt- und Fünftkläßler wieder, die den besten Anpassungswert erreichten. Die Zahlen an den Pfeilen geben die Einflußgrößen wieder (links: Drittkläßler, rechts: Fünftkläßler). Eine Null bedeutet, daß der Pfad für die entsprechende Altersgruppe zu eliminieren ist.

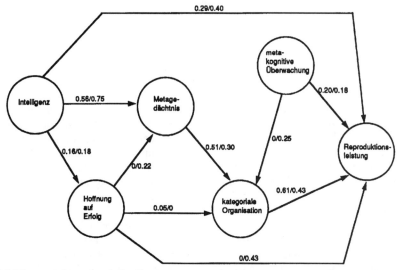

Abbildung 4: Kernmodelle für Dritt- und Fünftkläßler aus der Untersuchung von Schneider, Körkel und Weinert (1987b). Erläuterungen im Text.

Auffällig ist, daß das Metagedächtnis ganz klar auch dann einen Einfluß auf das Gedächtnisverhalten hat, wenn die Effekte ähnlicher Konstrukte wie "Intelligenz" und "Hoffnung auf Erfolg" auspartialisiert werden (zu einem ähnlichen Ergebnis s. Kurtz und Weinert, 1989). In beiden Altersgruppen hat das Metagedächtnis keinen direkten, sondern einen indirekten Effekt auf die Gedächtnisleistung (0.31/0.13 für Dritt- bzw. Fünftkläßler). Die Korrelationen zwischen diesen latenten Variablen betragen immerhin 0.53 bzw. 0.60. Diese sind weit höher als bei Hasselhorn (1986), der im Gegensatz zu Schneider et al. (1987b) einen - allerdings nur schwach ausgeprägten - direkten Einfluß des Metagedächtnisses auf die Gedächtnisleistung gefunden hatte. Ob nun das Metagedächtnis nur einen indirekten oder auch einen direkten Einfluß auf die Gedächtnisleistung hat, scheint u.a. von der Intelligenz abhängig zu sein. So konnten Kurtz und Weinert (1989) bei durchschnittlich intelligenten Kindern auch - relativ starke - direkte Effekte demonstrieren, nicht aber bei begabten Kindern. Auch der direkte Effekt auf das kategoriale Organisieren ist in der Hasselhorn-Studie weit geringer als in der Studie von Schneider et al. (1987b). Überraschend kommt der Befund, daß die metakognitive Überwachung durch keine andere Variable determiniert wird. Auch dieser Befund entspricht nicht dem von Hasselhorn (1986) mitgeteilten Ergebnis. Der starke Einfluß der "Intelligenz" auf das "Metagedächtnis" in der Untersuchung von Schneider et al. (1987b) läßt vermuten, daß die Beziehung in der Untersuchung von Hasselhorn (1986) zu Unrecht unanalysiert blieb. Übereinstimmend wurde in beiden Untersuchungen der direkte Einfluß der metakognitiven Überwachung auf die Reproduktionsleistung festgestellt. Teilweise liegen also übereinstimmende, teilweise nicht übereinstimmende Befunde vor. Trotzdem haben beide Studien gezeigt, daß in einem Bereich (Reproduktion von kategorisierbaren Wörtern), in dem den Metaanalysen Schneiders (1989) zufolge der Zusammenhang zwischen Metagedächtnis und Gedächtnisverhalten am schwächsten ausgeprägt ist, Pfadanalysen mit latenten Variablen zur Exploration und Prüfung von

Modellen, die u.a. diesen Zusammenhang zum Gegenstand haben, erfolgreich eingesetzt werden können.

4.4 Trainingsstudien

Wenn das Organisieren als ein Strategie-Maß aufgefaßt werden kann, legen die Modelle von Hasselhorn (1986) und Schneider et al. (1987b) die Vermutung nahe, daß Verbesserungen von Gedächtnisleistungen durch ein Training der Überwachungsaktivitäten und der Gedächtnisstrategien erzielbar sein müßten. Zwar sind derartige Modelle u.W. erst im Bereich der Freien Reproduktion aufgestellt worden, und der Ausdruck "Gedächtnisstrategien" bezieht sich hier nur auf das kategoriale und subjektive Ordnen; nichts spricht aber gegen den Versuch, die dort angenommenen Relationen hypothetisch auf andere Bereiche zu übertragen und Leistungen durch ein Training der für "kausal" gehaltenen Komponenten zu verbessern. Wenn sich bei schwachen Schülern etwa zeigt, daß sie nicht adäquat zu prüfen vermögen, ob sie einen schulischen Lerninhalt verstanden haben, sollte ein Training dieser "Prüfung" unter der Voraussetzung, daß Metakognition eine Determinante der Leistung ist, zu Leistungsverbesserungen führen. Ausführlich informieren Loper und Murphy (1985) sowie Wong (1985) über den Erfolg des Trainings metakognitiver Komponenten bei lernschwachen Schülern. Daran, daß derartige Trainings erfolgversprechend sind, kann wohl kaum noch ein Zweifel bestehen. Zugleich verstärken sich damit Zweifel zumindest an der Alleinberechtigung eines rein fähigkeitszentrierten Erklärungsansatzes für Lernprobleme. Sie scheinen "therapierbar" zu sein, wobei Metakognitionen ein wichtiger Ansatzpunkt für derartige Bemühungen sind. Weniger erfolgreich ist bisher das Training retardierter Kinder gewesen (vgl. Kail, 1984).

Wenn vom Erfolg eines Trainingsprogramms gesprochen wird, ist vor allem folgendes gemeint (vgl. Kail, 1984; Schneider, 1989): 1) Das Training soll dauerhafte Auswirkungen haben; 2) diese sollen nicht nur situationsspezifisch für die Bedingungen gelten, unter denen eine Strategie antrainiert wurde, sondern auf andere Kontexte generalisieren; 3) hinsichtlich beider Aspekte soll ein Training von Personen mit bestimmten Defiziten die vor dem Training bestehenden Leistungsunterschiede zu "normalen" Personen minimieren. Bezüglich dieses dritten Kriteriums führt Kail (1984) aus, daß im Gedächtnisbereich die Unterschiede zwischen Retardierten und Nicht-Retardierten durch Training nicht vollständig eliminiert werden konnten.

Für "normale" Proband(inn)en bietet ein Strategietraining nach Schneider (1989) das Verfolgen zweier Ziele an, auf die nunmehr ausführlicher eingegangen sei. Einmal geht es darum, herauszufinden, "ob sich der gerade bei jüngeren Kindern nur schwache Zusammenhang zwischen Gedächtniswissen und strategischem Verhalten auch in dieser Altersgruppe deutlicher nachweisen läßt, wenn vorher spezifische Erfahrungen mit semantischen Organisationsstrategien gesammelt wurden" (Schneider, 1989, S. 147). Tests der Aufrechterhaltung einer Strategie und der Strategie-Generalisierung sollten nach Schneider besonders günstige Bedingungen für die Demonstration dieses Zusammenhangs sein, weil in einer Transfer-Situation bewußt zu entscheiden ist, ob eine erworbene Strategie auf einen neuen Kontext übertragen werden soll (s. auch Borkowski, Reid und Kurtz, 1989). Ein zweites Ziel besteht darin, die sog. "bidirectionality hypothesis" zu überprüfen. In den bisher betrachteten Modellen über den Zusammenhang zwischen Metagedächtnis und Gedächtnisverhalten wurde nur eine Beeinflussungsrichtung angenommen. Demgegenüber betonen z. B. Pressley, Borkowski und O'Sullivan (1985, S. 113), "daß diese Kausalität als zweiseitig angenommen wird, insofern Metagedächtnis die Strategieentfaltung lenkt und umgekehrt die Strategie Veränderungen des Wissens über das Gedächtnis bewirkt". Ein derartiger Zusammenhang läßt verschiedene Möglichkeiten darüber zu, wie das Gedächtniswissen (hier das Wissen über Strategien) durch den Gebrauch von antrainierten Strategien beeinflußt werden kann. Eine ist die, daß das Gedächtniswissen sich automatisch aufgrund des Gebrauchs bestimmter Strategien verbessert. In dem kognitiven "Verarbeitungsmodell" von Flavell (1981) würde der Gebrauch von Strategien zu metakognitiven Erfahrungen führen, die eine Veränderung des Gedächtniswissens nach sich ziehen (vgl. Abb. 5). Tatsächlich sind Metagedächtnis-Veränderungen in Abhängigkeit vom Gebrauch einer Strategie empirisch aufgezeigt worden (Pressley, Levin und Ghatala, 1984), und das spezifische Strategie-Wissen, das sich während der Strategieanwendung aufbaute, beeinflußte die nachfolgende Wahl einer Strategie. Im Rahmen des "Modells" von Flavell (1981) betrachtet, verfolgten die Proband(inn)en das kognitive Ziel des Vokabellernens. Sie hatten zwischen zwei Strategien zu wählen (kognitive Aktionen). Anfangs wußten die Proband(inn)en wenig über deren relative Effektivität (metakognitives Wissen). Ein Test mit einigen Übungsaufgaben lieferte aber die metakognitive Erfahrung, daß eine Strategie besser als die andere ist, was zu einer Modifikation des Strategie-Wissens (metakognitives Wissen) führen sollte. Dieses neue Wissen determinierte dann die nachfolgende Strategiepräferenz.

Neben der spontanen Veränderung des Strategie-Wissens kommt natürlich noch das gezielte Training dieses Wissens oder das Antrainieren von Prozeduren infrage, die ihrerseits das Strategie-Wissen fördern. Im letzteren Fall sprechen Pressley et al. (1985) von "metamemory acquisition procedures". Wir gehen anhand von Beispielen auf beide Wege ein.

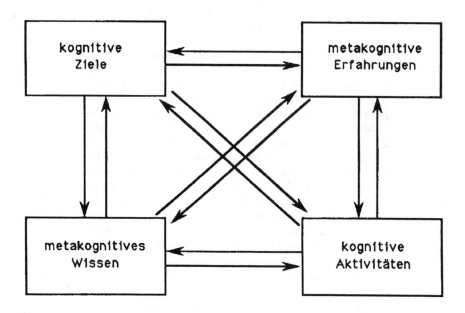

Abbildung 5: Flavells (1981) "Modell" der kognitiven Verarbeitung

Wie Pressley et al. (1985) ausführen, ist das Antrainieren einer Strategie oftmals im Hinblick auf das Ziel "Verbesserung des Strategie-Wissens" defizitär, weil nur wenige Informationen darüber vermittelt werden, wann eine Strategie mit Erfolg angewendet und wie sie verschiedenen Materialtypen angepaßt werden kann. Eine Untersuchung von Schneider (1985b) weist diese Mängel nicht auf; zugleich verdeutlicht sie bestimmte Aspekte von Trainingsstudien und stellt einen Test der "bidirectionality hypothesis" dar, so daß sie hier dargestellt werden soll.

Teilnehmer an der Untersuchung waren Drittkläßler, an denen neben der verbalen und nonverbalen Intelligenz das allgemeine und aufgabenspezifische Metagedächtnis erfaßt wurden. Zur Erfassung des allgemeinen Metagedächtnisses dienten fünf Fragen aus der Exploration von Kreutzer et al. (1975). Die Erfassung des aufgabenspezifischen Metagedächtnisses geschah über mehrere Vergleiche von kategorisierbaren und nicht kategorisierbaren Wortlisten, wobei jeweils anzugeben war, welche leichter zu lernen sei. Das Training zielte auf das Ordnen nach Oberbegriffen ab und dauerte 2 x 45 Minuten. Zunächst wurde Wert auf die Sensibilisierung für Situationen gelegt, in denen das Ordnen ein sinnvolles Prinzip darstellt. Später wurde auf das Warum der Effektivität des Ordnens für das Behalten eingegangen. Vor dem Training wurde ein Prätest mit Bildern durchgeführt. Die Proband(inn)en sollten "irgendetwas mit den Bildkärtchen ... tun, das später beim Auswendiglernen helfen könnte" (Schneider, 1985b, S. 5). Danach bestand die Gelegenheit, die Bilder zu lernen. Ebenfalls noch vor dem Training fand die erste Erfassung des allgemeinen und aufgabenspezifischen Metagedächtnisses statt. Nach dem Training wurde der Transfer in semantischen Klassifikationsaufgaben mit Wort- und Satzmaterial überprüft, und sechs Wochen später fand ein Posttest mit dem ursprünglichen Bildmaterial statt. Die Untersuchung erfüllt also die beiden ersten o. g. Kriterien für Trainingsstudien. Auch das Metagedächtnis wurde nach sechs Wochen erneut erfaßt.

So wie die Trainingsgruppe wurde auch eine Kontrollgruppe mit dem einzigen Unterschied behandelt, daß das Training unterblieb. Bezüglich des Transfers werden keine Unterschiede zwischen beiden Gruppen mitgeteilt; vermutlich waren sie minimal. Der Trainingseffekt beschränkte sich auf das spezifische Metagedächtnis, auf die Clustermaße (ARC-Werte) bei der Reproduktion und auf die Reproduktionsleistung selbst. Aufgrund der weiter mitgeteilten Befunde können die ARC-Werte als Strategiemaß betrachtet werden, so daß sich in der Untersuchung Schneiders (1985b) gezeigt hat, daß metakognitive Erfahrungen zu einer vermehrten Anwendung der Strategie (höhere ARC-Werte der Trainingsgruppe) geführt haben, was wiederum zu besseren Reproduktionsleistungen führte. Warum vermutlich Transfereffekte ausgeblieben sind, obwohl in dieser Untersuchung sehr viel Sorgfalt auf die Gestaltung des Trainingsprogramms verwendet wurde, läßt sich nicht sagen; auch der Autor schweigt sich dazu aus. Seine Angaben über Korrelationen zwischen der Reproduktionsleistung bei der Wortaufgabe (naher Transfer) und den Metagedächtnismaßen beziehen sich offenbar auf die Trainingsgruppe. Sie sind mit 0.16 (allgemeines Metagedächtnis) und 0.41 (aufgabenspezifisches Metagedächtnis) etwas geringer als die entsprechende Korrelation vor dem Training (0.34 bzw. 0.47). Wenn man die Korrelation zwischen ARC in der Lern- und Reproduktionsphase und den Metagedächtnismaßen sowie den Reproduktionsleistungen in den Vergleich einbezieht, läßt sich sagen, daß das o. g. erste Ziel von Trainingsstudien nicht erreicht wurde: Das Training führte nicht zu höheren Zusammenhängen zwischen Metagedächtnis und Gedächtnisverhalten, obwohl diese Studie, wie nochmals betont sei, zu den qualitativ guten gezählt werden muß. Der Höhe des Zusammenhangs sind also deutlich Grenzen gesetzt, was u. a. an der relativ geringen Reliabilität der Metagedächtnismaße liegen kann. Die Stabilität (Retest-Reliabilität) der Kontrollgruppe lag für das allgemeine Metagedächtnis bei 0.43, für das aufgabenspezifische Metagedächtnis bei 0.75.

Die "bidirectionality hypothesis" wurde im Rahmen einer Pfadanalyse mit latenten Variablen (PLS-Modell) überprüft. Berücksichtigt wurden nur die Daten der Trainingsgruppe. Trifft die Hypothese zu, so sollte sich ein direkter Einfluß des strategischen Verhaltens im Prätest auf das aufgabenspezifische Metagedächtnis nachweisen lassen, das sich wiederum auf das strategische Verhalten im Transfertest auswirken sollte (berücksichtigt wurde nur der nahe Transfer). Diese Erwartungen bestätigten sich voll und ganz. Das strategische Verhalten im Prätest wirkte sich auch auf das allgemeine Metagedächtnis aus, das seinerseits ebenfalls einen Einfluß auf das strategische Verhalten im Transfertest ausübte. In dieser Untersuchung wurden im Unterschied zu Schneider et al. (1987b) das aufgabenspezifische und allgemeine Metagedächtnis als zwei verschiedene latente Variablen behandelt. Bei Gültigkeit der "bidirectionality hypothesis" wurde weiterhin erwartet, daß das strategische Verhalten im Transfertest sich auf das zum späteren Zeitpunkt erhobene aufgabenspezifische Metagedächtnis auswirkt, während dieses das strategische Verhalten im Posttest beeinflussen sollte. Der letzte Teil dieser Voraussage bestätigte sich nicht, so daß Schneider (1985b) von einer nur partiellen Bestätigung der Hypothese spricht.

Eine ähnliche Untersuchung haben Schneider, Borkowski, Kurtz und Kerwin (1986) durchgeführt. Verglichen wurden eine amerikanische und eine deutsche Stichprobe von Viertkläßlern. Während sich in der amerikanischen Stichprobe Belege für die "bidirectionality hypothesis" fanden, blieben diese in der deutschen Stichprobe aus. Für die deutschen Kinder waren - im Unterschied zu den amerikanischen Kindern - auch keine Trainingseffekte im Vergleich zwischen Experimental- und Kontrollgruppe nachweisbar, was vermutlich am hohen Leistungsniveau schon der untrainierten Proband(inn)en lag. Eine umfangreiche Folgeuntersuchung an deutschen und amerikanischen Zweitkläßlern (Carr, Kurtz, Schneider, Turner und Borkowski, 1989; s. auch die bisher noch nicht veröffentlichte Arbeit von Kurtz, Schneider, Carr und Borkowski, 1986) kam zu ähnlichen Ergebnissen. Die deutschen Kinder verhielten sich bereits vor dem Training deutlich strategischer als die amerikanischen, so daß das Training bei ihnen - mit Ausnahme eines Effekts bei fernen Transferaufgaben - keine wesentlichen positiven Effekte mehr brachte, während es sich bei den amerikanischen Kindern (die allerdings auch nach dem Training noch weniger strategisch als die deutschen Kinder blieben) als sehr effektiv erwies (Carr et al., 1989). Die beobachteten kulturellen Unterschiede im strategischen Verhalten gehen nach Carr et al. zumindest zum Teil auf Unterschiede in häuslichen Faktoren zurück: Deutsche Eltern berichten häufiger als amerikanische, ihren Kindern Strategien beizubringen (zu einem Überblick über häusliche und schulische Faktoren, die für kulturelle Unterschiede im metakognitiven Wissen und in motivationalen Strukturen relevant sind, vgl. Carr und Borkowski, 1989). Hervorzuheben ist, daß in dieser Studie Trainingseffekte sogar bei fernen Transferaufgaben zu beobachten waren. Bestätigungen für die "bidirectionality hypothesis" ließen sich aber nicht finden (Kurtz et al., 1986, nach Schneider, 1989, S. 155).

Insgesamt sind also die Ergebnisse recht inkonsistent. Was die Trainingserfolge angeht, wird man eher Erfolge bei jüngeren Kindern erwarten können, da die Leistungen untrainiert gebliebener Kinder schon so ausgeprägt sein können, daß sich darüber hinaus keine Trainingseffekte mehr einstellen. Die uneinheitlichen Befunde zur "bidirectionality hypothesis" können auch eine Folge der Art ihrer Überprüfung sein. Vielleicht sollte künftig die Gesamtstichprobe halbiert werden, damit ein Kausalmodell an beiden Teilstichproben überprüft werden kann. Nur wenigstens bezüglich ihres Vorzeichens übereinstimmende Pfadkoeffizienten sollten dann interpretiert werden. Ein solches Vorgehen hätte vielleicht zu ähnlichen Ergebnismustern für deutsche und amerikanische Kinder geführt. Bezüglich des Gedächtnisteils sind die Pfadkoeffizienten in der amerikanischen Stichprobe von Schneider et al. (1986), die in der deutschen Stichprobe Null waren, nicht so groß, daß es zu dieser (möglicherweise nur zum Schein bestehenden) Uneinheitlichkeit der Ergebnisse nicht kommen könnte.

Neben dem Training spezifischer Strategien zur Verbesserung von metakognitivem Wissen und Gedächtnisleistungen kommt das Training von Überwachungsaktivitäten infrage. Diese sollten ebenfalls nicht nur das Gedächtnisverhalten, sondern auch das metakognitive Wissen günstig beeinflussen, wenn die "bidirectionality hypothesis" zutrifft. Wie kann sich das metakognitive Wissen ändern, wenn eine bestimmte Strategie z.B. des Vokabellernens antrainiert worden ist? Pressley et al. (1985) führen dazu aus, daß man seine Vokabelkenntnisse nach Anwendung dieser gegenüber einer anderen Strategie testen könnte, daß man versuchen könnte, die Strategie auf andere Lernmaterialien anzuwenden; man könnte prüfen, ob sie Langzeiteffekte hat u.a.m. Alle diese Möglichkeiten beziehen sich auf das, was die Autoren "metacognitive acquisition procedures" (MAPs) nennen. Wir gehen im folgenden auf Untersuchungen ein, in denen nicht spezifische Strategien trainiert wurden, um Informationen über den "reinen" Effekt der MAPs zu erhalten.

Eine Untersuchung, die derartige MAPs illustriert, haben Lodico et al. (1983) durchgeführt. Das Experiment sollte prüfen, ob *generelle* Prinzipien der Überwachung die nachfolgende Wahl einer Strategie beeinflussen. Es geht also nicht um aufgabenspezifische Überwachungsaktivitäten, die mit dem Antrainieren einer bestimmten Strategie verbunden sind.

Proband(inn)en der Untersuchung waren Zweitkläßler, die zufällig auf je eine Experimental- und Kontrollbedingung aufgeteilt wurden. Die Kinder der Experimentalgruppe wurden dahingehend informiert, daß es viele Arten, ein Spiel zu spielen, gäbe, von denen einige erfolgreicher als andere seien. Das wurde anhand von zwei Beispielen demonstriert. Die Kinder mußten einen Kreis zuerst freihändig, dann unter Zuhilfenahme einer runden Ausstechform für Gebäck zeichnen. Sie wurden gefragt, unter welcher Bedingung sie den Kreis aus welchem Grund besser gezeichnet hätten. Die Antworten wurden als "richtig" zurückgemeldet bzw. derart korrigiert, daß das "Spiel" ein zweites Mal gespielt wurde. Ein zweites Beispiel bezog sich auf das Erinnern von Buchstaben, die in zufälliger Folge geboten wurden. Danach wurde den Kindern nahegelegt, die Buchstaben so umzugruppieren, daß sich ihr Name ergab (jedes Kind erhielt also eine ganz bestimmte Menge an Buchstaben). Gefragt wurde wieder, wann und weshalb ihre Gedächtnisleistung besser gewesen sei, und was sie tun würden, wenn das Spiel nochmals gespielt werde. Die Kinder der Kontrollgruppe verbrachten ebenso viel Zeit mit dem "Spielen", erhielten aber keine Informationen über den Wert der Tätigkeitsüberwachung.

Nach Beendigung dieser Phase wurde den Proband(inn)en gesagt, daß nunmehr weitere Spiele zu spielen seien, wobei die Kinder der Experimentalgruppe nochmals daran erinnert wurden, ihre Vorgehensweise so zu überprüfen, daß die beste Art zu spielen resultiere. Danach unterschied sich die Behandlung beider Gruppen nicht mehr. Je zur Hälfte hatten die Kinder beider Gruppen konkrete Wortpaare zu lernen oder konkrete Wörter frei zu reproduzieren. Vor diesem Lernen waren sie mit verschiedenen Strategien vertraut gemacht worden. In den ersten beiden Durchgängen waren immer verschiedene Strategien anzuwenden, wobei die Reihenfolge ausbalanciert war. Nach dem zweiten Prüfversuch wurden die Kinder gefragt, ob sie mehr Wörter im ersten oder zweiten Versuch gelernt (Frage A) hätten und warum dies so sei (Frage B). Darauf folgte ein dritter Durchgang. Die Wahl der Strategie war freigestellt, mußte aber begründet werden (Frage C).

Angesichts der nur kurzen Behandlungen muten die Ergebnisse erstaunlich an. Unter allen Bedingungskombinationen waren die Gedächtnisleistungen der Experimentalgruppe besser als die der Kontrollgruppe. Diese Aussage gilt sowohl für die ersten beiden wie auch für den dritten Test. Hinsichtlich der Einschätzung, welche Methode mehr Erfolg gehabt habe (Frage A), unterschieden sich die Gruppen nicht. Verblüffend deutliche Unterschiede gab es aber bei der Beantwortung der weiteren Fragen und der Selektion der Strategie, die das wichtigste Maß der Strategieüberwachung war. Beim Freien Reproduzieren wählten 75 % der Proband(inn)en aus der Experimentalgruppe, aber nur 38 % aus der Kontrollgruppe die erfolgreichere Strategie; die entsprechenden Werte aus dem PAL-Experiment betrugen 82 % bzw. 44 %. Auf diese Unterschiede, die zugleich belegen, "daß das Training mehr bewirkte als die Beeinflussung der Verbalisationen der Kinder" (Lodico et al., 1983, S. 274) dürften sich die Unterschiede bezüglich der Behaltensleistung im dritten Testversuch zurückführen lassen, obwohl Unterschiede ja auch schon in den zuvor erhobenen Gedächtnisleistungen bestanden. Wie auch immer: Die Untersuchung macht ganz klar, daß die "letzte" Ursache für alle Unterschiede die experimentelle Manipulation war. Belanglos ist die Frage, ob sich die Gedächtnisunterschiede aus den ersten beiden Prüfversuchen direkt oder indirekt über das Strategiemonitoring auf die Gedächtnisleistungen im dritten Prüfversuch auswirkten.

Spätere Untersuchungen der Forschergruppe um Pressley haben die Ergebnisse von Lodico et al. (1983) im wesentlichen bestätigen können. Was allerdings nicht geprüft wurde, ist die Persistenz und Generalität der Auswirkungen. Hierzu gibt ein Experiment von Leal, Crays und Moely (1985) Informationen, die eine andere MAP untersucht haben. Teilnehmer waren acht bis neun Jahre alte Kinder, die zufällig zwei Experimental- und einer Kontrollbedingung zugewiesen wurden. Trainiert wurde die Selbstüberprüfung des Gedächtniszustandes anhand einer oder zwei Aufgaben, ohne daß eine spezifische Gedächtnisstrategie eingeübt wurde. Der Trainingserfolg persistierte und generalisierte auf andere Aufgaben, was sich nicht darauf zurückführen läßt, daß die experimentellen Gruppen mehr Lernzeit investierten. Der hauptsächliche Unterschied war der, daß das Diagnostizieren des eigenen Gedächtniszustandes bei den experimentellen Gruppen zunahm, worauf die Performanzunterschiede zurückzuführen sind. Nach neun Monaten waren allerdings fast alle Unterschiede zwischen den Gruppen verschwunden. Der Grund dafür ist der, daß nun auch bei der Kontrollgruppe die Strategie des Selbsttestens spontan sehr häufig auftrat. Diese Tatsache könnte ein Grund für die Abweichung von Ergebnissen sein, die Brown, Campione und Barclay (1979) bei lernbehinderten Kindern gefunden haben. Der in dieser Studie nachgewiesene Langzeiteffekt kann nur dann zustandekommen, wenn die unbehandelt gebliebenen lernbehinderten Kinder die Strategie nicht spontan entwickelt haben. Aufgrund der geschilderten Untersuchungen verspricht also das Training genereller Prinzipien der Gedächtnisüberwachung Erfolg; es garantiert ihn aber nicht, wie eine Untersuchung mit negativen Befunden von Kurtz und Borkowski (1984) zeigt. Zukünftige Forschungen werden zu ermitteln haben, unter welchen Bedingungen derartige Trainings metakognitive Veränderungen bewirken und wann dieses Wissen in die Anwendung von Strategien umgesetzt wird. Eine Studie von Kurtz und Borkowski (1987) mit Viert-, Fünft- und Sechskläßlern macht deutlich, daß Trainingsverfahren, die *generelle* Überwachungsaktivitäten (Betonung des Wertes von Überwachungsaktivitäten, der Bedeutung einer überlegten Strategienauswahl und einer reflexiven Vorgehensweise) wie auch effektive Strategien (Zusammenfassen von Texten) beinhalten, sehr erfolgversprechend zu sein scheinen und auf jeden Fall effektiver sind als ein alleiniges Strategientraining. In dieser Studie konnte außerdem gezeigt werden, daß Kinder mit einem guten Gedächtniswissen vor dem Training am meisten vom Training profitieren konnten. Zudem machten Pfadanalysen mit latenten Variablen (PLS Modell) deutlich, daß das drei Jahre zuvor - in der Studie von Borkowski, Peck, Reid und Kurtz (1983) - erhobene Metagedächtnis einen direkten Einfluß auf den Einsatz und den Transfer von Strategien wie auch auf das spätere Metagedächtnis hatte.

4.5 Zusammenfassung

Ein zentrales Thema der Metagedächtnisforschung ist die Frage nach dem Zusammenhang zwischen Metagedächtnis und Gedächtnisverhalten, wobei letzterer Terminus sich sowohl auf den Einsatz von Gedächtnisstrategien wie auch auf die Gedächtnisleistung selbst bezieht. Ob ein adäquates Gedächtniswissen als eine notwendige Bedingung für ein entsprechendes Gedächtnisverhalten gelten kann, ist bislang nur wenig untersucht worden. Alle Daten der Studie von Wimmer und Tornquist (1980) stehen im Einklang mit der Hypothese, daß das Wissen um die Effekte einer bestimmten Strategie eine notwendige Bedingung für den Einsatz dieser Strategie ist. Mit der Annahme einer "notwendigen Bedingung" sind korrelative Zusammenhänge zwischen Metagedächtnis und Gedächtnisverhalten unterschiedlicher Stärke verträglich. Metaanalytische Untersuchungen, die diesen korrelativen Zusammenhang nicht anhand einer, sondern vieler Untersuchungen prüfen, scheinen eine deutliche positive Korrelation zu belegen (Schneider, 1985a, 1989). Eine kritische Betrachtung der durchgeführten Metaanalysen läßt u.E. aber nur den Schluß zu, daß ein Zusammenhang zwischen Metagedächtnis und Gedächtnisverhalten existiert, über dessen Höhe Unklarheit besteht. Metaanalysen, d.h. quantitative Literaturüberblicke, können nur ein erster Schritt bei der Beurteilung des "Metagedächtnis - Gedächtnis" Zusammenhangs sein. Sie müssen durch qualitative Literaturüberblicke ergänzt werden (vgl. Schneider, 1989; Schneider und Pressley, 1989), die Aufschluß darüber geben, unter welchen Bedingungen ein Zusammenhang zu erwarten ist. Studien, in denen Modelle des gerichteten Zusammenhangs zwischen Metagedächtnis und Gedächtnisverhalten unter Berücksichtigung weiterer Variablen an Schulkindern (dritte bis fünfte Klasse) geprüft wurden, konnten zeigen, daß die metakognitive Überwachung einen direkten Einfluß auf das Gedächtnisverhalten hat, und zwar auch dann, wenn die Effekte verwandter Konstrukte auspartialisiert werden. Untersuchungen, in denen Strategien trainiert und zugleich Wissen um die Effektivität dieser Strategien vermittelt wurden, führten zu inkonsistenten Ergebnissen, sowohl was den Trainingserfolg als auch was die Bestätigung der sog. "bidirectionality hypothesis" - das Gedächtniswissen wirkt sich auf das Gedächtnisverhalten aus und umgekehrt das Gedächtnisverhalten auch auf das Gedächtniswissen - anbelangt. Demgegenüber besteht weitgehend Einigkeit, daß das Training genereller Prinzipien der Gedächtnisüberwachung Erfolg verspricht.

5. Metagedächtnis, Gedächtnisverhalten und Bildhaftigkeit

In den vorherigen Kapiteln sind theoretische Konzeptionen und empirische Befunde zu den Bereichen "Bildhaftigkeit" (Kapitel 1 und 2), "Metagedächtnis" (Kapitel 3) sowie zum Zusammenhang zwischen Metagedächtnis und Gedächtnisverhalten (Kapitel 4) dargestellt worden. Was fehlt, ist eine Verbindung der beiden Forschungsbereiche "Bildhaftigkeit bzw. Vorstellungen" und "Metagedächtnis", die mit unserer Untersuchung, die in Kapitel 6 präsentiert wird, angestrebt wird. In diesem Kapitel soll zunächst unter 5.1 auf – sehr spärliche – metakognitive Ansätze zur Vorstellungsforschung eingegangen werden. Anschließend sollen, da für unsere Untersuchung von besonderer Relevanz, die Rahmenbedingungen zusammengefaßt werden, unter denen "Metagedächtnis - Gedächtnis" Zusammenhänge eher zu erwarten sind (5.2). Schließlich werden unter 5.3 die generellen Zielstellungen und Hypothesen unserer Untersuchung dargelegt.

5.1 Metakognitive Ansätze zur Vorstellungsforschung

Wie aus Kapitel 2 deutlich geworden sein sollte, hat der Teil der Vorstellungsforschung, der sich mit dem Einfluß bildhafter Verarbeitungsprozesse auf Gedächtnisleistungen von Kindern und mit der Frage alterskorrelierter Veränderungen in der Effektivität imaginaler Verarbeitungsprozesse beschäftigt, bislang im wesentlichen die faktische Wirksamkeit imaginaler Kodierungsprozesse untersucht. Konkret wurden insbesondere die Auswirkungen der Variation des Lernmaterials und /oder der Manipulation von Instruktionsbedingungen geprüft. Es fehlen jedoch Untersuchungen zur Frage, welches Wissen Kinder über "imagery"-Phänomene besitzen und wie sich dieses Wissen auf (strategisches) Verhalten und Leistungen in Behaltenssituationen auswirkt. Es ist davon auszugehen, daß es hinsichtlich des Einsatzes imaginaler Kodierungsoperationen interindividuelle Differenzen gibt, die bislang in der einschlägigen Forschung noch nicht befriedigend erfaßt worden sind (vgl. Paivio, 1971). Wir halten es für möglich, daß Wissen um Bildhaftigkeit ein geeignetes Instrument zur Erfassung solcher interindividueller Differenzen sein könnte.

Bei Wissen um Bildhaftigkeit handelt es sich in der Sprache der Metagedächtnisforschung um deklaratives metamnemonisches Wissen und, sofern zur Bewältigung einer Gedächtnisaufgabe bildhafte Verarbeitungsprozesse relevant sind, um aufgabenspezifisches bzw. aufgabenbezogenes deklaratives Gedächtniswissen (vgl. Kapitel 4.1). Die meisten Untersuchungen, in denen Zusammenhänge zwischen aufgabenspezifischem Gedächtniswissen einerseits und dem (strategischen) Verhalten und der Gedächtnisleistung andererseits geprüft wurden, erfaßten Wissen über Organisationsstrategien und entsprechend Behaltensleistungen für organisierbares Material (s. die Untersuchungen von Schneider und Mitarbeiter(inne)n, die bei Schneider, 1985a; 1989 zusammengefaßt sind; vgl. auch Kapitel 4).

Die Bedeutung metamnemonischen Wissens für den effizienten Einsatz von Strategien (z.B. von bildhaften Strategien) wird u.a. von Pressley et al. (1987a) hervorgehoben. Die Autor(inn)en weisen darauf hin, daß ein adäquater Einsatz von Strategien und strategischen Plänen ein fundiertes Wissen darüber voraussetzt, wie, wann und wo Strategien anzuwenden sind. Diese Art metamnemonischer Information wird als spezifisches Strategiewissen bezeichnet (Pressley et al., 1985), dessen Relevanz empirisch gut belegt ist. So konnte wiederholt eine positive Beziehung zwischen dem Wissen um den Wert einer Strategie – ein Aspekt spezifischen Strategiewissens – und deren anschließender Anwendung demonstriert werden (vgl. Pressley et al., 1987a). Bislang ist wenig darüber bekannt, welches Wissen um bildhafte Strategien Kinder besitzen (Pressley et al., 1987a), und es liegen ebenfalls kaum Untersuchungen an Erwachsenen vor. Katz (1987) konnte zeigen, daß Erwachsene ein relativ fundiertes Wissen darüber besitzen, wann bildhafte Strategien einzusetzen sind. Katz, der die Bedeutung metakognitiver Aspekte für die Vorstellungsforschung hervorhebt, äußert ähnliche Auffassungen wie Pressley et al. (1987a). Er führt interindividuelle Unterschiede in der Verwendung bildhafter Kodierungsoperationen auf entsprechende Unterschiede in drei Wissenskomponenten zurück: "Wissen wie" (= Wissen, wie Vorstellungen zu generieren sind; Vorstellungsfertigkeiten), "Wissen wann" (die Fertigkeiten zu nutzen sind) und "Selbstwissen". Nach Katz dürfte der Einsatz von "Vorstellungsfertigkeiten" zu einem großen Teil von dem metamnemonischen Wissen darüber abhängig sein, wann diese "Fertigkeiten" anzuwenden sind. Katz weist auch darauf hin, daß es kaum Untersuchungen zur Frage gibt, ob interindividuelle Unterschiede im Wissen um die Nützlichkeit einer bildhaften Verarbeitung in verschiedenen Kontexten existieren. Eine der ganz wenigen Studien, die diese Frage direkt untersuchte, stammt von Denis und Carfantan (1985a, b). Außerdem berichtet Katz (1987, S. 186-187) über eine Untersuchung, die er im Rahmen eines laufenden Projekts durchgeführt hat, und die der Frage nachging, ob sich "gute" und "schlechte Vorsteller" (gemessen mit dem Individual Difference Questionnaire (IDQ) von Paivio & Harshman, 1983) in ihrer Sensitivität für die Verwendung imaginaler Strategien als Funktion der Aufgabe unterscheiden. Den erwachsenen Proband(inn)en wurden 22 Aufgaben vorgelegt, die in unterschiedlichem Maße den Einsatz bildhafter Strategien zur effektiven Bewältigung nahelegen (u.a. Aufgaben zum verbalen Denken oder zu räumlichen Relationen). Beurteilt werden sollte auf 7-Punkte-Skalen, wie häufig bei der betreffenden Aufgabe bildhafte und verbale Strategien verwendet würden. Die meisten Proband(inn)en wußten um die Effektivität bildhafter Strategien und daß diese in Abhängigkeit von der Aufgabe variiert, besaßen also ein relativ fundiertes Wissen darüber, wann bildhafte Strategien einzusetzen sind. "Gute" und "schlechte Vorsteller" unterschieden sich nicht in ihrem Gedächtniswissen, zumindest nicht bei den gewählten Aufgaben. Allerdings gaben "gute Vorsteller" an, insgesamt häufiger bildhafte Strategien anzuwenden.

Denis und Carfantan (1985a, b) haben das Wissen junger "naiver" Erwachsener – naiv in Bezug auf ihre Kenntnisse der Vorstellungsforschung – über "imagery"-Phänomene geprüft. Die Proband(inn)en erhielten einen aus 15 Items bestehenden Fragebogen, wobei elf Fragen aus kurzen Beschreibungen klassischer "imagery"-Experimente bestanden, u.a. von Experimenten, die (1) eine Überlegenheit von Bildern über Wörter in Gedächtnisaufgaben, (2) positive Effekte von Vorstellungsinstruktionen beim Lernen von Wortlisten, (3) positive Effekte individueller Vorstellungsfähigkeiten beim verbalen Lernen etc. demonstrieren (vgl. zu den einzelnen Items Denis & Carfantan, 1985a, Tabelle 1). Die Proband(inn)en sollten die Resultate dieser Experimente vorhersagen. Begründungen der Antworten wurden allerdings nicht erfragt. Denis und Carfantan (1985a; 1985b, Experiment 1) konnten zeigen, daß junge Erwachsene ein ausgezeichnetes Wissen über den Einfluß bildhafter Verarbeitungsprozesse auf Leistungen in Gedächtnis- und Denkaufgaben besitzen, wobei sich die Überlegenheit von Bildern über Wörter in Gedächtnisaufgaben als der am besten vorhergesagte experimentelle Befund erwies. Demgegenüber konnten nur sehr wenige Proband(inn)en die für mentale Rotations- und Durchmusterungsaufgaben typischen Resultate korrekt prädizieren, d.h. nur sehr wenige der befragten jungen Erwachsenen hatten ein adäquates Wissen über Eigenschaften von Vorstellungsbildern und die bei deren Verarbeitung involvierten Prozesse. Denis und Carfantan (1985b, Experiment 3 und Experiment 4) konnten außerdem zeigen, daß Proband(inn)en, die sich in ihren Vorstellungsfähigkeiten unterschieden, keine Unterschiede im Wissen um "imagery"-Phänomene aufwiesen. Vorstellungsfähigkeiten wurden in Experiment 3 mit dem Fragebogen von Marks (1973) zur Lebhaftigkeit visueller Vorstellungen (Vividness of Visual Imagery Questionnaire (VVIQ)) erfaßt und in Experiment 4 mit einem mentalen Rotationstest. Zusammenhänge zwischen dem Wissen um Bildhaftigkeit und der Gedächtnisleistung wurden in den Experimenten von Denis und Carfantan nicht geprüft.

Wissen um Bildhaftigkeit wurde weiterhin – neben anderen Aspekten von Metagedächtnis – in einer Untersuchung von Rabinowitz, Ackerman, Craik und Hinchley (1982) erfaßt. Hauptfragestellung dieser Studie war, inwieweit Unterschiede in den Gedächtnisleistungen jüngerer und älterer Erwachsener auf Unterschiede im Metagedächtnis zurückgehen könnten. Im PAL-Paradigma erhielt jeweils die Hälfte der Proband(inn)en eine Standardlerninstruktion, die andere Hälfte eine interaktive Vorstellungsinstruktion, d.h. eine Instruktion, interaktive Vorstellungsbilder der Paarlinge zu konstruieren. Außerdem wurde das Ausmaß, in dem die Paarlinge semantische Gemeinsamkeiten aufwiesen, intraindividuell über drei Stufen variiert. Anstatt nun wie üblich die Gedächtnisleistung mit einem aus Fragebogendaten erhaltenen Metagedächtnismaß zu korrelieren, verwendeten Rabinowitz et al. ein Gedächtnisüberwachungs-Paradigma. Die Proband(inn)en sollten in der Lernphase die zukünftige Reproduzierbarkeit der Zielwörter nach einer Lernzeit von je zehn Sekunden pro Paar beurteilen. Dieses Vorgehen erlaubte die Erfassung verschiedener Aspekte von Metagedächtnis, und zwar nach der Klassifikation von Flavell und Wellman (1977) von Personvariablen (bzw. nach anderen Klassifikationen des Aspektes der metakognitiven Überwachung), von Aufgabenvariablen (hier: Wissen um die Effekte der semantischen Verbundenheit der Paarlinge) und von Strategievariablen (hier: Wissen um die Vorteile interaktiver bildhafter Verarbeitungsstrategien). Während für beide Altersgruppen die Verbundenheit der Paarlinge sowohl die Gedächtnisleistung als auch die metamnemonischen Urteile beeinflußte, fielen die Vorhersagen unter Vorstellungsinstruktionen nicht besser aus als unter Standardlerninstruktionen, obwohl deutliche positive Effekte einer bildhaften Verarbeitung auf die Leistung demonstriert werden konnten. Im Gegensatz zur Standardlerninstruktion besaßen Prognosen in der Vorstellungsbedingung wenig Vorhersagewert. Vorstellungsinstruktionen hoben unabhängig vom Alter den Effekt der Verbundenheit der Paarlinge auf, aber die Proband(inn)en zeigten sich in ihren Reproduktionsvorhersagen insensitiv gegenüber dieser Strategie x Aufgaben - Interaktion. Insgesamt weisen die Ergebnisse darauf hin, daß sich sowohl jüngere als auch ältere Erwachsene der Vorteile einer imaginalen Verarbeitungsstrategie nicht bewußt sind, zumindest dann nicht, wenn dieses metmnemonische Wissen im Rahmen eines Gedächtnisüberwachungs-Paradigmas erfaßt wird (abhängiges Maß, vgl. Kapitel 3.2). Ergebnisse zum Metagedächtnis sind allerdings stark von den verwendeten Erhebungsmethoden abhängig (vgl. Schneider, 1989), und es ist zu vermuten, daß erwachsene Personen sehr wohl um die Vorteile einer bildhaften Verarbeitungsstrategie wissen, wenn sie direkt die Relevanz verschiedener Strategien für das PAL beurteilen sollen (unabhängiges Maß). Für diese Auffassung spricht auch das Ergebnis von Denis und Carfantan (1985a, b), nach dem die meisten Proband(inn)en im Fragebogen korrekt angaben, daß sich Vorstellungsinstruktionen positiv auf die Gedächtnisleistung für Wortlisten auswirken.

Über das Wissen von Kindern um Bildhaftigkeit ist noch weniger bekannt als über das von Erwachsenen. Eine Studie mit älteren Kindern (Acht- und Zehntkläßler), in der u.a. auch Wissen um bildhafte Elaborationsstrategien erhoben wurde, stammt von Waters (1982).

Die Proband(inn)en wurden nach effektiven Strategien beim PAL gefragt, wobei die Strategien sorgfältiges Lesen, Memorieren, bildhafte und verbale Elaboration zu vergleichen waren. Wurde dieses aufgabenspezifische Gedächtniswissen nach der PAL-Aufgabe erhoben, hielten 81% der

Acht- und 68% der Zehntkläßler Elaborationsstrategien (bildhaft, verbal oder beides) für die effektivsten (ohne Erfahrung mit der Aufgabe waren es nur 25% der Acht- und 33% der Zehntkläßler), wobei getrennte Angaben für bildhafte und verbale Elaborationsstrategien von Waters (1982) nicht gemacht werden. Die Autorin konnte zeigen, daß Kinder, die wußten, daß Elaborationsstrategien am effektivsten waren, diese Strategien auch signifikant häufiger einsetzten und mehr erinnerten als Kinder, die über dieses Wissen nicht verfügten. Eine ähnliche Studie wurde von Beuhring und Kee (1987a, b) durchgeführt. Untersucht wurden Zusammenhänge zwischen alterskorrelierten Verbesserungen im Metagedächtnis, strategischem Verhalten und der Gedächtnisleistung beim PAL. Um die von den Fünft- und Zwölftkläßlern verwendeten Strategien zu erfassen, wurden die Kinder aufgefordert, beim Lernen eines jeden Itempaares die eingesetzten Strategien laut zu verbalisieren. Neben generellem Gedächtniswissen wurde auch aufgabenspezifisches Wissen erhoben, nämlich Wissen um die Vorteile elaborativer Verarbeitungsstrategien. U.a. sollten die Proband(inn)en angeben, welche Strategie am günstigsten sei: Elaboration, d.h. das Herstellen eines interaktiven Zusammenhangs zwischen den Komponenten eines jeden Paares, "Seite bei Seite" oder Memorieren (z.B. Jacke in/bei/und Koffer). Es waren deutliche alterskorrelierte Verbesserungen im Wissen um die Vorteile von Elaborationen zu verzeichnen. So erkannten z.B. die Zwölftkläßler im Gegensatz zu den Fünftkläßlern die Vorteile einer elaborativen Verarbeitungsstrategie gegenüber dem Memorieren. Ebenfalls konnten die Kinder mit zunehmendem Alter die Vorteile einer interaktiven Beziehung der Paarlinge im Vergleich zu anderen semantischen Beziehungen besser einschätzen. Was den Zusammenhang "Metagedächtnis - Gedächtnis" betraf, konnten Beuhring und Kee sowohl einen engen Zusammenhang zwischen Metagedächtnis (generelles und aufgabenspezifisches Gedächtniswissen wurden in einem Summenwert zusammengefaßt) und der Anwendung von elaborativen und anderen assoziativen Strategien als auch zwischen dem strategischen Verhalten und der Behaltensleistung demonstrieren. Leider haben Beuhring und Kee weder bei der Erhebung des Wissens um die Vorteile elaborativer Strategien noch bei der Anwendung dieser Strategien zwischen bildhaften und verbalen Elaborationen differenziert.

Wissen um die Effektivität bildhafter Verarbeitungsprozesse war auch in der Untersuchung von O'Sullivan und Pressley (1984) von Bedeutung. Die Autoren instruierten zehn- bis zwölfjährige Kinder sowie erwachsene Proband(inn)en in der Anwendung der Schlüsselwort-Methode, also einer Mnemotechnik, bei der bildhafte Verarbeitungsprozesse (das Generieren interaktiver Vorstellungsbilder) eine entscheidende Rolle spielen (vgl. Kapitel 1.5). Die Kinder zeigten eher Strategietransfer, wenn die Instruktionen zur Anwendung der Schlüsselwort-Methode explizit spezifisches Strategiewissen enthielten (wie, wann und wo die Methode hilfreich ist), während bei den Erwachsenen Transfer zu beobachten war unabhängig davon, wie explizit die Information über die Strategie in den Instruktionen war. Die Kinder verfügten also offensichtlich noch nicht über ein detailliertes Wissen zur Schlüsselwort-Methode. Wurde ihnen spezifisches Strategiewissen explizit vermittelt, dann wirkte sich das positiv auf die generalisierte Verwendung dieser Strategie aus. Was metamnemonisches Wissen um die Schlüsselwort-Methode betrifft, konnten Pressley et al. (1984) weiterhin zeigen, daß zehn- bis zwölfjährige Kinder sich darüber im klaren sind, daß die Methode eine nützliche Strategie ist, die Effektivität dieser Technik aber unterschätzen.

Abgesehen von den wenigen, eben dargestellten Untersuchungen, die zudem das Wissen von Kindern um Bildhaftigkeit nicht getrennt vom Wissen um verbale Strategien erfaßt haben und/oder keine Kinder unter zehn Jahren berücksichtigt haben, liegen keine Studien zu diesem Thema vor. In unseren Untersuchungen soll die Frage geprüft werden, welches Wissen Kinder verschiedenen Alters um Bildhaftigkeit haben, und wie sich dieses aufgabenspezifische Gedächtniswissen auf die Gedächtnisleistung in verschiedenen Behaltenskontexten (PAL und Textlernen) auswirkt. Für diese Frage von besonderem Interesse ist, unter welchen Bedingungen überhaupt Zusammenhänge zwischen Metagedächtnis und Gedächtnisverhalten zu erwarten sind.

5.2 Rahmenbedingungen für "Metagedächtnis - Gedächtnis" Zusammenhänge

Wie in Kapitel 4 dargestellt, sind die Befunde zum Zusammenhang "Metagedächtnis-Gedächtnisleistung" äußerst komplex, eine Befundlage, die nach Schneider (1985a, 1989) angesichts der vielfältigen Konzeptualisierungen von Metagedächtnis und den unterschiedlichen Erfassungsmethoden nicht unbedingt überrascht. Dixon und Hertzog (1988) weisen darauf hin, daß es sich sowohl beim Metagedächtnis als auch beim Gedächtnis vermutlich um multidimensionale Konstrukte handelt und daß es deshalb nicht verwunderlich sei, daß häufig kein deutlicher Zusammenhang zwischen Metagedächtnis und Gedächtnis demonstriert werden konnte, da gar nicht erwartet werden könne, daß jeder Aspekt von Metagedächtnis mit jeder Gedächtnisleistung korreliere. Da in einer Reihe von Untersuchungen kein Zusammenhang zwischen Metagedächtnis und Gedächtnisleistung nachgewiesen werden konnte, ist es von besonderer Wichtigkeit, Rahmenbedingungen zu spezifizieren, unter denen ein Zusammenhang zu erwarten ist. Obwohl Flavell und Wellman (1977) schon frühzeitig die Plausibilität von "Metagedächtnis-Gedächtnisleistung" Zusammenhangs-Erwartungen in Frage gestellt hatten, wurde erst in jüngster Zeit der Versuch gemacht, derartige Rahmenbedingungen zu benennen (z.B. Schneider, 1985a, b; 1989, S. 130-132):

— *Schwierigkeitsgrad der Gedächtnisaufgabe*

Die vorgegebenen Gedächtnisprobleme müssen einen mittleren Schwierigkeitsgrad und strategische Lösungsmöglichkeiten aufweisen, damit Lernverhalten und -leistung durch metamnemonisches Wissen positiv beeinflußt werden (vgl. Weinert, 1984; 1986). Bei zu leichten Aufgaben dürfte metamnemonisches Wissen keine Leistungsvarianz aufklären, während bei zu schwierigen Aufgaben ein gutes Gedächtniswissen strategische Bemühungen gerade nicht fördern sollte.

— *Motivationale und situationale Faktoren*

Die motivationalen und situationalen Faktoren für die Umsetzung des Gedächtniswissens in strategisches Verhalten sollten gegeben sein, d.h., die Bedeutung der Gedächtnisaufgabe sollte hoch eingeschätzt werden und die Proband(inn)en sollten bemüht sein, eine gute Leistung zu zeigen (vgl. z.B. Flavell, 1978).

— *Reliabilität der Metagedächtnis-Indikatoren*

Schneider (1989, S. 130-131) weist darauf hin, daß das Konstrukt Metagedächtnis oft unzulänglich erfaßt wurde, indem nur zwei oder drei Interviewfragen für die Bildung eines Metagedächtnismaßes berücksichtigt wurden. Auch Dixon und Hertzog (1988) betonen, daß die Verwendung nicht reliabler Indikatoren für Metagedächtnis und/oder Gedächtnis deren Korrelation einschränkt.

— *Alter der Proband(inn)en und Art der erhobenen Metagedächtnis-Komponenten*

Bereits Flavell und Wellman (1977, S. 28) haben die Hypothese formuliert: "... die kausale Kette könnte später in der Entwicklung deutlicher und ausschließlicher Metagedächtnis ----> Gedächtnisverhalten sein als sie es zu einem früheren Zeitpunkt ist". Diese Hypothese konnte vielfach bestätigt werden (vgl. die Zusammenfassung der Befunde bei Schneider, 1989, S. 137-140). Inwieweit auch schon bei jüngeren Kindern bedeutsame Zusammenhänge zwischen Metagedächtnis und Gedächtnis eintreten, ist u.a. davon abhängig, welcher Aspekt von Metagedächtnis berücksichtigt wird. Von Bedeutung ist dabei die Differenzierung des Konstrukts "Metagedächtnis" in potentiell abfragbare Wissenstatbestände (deklarativer Aspekt) und potentiell an der Informationsverarbeitung beteiligte Prozesse (Prozeß-Aspekt). Nach den vorliegenden Befunden ist das deklarative Gedächtniswissen jüngerer Kinder im allgemeinen noch sehr rudimentär, instabil und stark von der Erfassungsmethode abhängig. Positive Zusammenhänge mit dem

Gedächtnisverhalten sind nur selten zu beobachten (Schneider, 1986; Schneider et al., 1987a). Schneider (1985a, 1989) kommt in seinen Metaanalysen zu dem Schluß, daß bedeutsame Zusammenhänge zwischen Gedächtnisüberwachungsprozessen und der Leistungsgüte schon relativ früh (bei Vorschulkindern und Erstkläßlern) beobachtet werden können, während Zusammenhänge zwischen deklarativem Gedächtniswissen und dem Gedächtnisverhalten frühestens gegen Ende der Grundschulzeit zu erwarten sind. "Metagedächtnis-Gedächtnis" Zusammenhänge für einzelne Altersgruppen und nicht über mehrere Altersgruppen aggregiert zu betrachten ist allerdings, wie bereits in Kapitel 4.2 erwähnt, problematisch, da sie jeweils nur auf wenigen Korrelationen basieren (vgl. Schneider, 1989).

— *Zeitpunkt der Erhebung des Gedächtniswissens*

Insbesondere bei jüngeren Kindern scheint der Zeitpunkt der Erhebung deklarativen Gedächtniswissens (vor oder nach Erfahrung mit der Gedächtnisaufgabe) eine wichtige Rolle zu spielen. Metagedächtnis-Fragen *vor* der Gedächtnisaufgabe sollten eher allgemeines Gedächtniswissen evozieren, während Fragen *nach* Bewältigung der Aufgabe auch spezifische Erfahrungen reflektieren sollten (Andreassen & Waters, 1989). So erhielten Andreassen und Waters (1989) bei Erstkläßlern nur dann eine signifikante Korrelation zwischen aufgabenspezifischem Gedächtniswissen (Wissen um Organisationsstrategien) und strategischem Verhalten, wenn das Wissen nach der Aufgabe erfaßt wurde. Bei Viertkläßlern hingegen war eine positive Beziehung zwischen Gedächtniswissen und strategischem Verhalten unabhängig vom Zeitpunkt der Erhebung zu verzeichnen. In der Metaanalyse von Schneider (1985a) zeigte sich ebenfalls bei jüngeren Kindern ein stärkerer Zusammenhang zwischen Metagedächtnis und Gedächtnis, wenn Metagedächtnis-Interviews im Anschluß an die Behaltensaufgaben gegeben wurden (demgegenüber aber Wimmer & Tornquist, 1980; s. Kapitel 4.1).

Schneider (1989) weist darauf hin, daß unter bestimmten Bedingungen signifikante Beziehungen zwischen deklarativem Metagedächtnis einerseits und strategischem Verhalten und Behaltensleistungen andererseits auch schon bei jüngeren Kindern nachweisbar sind, und zwar zum Teil sogar dann, wenn das Gedächtniswissen vor der Behaltensaufgabe erhoben wird. Es handelt sich um folgende drei Bedingungen (s. Schneider, 1989, S. 132-137):

— *Orientierungsfragen und "Aufwärmprozeduren" vor der Gedächtnisaufgabe bzw. Instruktionsvarianten*, in denen für die Aufgabe relevante Gedächtnisaktivitäten direkt angesprochen werden (Wimmer & Tornquist, 1980; Justice, 1985).

— *die Spezifität des Metagedächtnis-Interviews*

Flavell und Wellman (1977) vermuteten, daß insbesondere *allgemeines metamnemonisches Wissen*, wie es z.B. in der Exploration von Kreutzer et al. (1975) erfaßt wird, in einem bedeutsamen Zusammenhang zum strategischen Verhalten bzw. zur Leistung in freien Reproduktionsaufgaben stehen sollte. Hinter dieser Vermutung steht die Fiktion von "metamnemonically sophisticated" Proband(inn)en, deren allgemeines Gedächtniswissen das Gedächtnisverhalten in den unterschiedlichsten Behaltenskontexten vorhersagen sollte. Gegen die Annahme von Flavell und Wellman (1977) spricht der Befund von Cavanaugh und Borkowski (1980), daß aufgabenspezifische Subtests der Studie von Kreutzer et al. (1975) das strategische Verhalten von Kindern vom Kindergartenalter bis zur fünften Klasse am besten vorhersagten, während für die eher aufgabenunspezifischen Subtests nur unbedeutende Zusammenhänge mit dem Gedächtnisverhalten zu verzeichnen waren. Zu ähnlichen Ergebnissen gelangten auch Cantor, Andreassen und Waters (1985), Best und Ornstein (1986) sowie Lange, Guttentag und Nida (1990). Angesichts dieser Befundlage überrascht es nicht, daß in Studien, die positive Zusammenhänge zwischen Metagedächtnis und Gedächtnisverhalten für jüngere Kinder berichten, aufgabenspezifisches Gedächtniswissen erhoben wurde (z.B. Wimmer & Tornquist, 1980; Justice, 1985; Schneider & Sodian, 1988; Andreassen & Waters, 1989). Schneider und Sodian (1988) konnten erstmalig schon bei vierjährigen Kindern substantielle Korrelationen zwischen aufgabenspezifischem Gedächtniswissen und dem Gedächtnisverhalten bei einer Such- und Versteckaufgabe demonstrieren, wobei es anders als bei Andreassen und Waters (1989) keine Rolle spielte, ob das Gedächtniswissen vor oder nach der Behaltensaufgabe erhoben wurde. Festzuhalten bleibt, daß bei jüngeren Kindern positive Zusammenhänge zwischen Metagedächtnis und Gedächtnis offensichtlich nur dann zu erwarten sind, wenn aufgabenspezifisches Gedächtniswissen – wie z.B. Wissen um Bildhaftigkeit in unserer Untersuchung – erhoben wird.

— *die Bedeutsamkeit (Salienz) des Aufgabenmaterials*

"Metagedächtnis-Gedächtnis" Zusammenhänge sind eher zu erwarten, wenn besonders einfach strukturierte und auch für jüngere Kinder bedeutungsvolle Metagedächtnisaufgaben verwendet werden. Der Aspekt der Bedeutsamkeit des Aufgabenmaterials für jüngere Proband(inn)en wird z.B. auch sehr stark von Cornoldi (1986) betont, der u.a. folgende Forderungen an ein Maß deklarativen Gedächtniswissens stellt:

— es sollte ein konkretes Problem gestellt werden

— das Kind sollte motiviert sein

— Die Antworten sollten nicht durch begrenzte verbale Äußerungsmöglichkeiten des Kindes beschränkt sein

(zur Kritik an den Verfahren zur Erfassung des Metagedächtnisses vgl. auch Kapitel 3.2 sowie Cavanaugh & Perlmutter, 1982). Cornoldi (1986) selbst konstruierte speziell für jüngere Kinder (Fünf- bis Siebenjährige) ein neues unabhängiges Metagedächtnis-Maß, die sog. Geschichtentechnik, die diesen Forderungen Rechnung tragen sollte. Bei der Geschichtentechnik wird den Kindern ein Märchen vorgelesen, in dem sich der Protagonist u.a. auch mit Behaltensproblemen konfrontiert sieht. Anschließend werden auf dieses Märchen bezogene Metagedächtnis-Fragen gestellt. Cornoldi (1986) konnte bei Verwendung dieses Metagedächtnis-Maßes und einer in eine Spielsituation (Einkaufen) eingebetteten freien Reproduktionsaufgabe (sog. natürlicher Behaltenskontext; vgl. Istomina, 1975) demonstrieren, daß bereits siebenjährige Kinder mit gutem Gedächtniswissen signifikant bessere Gedächtnisleistungen zeigten als solche mit schlechtem Wissen. Wir konnten allerdings in einer unveröffentlichten Untersuchung dieses Ergebnis nicht replizieren. Das allgemeine Gedächtniswissen erwies sich nicht als bedeutsamer Prädiktor der Gedächtnisleistung (Freie Reproduktion einer Wortliste, entweder als Laboraufgabe oder in eine spielerische Situation eingebettet) fünf- bis achtjähriger Kinder, unabhängig davon, ob eine in Anlehnung an Kreutzer et al. (1975) konstruierte Exploration oder die Geschichtentechnik als Erhebungsmethode eingesetzt wurde.

Bei der Frage nach dem Zusammenhang zwischen Metagedächtnis und Gedächtnisverhalten ist zu beachten, daß das Konstrukt Metagedächtnis eng verbunden ist – sowohl konzeptuell als auch operational – mit Konstrukten wie Intelligenz, Selbstkonzept, Kausalattribuierung (Schneider et al., 1987b; Kurtz & Weinert, 1989) und der Reflexivität-Impulsivität des kognitiven Stils (Borkowski, Peck, Reid & Kurtz, 1983; Kurtz & Borkowski, 1987). Vorliegende Befunde (vgl. 4.3) unterstützen die Annahme, daß Metagedächtnis ein bedeutsamer Prädiktor der Behaltensleistung bleibt, selbst wenn der Einfluß konzeptuell verwandter Konstrukte wie Reflexivität-Impulsivität des kognitiven Stils und Intelligenz (Kurtz, Reid, Borkowski & Cavanaugh, 1982; Borkowski et al., 1983) oder Intelligenz, Selbst-Konzept und Kausalattribuierungen (Schneider et al., 1987b; Kurtz & Weinert, 1989) berücksichtigt wird. Borkowski et al. (1983) z.B. konnten einen Einfluß des kognitiven Stils auf den korrelativen Zusammenhang zwischen Metagedächtnis und Trainingserfolg bei Zweit- und Drittkläßlern insofern demonstrieren, als größere Trainingsgewinne bei den reflexiven Kindern zu verzeichnen waren. Die Korrelation zwischen Metagedächtnis und Strategietransfer blieb aber auch dann noch signifikant, wenn Indikatoren des kognitiven Stils auspartialisiert wurden, während die Korrelation zwischen kognitivem Tempo und Strategieanwendung bedeutungslos wurde, wenn der Einfluß von Metagedächtnisindikatoren auspartialisiert wurde (s. aber Kurtz & Borkowski, 1987). Die Ergebnisse multipler Regressionsanalysen weisen ebenfalls darauf hin, daß auch bei Berücksichtigung konzeptuell verwandter Konstrukte Metagedächtnis-Aspekte Prädiktoren strategischer Bemühungen und der Gedächtnisleistung bleiben, wobei signifikante Prädiktoreffekte allerdings erst etwa ab der dritten Klasse zu erwarten sind (z.B. Schneider et al., 1986) bzw. noch später, falls es sich um generelles Gedächtniswissen handelt (Schneider, 1986).

5.3 Generelle Zielstellungen und Hypothesen

Hauptziel unserer Untersuchung ist die Prüfung der Fragen, welches Wissen Kinder verschiedenen Alters um Bildhaftigkeit haben, welchen Veränderungen dieses Wissen vom Kindergartenalter bis zum Ende der Grundschulzeit unterliegt, in welchem Zusammenhang dieses Wissen und die Behaltensleistung unter mehr oder minder bildhaften Verarbeitungsbedingungen stehen und ob alterskorrelierte Trends im Zusammenhang zwischen Wissen um Bildhaftigkeit und der Behaltensleistung zu verzeichnen sind. Außerdem soll der Frage nachgegangen werden, welche Relevanz dem Wissen um Bildhaftigkeit als Prädiktor der Gedächtnisleistung im Vergleich zu anderen Aspekten von Metagedächtnis und zu mit dem Konstrukt Metagedächtnis verwandten Konstrukten zukommt. Zu allen diesen Fragen liegt u.W. bisher noch keine Untersuchung vor.

Wissen um Bildhaftigkeit soll in verschiedenen Kontexten erhoben werden: in einem relativ einfachen Aufgabenkontext (PAL) und einem komplexeren (Textlernen). Zum einen weisen vorliegende Befunde nämlich darauf hin, daß Gedächtniswissen im Kontext des Textlernens, z.B. über effiziente Textverarbeitungsstrategien, erst relativ spät erworben wird, zu einem Zeitpunkt, zu dem Kinder schon über ein fundiertes Gedächtniswissen in anderen Behaltenskontexten – z.B. Wissen um die Vorteile von Memorier- und Organisationsstrategien – verfügen (vgl. Schneider, 1989, S. 76 und 91). Dementsprechend vermuten wir, daß Wissen um Bildhaftigkeit beim PAL früher erworben wird als beim Textlernen, obwohl natürlich immer auch die Schwierigkeit der konkreten Metagedächtnisaufgaben eine entscheidende Rolle spielt (vgl. Schneider, 1989). Zum anderen hat sich gezeigt, daß imaginale Verarbeitungsstrategien, die sich beim PAL als relevant erwiesen haben, entwicklungsmäßig beim Textlernen erst zu einem späteren Zeitpunkt wirksam werden (vgl. Kapitel 2). Dementsprechend gehen wir davon aus, daß Wissen um Bildhaftigkeit ebenfalls in verschiedenen Paradigmen der Gedächtnispsychologie bzw. in verschiedenen Behaltenskontexten einen unterschiedlichen Stellenwert besitzt und ein Zusammenhang zwischen diesem Wissen und der Gedächtnisleistung beim PAL entwicklungsmäßig zu einem früheren Zeitpunkt zu beobachten sein sollte als beim Textlernen.

In beiden Experimenten wird die Wahrscheinlichkeit einer bildhaften Verarbeitung sowohl über Charakteristika des Lernmaterials als auch über Instruktionen variiert, und es werden kurz- und längerfristige Behaltensleistungen erfaßt. Außerdem wird dem intentionalen Lernversuch ein inzidenteller vorgeschaltet. Das ermöglicht neben der Prüfung der Effekte einer bildhaften Verarbeitung auf inzidentelle Leistungen die Erfassung des Sensitivitätsaspekts des Metagedächtnisses mittels der sog. Differenzierungsmethode (vgl. Kapitel 3.2), bei der die Differenz zwischen der Gedächtnisleistung unter intentionalen Lernbedingungen und der unter inzidentellen Bedingungen als Metagedächtnisindikator fungiert. Als zu untersuchende Altersgruppen werden ältere Kindergartenkinder (Fünf- bis Sechsjährige), Zweitkläßler (Sieben- bis Achtjährige) und Viertkläßler (Neun- bis Zehnjährige) ausgewählt, da sowohl in der Wirksamkeit imaginaler Kodierungsprozesse als auch im Metagedächtnisbereich in diesem Altersbereich größere alterskorrelierte Veränderungen zu erwarten sind und sich zunehmend die Relation "Metagedächtnis-Performanz" ausbilden sollte.

Da die vorliegenden Befunde zum Zusammenhang "Metagedächtnis-Gedächtnis" (vgl. Kapitel 5.2) darauf hinweisen, daß dieser Zusammenhang auch ganz wesentlich davon abhängt, welcher Aspekt von Metagedächtnis erfaßt wird, sollen in unserer Untersuchung verschiedene Aspekte berücksichtigt werden: Neben dem Wissen um Bildhaftigkeit auch generelles Gedächtniswissen sowie der als Gedächtnisüberwachung bezeichnete Aspekt. Die Genauigkeit der Prognose der eigenen Gedächtnisspanne vor und nach Erfahrung mit der Aufgabe soll trotz der mit diesem Verfahren verbundenen Probleme (s. Kapitel 3.2) als Maß der Gedächtnisüberwachung dienen. Es sei an dieser Stelle angemerkt, daß viele der mit diesem Verfahren verbundenen Probleme zum Zeitpunkt der Planung unserer Untersuchung (1982) noch nicht bekannt waren. Ausgehend von den vorliegenden Befunden (s. Kapitel 3.3) erwarten wir, daß die Kindergartenkinder ihre Gedächtnisspanne deutlich überschätzen, während Grundschulkinder ihre Leistung relativ gut vorhersagen sollten (z.B. Flavell et al., 1970; Worden & Sladewski-Awig, 1982). Wir entschieden uns für die Prognosegenauigkeit der Gedächtnisspanne und nicht etwa für die der Leistung beim PAL oder beim Textlernen, weil es *erstens* methodisch problematisch ist, die Prognosegenauigkeit mit der erzielten Gedächtnisleistung direkt in Beziehung zu setzen, wenn Einschätzung und Leistung untrennbar miteinander verknüpft sind (s. Kapitel 3.2), und wir zweitens *einen* Indikator der Gedächtnisüberwachung für beide Behaltenskontexte (PAL und Textlernen) verwenden wollten. Man kann sich natürlich fragen, weshalb überhaupt ein Zusammenhang zwischen der Prognose der Gedächtnisleistung und der Leistung erwartet werden sollte (vgl. Schneider, 1989). Hinter dieser Erwartung steht die Annahme, daß gute und effiziente Informationsverarbeiter(innen), die gute Leistungen zeigen, auch vergleichsweise viel über die Möglichkeiten bzw. Grenzen ihres Gedächtnisses wissen (vgl. Levin, Yussen, DeRose & Pressley, 1977; Yussen & Berman, 1981).

In Übereinstimmung mit den meisten Studien zur Entwicklung des generellen deklarativen Gedächtniswissens, die die Exploration von Kreutzer et al. (1975) entweder vollständig oder in großen Teilen übernommen haben, soll in unserer Untersuchung ebenfalls eine in Anlehnung an Kreutzer et al. konstruierte Exploration verwendet werden. Wir erwarten, daß sich das mit diesem Verfahren erfaßte allgemeine Metagedächtnis bis zum Ende der Grundschulzeit deutlich verbessert (vgl. Kapitel 3.3).

Beim Wissen um Bildhaftigkeit wird nur ein ganz bestimmter Aspekt erfaßt, nämlich Wissen um die Effekte unterschiedlicher Bildhaftigkeit des Lernmaterials. Entgegen ursprünglicher Absichten verzichteten wir darauf, entsprechend der Realisierung von "imagery" in den Gedächtnisaufgaben auch Wissen um die Effekte von Vorstellungsinstruktionen und um die Wechselwirkung von Instruktionen und Materialcharakteristika zu erfassen, da sich diese Aufgaben in Vorversuchen als zu schwierig für die Kindergartenkinder erwiesen hatten. Wissen um Bildhaftigkeit wird zu verschiedenen Zeitpunkten erfaßt, um u.a. mögliche Veränderungen im Wissen als Folge von Erfahrung mit der Behaltensaufgabe prüfen zu können. Wie bereits erwähnt liegen bislang keinerlei Erkenntnisse darüber vor, welches Wissen um Bildhaftigkeit Kinder besitzen. Wir vermuten aber, daß sich dieses Wissen ebenso wie aufgabenspezifisches Gedächtniswissen in anderen Kontexten mit zunehmendem Alter verbessert und möglicherweise auch durch Erfahrung mit der Aufgabe.

Was den Zusammenhang zwischen Wissen um Bildhaftigkeit und der Gedächtnisleistung unter mehr oder minder bildhaften Verarbeitungsbedingungen anbelangt, lassen sich unterschiedliche Erwartungen formulieren. Zum einen sollten, falls Wissen und Können korrelieren, Kinder mit besserem Wissen um Bildhaftigkeit auch über bessere Vorstellungsfähigkeiten verfügen und entsprechend eher von einem bildhaften Verarbeitungsmodus profitieren als Kinder mit unzureichendem Wissen. Das bedeutet, daß insbesondere unter bildhaften Verarbeitungsbedingungen, also bei bildhaftem Material und/oder unter Vorstellungsinstruktionen, ein Zusammenhang zwischen Wissen um Bildhaftigkeit und der Gedächtnisleistung zu erwarten ist. Allerdings war in den Untersuchungen von Denis und Carfantan (1985a, b) sowie von Katz (1987) an Erwachsenen kein Zusammenhang zwischen Wissen und Können zu erkennen. Nimmt man zum anderen an, daß Kinder mit gutem Wissen um Bildhaftigkeit auch eher geneigt sind, konkretes verbales Material bildhaft zu verarbeiten, sollten diese Kinder generell, d.h. unabhängig von der Materialvariation, bessere Leistungen zeigen. Wenn man weiter davon ausgeht, daß Vorstellungsinstruktionen zu einem vergleichbaren Wissen um die Vorteile einer bildhaften Verarbeitung bei allen Versuchspersonen führen, ist insbesondere dann ein Zusammenhang zwischen Wissen und Leistung zu erwarten, wenn keine Vorstellungsinstruktionen gegeben werden.

Eine wesentliche Frage der vorliegenden Untersuchung lautet, welcher der verschiedenen Aspekte von Metagedächtnis sich als bester Prädiktor der Gedächtnisleistung erweisen wird. Angesichts der Bedeutung, die aufgabenspezifischem im Vergleich zu generellem Gedächtniswissen beigemessen wird (vgl. Kapitel 5.2), sollte Wissen um Bildhaftigkeit die Behaltensleistung am besten prädizieren, wobei sich unterschiedliche Erwartungen hinsichtlich der Bedeutsamkeit dieses Prädiktors in Abhängigkeit von der Bildhaftigkeit des Materials und den Instruktionsbedingungen formulieren lassen (s.o.). Obwohl der Aspekt der metakognitiven Überwachung in mehreren Untersuchungen engere Beziehungen zur Leistung zeigte als deklaratives Gedächtniswissen, erwarten wir, daß dieser Aspekt erst als zweitbester Prädiktor folgen sollte, da er in einem von den in der Untersuchung relevanten Behaltenskontexten ganz verschiedenen Kontext erhoben wird. Das generelle Gedächtniswissen schließlich sollte sich – wenn überhaupt – nur als relativ schwacher Prädiktor der Behaltensleistung erweisen.

Der Zusammenhang zwischen dem generellen deklarativen Gedächtniswissen und der Leistung könnte in Abhängigkeit von den Instruktionsbedingungen unterschiedlich ausfallen. Zum einen läßt sich die Erwartung formulieren, daß Kinder mit gutem Gedächtniswissen eher von der durch die Instruktionen nahegelegten Strategie profitieren. Zum anderen erscheint aber auch die Vermutung plausibel, daß Kinder mit gutem Gedächtniswissen insbesondere dann eher effiziente Strategien einsetzen, wenn durch die Instruktionen keine wirksamen Strategien vermittelt werden.

Weiterhin erwarten wir Alterstrends im Zusammenhang zwischen deklarativem Gedächtniswissen und der Gedächtnisleistung (vgl. Kapitel 5.2). Was das generelle Gedächtniswissen anbelangt, ist ein allenfalls schwacher Zusammenhang mit der Leistung erst bei den Viertkläßlern zu vermuten. Eine positive Beziehung zwischen aufgabenspezifischem Gedächtniswissen und der Leistung ist demgegenüber auch schon bei jüngeren Kindern möglich (Wimmer & Tornquist, 1980), wobei aber auch hier Alterstrends wahrscheinlich sind. So weist Schneider (1989, S. 138) darauf hin, daß in einigen Untersuchungen (z.B. Justice, 1985) die Daten über mehrere Altersstufen aggregiert wurden und davon auszugehen ist, daß die Zusammenhänge für die jüngsten Proband(inn)en vergleichsweise niedriger ausfielen.

Desweiteren gehen wir davon aus, daß metamnemonisches Wissen in Behaltenssituationen nur dann relevant werden kann, wenn es auch in die Behaltenssituation eingebracht wird, d.h. wenn es bestimmte metakognitive Strategien hervorruft. Metakognitive Strategien sind u.E. das Verbindungsstück zwischen dem tatsächlichen Gedächtnisverhalten und den metakognitiven Wissensdaten. In der vorliegenden Untersuchung soll die Reflexivität-Impulsivität des kognitiven Stils als Indikator allgemeiner Strategien der Informationsverarbeitung erfaßt werden. Wir gehen davon aus, daß der Zusammenhang zwischen dem deklarativen Gedächtniswissen und der Gedächtnisleistung bei reflexiven Kindern enger sein sollte als bei impulsiven, weil das Wissen reflexiver Kinder eher zum Einsatz entsprechender metakognitiver Strategien führen sollte.

Neben Indikatoren verschiedener Aspekte von Metagedächtnis und der Reflexivität-Impulsivität des kognitiven Stils werden zusätzlich als Außenvariablen Indikatoren verbaler und nonverbaler Fähigkeiten erhoben. Ausgehend von den vorliegenden Befunden (vgl. Kapitel 5.2) erwarten wir, daß Metagedächtnis-Aspekte – insbesondere das aufgabenspezifische Gedächtniswissen – sich hauptsächlich bei den Viertkläßlern als bessere Prädiktoren der Behaltensleistung erweisen werden als die kognitiven Stilvariablen und der Fähigkeitsaspekt.

Im folgenden Kapitel soll zunächst das PAL-Experiment (6.1) und anschließend das Textlernexperiment (6.2) dargestellt werden. Unter 6.3 folgt dann die Diskussion beider Experimente.

6. Experimentelle Untersuchungen: Entwicklung und Stellenwert von Metakognitionen bei imaginalen Verarbeitungsbedingungen

6.1 Experiment 1: Paarassoziationslernen

6.1.1 Fragestellung und Hypothesen

Neben den Fragen nach dem Wissen um Bildhaftigkeit im Kontext des PAL und nach dem Zusammenhang zwischen verschiedenen Metagedächtnis-Aspekten und der Gedächtnisleistung soll auch die faktische Wirksamkeit bildhafter Verarbeitungsprozesse auf kurz- und längerfristige PAL-Leistungen geprüft werden.

Die Wahrscheinlichkeit einer bildhaften Verarbeitung wird zum einen über eine Variation von Charakteristika des Lernmaterials manipuliert, indem sowohl die Art des Materials (Bilder vs. Wörter) als auch der Elaboriertheitsgrad der Darbietung (nicht-elaboriert = separate Darbietung von Stimulus- und Response-Items; elaboriert = ein Zusammenhang zwischen Stimulus- und Response-Items wird hergestellt) variiert wird, so daß insgesamt vier mögliche Darbietungsweisen der Item-Paare existieren (2(Material) x 2(Elaboration)). Ausgehend von den in Kapitel 2.2.2.1 geschilderten theoretischen Überlegungen und empirischen Befunden vermuten wir, daß Kinder in dem von uns untersuchten Altersbereich (fünf bis elf Jahre) von einer bildhaften Verarbeitung profitieren, wenn diese durch die Art des Materials nahegelegt wird: Bildpaare sollten besser behalten werden als Wortpaare. Der Vorteil separat präsentierter Bild- gegenüber separat präsentierten Wortpaaren sollte dabei angesichts der Probleme jüngerer Kinder beim Dekodieren mit dem Alter zunehmen. Da positive Effekte bildhafter Vorstellungen beim PAL insbesondere dann zu verzeichnen sind, wenn das Lernmaterial relationale Vorstellungen aktiviert, gehen wir davon aus, daß vorgegebene bildhafte Elaborationen zu deutlich besseren Leistungen führen als nicht elaborierte Darbietungen. Alterskorrelierte Veränderungen in der Effektivität vorgegebener bildhafter Elaborationen sind dabei in dem von uns untersuchten Altersbereich nicht zu erwarten. Neben vorgegebenen bildhaften sollten sich auch vorgegebene verbale Elaborationen bei Kindern aller Altersgruppen als effektiv erweisen, wobei keine eindeutige Vorhersage möglich ist, welche Elaborationsform überlegen ist. Da effektive (bildhafte oder verbale) Mediationsprozesse entscheidend für den Lernerfolg beim PAL sind, sind deutlich stärkere Elaborations- als Bildeffekte zu erwarten.

Die Wahrscheinlichkeit einer bildhaften Verarbeitung wird unter intentionalen Lernbedingungen außerdem über eine Manipulation der Instruktionen variiert. Verschiedene Gruppen von Vpn erhalten eine Standardlerninstruktion, eine separate Vorstellungsinstruktion, d.h. die Instruktion, separate Vorstellungsbilder von Stimulus- und Response-Items zu generieren, oder eine interaktive Vorstellungsinstruktion, d.h. die Instruktion, Vorstellungsbilder zu generieren, in denen Stimulus- und Response-Items interagieren. Wir erwarten einen deutlichen Vorteil interaktiver Vorstellungsinstruktionen gegenüber Standardlerninstruktionen, wohingegen separate Vorstellungsinstruktionen, die nicht zu einer relationalen Verarbeitung führen, nicht oder nur wenig behaltensförderlich sein sollten. Der positive Effekt interaktiver Vorstellungsinstruktionen sollte deutlichen alterskorrelierten Veränderungen unterliegen. Während die Kindergartenkinder nur dann von einer derartigen Instruktion profitieren sollten, wenn sie zusätzliche äußere Hilfen erhalten, indem die PAL-Items bereits in Bildform (separate Bilder) präsentiert werden, sollten die Viertkläßler generell, also bei Bild- und Wortmaterial, aus einer derartigen Instruktion Nutzen ziehen. Ob interaktive Vorstellungsinstruktionen bei Zweitkläßlern auch schon bei verbalem Material von Vorteil sind, ist schwer vorherzusagen, da dies sehr stark von der konkreten Versuchsdurchführung abhängig ist. Wenn sieben bis acht Jahre alte Kinder – wie dies in unserem Versuch der Fall sein wird – semantisch unverbundene Wortpaare relativ schnell dargeboten bekommen und keine expliziten Instruktionen beim Abruf erhalten, die bildhaften Mediatoren zu nutzen, ist davon auszugehen, daß sie unter *diesen* Bedingungen nicht von interaktiven Vorstellungsinstruktionen profitieren (Pressley & Levin, 1977b, 1980; vgl. Kapitel 2.2.2.2). Wir erwarten also bei den Kindergartenkindern und Zweitkläßlern eine Interaktion der Instruktions- mit der Materialvariablen. Desweiteren sollte eine Interaktion zwischen der Instruktionsvariablen und der Elaboriertheit der Darbietung eintreten: Interaktive Vorstellungsinstruktionen sollten – sofern sie sich als effektiv erweisen – das Behalten nicht elaboriert präsentierter Paare stärker fördern als das bereits elaboriert präsentierter Paare. Entsprechend sollte der Vorteil vorgegebener Elaborationen unter interaktiven Vorstellungsinstruktionen reduziert sein.

Was das aufgabenspezifische Metagedächtnis – Wissen um Bildhaftigkeit – betrifft, werden aus bereits dargelegten Gründen (vgl. Kapitel 5.3) nur die Faktoren "Art des Materials" und "Elaboriertheitsgrad der Darbietung", also nur Materialfaktoren, berücksichtigt. Die Proband(inn)en sollen die vier möglichen Darbietungsweisen eines Itempaares nach der Behaltensleichtigkeit in eine Rangreihe bringen. Wir erheben also nach der Klassifikation von Flavell und Wellman (1977) Wissen um Aufgabenvariablen. Neben dem deklarativen Wissen wird auch das Begründungswissen im Sinne von Paris, Lipson und Wixson (1983) über Warum-Fragen erfaßt. Die Hypothesen zum Zusammenhang von verschiedenen Metagedächtnis-Komponenten, Außenvariablen und der Gedächtnisleistung, die im übrigen für beide Experimente gelten, wurden bereits unter 5.3 formuliert.

6.1.2 Methode

6.1.2.1 Design und Versuchspersonen

In den Versuch gingen für jede Altersstufe (Kindergarten; Zweitkläßler; Viertkläßler) folgende Faktoren ein:

Faktor A: Instruktionen (Standardlern, separate und interaktive Vorstellungsinstruktion);
Faktor B: Liste (Kontrollfaktor; zur Kontrolle wurden zwei verschiedene Listen verwendet);
Faktor C: Geschlecht;
Faktor D: Material (Bild- vs. Wortpaare);
Faktor E: Elaboration (elaboriert vs. nicht elaboriert).

Die Faktoren D und E wurden intraindividuell variiert. Dem Versuch lag also ein 3x2x2x2x2-varianzanalytisches Design mit wiederholten Messungen auf den letzten beiden Faktoren zugrunde.

Den zwölf unabhängigen Versuchsgruppen (3 (Instruktion) x 2 (Liste) x 2 (Geschlecht)) wurden pro Altersstufe jeweils fünf Kinder nach dem Prinzip der Blockrandomisierung zugeteilt.

Der Realisierung des Faktors A (Instruktionen) wurde für alle Vpn ein inzidenteller Lernversuch vorgeschaltet. Abhängige Variablen waren die Behaltenswerte (Anzahl richtig reproduzierter Response-Items nach einmaliger Darbietung der Itempaare) in drei Testdurchgängen (unmittelbare inzidentelle, unmittelbare intentionale und verzögerte intentionale Behaltensprüfung).

In die Auswertung gingen die Daten von 60 Kindergartenkindern im Alter zwischen 4;8 und 6;9 Jahren (Durchschnittsalter: 5;9 Jahre), von 60 Zweitkläßlern im Alter zwischen 7;3 und 9;4 Jahren (Durchschnittsalter: 8;1 Jahre) und von 60 Viertkläßlern im Alter zwischen 9;5 und 11;0 Jahren (Durchschnittsalter: 10;0 Jahre) ein. Die Kinder stammten aus mehreren Kindergärten und Grundschulen aus dem Raum Göttingen.

6.1.2.2 Material

Folgende Variablen wurden als *Außenvariablen* berücksichtigt: verbale Fähigkeiten, nonverbale Fähigkeiten und der kognitive Stil "Impulsivität-Reflexivität". Um diese Variablen zu erfassen, wurde auf gängige Meßverfahren, die für alle untersuchten Altersgruppen einsetzbar sind, zurückgegriffen. Als grober Indikator verbaler Fähigkeiten fungierte der Untertest "Gemeinsamkeiten Finden" aus dem HAWIK und als grober Indikator nonverbaler Fähigkeiten bzw. als relativ sprachunabhängiger Test zur Erfassung der allgemeinen intellektuellen Leistungsfähigkeit (vgl. Rost & Gebert, 1980) eine aus versuchsökonomischen Gründen verkürzte Fassung (zwölf Items) der "Coloured Progressive Matrices" (CPM) von Raven. Die Items für die Kurzform (die aus den Items "A$_B$ 1, A$_B$ 2, A$_B$ 3, B 2, B 3, B 4, B 5, B 6, B 8, B 9, B 11 und B 12" bestand) wurden aufgrund von Vorversuchen so ausgewählt, daß sie im Schwierigkeitsgrad progressiv anstiegen (zur Abhängigkeit der Ergebnisse von Faktorenanalysen zur CPM von den Itemschwierigkeiten vgl. Rost & Gebert, 1980). Zur Erfassung des kognitiven Stils "Impulsivität-Reflexivität" wurden aus dem "Matching Familiar Figures Test" (MFFT) von Kagan (Kagan, Rosman, Day, Albert & Phillips, 1964) sechs Items für eine Kurzform ausgewählt. Beim MFFT geht es darum, aus sechs sehr ähnlichen Bilditems dasjenige herauszufinden, das mit einem Zielitem völlig identisch ist. Gemessen werden die benötigte Zeit und die Fehler. Als reflexiv gelten Vpn, deren Fehlerzahl unter und deren Zeit über dem Median liegt, während für impulsive Vpn das Umgekehrte gilt (Einteilung nach dem doppelten Mediansplit).

Als Indikator des *generellen verbalisierbaren Gedächtniswissens* fungierte eine aus acht Items bestehende Metagedächtnis-Exploration, in der hypothetische Behaltenssituationen geschildert wurden. Die Items waren überwiegend den Untersuchungen von Kreutzer et al. (1975) sowie von Cavanaugh und Borkowski (1980) entnommen und bezogen sich auf Wissen über verschiedene Aufgaben- und Strategievariablen. Sie waren entweder allgemein oder auch von spezifischer Relevanz für den jeweiligen Behaltenskontext (PAL oder Textlernen). Die Mehrzahl der Fragen verlangte eine Entscheidung zwischen zwei Optionen. Neben dem deklarativen Wissen wurde hier in der Regel auch das Begründungswissen über Warum-Fragen erfaßt. Folgende Items wurden berücksichtigt (für eine genauere Beschreibung s. Kreutzer et al., 1975 sowie Kapitel 3.2):

— *Liste - Geschichte*: Eine Geschichte, die sechs Zielwörter enthielt, wurde erzählt (z.B. Bett, Tisch), und es sollte beurteilt werden, ob die Geschichte das Behalten der Zielwörter erleichtere oder erschwere.

— *Gegensätzlich - willkürlich*: Beurteilt werden sollte, ob eine Liste von Gegensatzpaaren (z.B. "schwarz-weiß") oder eine Liste von willkürlichen Name-Handlungs-Paaren (z.B. "Marie - geht") leichter zu lernen sei.

— *Vorbereitung: Objekt*: Gefragt wurde, was die Vp tun könne, um am nächsten Morgen nicht zu vergessen, ihre Turnschuhe zur Schule (zum Kindergarten) mitzunehmen.

— *Abruf: Ereignis*: Gefragt wurde, wie (mit Hilfe welcher Strategien) ein Freund sich erinnern könne, an welchem Weihnachten er einen Hund geschenkt bekam.

— *Studierplan*: Gefragt wurde, welches der beste Weg sei, neun kategorisierbare Bilditems zu lernen.

— *Wortgetreue vs. sinngemäße Wiedergabe*: Beurteilt werden sollte, ob die wortwörtliche oder sinngemäße (in eigenen Worten) Wiedergabe einer Geschichte einfacher sei.

— *Wichtigkeit von Wörtern und Sätzen in einer Geschichte*: Gefragt wurde, ob es in einer Geschichte wichtige und unwichtige Sätze (Wörter) gebe, oder ob alle Sätze (Wörter) gleich wichtig seien.

— *Impulsives vs. reflexives Studierverhalten*: Gefragt wurde, ob ein reflexives oder impulsives Vorgehen bei der Bewältigung des MFFT von Kagan günstiger sei und wie das Kind es selber mache.

Zur Erfassung der Gedächtnisüberwachung wurden Prognosen der unmittelbaren Gedächtnisspanne vor und nach Erfahrung mit der Aufgabe erhoben. Das Verfahren zur Ermittlung der unmittelbaren Gedächtnisspanne orientierte sich dabei am Untertest "Zahlen Nachsprechen" des HAWIK, wobei dieser Test in Form eines Telefonnummernspiels durchgeführt wurde. Jedes Kind wurde vor Durchführung des Spiels gefragt, wieviele Zahlen eine Telefonnummer seiner Meinung nach haben könne, damit es sich die Nummer nach einmaligem Hören merken könne. Diese Frage wurde nach Ermittlung der Gedächtnisspanne wiederholt.

Als *Lernmaterial* fungierten zwei verschiedene Listen (A und B), die jeweils 16 Itempaare enthielten. Jeweils der Hälfte der Proband(inn)en wurde im inzidentellen Behaltensversuch Liste A und im intentionalen Versuch Liste B präsentiert und umgekehrt. Nur die Viertkläßler erhielten die gesamte Liste. Für die beiden jüngeren Altersgruppen wurde die Gesamtliste nach Vorversuchen um vier bzw. acht Paare verkürzt, um einen in etwa vergleichbaren Schwierigkeitsgrad der Behaltensaufgabe für alle Altersgruppen zu gewährleisten. Dies ist insofern wichtig, als das Auftreten eines Zusammenhangs "Metagedächtnis - Gedächtnisleistung" u.a. auch vom Schwierigkeitsgrad der Aufgabe abhängt (vgl. Schneider, 1985a; 1989). Eine weitere Liste C, bestehend aus acht Paaren, wurde nur zur Erfassung des aufgabenspezifischen Gedächtniswissens eingesetzt.

Aus der intraindividuellen Variation der Faktoren "Material" und "Elaboration" ergeben sich für jedes Itempaar vier mögliche Darbietungsweisen:

— Wort - nicht elaboriert, d.h. Reiz- und Reaktionswort werden getrennt dargeboten. Beispiel: Banane - Fahrrad.

— Wort - elaboriert (verbale Elaboration), d.h. Reiz- und Reaktionswort werden in Form eines Satzes dargeboten, der einen Zusammenhang zwischen ihnen herstellt. Beispiel: Die Banane fährt auf dem Fahrrad.

— Bild - nicht elaboriert, d.h. Reiz- und Reaktionswort werden als zwei getrennte Bilder dargeboten, bei denen es sich um realistische Buntstiftzeichnungen handelt (übereinander in DIN A 4 Format; s. Abbildung 6 links).

— Bild - elaboriert (bildhafte Elaboration), d.h. Reiz- und Reaktionswort werden zeichnerisch in einem interaktiven Zusammenhang dargestellt (s. Abbildung 6 rechts).

Abbildung 6: Beispiel für die Darbietung der Items in Form separater Bilder (links) und in Form interaktiver Bilder (rechts).

Von jeweils vier aufeinanderfolgenden Itempaaren der PAL-Listen wurde jedes auf eine andere Weise präsentiert, d.h. es entstanden 4er-Blöcke. Kindergartenkinder (Listenlänge: acht Items) erhielten somit zwei komplette und Viertkläßler (Listenlänge: 16 Items) vier komplette 4er-Sequenzen. Die Abfolge der vier Darbietungsmöglichkeiten innerhalb der Blöcke erfolgte dabei nach dem Zufall.

6.1.2.3 Versuchsdurchführung

Die Durchführung erfolgte in Form von Einzelversuchen in drei Sitzungen, von denen jede etwa 20 bis 30 Minuten dauerte. Zwischen den Sitzungen lag ein zeitlicher Abstand von jeweils etwa einer Woche (fünf bis acht Tage).

Sowohl beim inzidentellen wie auch beim intentionalen PAL-Versuch wurde die Lern-Prüf-Methode verwendet (vgl. Kapitel 2.2). Die Untersuchung begann für alle Kinder mit einem inzidentellen Behaltensversuch (keine Lerninstruktion). Jedes Itempaar wurde fünf Sekunden lang präsentiert, wobei die Bilditems ohne Worte dargeboten und die Wortitems vorgelesen wurden. Die Kinder wurden aufgefordert, sich die Bilder anzuschauen bzw. die Wörter anzuhören. Anschließend erfolgte die Behaltensprüfung, bei der die Stimuli in veränderter Folge vorgelegt wurden und die Vpn die zugehörigen Responses nennen sollten. Die Darbietungsweise der Stimuli im Prüfdurchgang war durch ihre Darbietungsweise im Lerndurchgang festgelegt, d.h. wurden Bilditems (elaboriert oder nicht elaboriert) in der Lernphase präsentiert, wurden auch die Stimuli im Prüfdurchgang als Bilder gezeigt.

Nach dem inzidentellen PAL-Versuch erfolgte eine erste Lernschwierigkeitsbeurteilung zur Erfassung des aufgabenspezifischen Metagedächtnisses mit den Itempaaren aus dem inzidentellen Versuch. Die Vpn erhielten jedes Itempaar in den vier möglichen Darbietungsweisen simultan vorgelegt, wobei die Reihenfolge der in einer Reihe vor den Vpn ausgelegten vier Darbietungsmöglichkeiten zufällig variierte. Sie sollten die vier Darbietungsweisen eines jeden Paares nach der Behaltensleichtigkeit in eine Rangreihe bringen, wobei diese Beurteilungsaufgabe für die Kindergartenkinder in eine spielähnliche Situation eingebaut wurde.

Im intentionalen PAL-Versuch eine Woche später wurde der Instruktionsfaktor realisiert. Vpn der Bedingung "Standardlerninstruktion" wurden aufgefordert, sich beim Lesen die Dingpaare, die zusammengehören, gut zu merken. Da mehrere Untersuchungen (z.B. Davidson & Adams, 1970; Levin et al., 1975; vgl. auch Pressley, 1982) darauf hinweisen, daß das Gewahrwerden bildhafter Vorstellungen wesentlich für die Effektivität einer Vorstellungsinstruktion ist, wurden Vpn, die Bildhaftigkeitsinstruktionen (separat und interaktiv) erhalten sollten, zunächst auf Vorstellungsprozesse aufmerksam gemacht. Anschließend wurden Vpn mit einer separaten Vorstellungsinstruktion aufgefordert, sich beim Lernen der beiden Dinge, die zusammengehören sollen, ein Bild im Kopf vorzustellen, wie das eine Ding aussieht und ein Bild im Kopf vorzustellen, wie das andere Ding aussieht. Ihnen wurde gesagt, daß das ein guter Trick sei, sich zwei Dinge, die zusammen behalten werden sollen, zu merken. Die interaktive Vorstellungsinstruktion forderte die Vpn auf, sich beim Lesen der beiden Dinge, die zusammengehören, ein Bild im Kopf vorzustellen, wie die beiden Dinge gerade etwas Gemeinsames machen. Die Proband(inn)en erhielten zwei Übungsitems, aber kein eigentliches Training im Generieren von Vorstellungsbildern.

Direkt nach dem unmittelbaren intentionalen Behaltenstest wurde die zweite Lernschwierigkeitsbeurteilung durchgeführt, in der nur neue Items (aus Liste C; vier Paare für Kindergartenkinder, sechs für Zweitkläßler, acht für Viertkläßler) verwendet wurden, um eine zusätzliche Lernmöglichkeit für die zweite, längerfristige Behaltensprüfung der soeben "bearbeiteten" Paare auszuschließen. Diese längerfristige Behaltensprüfung erfolgte nach einer Woche. Danach wurde die dritte Lernschwierigkeitsbeurteilung durchgeführt, und zwar mit der Hälfte der Itempaare (zufällig ausgewählt) aus dem intentionalen PAL-Versuch. Bei der zweiten und dritten Lernschwierigkeitsbeurteilung wurden zu den abgegebenen Urteilen solange Begründungen erfragt, bis die Urteilsbasis deutlich geworden war und kategorisiert werden konnte.

Die Außenvariablen wurden in der ersten und zweiten Sitzung erhoben, der Überwachungsaspekt des Metagedächtnisses in der zweiten und die allgemeine Metagedächtnis-Exploration in der dritten Sitzung.

6.1.3 Ergebnisse

Nach einer Analyse der Behaltensleistungen (6.1.3.1) soll auf Ergebnisse zum Metagedächtnis-Bereich (6.1.3.2) eingegangen werden und anschließend auf die primär interessierenden Resultate zum Zusammenhang zwischen Metagedächtnis- und Außenvariablen einerseits und der Gedächtnisleistung andererseits (6.1.3.3). Bei Signifikanztests erfolgte die Festsetzung des Signifikanzniveaus *stets* bei $\alpha = 0.05$. Auf eine Adjustierung des α-Niveaus wurde bei mehrfachen Signifikanztests deshalb verzichtet, weil die wissenschaftlich interessierenden Hypothesen statistischen Alternativhypothesen entsprechen. Treffen diese zu, so ist die Teststärke zur Entdeckung ihres Zutreffens ohnehin geringer als bei einem Einzeltest (vgl. z.B. Hager & Westermann, 1983, S. 122). Eine Adjustierung des α-Niveaus würde einen zusätzlichen Verlust an Teststärke nach sich ziehen. Sie ist auch deshalb kontraindiziert, weil die fälschliche Entscheidung für eine Menge von Alternativhypothesen niemals größer sein kann als die Wahrscheinlichkeit α für einen einzelnen Test: "Wird die wissenschaftliche Hypothese nur dann als bewährt betrachtet, wenn alle implizierten Alternativhypothesen angenommen werden können, ist die Wahrscheinlichkeit, daß man diese Entscheidung fälschlicherweise trifft, stets höchstens gleich α. Deshalb muß ein konventionell beispielsweise auf 0,05 festgesetzter Wert für α nicht adjustiert werden" (Hager & Westermann, 1983, S. 121; vgl. auch Westermann & Hager, 1986).

Als Index der Effektgröße wurden partielle multiple Korrelationsquadrate (partielle R^2-Werte) berechnet, die den Anteil erklärter Varianz an der gesamten interindividuellen bzw. intraindividuellen Varianz angeben. Diese Werte wurden berechnet, um ihre Bedeutung deutlicher erkennbar zu machen. Ist – wie so häufig – die intraindividuelle im Vergleich zur interindividuellen Variation gering, so schlägt sich das für einen intraindividuell variierten Faktor selbst dann in einem geringen Anteil an der Gesamtvarianz nieder, wenn sein Anteil an der intraindividuellen Varianz groß ist. Derartige geringe Werte könnten fälschlich als geringe Bedeutsamkeit des Faktors interpretiert werden. Sie sind aber möglicherweise nur deshalb gering, weil die gesamte intraindividuelle Variation nur einen kleinen Teil der Gesamtvarianz ausmacht.

6.1.3.1 Behaltensleistungen

Zur Analyse der Behaltensleistungen wurden für jede Altersgruppe getrennt drei separate Varianzanalysen (VAn) gerechnet, und zwar mit den abhängigen Variablen (AVn) Anzahl richtig reproduzierter Response-Items beim inzidentellen Behalten, beim intentionalen unmittelbaren und beim intentionalen verzögerten Behaltenstest. Es handelte sich jeweils um 3 (Instruktionen) x 2 (Liste) x 2 (Geschlecht) x 2 (Bild) x 2 (Elaboration) VAn mit wiederholten Messungen auf den letzten beiden Faktoren. Sofern gerichtete Hypothesen vorlagen, wurden auch a priori orthogonale Kontraste durchgeführt, die einseitig über t geprüft wurden.

Tabelle 3: Mittlere Anzahl (in %) korrekt reproduzierter Response-Items in Abhängigkeit vom Alter und den verschiedenen Darbietungsbedingungen im unmittelbaren intentionalen Behaltenstest (BE = Bild, elaboriert; WE = Wort, elaboriert; B = Bild, nicht elaboriert; W = Wort, nicht elaboriert)

	Darbietungsbedingungen							
	BE	WE	B	W		Bild	Wort	Elaboriert	Nicht-Elab.
Kindergarten	85	61	52	23		68	42	73	37
2. Klasse	71	58	29	22		50	40	64	26
4. Klasse	63	49	34	18		48	34	56	26

Unsere Erwartungen zum Einfluß von bildhaften Vorstellungen konnten zum überwiegenden Teil bestätigt werden, wenn die Wahrscheinlichkeit einer bildhaften Verarbeitung über die Art des Materials manipuliert wurde. Beim unmittelbaren inzidentellen und intentionalen Behalten waren bei allen Altersgruppen sowohl bedeutsame Bildeffekte (für den intentionalen Versuch: t = 8.00, t = 2.99, t = 4.97; für Kindergarten, 2. und 4. Klasse; df jeweils 48) als auch deutlich stärkere Elaborationseffekte (t = 9.86, t = 11.26, t = 8.4; df jeweils 48) zu verzeichnen. Die mittleren Behaltensleistungen für den unmittelbaren intentionalen Behaltensversuch (für den inzidentellen Versuch ergaben sich ähnliche Ergebnismuster) in Abhängigkeit von den Darbietungsbedingungen und dem Alter sind in Tabelle 3 dargestellt. Der Anteil erklärter Varianz an der gesamten intraindividuellen Varianz durch den Elaborationsfaktor betrug 29% für die Kindergartenkinder, 42% für die Zweit- und 30% für die Viertkläßler und durch den Bildfaktor 16%, 3% und 7% für die entsprechenden Altersgruppen. Der Bildvorteil war also wider Erwarten bei den Kindergartenkindern am stärksten ausgeprägt (s. auch Tabelle 3). Im übrigen erwiesen sich bei allen Altersgruppen bildhafte Elaborationen als effektiver als verbale (nur Bild- und Elaborationseffekte, keine Interaktion der beiden Faktoren; s. auch Tabelle 3). Beim verzögerten intentionalen Behaltenstest ergaben weitere Analysen bedeutsamer Bild x Elaborations-Interaktionen sogar, daß die beiden jüngeren Altersgruppen nur von einer bildhaften, nicht aber von einer verbalen Elaboration profitieren konnten: Eine bildhafte Elaboration führte zu deutlich besseren Behaltensleistungen als die anderen drei Darbietungsbedingungen, die sich nicht voneinander unterschieden und extrem schlechte Leistungen zur Folge hatten. Die Mittelwerte zur Bild x Elaborations-Interaktion sind in Tabelle 4 enthalten. Kinder aller untersuchten Altersgruppen konnten also sehr stark von der Darbietung interaktiver Bilder profitieren, und zwar unter inzidentellen und intentionalen Lernbedingungen und auch noch nach einer Woche.

Tabelle 4: Mittelwerte (in %) zur Bild x Elaboration-Interaktion (längerfristiges intentionales Behalten)

	Kindergarten		2. Klasse		4. Klasse	
	elaboriert	nicht elaboriert	elaboriert	nicht elaboriert	elaboriert	nicht elaboriert
Bild	43	8	31	6	31	10
Wort	8	6	8	2	16	4

Bei Variation der Wahrscheinlichkeit einer bildhaften Verarbeitung über die Instruktionen konnten unsere Hypothesen ebenfalls überwiegend bestätigt werden. So waren bei allen Altersgruppen unter inzidentellen Lernbedingungen erwartungsgemäß keine Instruktionseffekte zu verzeichnen, und unter intentionalen Bedingungen führte eine separate Vorstellungsinstruktion nicht zu signifikant besseren Leistungen als eine Standardlerninstruktion. Ebenfalls entsprechend unseren Hypothesen konnten die Kindergartenkinder von einer interaktiven Vorstellungsinstruktion dann profitieren, wenn Bilder präsentiert wurden, nicht aber bei Wortmaterial. Die Mittelwerte zur Instruktion x Bild-Interaktion ($F = 4.04$, $R^2 = .02$; $F = 4.14$, $R^2 = .03$; df jeweils 2/48; für unmittelbar und verzögert) sind Tabelle 5 zu entnehmen. Genaue Inspektionen der Daten und entsprechende Analysen zeigten darüber hinaus, daß beim unmittelbaren Behalten nur dann ein signifikanter Vorteil einer interaktiven Vorstellungsinstruktion gegenüber einer Standardlerninstruktion zu verzeichnen war, wenn separate Bilder präsentiert wurden ($\bar{X} = 65\%$ vs. 35%), während bei interaktiven Bildern die Behaltensleistungen generell sehr gut ausfielen und eine zusätzliche Instruktion erwartungsgemäß nur einen leichten (nicht signifikanten) Vorteil brachte ($\bar{X} = 90\%$ vs. 78%). Vergleichbare Analysen für den verzögerten Behaltenstest ergaben allerdings ein etwas anderes Bild: Eine interaktive Vorstellungsinstruktion war nur bei interaktiven Bildern von Vorteil ($\bar{X} = 63\%$ vs. 25%), nicht aber bei separaten Bildern ($\bar{X} = 13\%$ vs. 8%). Für gute längerfristige Behaltensleistungen sind offensichtlich bei Kindergartenkindern sowohl eine bildhaft-elaborierte Darbietung als auch eine entsprechende Instruktion notwendig, während für gute kurzfristige Leistungen die Darbietung interaktiver Bildpaare ausreicht.

Tabelle 5: Mittelwerte (in %) zur Instruktion x Bild-Interaktion (Kindergarten)

	Unmittelbarer Test		Verzögerter Test	
	Bild	Wort	Bild	Wort
Standardlern	56	43	16	8
separat Bild	71	41	23	5
interaktiv Bild	78	41	38	8

Für die Zweitkläßler hatten wir unter den spezifischen Bedingungen unseres Experiments ähnliche Ergebnisse erwartet wie für die Kindergartenkinder. Diese Erwartung konnte überwiegend bestätigt werden. Geplante orthogonale Vergleiche ergaben zwar, daß eine interaktive Vorstellungsinstruktion zu besseren Gedächtnisleistungen führte als die beiden anderen Instruktionen zusammengenommen, aber weitere Analysen zeigten, daß sowohl beim unmittelbaren ($\bar{X} = 43\%$ vs. 25%) als auch beim verzögerten Test ($\bar{X} = 12\%$ vs. 3%) ein bedeutsamer Vorteil einer interaktiven Vorstellungsinstruktion gegenüber einer Standardlerninstruktion nur bei separat präsentierten Bildpaaren zu verzeichnen war. Demnach verhielten sich die Zweitkläßler – zumindest was den unmittelbaren Behaltenstest betrifft – genauso wie die Kindergartenkinder.

Tabelle 6: Mittelwerte (in %) zur Elaboration x Bild x Instruktionen-Interaktion (4. Klasse, unmittelbarer Behaltenstest)

	Elaboriert		Nicht-Elaboriert	
	Bild	Wort	Bild	Wort
Standardlern	64	44	23	9
separat Bild	54	60	30	9
interaktiv Bild	70	44	49	36

Bei den Viertkläßlern ergab sich beim unmittelbaren Test eine signifikante Tripel-Interaktion der Faktoren "Elaboration", "Bild" und "Instruktion" ($F(2/48) = 5.33$, $R^2 = .03$). Die entsprechenden Mittelwerte sind Tabelle 6 zu entnehmen. Weitere Analysen (Einfacheffekte und Tukey-Anschlußtests) dieser Interaktion zeigten, daß sich Instruktionseffekte erwartungsgemäß bei Bild- *und* Wortmaterial einstellten, sofern dieses nicht elaboriert präsentiert wurde. Wenn bildhafte oder verbale Elaborationen vorgegeben wurden, brachte eine interaktive Vorstellungsinstruktion genau wie bei den beiden anderen Altersgruppen – mit Ausnahme der Kindergartenkinder im verzögerten Test – keinen zusätzlichen Vorteil. Beim verzögerten Test erwies sich eine interaktive Vorstellungsinstruktion ebenfalls nur bei nicht elaborierter Materialdarbietung den anderen Instruktionen gegenüber von Vorteil ($\bar{X}$standard $=8\%$, $\bar{X}$separat Bild $= 8\%$, $\bar{X}$interaktiv Bild $= 26\%$). Viertkläßler konnten also anders als die beiden jüngeren Altersgruppen nicht nur bei Bild-, sondern auch bei Wortmaterial von einer interaktiven Vorstellungsinstruktion profitieren.

Eine Standardlerninstruktion und eine separate Bildhaftigkeitsinstruktion führten im übrigen – wie ein Vergleich der Leistungen unter inzidentellen und intentionalen Bedingungen zeigt – *nicht* zu einer signifikanten Verbesserung der Behaltensleistungen gegenüber inzidentellen Bedingungen. Dies galt für alle Altersgruppen. Lediglich eine interaktive Vorstellungsinstruktion wirkte sich – verglichen mit inzidentellen Bedingungen – positiv auf die Behaltensleistungen aus, und zwar in Übereinstimmung mit den Ergebnissen der vorherigen Analysen bei den beiden jüngeren Altersgruppen nur bei separat präsentierten Bildpaaren und bei den Viertkläßlern nur bei nicht elaboriert präsentiertem Material.

6.1.3.2 Metagedächtnis

Zunächst soll auf Ergebnisse zum allgemeinen Gedächtniswissen eingegangen werden, dann auf den Überwachungsaspekt und schließlich auf das primär interessierende aufgabenspezifische Gedächtniswissen.

Allgemeines Gedächtniswissen. Die Bewertung der Antworten zu den acht Items der allgemeinen Metagedächtnis-Exploration erfolgte auf zwei Arten. Bei der ersten wurden die Antworten pro Item kategorisiert, wobei die Kategorien auf der Basis vorliegender Untersuchungen (z.B. Kreutzer et al., 1975) mit Metagedächtnis-Explorationen und theoretischer Überlegungen konstruiert worden waren. Die Kategorien wurden je nach "Güte" in eine Rangreihe gebracht, und anschließend wurden ihnen Punkte zugeordnet (0 Punkte für "weiß nicht", "nicht verstanden"; die höchste Punktzahl für die beste Antwortkategorie). Je nach Item ergab sich eine unterschiedliche Anzahl von Antwortkategorien und damit auch unterschiedliche maximale Punktwerte (von drei bis acht). Da für weitere Analysen über den Zusammenhang zwischen Metagedächtnis und Gedächtnisleistung wegen der geringen Reliabilität einzelner Metagedächtnis-Items (vgl. Schneider, 1985a) weniger die einzelnen Items, sondern ein Gesamtwert von Interesse war und sich außerdem die Bildung eines Summenwertes wegen der unterschiedlichen maximalen Punktwerte für die verschiedenen Items als problematisch erwies, wurde noch eine zweite Bewertungsart vorgenommen. Die Antworten auf jedes Item wurden hierbei einheitlich mit null Punkten oder einem Punkt bewertet. Ein Punkt wurde nur dann vergeben, wenn die richtige Antwort mit einer relevanten Begründung erfolgte bzw. wenn bei Items, die nach Strategien fragten, mindestens eine erfolgversprechende oder zwei fragliche Strategien, d.h. solche mit ungewisser Erfolgswahrscheinlichkeit, genannt wurden. Entsprechend ergab sich ein maximaler Metagedächtnis-Gesamtscore von acht Punkten. Bei beiden Bewertungsarten wurde jede Antwort von zwei unabhängigen Beurteiler(inne)n bewertet. Unstimmigkeiten wurden diskutiert, wobei diese bei der zweiten Bewertungsart sehr selten waren.

Bei der Betrachtung der Interkorrelationen der acht Subtests (differenziertere erste Bewertungsart) zeigt sich, daß die meisten Subtests nicht oder nur schwach positiv korrelieren. Die geringsten Interkorrelationen sind bei den Viertkläßlern zu beobachten, ein Ergebnis, das den Resultaten von Cavanaugh und Borkowski (1980) entspricht. Betrachtet man für die verschiedenen Altersgruppen und Subtests jeweils den Prozentsatz an Kindern, die eine richtige Antwort mit einer relevanten Begründung gegeben haben (Tabelle 13; vgl. hierzu auch 6.2.3.2), sowie die Mittelwerte des Metagedächtnisgesamtscores ($\bar{X}$ Kindergarten = 1.7, ($\bar{X}$ 2.Klasse = 4.2, $\bar{X}$ 4.Klasse = 6.2), zeigt sich in Übereinstimmung mit vorliegenden Befunden, daß die meisten Kindergartenkinder noch ziemlich wenig über ihr Gedächtnis wissen, zumindest wenn es mit der in dieser und anderen Untersuchungen verwendeten Exploration erfaßt wird. Eine deutliche Verbesserung ist vom Kindergarten zur zweiten Klasse erkennbar und bei etlichen Items auch noch von der zweiten zur vierten Klasse. Damit zeigt sich auch in dieser Untersuchung, daß sich im Laufe der Grundschulzeit das generelle Wissen über das Gedächtnis erheblich verbessert.

Gedächtnisüberwachung. Die Prognosegenauigkeit der unmittelbaren Gedächtnisspanne vor und nach der Erfahrung mit der Aufgabe (PG1 und 2) fungierte als Indikator der Angemessenheit eigener Gedächtnisüberwachung. In der Literatur werden verschiedene Maße der Prognosegenauigkeit vorgeschlagen (zur kritischen Diskussion s. Hasselhorn & Hager, 1989; s. auch Kapitel 3.2). Das nach Hasselhorn und Hager (1989) bislang am häufigsten verwendete Maß ist das "prediction-accuracy"-Maß von Levin et al. (1977), das sich algebraisch als die durch die tatsächliche Leistung dividierte, absolute Differenz zwischen Schätzung und Leistung ausdrücken läßt. Der Nachteil dieses Maßes liegt darin, daß es bei extrem niedrigen Behaltensleistungen zu Verzerrungen führt. Da extrem niedrige Gedächtnisspannenleistungen in der vorliegenden Untersuchung nicht beobachtet werden konnten, entschieden wir uns für dieses Maß, das als das am häufigsten verwendete gegenüber anderen Maßen den Vorteil aufweist, einen Vergleich mit vielen anderen Untersuchungsergebnissen zu erlauben. Für rein deskriptive Zwecke wurde das Vorzeichen zum Teil mitberücksichtigt.

Tabelle 7: Mittlere Prognosegenauigkeiten der unmittelbaren Gedächtnisspanne

	PG1	PG2
Kindergarten	.49	.39
2. Klasse	.25	.25
4. Klasse	.24	.20

Tabelle 7 gibt für die verschiedenen Altersgruppen die mittleren Prognosegenauigkeiten vor (PG1) und nach der Aufgabe (PG2) an. Es handelt sich hier um die mittleren absoluten Werte, da sich bei Berücksichtigung des Vorzeichens positive und negative Werte gegenseitig aufheben würden. Zu beachten ist, daß die Prognosegenauigkeit um so besser ist, je niedriger der Wert ausfällt. Eine 3(Alter) x 2(Zeitpunkt der Prognose)-VA zeigt nur einen deutlichen Alterseffekt (F(2/177) = 10.5), der darauf zurückgeht, daß sich die Genauigkeit der Prognose vom Kindergartenalter zur zweiten Klasse deutlich verbessert, während von der zweiten zur vierten Klasse keine wesentlichen Verbesserungen zu erkennen sind (vgl. Tabelle 7). Die ungenauen Prognosen der Kindergartenkinder beruhen fast ausschließlich auf Überschätzungen. Dieses Resultat entspricht unseren Erwartungen, wobei allerdings die Vorschulkinder die Möglichkeiten ihres Gedächtnisses nicht in dem Ausmaß überschätzten wie aufgrund früherer Untersuchungen angenommen. Der Prozentsatz an Vorschulkindern, die eine völlig korrekte Prognose vor (25%) und nach der Aufgabe (32%) abgaben, unterschied sich kaum vom Prozentsatz an Zweit- und Viertkläßlern mit völlig korrekter Schätzung. Zudem urteilten die Kindergartenkinder im vorliegenden Experiment weitaus realistischer als in früheren Untersuchungen (69% bei der ersten und 81% bei der zweiten Prognose). Von einer realistischen Schätzung sprechen wir dann, wenn die Schätzwerte lediglich um +/- 2 von den tatsächlichen Leistungen abweichen (vgl. Wippich, 1981).

Aufgabenspezifisches Gedächtniswissen. Bei dieser Aufgabe sollte u.W. erstmalig geprüft werden, welches Wissen Kinder um Bildhaftigkeit, genauer um Effekte der Bildhaftigkeit des Lernmaterials, besitzen. Dazu wurden die Kinder gebeten, Lernmaterial, das in seiner Bildhaftigkeit (Bild vs. Wort) und seiner Elaboriertheit variierte, hinsichtlich seiner Lernschwierigkeit zu beurteilen, indem sie die vier möglichen Darbietungsarten der Items in eine Rangfolge von "am einfachsten zu behalten" bis zu "am schwersten zu behalten" brachten. Um mögliche Änderungen des aufgabenspezifischen Gedächtniswissens als Folge der Erfahrung mit der Aufgabe erfassen zu können, wurde das aufgabenspezifische Gedächtniswissen zu drei verschiedenen Zeitpunkten erfaßt: nach dem inzidentellen Versuch, nach dem unmittelbaren und dem verzögerten intentionalen Behaltenstest.

Da bei jeder der drei Lernschwierigkeitsbeurteilungen mehrere Itempaare zu beurteilen waren, prüften wir zunächst die Konsistenz der Urteile. Es wurden Konkordanzkoeffizienten (Kendalls W) berechnet und die Übereinstimmungen je Vp zwischen den Rangreihen per W und χ^2_r ermittelt. Sodann wurden die empirischen Verteilungen für χ^2_r mit der unter H_0 (keine Konsistenz) zu erwartenden exakten χ^2_r-Verteilung per einseitigem Kolmogoroff-Smirnov Test verglichen. Es traten für alle Altersgruppen und Beurteilungszeitpunkte höhere W-Werte auf als unter H_0 zu erwarten war. Dieses Ergebnis spiegelt allerdings nicht wider – wie eine rein deskriptive Aufstellung zeigt (s. Tabelle 8) –, daß die W-Werte vom Kindergartenalter bis zum zweiten Schuljahr wachsen, dann aber konstant bleiben. Tabelle 8 macht außerdem deutlich, daß die W-Werte – – zumindest W>.75 – über die drei Beurteilungen hin bei allen Altersgruppen zunehmen.

Tabelle 8: Anzahl (in %) von Kindergartenkindern, Zweit- und Viertkläßlern mit Konkordanzkoeffizienten (Kendalls W) W>.25, W>.50 und W>.75, getrennt für die drei Erhebungszeitpunkte 1, 2 und 3

	W > .25			W > .50			W > .75		
	1	2	3	1	2	3	1	2	3
Kindergarten	58	78	66	40	53	53	20	34	44
2. Klasse	88	88	93	73	77	85	50	63	72
4. Klasse	93	97	93	77	83	85	52	65	72

Da alle Proband(inn)en, selbst die Kindergartenkinder, beachtlich konsistent urteilten, wurden für die weiteren Berechnungen je Kind die mittleren Ränge unter den vier möglichen Darbietungsarten des Lernmaterials zugrundegelegt, die in die Ränge 1 bis 4 transformiert wurden. Tabelle 9 zeigt die mittleren Ränge für die vier Darbietungsarten des Lernmaterials, getrennt nach Altersgruppen und Erhebungszeitpunkten. Tabelle 9 macht deutlich, daß Kinder aller untersuchten Altersgruppen nicht nur elaborierte Bilder am besten behalten, sondern auch ein entsprechendes metamnemonisches Wissen besitzen. Ebenso behalten sie separat präsentierte Wortpaare am schlechtesten und urteilen auch entsprechend. Auffällig ist, daß Kinder aller Altersgruppen, vor allem aber die jüngste Gruppe, die Effektivität verbaler Elaborationen sehr stark unterschätzen. Die Kindergartenkinder sehen überhaupt keinen Vorteil verbaler Elaborationen gegenüber nicht elaboriert dargebotenen Wörtern. Aber auch die Viertkläßler unterschätzen den Behaltenswert verbaler Elaborationen, indem sie separat präsentierte Bilder und verbale Elaborationen für etwa gleich schwer halten. Die untersuchten Altersgruppen verfügen also nicht über ein perfektes aufgabenspezifisches Gedächtniswissen, vor allem was die Effektivität verbaler Elaborationen beim unmittelbaren Behaltenstest betrifft. Beim verzögerten Test waren ja in der Tat keine Vorteile einer verbalen Elaboration bei den beiden jüngeren Altersgruppen zu verzeichnen. Während der Behaltenswert verbaler Elaborationen von allen Altersgruppen unterschätzt wird, wird derjenige separat präsentierter Bilder überschätzt, vor allem im Vergleich zu verbalen Elaborationen. Weiterhin macht Tabelle 9 deutlich, daß bei allen Altersgruppen keine Änderungen des aufgabenspezifischen Gedächtniswissens als Folge von Erfahrung mit der Aufgabe zu verzeichnen sind.

Während Tabelle 9 mittlere Einschätzungen der Behaltensschwierigkeit verschiedener Darbietungsbedingungen wiedergibt, interessierte uns zusätzlich, inwieweit die Einschätzungen auf individueller Basis mit der aufgrund theoretischer Überlegungen und bisher vorliegender empirischer Befunde (vgl. Kapitel 2.2.2.1) "optimalen" Folge (elaborierte Bilder > elaborierte Wörter > nicht elaborierte Bilder > nicht elaborierte Wörter) übereinstimmen. Um die von den Vpn gelegten Folgen (x) mit der theoretischen Folge (y) vergleichen zu können, wurden zwischen x und y je Vp Tau-Werte berechnet, deren Verteilung gegen die Stichprobenverteilung unter H_0 einseitig per Kolmogoroff-Smirnov Test geprüft wurde. Es ergaben sich für alle Altersgruppen bedeutsame Zusammenhänge mit der theoretischen Folge. Vergleicht man die D_{max}-Werte (= maximale Abweichungen empirisch vs. theoretisch (H_0)) miteinander, zeigt sich, daß die Abweichung von H_0 für die Viertkläßler größer ausfällt als für die Kindergartenkinder und die

Zweitkläßler, d.h. daß die Viertkläßler eher in Übereinstimmung mit der theoretischen Folge urteilten. Weitere Analysen ergaben, daß die beiden jüngeren Altersgruppen eher in Übereinstimmung mit der Folge "elaborierte Bilder > nicht elaborierte Bilder > elaborierte Wörter > nicht elaborierte Wörter" als mit der Folge "elaborierte Bilder > elaborierte Wörter > nicht elaborierte Bilder > nicht elaborierte Wörter" urteilten. Die geschilderten Ergebnisse stehen somit in Einklang mit den Daten in Tabelle 9. Neben den Konkordanzkoeffizienten fungierten die individuellen Tau-Werte (Tau-Korrelation zwischen der gelegten und der "optimalen" Folge) als Indikator der Güte des aufgabenspezifischen Gedächtniswissens. Der Prozentsatz an Kindern mit τ-Werten von 1.0 (die gelegte Folge entspricht der "optimalen") und von .67 (zwei aufeinanderfolgende Möglichkeiten wurden vertauscht) ist für die verschiedenen Altersgruppen und die drei Erhebungszeitpunkte in Tabelle 10 angegeben. Betrachtet man diese Werte, so zeichnen sich ähnlich wie bei den Konkordanzkoeffizienten (vgl. Tabelle 8) Verbesserungen im aufgabenspezifischen Gedächtniswissen ab, und zwar insbesondere vom Kindergarten zur zweiten Klasse. Außerdem wird deutlich, daß selbst die meisten Viertkläßler kein perfektes Wissen aufweisen und daß sich das Wissen als Folge von Erfahrung mit der Aufgabe nicht verbessert.

Tabelle 9: Mittlere Ränge für die vier Darbietungsarten eines Items, wobei 1 = am leichtesten und 4 = am schwersten zu behalten (BE = Bild, elaboriert; WE = Wort, elaboriert; B = Bild, nicht elaboriert; W = Wort, nicht elaboriert)

		BE	WE	B	W
Kindergarten	1. Erhebung	1.8	3.0	2.2	3.0
	2. Erhebung	1.8	2.9	2.3	3.0
	3. Erhebung	1.8	2.9	2.3	3.0
2. Klasse	1. Erhebung	1.5	2.8	2.4	3.3
	2. Erhebung	1.7	2.6	2.5	3.2
	3. Erhebung	1.7	2.7	2.5	3.1
4. Klasse	1. Erhebung	1.7	2.5	2.5	3.3
	2. Erhebung	1.7	2.4	2.5	3.4
	3. Erhebung	1.7	2.5	2.5	3.3

Bei der Erhebung der Lernschwierigkeitsbeurteilungen wurden die Kinder auch nach Begründungen für ihre Urteile gefragt. Jeweils ein Punkt wurde vergeben, wenn Kinder zum Ausdruck brachten, daß Bilder besser behalten werden als Wörter und daß elaborierte Darbietungen hilfreich sind. Es zeigten sich Unterschiede zwischen den Kindergartenkindern ($\overline{X}$ = .6) und den beiden älteren Gruppen, die sich aber nicht unterschieden ($\overline{X}_{2.Klasse}$ = 1.1 und $\overline{X}_{4.Klasse}$ = 1.0). Obwohl Kindern aller Altersgruppen die Bedeutung einer bildhaft elaborierten Materialdarbietung ganz offensichtlich bewußt war, konnten sehr viele Kinder ihre Urteile nicht begründen, nämlich 58% der Kindergartenkinder, aber auch 20% der Zweit- und 30% der Viertkläßler. Lediglich 15% der jüngsten Altersgruppe, 23% der Zweit- und 30% der Viertkläßler erhielten zwei Punkte. Die Begründungen machen auch deutlich, daß etliche Kinder – insbesondere jüngere – trotz Erfahrung mit der Aufgabe die Anforderungen der PAL-Aufgabe nicht richtig verstanden hatten. Sie waren nämlich relativ häufig der Überzeugung, verbal elaboriert präsentiertes Material werde schlecht behalten, weil "man da soviel behalten müsse".

Tabelle 10: Anzahl (in %) von Kindergartenkindern, Zweit- und Viertkläßlern mit τ-Werten von τ=.67, τ=1.0 und τ ≥ .67, getrennt für die drei Erhebungszeitpunkte 1, 2 und 3

	τ=.67			τ=1.0			τ≥.67		
	1	2	3	1	2	3	1	2	3
Kindergarten	20	28	27	10	8	3	30	36	30
2. Klasse	18	23	17	33	25	27	51	48	44
4. Klasse	23	32	42	37	28	20	60	60	62

Insgesamt zeigte sich, daß Kinder aller untersuchten Altersgruppen nicht nur Bilder besser behalten als verbales Material, sondern sich auch dessen bewußt sind. Ebenso wissen alle Kinder um die positiven Effekte elaborierter Bilder, aber nicht um diejenigen einer verbalen Elaboration.

6.1.3.3 Zusammenhang von Metagedächtnis- und Außenvariablen mit der Behaltensleistung

Das Hauptziel der vorliegenden Untersuchung lag in der Prüfung des Zusammenhangs zwischen verschiedenen Aspekten von Metagedächtnis, insbesondere von Wissen um Bildhaftigkeit, und der Gedächtnisleistung. Zunächst interessierte uns, ob auf individueller Basis Zusammenhänge zwischen den Lernschwierigkeitsbeurteilungen und den Behaltensrangfolgen bestehen. Zur Prüfung der Zusammenhänge wurden individuelle τ-Werte berechnet, deren Verteilung einseitig mit der Stichprobenverteilung unter H_0 verglichen wurde. Die Ergebnisse zeigen keine Übereinstimmung der ersten Lernschwierigkeitsbeurteilung mit dem inzidentellen Behaltensversuch für Kindergartenkinder, wohl aber für die anderen Kinder. Die Zusammenhänge zwischen den Lernschwierigkeitsbeurteilungen und dem unmittelbaren intentionalen Behalten sind überwiegend positiv, ausgenommen die zweite und dritte Lernschwierigkeitsbeurteilung bei Zweitkläßlern, was möglicherweise auf einen β-Fehler zurückzuführen ist. Auf die Analyse der Zusammenhänge mit den längerfristigen intentionalen Behaltensleistungen wurde wegen der vielen Rangbindungen beim verzögerten Behaltenstest verzichtet (oft wurde gar kein Item reproduziert oder elaborierte Bilder wurden am besten erinnert und Items aller anderen Darbietungsbedingungen gleich gut bzw. schlecht). Zusammenfassend läßt sich feststellen, daß positive Zusammenhänge zwischen dem aufgabenspezifischen Gedächtniswissen und der intraindividuell variierenden Gedächtnisleistung vorliegen.

Besteht aber auch ein Zusammenhang zwischen dem aufgabenspezifischem Gedächtniswissen und der interindividuell variierenden Gedächtnisleistung? Zur Prüfung dieser Frage wurden für die verschiedenen Altersgruppen getrennt Assoziationsanalysen (Fröhlich & Becker, 1971, S. 519-522) sowie VAn mit aufgabenspezifischem Wissen (gut vs. schlecht) als zusätzlichem Faktor gerechnet, also 3(Instruktionen) x 2(Listen) x 2(Wissen) x 2(Material) x 2(Elaboration) VAn mit wiederholten Messungen auf den letzten beiden Faktoren.

Die Assoziationsanalysen zeigten entgegen unseren Erwartungen keinen positiven Zusammenhang zwischen aufgabenspezifischem Gedächtniswissen (als Indikator fungierte eine Kombination von Konkordanz- und Tau-Koeffizient) und der Gedächtnisleistung. Die Ergebnisse entsprechen auch nicht unserer Erwartung eines stärkeren Zusammenhangs mit zunehmendem Alter. Aus Tabelle 11 wird deutlich, daß gutes aufgabenspezifisches Gedächtniswissen weder eine notwendige (es dürften keine Fälle in der Zelle "Leistung gut - Wissen schlecht" vorkommen) noch eine hinreichende (es dürften keine Fälle in der Zelle "Leistung schlecht - Wissen gut" vorkommen) Bedingung für gute Gedächtnisleistungen ist. In einigen Untersuchungen waren stärkere Zusammenhänge zwischen der Gedächtnisleistung und anschließend erfaßtem Gedächtniswissen zu verzeichnen als zwischen der Gedächtnisleistung und vorher erhobenem Wissen (vgl. Kapitel 5.2). Ähnliche Resultate wie in Tabelle 11 dargestellt ergeben sich aber auch für den Zusammenhang zwischen dem nach den intentionalen Behaltensversuchen erfaßten Wissen um Bildhaftigkeit und der Gedächtnisleistung, ferner bei getrennter Betrachtung der verschiedenen Instruktionsbedingungen, bei getrennter Betrachtung der Behaltensleistungen für verbales und bildhaftes Material – Kinder mit besserem Wissen um Bildhaftigkeit können demnach nicht mehr von bildhaftem Material profitieren als Kinder mit schlechtem Wissen. Ein positiver Zusammenhang konnte ebenfalls nicht bei reflexiven Kindern nachgewiesen werden. Die Ergebnisse der VAn stehen völlig in Einklang mit denen der Assoziationsanalysen: Proband(inn)en mit gutem Wissen konnten weder von Bilddarbietungen noch von einer interaktiven Bildhaftigkeitsinstruktion mehr profitieren als solche mit schlechtem Wissen noch zeigten sie generell bessere Leistungen. Dies galt für alle Altersgruppen.

Tabelle 11: Tabelle der Häufigkeiten, die das vor dem intentionalen Behaltensversuch erfaßte aufgabenspezifische Gedächtniswissen (gut vs. schlecht) und die unmittelbare Gedächtnisleistung (gut vs. schlecht) in Beziehung setzen sowie Pearsons Punkt-Korrelations-Koeffizient (φ)

		Kindergarten Wissen gut schlecht	2. Klasse Wissen gut schlecht	4. Klasse Wissen gut schlecht
Leistung	gut	13 18	14 17	13 18
	schlecht	10 19	21 8	14 15
		$\varphi = .08$	$\varphi = -.28$	$\varphi = -.06$

Weiterhin wurden zur Prüfung des Zusammenhangs zwischen weiteren Aspekten des Metagedächtnisses und der Gedächtnisleistung multiple Regressionsanalysen gerechnet, die gegenüber den typischen χ^2- oder VA-Verfahren den Vorteil aufweisen, individuelle Differenzen differenzierter zu berücksichtigen (s. Kerlinger & Pedhazur, 1973). Multiple Regressionsanalysen wurden vor allem auch deshalb durchgeführt, um zu prüfen, ob Metagedächtnis-Aspekte bedeutsamere Prädiktoren der Behaltensleistung sind als Variablen wie verbale und nonverbale Fähigkeiten oder kognitiver Stil. Ziel dieser Analysen war, zunächst rein deskriptiv festzustellen, wieviel Varianz durch die verschiedenen Prädiktoren aufgeklärt wird. Es wurden getrennte Analysen für den inzidentellen, den unmittelbaren und den verzögerten intentionalen Behaltenstest durchgeführt sowie getrennte Analysen für die Gesamtbehaltensleistungen und die Leistungen bei bildhaftem und verbalem Material. Folgende Prädiktoren wurden berücksichtigt:

— Die Instruktionsbedingungen, die orthogonal kodiert wurden
  (1. Kontrast: Standardlerninstruktion vs. separate und interaktive Vorstellungsinstruktion; 2. Kontrast: separate vs. interaktive Vorstellungsinstruktion).

- Das aufgabenspezifische Metagedächtnis zum ersten Erhebungszeitpunkt.
  Um die Anzahl der Prädiktoren nicht zu groß werden zu lassen, wurden die beiden späteren Zeitpunkte nicht berücksichtigt. Das aufgabenspezifische Wissen zum ersten Zeitpunkt (= *vor* dem intentionalen Behaltensversuch) wurde gewählt, weil primär die Auswirkung des *vor* der Gedächtnisaufgabe vorhandenen Wissens auf die Leistung interessiert. Als Indikatoren fungierten ein Punktwert, der aus einer Kombination von Konkordanz- und Tau-Koeffizient gebildet wurde oder – in getrennten Analysen – Konkordanz- und Tau-Koeffizient.

- Gedächtnisüberwachung.
  Als Maß der Prognosegenauigkeit vor (PG1) und nach Erfahrung mit der Gedächtnisaufgabe (PG2) diente das "prediction-accuracy"- Maß von Levin et al. (1977).

- Allgemeines Gedächtniswissen (MG).
  Als Indikator fungierte der Gesamtscore aus der allgemeinen Metagedächtnis-Exploration.

- Reflexivität-Impulsivität des kognitiven Stils (KS).
  Diese Variable wurde orthogonal kodiert, wobei die Einteilung in Reflexive und Impulsive nach dem doppelten Mediansplit erfolgte (1. Kontrast: Reflexive vs. Impulsive; 2. Kontrast: Reflexive und Impulsive vs. nicht klassifizierbare Vpn).

- Die Wechselwirkung der allgemeinen Metagedächtnis- und kognitiven Stilvariablen (MG x KS).
  Diese Prädiktoren wurde aufgrund der Hypothese berücksichtigt, daß ein stärkerer bzw. überhaupt ein Zusammenhang zwischen dem Metagedächtnis und der Gedächtnisleistung bei reflexiven Kindern bestehen sollte.

- Die Wechselwirkung zwischen der allgemeinen Metagedächtnis- und der Instruktionsvariablen.
  Die Aufnahme dieser Prädiktoren ergibt sich aus der Vermutung einer Abhängigkeit des Zusammenhangs zwischen Metagedächtnis und Leistung von den Instruktionsbedingungen.

- Verbale Fähigkeiten.
  Als Maß fungierte der Rohpunktwert aus dem Subtest "Gemeinsamkeiten Finden (GF)" des HAWIK.

- Nonverbale Fähigkeiten
  Als Maß diente der CPM Punktwert.

Nicht als Prädiktor berücksichtigt wurde aufgrund der mit seinem Indikator verbundenen Probleme der Sensitivitätsaspekt des Metagedächtnisses. Da die Leistungen unter intentionalen Bedingungen von den Instruktionsbedingungen beeinflußt sind, ist die Verwendung der Differenz der Leistungen unter intentionalen und inzidentellen Bedingungen als Indikator der Sensitivität für Behaltensanforderungen äußerst problematisch. Kindern mit einer interaktiven Vorstellungsinstruktion wird ja explizit eine effektive Verarbeitungsstrategie genannt. Ein weiteres Problem besteht darin, daß bei sofortiger Behaltensprüfung eine algebraische Abhängigkeit zwischen Prädiktor- und Kriteriumsvariable vorliegt. Der Sensitivitätsaspekt könnte demnach nur als Prädiktor längerfristiger Leistungen unter Standardlerninstruktionen berücksichtigt werden. Wegen der ohnehin schon relativ geringen Stichprobengröße ist es aber nicht möglich, auch noch getrennte Analysen für die verschiedenen Instruktionsbedingungen zu rechnen.

Folgende Vorgehensweise wurde gewählt: Um zu prüfen, ob die Metagedächtnis- und Außenvariablen zusätzlich zu den Instruktionsbedingungen Varianz aufklären, wurde, sofern die Instruktionen einen signifikanten Varianzanteil aufklärten (= $R^2_{Instruktion}$ signifikant), die Differenz zwischen der durch alle Prädiktoren aufgeklärten Varianz (= R^2_{gesamt}) und der durch die Instruktionsbedingungen aufgeklärten Varianz auf Signifikanz geprüft ($R^2_{gesamt} - R^2_{Instruktion}$). Erwies sich dieser Test, der bei einem gemäß Cohen (1977, S. 414) großen Effekt und $\alpha = .05$ eine Teststärke von etwa .80 hat, als insignifikant, war die Analyse abgeschlossen. Klärten die Instruktionen keinen bedeutsamen Varianzanteil auf, wie es ja für den inzidentellen Test erwartet wurde, wurde die durch die Gesamtheit der Prädiktoren aufgeklärte Varianz auf Bedeutsamkeit geprüft.

Stellte sich heraus, daß alle Prädiktoren zusammen keinen bedeutsamen Varianzanteil aufklärten, war die Analyse ebenfalls abgeschlossen. Andernfalls – falls R^2_{gesamt} bzw. R^2_{gesamt} - $R^2_{Instruktion}$ bedeutsam waren – wurde die gesamte Menge der Prädiktoren in Teilmengen zerlegt, die entsprechend ihrer aufgrund theoretischer Überlegungen und vorliegender Befunde vermuteten Bedeutsamkeit in die Analysen eingingen. Das bedeutet, daß nach den Instruktionen als erste Prädiktoren Metagedächtnis-Aspekte berücksichtigt wurden, und zwar als erster das aufgabenspezifische Gedächtniswissen.

Folgende Prädiktorteilmengen gingen in die Analysen ein:

— P_0 = {Instruktionen};

— P_1 = {Aufgabenspezifisches Metagedächtnis, P_0};

— P_2 = {Gedächtnisüberwachung, P_1};

— P_3 = {Allgemeines Metagedächtnis (MG), P_2};

— P_4 = { kognitiver Stil (KS), MG x KS, MG x Instruktionen, P_3};

— P_5 = Gesamt = {Verbale Fähigkeiten, nonverbale Fähigkeiten, P_4}.

Wir prüften die Differenz aufeinanderfolgender Teilmengen auf Signifikanz, prüften also, ob die jeweils folgenden Prädiktoren einen signifikanten zusätzlichen Beitrag zur Varianzaufklärung leisteten. War dies der Fall, entfernten wir aus der betreffenden Teilmenge jeweils einen Prädiktor, um zu ermitteln, welche Variable einen Beitrag leistet.

Die Ergebnisse dieser Analysen entsprachen völlig denen der vorherigen Analysen. Keiner der Prädiktoren – mit Ausnahme der Instruktionen unter bestimmten Bedingungen – erwies sich als bedeutsam, weder die Metagedächtnis- noch die Außenvariablen. Dies galt für alle Altersgruppen. In den meisten Fällen klärte die Gesamtheit der Prädiktoren keinen bedeutsamen Varianzanteil auf, und wenn, war das auf die Instruktionsvariable zurückzuführen. Ähnliche Resultate zeigten sich auch in zusätzlich gerechneten schrittweisen multiplen Regressionsanalysen.

6.1.4 Zusammenfassung und Diskussion

6.1.4.1 Bildhafte Vorstellungen und Behaltensleistungen

Die Ergebnisse zum Einfluß einer bildhaften Verarbeitung auf die PAL-Leistungen von Kindern unterschiedlichen Alters entsprechen zum überwiegenden Teil den Erwartungen, wenn die Wahrscheinlichkeit einer bildhaften Verarbeitung über Charakteristika des Lernmaterials manipuliert wurde. So behielten Kinder aller Altersgruppen Bilder besser als Wörter, wobei allerdings der Bildvorteil bei den kleineren Kindern nicht geringer, sondern eher deutlicher ausfiel als bei den älteren, ein Ergebnis, das zwar in Einklang mit der repräsentationalen Entwicklungshypothese steht (z.B. Bruner et al., 1966; Kosslyn, 1978), aber den meisten bisher vorliegenden Befunden widerspricht (vgl. Kapitel 2.2.2.1). Nach diesen Befunden sind keine wesentlichen alterskorrelierten Unterschiede in der Effektivität elaborierter Bilder zu erwarten, und bei nicht elaboriert präsentierten Paaren sollte der Bildvorteil mit dem Alter zunehmen. Eine Erklärungsmöglichkeit für unser Resultat, die allerdings noch der empirischen Prüfung bedarf, sehen wir darin, daß die in vielen Studien berichteten geringeren Vorteile separat präsentierter Bildpaare gegenüber separat präsentierten Wortpaaren zum Teil auch darauf zurückgehen, daß bildhafte Mediatoren beim Abruf nicht bzw. nicht in dem Maße wie bei älteren Kindern spontan genutzt wurden, wenn, wie in vielen der bislang durchgeführten Untersuchungen, die Stimuli in der Abrufphase verbal präsentiert wurden. Die Darbietung in Bildform (wenn Bilder in der Lernphase präsentiert worden waren) in unserer Untersuchung könnte die Wahrscheinlichkeit der Nutzung der bildhaften Mediatoren verbessert haben. Ähnliche Vermutungen werden auch von Pressley und MacFayden (1983) geäußert, die zeigen konnten, daß drei- bis vierjährige Kinder, also noch jüngere als die von uns untersuchten Kinder, von elaborierten Bildern nur dann profitieren konnten, wenn sie beim Abruf zur Nutzung der bildhaften Mediatoren aufgefordert wurden.

Eine bildhaft-elaborierte Darbietung der PAL-Items erwies sich bei allen untersuchten Altersgruppen als effektiv und im Gegensatz zu vielen früheren Befunden (vgl. Pressley, 1977a) als deutlich effektiver als eine verbal-elaborierte Darbietung. Wir hatten eigentlich erwartet, daß es bei Kindern keine große Rolle für den Lernerfolg spielen sollte, ob eine Elaboration bildhaft oder verbal erfolgt. Der unerwartet deutliche Vorteil einer bildhaften gegenüber einer verbalen Elaboration in unserer Untersuchung könnte zum Teil darauf zurückgehen, daß wir möglicherweise nicht bei allen Paaren die effektivsten verbalen Elaborationen gewählt haben. Zwar waren Stimulus- und Response-Items immer mittels eines Verbs verknüpft, eine Verknüpfung, die bei verbalen Elaborationen am effektivsten sein soll (vgl. Kapitel 2.2.2.1), aber mehrmals wurden Verbindungen wie z.B. "liegt unter", "steht auf" etc. verwendet, Verbindungen also, die deutliche Ähnlichkeiten zu einer weniger effektiven präpositionalen Verknüpfung aufweisen. Insgesamt gesehen stehen unsere Ergebnisse in Einklang mit der Annahme, daß ein bildhafter Verarbeitungsmodus besonders für die Integration von Informationen geeignet ist bzw. für eine relationale Kodierung. Demgegenüber konnte Rohwers (1970) Hypothese, nach der bei Kindergartenkindern aufgrund eines verbalen Produktionsdefizits eine verbale Elaboration einer bildhaften überlegen sein sollte, nicht bestätigt werden.

Die Ergebnisse, die die Fähigkeit unserer Proband(inn)en betreffen, von einer bildhaften Verarbeitung zu profitieren, wenn Vorstellungsbilder selber generiert werden müssen, entsprechen überwiegend den Erwartungen. So führte eine separate Vorstellungsinstruktion, die eine relationale Verarbeitung der Paarlinge nicht fördern sollte, nicht zu besseren Leistungen als eine einfache Lerninstruktion. Ebenfalls den Erwartungen entsprechend erwies sich eine interaktive Vorstellungsinstruktion nicht bei allen Altersgruppen unter allen Material- und Darbietungsbedingungen als effektiv. So war sie mit einer Ausnahme (Kindergartenkinder beim verzögerten Test) nur bei nicht elaboriert präsentierten Paaren von Vorteil, nicht aber, wenn eine relationale Kodierung bereits durch eine elaborierte Darbietungsform nahegelegt wurde. Desweiteren profitierten Kindergartenkinder und Zweitkläßler im unmittelbaren intentionalen Behaltenstest von einer interaktiven Vorstellungsinstruktion nur bei separat präsentierten Bild-, nicht aber Wortpaaren. Beim verzögerten Behaltenstest war eine interaktive Vorstellungsinstruktion bei den Zweitkläßlern wiederum nur bei separaten Bildern von Vorteil, während sie sich bei den Kindergartenkindern nur bei interaktiven Bildern als effektiv erwies. Allerdings sind die Ergebnisse im verzögerten Test für die beiden jüngeren Altersgruppen nur mit Vorsicht zu interpretieren, weil hier die Leistungen sehr schlecht ausfielen (möglicher "Bodeneffekt"). Erst bei der ältesten untersuchten Probandengruppe, den Viertkläßlern, wirkte sich eine interaktive Vorstellungsinstruktion wie erwartet materialunabhängig sowohl bei separat präsentierten Bild-Items als auch separat präsentierten verbalen Items behaltensfördernd aus. Damit bestätigt sich, daß die Fähigkeit, von der Generierung interner Vorstellungsbilder gedächtnismäßig zu profitieren, zuerst bei konkreten Objekten und Bildern auftritt, bevor Kinder diese Strategie auch bei verbalem Material gewinnbringend anwenden können (vgl. Pressley, 1982). Genaue Angaben, ab welchem Alter Kinder von einer interaktiven Vorstellungsinstruktion auch bei verbalem Material profitieren können, lassen sich dabei nicht machen. Unter den spezifischen Bedingungen unserer Untersuchung – unverbundene Paarlinge, eine relativ schnelle Darbietungsgeschwindigkeit, kein Hinweis in der Testphase, die bildhaften Mediatoren zu nutzen – konnten die Zweitkläßler erwartungsgemäß aus einer interaktiven Vorstellungsinstruktion noch keinen Nutzen bei verbalem Material ziehen. Würden in der Lernphase die Anforderungen an die Verarbeitungskapazität reduziert und/oder würde in der Abrufphase explizit zur Nutzung der bildhaften Mediatoren aufgefordert, sollte sich eine interaktive Vorstellungsinstruktion auch bei verbalem Material als effektiv erweisen (vgl. Pressley & Levin, 1977b; 1980). Umgekehrt lassen sich auch Bedingungen denken, die so hohe Anforderungen an die Verarbeitungskapazität stellen, daß selbst Viertkläßler noch nicht von interaktiven Vorstellungsinstruktionen profitieren können.

6.1.4.2 Metagedächtnis

Hauptziel der vorliegenden Untersuchung war die Prüfung der Fragen, welches Wissen Kinder über Gedächtnisphänomene besitzen und ob es einen Zusammenhang zwischen Gedächtniswissen und Gedächtnisleistung gibt. Dazu wurden verschiedene Metagedächtnis-Aspekte erfaßt: Sensitivität für Behaltensanforderungen, generelles Gedächtniswissen, Gedächtnisüberwachung und Wissen um Bildhaftigkeit als aufgabenspezifisches Gedächtniswissen. Was den Sensitivitätsaspekt betrifft, also das Gespür für die Anforderungen einer Behaltenssituation, war nur dann ein Vorteil intentionaler Lernbedingungen gegenüber inzidentellen zu verzeichnen, wenn eine effektive Verarbeitungsstrategie durch die Instruktionen nahegelegt wurde (interaktive Vorstellungsinstruktion) und die Kinder auch die Fähigkeit besaßen (z.B. ausreichende Verarbeitungskapazität), diese Strategie einzusetzen. In diesem Fall kann man aber nicht mehr von Sensitivität für Behaltensanforderungen reden, da ja eine adäquate Verarbeitungsstrategie explizit genannt wurde. Wurde in den Instruktionen nicht auf Verarbeitungsstrategien hingewiesen, unterschieden sich die mittleren Leistungen unter inzidentellen und intentionalen Lernbedingungen nicht bedeutsam. Dies bedeutet u.E. aber nicht, daß die Kinder kein Gespür für die Behaltenssituation besaßen, sondern daß sie Strategien verwendeten wie "genaues Anschauen" oder "genaues Zuhören", also Aktivitäten, die auch unter inzidentellen Bedingungen zu beobachten sind (vgl. Schneider, 1989; s. auch Kapitel 3.2). Kinder im von uns untersuchten Altersbereich setzen im allgemeinen noch nicht spontan die für das PAL effektivsten elaborativen Strategien ein. Deren spontaner Einsatz ist in der Regel erst in der Adoleszens zu beobachten (vgl. Beuhring & Kee, 1987a, b; s. auch Kapitel 2.2.2.2).

In Übereinstimmung mit vorliegenden Befunden waren deutliche Verbesserungen im allgemeinen Gedächtniswissen im Altersbereich zwischen fünf und elf Jahren erkennbar. Dies bedeutet allerdings nicht, daß die Entwicklung des Metagedächtnisses mit dem Ende der Grundschulzeit abgeschlossen ist (vgl. Schneider, 1989). Vielmehr ist die Schwierigkeit der Metagedächtnis-Aufgabe von zentraler Bedeutung, ein Aspekt, der insbesondere von Brown (z.B. Brown, 1980; Brown et al., 1983) hervorgehoben wird.

Was die metakognitive Überwachungstätigkeit betrifft, konnten Zweit- und Viertkläßler wie erwartet ihre unmittelbare Gedächtnisspanne für Zahlen sehr genau einschätzen, während sich die Kindergartenkinder im Mittel überschätzten. Erwähnenswert ist allerdings, daß sich die Kindergartenkinder weitaus realistischer einschätzten als in vorherigen Untersuchungen (z.B. Flavell et al., 1970; Yussen & Levy, 1975; Wippich, 1980b) und das, obwohl sie vorher nicht mit der Aufgabe vertraut gemacht worden waren. Mit der Verwendung der Prognosegenauigkeit der eigenen Gedächtnisleistung als Indikator metakognitiver Gedächtnisüberwachung sind allerdings, wie bereits ausführlich in Kapitel 3.2 erörtert, eine Reihe konzeptueller und methodologischer Probleme verbunden. Ein Problem besteht z.B. darin, daß sich je nach Erhebungsmodus der Leistungsprognose unterschiedliche Resultate einstellen (Cunningham & Weaver, 1989). Weiterhin weisen eine Reihe von theoretischen Überlegungen und empirischen Befunden darauf hin, daß es sich bei Maßen zur Prognosegenauigkeit nicht um reine Metakognitionsmaße handelt, sondern daß auch motivationale Komponenten involviert sind (z.B. Hasselhorn et al., 1989).

In der vorliegenden Untersuchung wurde u.W. erstmalig geprüft, welches Wissen Kinder im Alter von fünf bis elf Jahren um Bildhaftigkeit besitzen, konkret um die Effekte der Manipulation der Bildhaftigkeit des Lernmaterials beim PAL. Es zeigte sich, daß schon Kindergartenkinder relativ konsistente Urteile abgeben können, und daß Kinder aller untersuchten Altersgruppen wissen, daß Bildpaare besser behalten werden als Wortpaare. Außerdem behalten Kinder aller untersuchten Altersgruppen nicht nur bildhafte Elaborationen am besten, sondern sie sind sich auch dessen bewußt. Allerdings können viele Kinder, insbesondere Kindergartenkinder, ihre Urteile nicht begründen. Ferner weisen alle Altersgruppen, selbst die Viertkläßler, ein defizitäres Wissen um die Vorteile verbaler Elaborationen auf. Betrachtet man die Konsistenz der Urteile und die Anzahl der Kinder, die perfekte oder fast perfekte Urteile bei der Lernschwierigkeitsbeurteilungsaufgabe abgegeben haben, zeigen sich alterskorrelierte Verbesserungen im aufgabenspezifischen Gedächtniswissen, insbesondere vom Kindergarten zur zweiten Klasse. Insgesamt läßt sich aber festhalten, daß schon Kindergartenkinder über ein gutes Wissen um Bildhaftigkeit verfügen, sofern *Wissen um Aufgabenvariablen beim PAL* erhoben wird. Wir haben allerdings nur einen Aspekt von Wissen um Bildhaftigkeit erfaßt. Es fehlen nach wie vor Untersuchungen zum Wissen um Strategievariablen und um die Interaktion von Aufgaben- und Strategievariablen.

6.1.4.3 Zusammenhang "Metagedächtnis - Gedächtnisleistung"

Während bei allen untersuchten Altersgruppen positive Zusammenhänge zwischen dem aufgabenspezifischen Gedächtniswissen und der intraindividuell variierenden Gedächtnisleistung zu beobachten sind, lassen die Ergebnisse *keinen* Zusammenhang zwischen den in der vorliegenden Untersuchung erhobenen Aspekten von Metagedächtnis und der interindividuell variierenden Gedächtnisleistung erkennen, auch nicht bei den Viertkläßlern und bei reflexiven Kindern. Keiner der erfaßten Aspekte konnte einen bedeutsamen Anteil an der interindividuellen Varianz der Behaltensleistung erklären. Somit konnte auch die Hypothese *nicht* gestützt werden, daß Metagedächtnis-Aspekte bedeutsamere Prädiktoren der Behaltensleistung sind als Variablen wie verbale/nonverbale Fähigkeiten oder kognitiver Stil, die ebenfalls keinen bedeutsamen Varianzanteil erklären konnten. "Metagedächtnis-Gedächtnis" Zusammenhänge waren allerdings in dem von uns untersuchten Altersbereich nicht unbedingt für alle Metagedächtnis-Aspekte erwartet worden, z.B. nicht für das allgemeine Gedächtniswissen, bei dem sich Zusammenhänge häufig erst bei älteren als den hier untersuchten Kindern zeigen (vgl. Schneider, 1985a; 1989). Zusammenhänge waren aber – zumindest bei den Viertkläßlern – erwartet worden für die metakognitive Überwachung und das aufgabenspezifische Gedächtniswissen. Kinder mit gutem Wissen um Bildhaftigkeit konnten auch nicht eher von einem bildhaften Verarbeitungsmodus (konkret: von der Bildhaftigkeit des Materials und/oder von einer interaktiven Vorstellungsinstruktion) profitieren, wie man vermuten könnte, wenn ein Zusammenhang zwischen Wissen und Können existiert. Außerdem erwies sich ein gutes aufgabenspezifisches Gedächtniswissen weder als notwendige noch hinreichende Bedingung für gute Behaltensleistungen.

Das Ausbleiben des erwarteten Zusammenhangs "Metagedächtnis-Gedächtnisleistung" läßt sich möglicherweise zum Teil darauf zurückführen, daß nicht alle der von Schneider (1989) aufgeführten Rahmenbedingungen, unter denen ein Zusammenhang eher zu erwarten ist, erfüllt wurden. Dies gilt insbesondere für die Kindergartenkinder, bei denen es z.B. fraglich erscheint, inwieweit sie zur Bewältigung der Gedächtnisaufgabe überhaupt motiviert waren, und bei denen an der Bedeutsamkeit der verwendeten Metagedächtnisaufgaben Zweifel angebracht sind. Möglicherweise könnten auch schon bei jüngeren Kindern Zusammenhänge zwischen allgemeinem Gedächtniswissen und der Gedächtnisleistung demonstriert werden, wenn es gelänge, besonders einfach strukturierte und auch für diese Altersgruppe bedeutsame Metagedächtnisaufgaben zu konstruieren (vgl. Cornoldi, 1986; Schneider, 1989).

Aus dem Ergebnis, daß wir keinen Zusammenhang zwischen Metagedächtnis und Gedächtnisleistung aufzeigen konnten, kann allein aufgrund des nicht kontrollierten β-Fehlers natürlich nicht geschlossen werden, daß kein Zusammenhang existiert. Außerdem stellt sich die Frage nach der Reliabilität und Validität der verwendeten Metagedächtnisindikatoren, und zwar wiederum insbesondere bei jüngeren Kindern (vgl. Schneider, 1989). Die mit den Verfahren zur Erfassung von Metagedächtnis verbundenen Probleme, die nicht nur die vorliegende, sondern nahezu alle Untersuchungen zum Metagedächtnis betreffen, wurden bereits ausführlich in Kapitel 3.2 erörtert. Dixon und Hertzog (1988) weisen darauf hin, daß die Reliabilität, mit der jede Gedächtnis- und Metagedächtnisvariable gemessen werden kann, ihre Korrelation begrenzt und daß deshalb bei mangelnder Reliabilität der Schluß, daß die Konstrukte in keinem Zusammenhang stehen, aufgrund methodologischer Mängel abgeschwächt werden muß. Zweifel an der Reliabilität von Metagedächtnisindikatoren scheinen immer dann angebracht, wenn nur ein oder zwei Items zur Erfassung eines Metagedächtnis-Aspekts verwendet werden, also in unserer Untersuchung beim Überwachungsaspekt. Nach den vorliegenden Erkenntnissen gehen wir davon aus, daß der Gesamtscore der Metagedächtnis-Exploration ein reliabler Indikator allgemeinen Gedächtniswissens ist. Das aufgabenspezifische Gedächtniswissen wurde zwar nur mit einer Methode erfaßt, aber an mehreren verschiedenen Items und zu drei verschiedenen Zeitpunkten. Betrachtet man die Konsistenz der Urteile und die Korrelationen des Indikators der Güte des aufgabenspezifischen Wissens über die drei Erhebungszeitpunkte, so scheint das aufgabenspezifische Wissen bei den Schulkindern reliabel erfaßt zu sein (die Korrelationen der τ-Werte liegen bei den Zweitkläßlern zwischen .66 und .77 und bei den Viertkläßlern bei über .80). Bei den Kindergartenkindern lagen die τ-Werte demgegenüber deutlich niedriger und waren nicht immer bedeutsam (.26 bis .39), und die Urteile fielen auch weniger konsistent aus. Hier wären zusätzlich durchgeführte Paarvergleiche sicher von Vorteil gewesen. Zu betonen ist auch, daß nur Ausschnitte des aufgabenspezifischen Gedächtniswissens erfaßt wurden. Möglicherweise stellen sich Zusammenhänge zwischen Wissen um Bildhaftigkeit und der Gedächtnisleistung eher ein, wenn mehrere verschiedene Aspekte von Wissen um Bildhaftigkeit erhoben werden, also auch Wissen um Strategievariablen und um die Interaktion zwischen Aufgaben- und Strategievariablen.

Wegen der mit den Verfahren zur Erfassung des Metagedächtnisses verbundenen Probleme wird insbesondere bei jüngeren Kindern, bei denen Methodeneffekte am ehesten vermutet werden können, der Einsatz multipler Erhebungsmethoden empfohlen (vgl. Schneider, 1989), über die sich die Stabilität und Validität der Befunde genauer beurteilen läßt. Aus Ökonomiegründen war es uns allerdings nicht möglich, alle interessierenden Aspekte von Metagedächtnis mit mehreren Methoden zu erfassen. Da andere Studien vor ähnlichen Problemen stehen, wird häufig ein Summenwert aus allen möglichen Verfahren gebildet, die verschiedene Metagedächtnis-Aspekte (z.B. generelles Wissen, aufgabenspezifisches Wissen und Gedächtnisüberwachung) erfassen (vgl. Schneider, 1989). Da es sich beim Metagedächtnis sehr wahrscheinlich um ein multidimensionales Konstrukt handelt, halten wir dieses Vorgehen aber nicht für angemessen. Ganz abgesehen davon hätten wir bei einer derartigen Vorgehensweise unsere wesentlichen Fragen gar nicht prüfen können. Zweifel an der Reliabilität sind im übrigen auch bei den Indikatoren verbaler und nonverbaler Fähigkeiten sowie der kognitiven Stilvariablen angebracht, da wiederum aus versuchsökonomischen Gründen nur Kurzformen gängiger Testverfahren (bzw. nur ein Subtest des HAWIK) eingesetzt wurden.

Einen wichtigen Aspekt haben wir bislang noch nicht erwähnt, nämlich den, daß ein Zusammenhang zwischen Metagedächtnis und strategischem Verhalten wahrscheinlicher ist als zwischen Metagedächtnis und der Gedächtnisleistung. Die Ergebnisse von Untersuchungen, in denen Kausalmodelle geprüft wurden, legen den Schluß nahe, daß schon bei relativ jungen Grundschulkindern das verfügbare (aufgabenspezifische) Gedächtniswissen einen direkten Einfluß auf das strategische Verhalten ausübt und daß dieser Effekt über verschiedene Altersgruppen systematischer und intensiver ist als der, den das Metagedächtnis auf die Leistung hat (vgl. Schneider, 1989, S. 146). Dieses Ergebnis verwundert nicht, wenn man bedenkt, daß die Gedächtnisleistung ja nicht allein vom Gedächtniswissen beeinflußt sein kann, sondern ganz wesentlich auch von der individuellen Verarbeitungskapazität und Informationsverarbeitungsgeschwindigkeit, Leistungsparametern also, die durch deklaratives Gedächtniswissen allein kaum modifizierbar sind. Dementsprechend ist davon auszugehen, daß Unterschiede im verfügbaren Gedächtniswissen Unterschiede in der Gedächtnisleistung nur begrenzt vorhersagen können (s. Schneider, 1989). Anders als in Untersuchungen zum Einfluß des Wissens um die Vorteile von Organisationsstrategien auf strategische Aktivitäten in "sort recall"-Aufgaben ist es aber beim PAL sehr schwierig, die strategischen Aktivitäten der Proband(inn)en zu erfassen. Die Viertkläßler hätte man nach oder noch besser während des Lernens nach ihren Strategien fragen können, allerdings kaum die Kindergartenkinder.

6.2 Experiment 2: Textlernen

6.2.1 Fragestellung und Hypothesen

Wie in Experiment 1 wird die Wahrscheinlichkeit einer bildhaften Verarbeitung zum einen über eine Manipulation von Materialcharakteristika variiert: Geschichten werden entweder mit zusätzlicher Illustrierung oder ohne eine solche vorgelesen. Zum anderen wird "imagery" über eine Manipulation der Instruktionsbedingungen als Verarbeitungsprozeß induziert. Die Proband(inn)en erhalten entweder eine Standard-lerninstruktion, eine sog. einfache Bildhaftigkeitsinstruktion, d.h. eine Instruktion, sich ein separates Vorstellungsbild von jedem Satz zu machen – vergleichbar der separaten Vorstellungsinstruktion beim PAL –, oder eine sog. komplexe Bildhaftigkeitsinstruktion, d.h. eine Instruktion, sich den Inhalt der Geschichten wie in einem Film vorzustellen – vergleichbar mit der interaktiven Vorstellungsinstruktion beim PAL. Wiederum werden kurz- und längerfristige Behaltensleistungen erfaßt.

Die verwendeten Geschichten wurden in Anlehnung an die Geschichtengrammatik von Stein und Glenn (1979) konstruiert (vgl. Kapitel 2.3). Die Konstruktion der Geschichten in Anlehnung an diese Geschichtengrammatik macht es zum einen möglich zu prüfen, ob sich bekannte Ergebnisse replizieren lassen, z.B. der Befund, daß die Kategorien "Hauptbestandteil des Rahmens", "Konsequenz (der Handlung)" und "Anfangsereignis" am besten erinnert werden (sog. Basiskategorien), während die Kategorien "Interne Reaktion" und "Reaktion" sehr schlecht reproduziert werden (vgl. Stein & Glenn, 1979; Freeland & Scholnick, 1987; vgl. auch Kapitel 2.3). Zum anderen läßt sich prüfen, ob bildhafte Verarbeitungsprozesse eher das Behalten wichtiger oder unwichtiger Kategorien fördern. Von mehreren Autoren wird nämlich die Auffassung vertreten, daß eine bildhafte Verarbeitung beim Textlernen nur auf der Mikroebene (Verarbeiten von Details), nicht aber auf der Makroebene (Verarbeiten der wesentlichen Ideen) relevant ist (z.B. Perrig, 1985; Marschark, 1985; Marschark et al., 1987).

Jeder Probandin und jedem Probanden sollen, um die Stabilität der Mittelwerte zu erhöhen, mehrere Geschichten präsentiert werden, und zwar zwei unter inzidentellen und vier unter intentionalen Lernbedingungen, jeweils zur Hälfte illustriert und zur Hälfte nicht illustriert. Bei der Darbietung "mit Bild" sollen nicht alle Aussagen illustriert werden, sondern aus jeder Kategorie der Geschichtengrammatik jeweils nur eine. Dadurch ist es möglich festzustellen, ob eine Illustration nur das Behalten der tatsächlich illustrierten Aussagen fördert oder auch eine bildhafte Verarbeitung der nicht illustrierten Aussagen anregt, vor allem dann, wenn eine Bildhaftigkeitsinstruktion gegeben wird (vgl. Kapitel 2.3.2.2). Da uns auch die Frage interessiert, auf welcher Ebene der Textrepräsentation bildhafte Vorstellungen wirksam werden und ob auf der Ebene der propositionalen Repräsentation eine bildhafte Verarbeitung nur Mikropropositionen oder auch die Extraktion der Makrostruktur beeinflußt, werden mehrere abhängige Variablen (AVn) erhoben. Zum einen soll die Anzahl sinngemäß richtig reproduzierter Aussagen erfaßt werden. Wir gehen davon aus, daß die freie Wiedergabe (das Nacherzählen) der Geschichten entscheidend von der Makrostruktur gesteuert wird (vgl. Waddill, McDaniel & Einstein, 1988). Zu jeder Geschichte werden außerdem explizite Fragen gestellt, d.h. Fragen zu explizit in der Geschichte enthaltenen Informationen (einzelne Sätze oder auch Details), und implizite Fragen, d.h. Fragen, deren Beantwortung Schlußfolgerungen aus den in der Geschichte enthaltenen Informationen erforderlich macht oder eine Integration verschiedener Informationen verlangt. Die Anzahl korrekt beantworteter expliziter oder impliziter Fragen fungieren als weitere AVn. Außerdem wird die Anzahl der von den Proband(inn)en spontan genannten Inferenzen (Informationen, die nicht explizit in einer Geschichte mitgeteilt, die aber vom Inhalt her nahegelegt werden) festgehalten. Während die von uns gestellten expliziten Fragen, die die im Text enthaltenen Informationen nicht einfach nur umstellen – und somit nicht einfach nur auf Oberflächenmerkmale bezogen sind –, primär auf das Behalten von Mikropropositionen zielen, dürften für die Beantwortung der impliziten Fragen und das Ziehen von Inferenzen Situationsmodelle eine wichtige Rolle spielen.

Jede Altersgruppe erhält inhaltlich und längenmäßig unterschiedliche Geschichten, um einen in etwa vergleichbaren Schwierigkeitsgrad der Gedächtnisaufgabe für alle Altersgruppen zu gewährleisten.

Bei der aufgabenspezifischen Metagedächtnisbefragung wird wie in Experiment 1 nur der Materialfaktor berücksichtigt. Von Interesse ist, wie differenziert Kinder potentielle Bildeffekte bewerten. Wir beschränken uns deshalb nicht darauf, nur Vergleichsurteile zwischen Geschichten mit und ohne Bilder einzuholen (im Behaltensversuch wird die Bildvariable ja auf diese Weise realisiert). Vielmehr kontrastieren wir u.a. auch Geschichten ohne Bild mit Geschichten, denen ein unpassendes Bild zugeordnet wird, Geschichten mit mehreren wiederholten Bildversionen gegenüber Geschichten mit verschiedenen Bildern sowie Geschichten mit informativen versus wenig informativen Bildern. Dieses Vorgehen soll es möglich machen, Entscheidungen darüber zu treffen, ob sich Kinder bei der Beurteilung nur an Bildern überhaupt (unabhängig von der Qualität und Quantität), nur an der Quantität von Bildinformationen oder an deren Qualität orientieren.

Abgesehen davon, daß wir einen positiven Zusammenhang zwischen dem Wissen um Bildhaftigkeit und der Gedächtnisleistung beim Textlernen entwicklungsmäßig erst zu einem späteren Zeitpunkt als beim PAL vermuten, haben wir, was den Zusammenhang von Metagedächtnis- und Außenvariablen einerseits und der Gedächtnisleistung andererseits betrifft, für das Textlernen im wesentlichen dieselben Erwartungen wie für das PAL (vgl. Kapitel 5.3).

Hinsichtlich der faktischen Wirksamkeit sollte sich eine bildhafte Verarbeitung nach den vorliegenden Befunden ebenso wie beim PAL auch auf die Textgedächtnisleistungen positiv auswirken, sofern "imagery" über die Variation des Lernmaterials manipuliert wird (vgl. Kapitel 2.3.2.1). Dementsprechend erwarten wir, daß Illustrationen der Geschichten die Behaltensleistungen bei allen untersuchten Altersgruppen fördern. Falls bildhafte Vorstellungen primär das Behalten von Mikropropositionen fördern, sollte ein Bildeffekt bei der AV "explizite Fragen" zu verzeichnen sein. Wirkt sich eine bildhafte Verarbeitung auch positiv auf die Organisation des Inhalts aus, d.h. fördert sie die Konstruktion einer Makrostruktur, dann sollte ein Bildeffekt auch beim Nacherzählen eintreten. Tragen schließlich bildhafte Vorstellungen zur Präzisierung eines Situationsmodells bei, sollten Bildvorteile zusätzlich auch beim Beantworten impliziter Fragen und beim Ziehen von Inferenzen zu erwarten sein. Nach den vorliegenden Befunden (vgl. Kapitel 2.3.1) ist die Rolle von Vorstellungen bei der Konstruktion der Makrostruktur am umstrittensten. Da es sich zudem bei den von uns verwendeten Texten um sehr gut organisierte Geschichten handelt, gehen wir davon aus, daß bei unserem Lernmaterial Vorstellungen die Organisation des Inhalts nicht mehr entscheidend verbessern können. Hervorzuheben bleibt, daß wir, da Bilder nur zu einem Teil der Geschichtenaussagen präsentiert werden, relativ schwache Bildeffekte erwarten (vgl. Kapitel 2.3.2.1). Werden die Behaltensleistungen für illustrierte und nicht illustrierte Aussagen getrennt erfaßt, was aber nur beim Nacherzählen möglich ist, sind Bildeffekte für die illustrierten Informationen anzunehmen, nicht unbedingt aber für die nicht illustrierten. Nur wenn Bilder einen generell organisierenden Effekt ausüben, sollten sie auch das Behalten der nicht illustrierten Informationen fördern. Ein derartiger Effekt ist aber bei den von uns verwendeten Geschichten kaum zu erwarten, da ein organisierender Rahmen bereits durch die Geschichtengrammatik bereitgestellt wird, nach der die Geschichten konstruiert sind.

Nach den vorliegenden Befunden (vgl. Kapitel 2.3.2.2) erwarten wir, daß sich Bildhaftigkeitsinstruktionen nicht förderlich auf die Gedächtnisleistungen der beiden jüngeren Altersgruppen auswirken, während bei den Viertkläßlern ein schwacher positiver Effekt möglich ist. Zu der interessanten Frage, ob es Unterschiede in der Effektivität einer komplexen und einfachen Bildhaftigkeitsinstruktion gibt, liegt u.W. bisher keine Untersuchung vor. In den bisherigen Studien erhielten die Proband(inn)en lediglich die Instruktion, sich den Inhalt einer Geschichte bildhaft vorzustellen. Man könnte vermuten, daß eine komplexe Bildhaftigkeitsinstruktion, also die Instruktion, sich den Inhalt einer Geschichte wie im Film vorzustellen, eher die Organisation des Inhalts fördert, während eine einfache bzw. separate Bildhaftigkeitsinstruktion, d.h. eine Instruktion, sich lauter kleine Bilder im Kopf vorzustellen (für jeden Satz ein Vorstellungsbild), den gegenteiligen Effekt haben könnte. Dementsprechend nehmen wir an, daß sich bei den Viertkläßlern, für die Instruktionseffekte möglich sind, mit Ausnahme der AV "explizite Fragen" (für die die Organisation des Inhalts keine wesentliche Rolle spielt) eine komplexe Bildhaftigkeitsinstruktion als effektiver erweisen könnte als eine einfache. Weiterhin gehen wir davon aus, daß sich positive Instruktionseffekte eher bei teilweise illustrierten Geschichten einstellen, bei denen die Bilder als konkrete Erinnerungshilfen fungieren, sich den Text bildhaft vorzustellen, als bei nicht illustrierten Texten. Allerdings sollten sich Vorstellungsinstruktionen auch unter dieser Bedingung noch nicht bei den Kindergartenkindern als effektiv erweisen (vgl. unter 2.3.2.2 das Ergebnis von Dunham & Levin, 1979). Werden zusätzlich zu Bildhaftigkeitsinstruktionen äußere Hilfen in Form von Teilbildern gegeben, sind nach den vorliegenden Befunden zur sog. Teilbildtechnik Instruktionseffekte bei komplexen Texten erst ab etwa acht Jahren zu erwarten, also bei den Viertkläßlern – für die auch Effekte bei nicht illustrierten Geschichten erwartet werden – und eventuell bei den Zweitkläßlern.

6.2.2 Methode

6.2.2.1 Design und Versuchspersonen

In diesen Versuch gingen für jede Altersstufe (Kindergarten; Zweitkläßler; Viertkläßler) folgende Faktoren ein:

- Faktor A: Instruktionen (Standardlern, einfache und komplexe Bildhaftigkeitsinstruktion);
- Faktor B: Material (Texte mit vs. ohne Bilder);
- Faktor C: Typ (Typ 1: beim intentionalen Behalten Geschichte 3 und 6 mit Bild, 4 und 5 ohne; Typ 2: umgekehrt);
- Faktor D: Reihenfolge (1: beim intentionalen Behalten Geschichte 3 bis 6 vorgelesen; 2: Geschichte 6 bis 3 vorgelesen).

Bei den Faktoren C und D handelt es sich um Kontrollfaktoren. Faktor B wurde intraindividuell manipuliert. Dem Versuch lag also ein 3x2x2x2-varianzanalytisches Design mit wiederholten Messungen auf dem zweiten Faktor zugrunde.

Den zwölf unabhängigen Versuchsgruppen (3 (Instruktion) x 2 (Typ) x 2 (Reihenfolge)) wurden per Altersstufe jeweils fünf Kinder – drei Mädchen und zwei Jungen – zufällig zugeteilt, d.h. aus jeder Altersgruppe gingen die Daten von 60 Vpn in die Auswertung ein.

Der Realisierung von Faktor A (Instruktionen) ging für alle Vpn ein inzidenteller Lernversuch voraus.

Für die Auswertung berücksichtigt wurden die Daten von 60 Kindergartenkindern im Alter zwischen 4;10 und 6;4 Jahren (Durchschnittsalter: 5;7 Jahre), von 60 Zweitkläßlern im Alter zwischen 6;9 und 8;11 Jahren (Durchschnittsalter: 7;9 Jahre) und von 60 Viertkläßlern im Alter zwischen 9;6 und 11;0 Jahren (Durchschnittsalter: 10;3 Jahre). Die Kinder stammten aus mehreren Kindergärten und Grundschulen aus dem Raum Trier.

6.2.2.2 Material

Da die Außenvariablen und die allgemeine Metagedächtnis-Exploration für Experiment 1 und 2 identisch waren, soll hier nur auf das Lernmaterial sowie auf das Beurteilungsmaterial für das aufgabenspezifische Gedächtniswissen eingegangen werden. Für jede Altersgruppe wurden von uns acht Geschichten (sechs für den Behaltensversuch, davon zwei für den inzidentellen und vier für den intentionalen, und zwei zusätzliche für die Lernschwierigkeitsbeurteilung) in Anlehnung an die Geschichtengrammatik von Stein und Glenn (1979) konstruiert. In Vorversuchen, in denen alle Geschichten unter Standardlerninstruktionen präsentiert worden waren, hatte sich herausgestellt, daß die Geschichten, insbesondere diejenigen für die beiden jüngeren Altersgruppen, unterschiedlich schwierig waren. Jeweils zwei Geschichten erwiesen sich als deutlich schwieriger als die vier anderen. Da wir primär an einer vergleichbaren Schwierigkeit der unter intentionalen Bedingungen präsentierten Geschichten interessiert waren, wurden jeweils die zwei schwierigsten Geschichten unter inzidentellen Bedingungen dargeboten. Dieses Vorgehen weist allerdings den Nachteil auf, daß ein direkter Vergleich von intentionalen und inzidentellen Gedächtnisleistungen nicht möglich sein wird. Die Geschichten für die Kindergartenkinder bestehen jeweils aus 18 Aussagen, wobei jede der sechs Kategorien der Geschichtengrammatik drei Aussagen beinhaltet. Die Zweitkläßler erhielten Geschichten mit 21 und die Viertkläßler mit 24 Aussagen. Eine Aussage entsprach einer Ideeneinheit (= Subjekt, Prädikat, Objekt).

Da eine Form der Behaltensprüfung aus dem Beantworten von Fragen bestehen sollte, wurden zu jeder der im Behaltensversuch verwendeten sechs Geschichten acht Fragen konstruiert, und zwar je zur Hälfte explizite und implizite Fragen. Zur Vermeidung von Antworttendenzen verlangten die Fragen eine freie Beantwortung, keine ja/nein-Antwort. Die Reihenfolge, in der die Fragen zu jeder Geschichte gestellt wurden, entsprach der zeitlichen Abfolge im Text.

Von jeder Geschichte wurde eine Aussage aus jeder der sechs Kategorien (Rahmen etc.) zeichnerisch dargestellt, und zwar als realistische Buntstiftzeichnung auf weißem Papier (Format: 12 cm x 12 cm). Im allgemeinen wurde die erste Aussage einer Kategorie illustriert, es sei denn, die zeichnerische Realisierung erwies sich als zu schwierig oder der Inhalt der Aussage als zu wenig informativ. Die Illustrationen (jeweils sechs pro Geschichte) wurden in einem Ringbuch dargeboten, das jeweils an entsprechender Stelle (zu Beginn jeder neuen Kategorie) umgeblättert wurde.

Ein Beispiel für eine Geschichte, die den Kindergartenkindern präsentiert wurde, ist einschließlich der gestellten expliziten und impliziten Fragen in Tabelle 12 dargestellt. Die zugehörigen Illustrationen für die Bedingung "mit Bild" finden sich als Schwarz-Weiß-Reproduktion in Abbildung 7.

Es wurden immer jeweils zwei Geschichten (eine mit und eine ohne Bild) nacheinander vorgelesen und anschließend eine Wiedergabe beider Geschichten erbeten. Die "zusammengehörenden" Geschichten (1 + 2; 3 + 4; 5 + 6) wurden auf der Basis von Vorversuchen nach folgenden Kriterien ausgewählt: inhaltlich nicht zu ähnlich, um Konfundierungen bei der Wiedergabe zu vermeiden; vergleichbare Schwierigkeit (bestimmt in Vorversuchen). Das zweite Kriterium soll einen intraindividuellen Vergleich der Behaltensleistungen von Geschichten mit vs. ohne Bilder erleichtern.

Tabelle 12: Beispiel einer Kindergeschichte (rechts) einschließlich Angabe der zugeordneten Kategorien einer Grammatik (links) und der bei der Behaltensprüfung gestellten Fragen

A) SETTING oder RAHMEN Der Protagonist wird eingeführt.	**Der Goldfisch Benjamin** Es war einmal ein wunderschöner fetter Goldfisch, der hieß Benjamin. Er schwamm in einem kugelrunden Glas, das auf einem Tisch im Wohnzimmer von Frau Schmidt stand.
B) EPISODE 1) *Anfangsereignis* Ein Ereignis verändert die gewöhnliche Lage und verursacht (2)	Eines Tages stand das Fenster offen. Da kletterte plötzlich eine schwarze Katze herein. Sofort entdeckte sie Benjamin.
2) *Interne Reaktion* beim Protagonisten (Emotionen, Ziele, Gedanken). Interne Reaktionen motivieren den Protagonisten zu (3)	Benjamin bekam Angst. Aber dann hatte er eine Idee. Ihm fiel ein, daß Katzen keine toten Fische mögen.
3) *Handlung* Aktivitäten des Protagonisten, die ein Ziel erreichen sollen. Sie führen zu (4)	Als die Katze immer näher und näher schlich, schwamm er ganz flach an der Oberfläche des Wassers und stellte sich tot.
4) *Direkte Konsequenz* Es wird mitgeteilt, was sich aufgrund der Aktivitäten verändert hat, und ob der Protagonist sein Ziel erreicht hat.	Die schwarze Katze beguckte sich Benjamin genau. Dann schüttelte sie sich und lief schnell durch das Fenster davon.
5) *Reaktion* Direkte Konsequenzen begründen oder verursachen beim Protagonisten (oder anderen Charakteren) Gefühle, Gedanken oder andere Reaktionen.	Benjamin war ganz stolz auf seine Idee. Er hatte sein Leben gerettet und lachte über die dumme Katze.

Fragen
1. Wo kletterte plötzlich die Katze herein? (explizit)
2. Weshalb bekam Benjamin Angst? (implizit)
3. Was machte Benjamin, als die Katze immer näher schlich? (explizit)
4. Warum stellte sich Benjamin tot? (implizit)
5. Was machte die Katze, nachdem sie Benjamin betrachtet hatte? (explizit)
6. Weshalb fraß die Katze Benjamin nicht? (implizit)
7. Über wen lachte Benjamin? (explizit)
8. Warum war die Katze dumm? (implizit)

Abbildung 7: Beispiel einer illustrierten Kindergeschichte.

6.2.2.3 Versuchsdurchführung

Ebenso wie beim PAL-Experiment erfolgte die Durchführung in Form von Einzelversuchen in drei Sitzungen mit einem zeitlichen Abstand von etwa einer Woche. Jede Sitzung dauerte etwa 30 bis 45 Minuten. Die erste Sitzung begann mit der Erhebung der Außenvariablen, der Prognose der Gedächtnisspanne sowie von Items der Metagedächtnis-Exploration, deren restliche Items in der dritten Sitzung erfaßt wurden.

Zu Beginn der zweiten Sitzung wurden allen Vpn zunächst zwei Geschichten unter inzidentellen Bedingungen vorgelesen. Den Kindern wurde gesagt, sie sollten gut zuhören. Anschließend erfolgte ein überraschender Behaltenstest. Die Kinder wurden zunächst um eine Nacherzählung der zuerst vorgelesenen Geschichte gebeten, und anschließend wurden ihnen die Fragen zu dieser Geschichte gestellt. Danach sollten sie die zweite Geschichte nacherzählen und Fragen beantworten. Bei den Viertkläßlern allerdings wurde, da sich die Geschichten in Vorversuchen als relativ leicht erwiesen hatten, auf Fragen bei der unmittelbaren Behaltensprüfung verzichtet, um einen Deckeneffekt beim längerfristigen Behaltenstest zu vermeiden. Die Nacherzählungen und Antworten wurden auf Cassette aufgenommen.

Die übrigen vier Geschichten wurden unter intentionalen Bedingungen präsentiert, wobei jeweils erst zwei Geschichten vorgelesen wurden und dann die Behaltensprüfung erfolgte. Kindern mit einer Standardlerninstruktion wurde gesagt, daß sie die Geschichten später nacherzählen und Fragen dazu beantworten sollten, und daß sie daher gut aufpassen und sich die Bilder (falls präsentiert) genau angucken sollten. Wie beim PAL wurden auch beim Textlernen die Vpn, die eine Bildhaftigkeitsinstruktion erhielten, zunächst auf Vorstellungsprozesse aufmerksam gemacht. Anschließend wurden Kinder mit einer einfachen Bildhaftigkeitsinstruktion aufgefordert, sich beim Anhören der Geschichten das, was erzählt wurde, in vielen kleinen Bildern im Kopf vorzustellen. Ihnen wurde gesagt, daß das ein guter Trick sei, wie man Geschichten, die man behalten will, lernen könne und daß der (die) Versuchsleiter(in) zu manchen Sachen schon Bilder habe, die sie sich genau angucken sollten. Der weitere Ablauf entsprach dem bei der Standardlerninstruk-tion. Kinder mit einer komplexen Bildhaftigkeitsinstruktion wurden aufgefordert, sich beim Anhören der Geschichten Bilder im Kopf vorzustellen, so als wenn das, was erzählt wurde, in einem Film wie im Fernsehen passiere. Ihnen wurde gesagt, daß der (die) Versuchsleiter(in) zu manchen Sachen, die er (sie) erzählen würde, schon Bilder habe und daß diese Bilder aus einem Film ausgeschnitten seien und still stehen würden. Die Kinder wurden aufgefordert, sich vorzustellen, wie sich die Sachen auf den Bildern bewegen so wie im Film. Der weitere Ablauf entsprach wiederum dem bei der Standardlerninstruktion.

Die spezielle Befragung zu dem Textlernexperiment (Lernschwierigkeitsbeurteilung), die für Kinder aller Versuchsgruppen identisch war, wurde wiederum (wie beim PAL) zur Hälfte mit bekanntem (zwei aus dem intentionalen Versuch stammenden Geschichten) und zur Hälfte mit neuem (zwei neue Geschichten) Lernmaterial durchgeführt und auf zwei verschiedene Zeitpunkte verteilt. Im Anschluß an die unmittelbare Behaltensprüfung wurde die erste Lernschwierigkeitsbeurteilung durchgeführt, und zwar mit zwei neuen Geschichten, um eine zusätzliche Lernmöglichkeit für die längerfristige Behaltensprüfung auszuschließen. Die Durchführung erfolgte für alle drei Instruktionsbedingungen mit der Standardlerninstruktion und in spielerischer Form. Nach dem Hören der ersten Geschichte sollten die Kinder zunächst fünf Paarvergleiche vornehmen. Sie sollten jeweils angeben, unter welcher von zwei Bedingungen die Geschichte besser behalten wird, wobei Begründungen für die Urteile erfragt wurden. Die fünf Vergleiche waren:

1) kein Bild — unpassendes Bild (aus einer anderen Geschichte)
2) 1 x Protagonist (1 Bild vom Protagonisten) — kein Bild
3) 3 x Protagonist (3 leicht verschiedene Zeichnungen vom Protagonisten) — 1 x Protagonist
4) 3 unwesentliche Bilder (Zeichnungen von drei weniger wichtigen Aussagen) — 3 x Protagonist
5) 3 wesentliche Bilder (Zeichnungen von drei zentralen Aussagen) — 3 unwesentliche Bilder

Anschließend sollten die Kinder die sechs verschiedenen Versionen nach der Behaltensleichtigkeit in eine Rangreihe bringen, wobei die Rangreihenbildung bei den Kindergartenkindern in Form einer Siegerehrung (mit Siegertreppe) erfolgte. Dieses Vorgehen wiederholte sich dann für die zweite zu beurteilende Geschichte.

Nach einer Woche erfolgte eine längerfristige Behaltensprüfung aller (inzidentell und intentional gelernter) Geschichten. Die Kinder wurden zunächst gefragt, an welche Geschichten sie sich noch erinnerten. Anschließend wurde die Behaltensleistung bei allen Altersgruppen auf zweierlei Weise geprüft: zuerst Nacherzählen einer Geschichte, dann die Fragen dazu beantworten. Im Anschluß an diese längerfristige Behaltensprüfung fand eine Lernschwierigkeitsbeurteilung mit bekanntem Lernmaterial (jeweils die beiden zuletzt präsentierten intentionalen Geschichten) statt.

6.2.3 Ergebnisse

Zunächst soll auf die Analyse der Behaltensleistungen (6.2.3.1) eingegangen werden, danach auf Ergebnisse zum Metagedächtnis-Bereich (6.2.3.2) und schließlich auf die primär interessierenden Resultate zum Zusammenhang zwischen Metagedächtnis und Außenvariablen einerseits und der Gedächtnisleistung andererseits (6.2.3.3). Bei Signifikanztests erfolgte die Festsetzung des Signifikanzniveaus wiederum stets bei $\alpha = .05$. Als Index für die Effektgrößen wurden wie in Experiment 1 partielle multiple Korrelationsquadrate berechnet.

6.2.3.1 Behaltensleistungen

Die Auswertung der Geschichtenreproduktionen erfolgte derart, daß jede Aussage einer Geschichte von zwei unabhängigen Beurteiler(inne)n dahingehend bewertet wurde, ob die Aussage sinngemäß richtig wiedergegeben war. Sinngemäß richtige Wiedergabe bedeutete, daß Subjekt, Prädikat und (falls vorhanden) Objekt sinngemäß korrekt reproduziert waren. Außerdem wurde die Reihenfolge der reproduzierten Aussagen notiert, und es wurde festgehalten, wieviele Schlußfolgerungen (Inferenzen) zu einer Geschichte spontan erzählt wurden. Unstimmigkeiten zwischen den Beurteiler(inne)n wurden diskutiert, und im Zweifelsfall wurde eine dritte Beurteilerin (ein dritter Beurteiler) hinzugezogen. Die Antworten auf die expliziten und impliziten Fragen wurden ebenfalls von zwei unabhängigen Beurteiler(inne)n als richtig oder falsch bewertet. Die Bewertungen der Geschichtenreproduktionen erfolgten in Unkenntnis der jeweiligen experimentellen Bedingung.

Zur Prüfung unserer Hypothesen zum Einfluß bildhafter Vorstellungen auf die Textgedächtnisleistungen wurden zunächst für jede Altersgruppe, getrennt für inzidentelle und intentionale Behaltensprüfungen und getrennt für unmittelbare und verzögerte Tests, univariate VAn gerechnet für die AVn "Anzahl sinngemäß korrekt reproduzierter Aussagen", "Anzahl korrekt beantworteter expliziter Fragen" und "Anzahl korrekt beantworteter impliziter Fragen". Es handelte sich jeweils um 3(Instruktionen) x 2(Material: mit vs. ohne Bild) x 2(Typ) x 2(Reihenfolge) VAn mit wiederholten Messungen auf dem zweiten Faktor oder, falls der Faktor "Reihenfolge" ohne Bedeutung blieb, um 3(Instruktionen) x 2(Material) x 2(Typ) VAn. Auf weitere, zusätzlich durchgeführte VAn soll an entsprechender Stelle eingegangen werden. Bei Vorliegen gerichteter Hypothesen (z.B. Bildeffekt) wurden a priori orthogonale Kontraste gerechnet, die einseitig über t geprüft wurden. Bevor anschließend erst die Ergebnisse zum inzidentellen, dann die zum intentionalen Behaltensversuch dargestellt werden, erscheint uns vorab erwähnenswert, daß nahezu alle Kinder, sogar fast alle Kindergartenkinder, die Aussagen der Geschichten in korrekter Reihenfolge wiedergaben. Vertauschungen der Reihenfolge von Aussagen waren fast ausschließlich nur dann zu beobachten, wenn sich dadurch am Sinn der Geschichte nichts änderte oder wenn ein Kind den Inhalt einer Geschichte offensichtlich nicht verstanden hatte. Letzteres war aber im allgemeinen nur bei den relativ schwierigen "inzidentellen" Geschichten der beiden jüngeren Altersgruppen zu beobachten.

Unter inzidentellen Lernbedingungen, unter denen der Instruktionsfaktor noch gar nicht realisiert worden war, stellten sich erwartungsgemäß bei allen Altersgruppen keine Instruktionseffekte ein. Bessere Behaltensleistungen für illustrierte Geschichten konnten nicht durchgängig demonstriert werden. Dieses Ergebnis ist angesichts dessen, daß nur zu einem Teil der Geschichtenaussagen Bilder präsentiert wurden, nicht ungewöhnlich. Betrachtet man die verschiedenen Altersgruppen, dann zeigten sich bei den Kindergartenkindern keine Bildeffekte, gemessen an der Anzahl reproduzierter Geschichtenaussagen. Da im Mittel nur etwa 12% der Aussagen sinngemäß richtig wiedergegeben wurden, ist aber bei der Interpretation dieses Ergebnisses ein möglicher Bodeneffekt zu berücksichtigen. Bei den expliziten Fragen konnte im verzögerten Test ein Illustrationseffekt nachgewiesen werden ($\bar{X}$ = 2.3 vs. 1.8 (von max. 4); t(54) = 3.33, R^2 = .14), der im unmittelbaren Test auf eine der beiden unter inzidentellen Bedingungen präsentierten Geschichten beschränkt war. Weiterhin hatte eine Illustrierung einen signifikanten, aber relativ schwachen positiven Effekt (t(54) = 1.94, R^2 = .05; $\bar{X}$ = 1.9 vs. 1.6) auf die Beantwortung impliziter Fragen beim unmittelbaren, nicht aber beim verzögerten ($\bar{X}$ = 1.8 und 1.9) Behaltenstest.

Bei den Zweitkläßlern konnten statistisch bedeutsame, aber relativ geringe Effekte einer Illustrierung auf die Anzahl wiedergegebener Aussagen (unmittelbar: $\bar{X}$ = 31% vs. 27%, t(54) = 1.78, R^2 = .04; verzögert: $\bar{X}$ = 33% vs. 29%, t(54) = 2.24, R^2 = .05) und die Anzahl beantworteter expliziter Fragen beobachtet werden (unmittelbar: $\bar{X}$ = 2.9 vs. 2.5, t(54) = 2.14, R^2 = .05; verzögert: $\bar{X}$ = 2.9 vs. 2.6, t(54) = 1.8, R^2 = .04). Bei den impliziten Fragen schließlich erwies sich der schwache Bildeffekt, der sich insgesamt abzeichnete, als geschichtenspezifisch, d.h. galt nur für eine der beiden unter inzidentellen Bedingungen präsentierten Geschichten (unmittelbar: $\bar{X}$ = 2.1 vs. 1.8, t(54) = 1.98, R^2 = .04; verzögert: $\bar{X}$ = 2.3 vs. 2.0, t(54) = 2.23, R^2 = .05).

Bei den Viertkläßlern konnte ein Bildeffekt auf die Anzahl reproduzierter Aussagen nur beim verzögerten Test nachgewiesen werden (t(54) = 3.30, R^2 = .15; $\bar{X}$ = 44% vs. 39%), nicht aber beim unmittelbaren Test ($\bar{X}$ = 47% und 46%). Weiterhin wirkte sich eine Bebilderung auf die Beantwortung der Fragen, die ja nur im verzögerten Test gestellt wurden, positiv aus, wenn es sich um implizite Fragen handelte (t(54) = 1.92, R^2 = .06; $\bar{X}$ = 3.5 vs. 3.2), nicht aber bei expliziten Fragen ($\bar{X}$ = 3.0 und 3.1).

Unter intentionalen Lernbedingungen konnten alle Altersgruppen nicht von Bildhaftigkeitsinstruktionen, auch nicht von komplexen, profitieren, unabhängig davon, wie die Behaltensleistung gemessen wurde. Vorstellungsinstruktionen erwiesen sich entgegen den Erwartungen bei den Zweit- und Viertkläßlern auch dann nicht als effektiv, wenn teilweise illustrierte Geschichten präsentiert wurden. Die erwarteten Instruktionen x Bild-Interaktionen blieben aus. Instruktionseffekte waren überhaupt nur bei der AV "Anzahl sinngemäß korrekt wiedergegebener Aussagen" und hier nur bei den beiden jüngeren Altersgruppen zu verzeichnen (Kindergarten: F(2/48) = 8.59, R^2 = .23; 2. Klasse: F(2/48) = 7.73, R^2 = .21). Die mittlere Anzahl sinngemäß korrekt reproduzierter Aussagen ist in Tabelle 13 wiedergegeben. Während bei den Kindergartenkindern eine einfache Bildhaftigkeitsinstruktion bei unmittelbarer Behaltensprüfung zu signifikant schlechteren Leistungen führte als eine Standardlerninstruktion und eine komplexe Bildhaftigkeitsinstruktion, die sich in ihrer Effektivität nicht voneinander unterschieden, zeigte sich ein identisches Ergebnismuster bei den Zweitkläßlern im verzögerten Test. Bei beiden Altersgruppen konnten auch ähnliche Ergebnismuster zum jeweils anderen Testzeitpunkt beobachtet werden, wobei die Unterschiede hier allerdings nicht signifikant wurden (vgl. Tabelle 13).

Tabelle 13: Mittlere Anzahl sinngemäß korrekt wiedergegebener Aussagen (in %) für die verschiedenen Instruktionsbedingungen, getrennt für unmittelbare und verzögerte Behaltenstests und für die drei Altersgruppen

	Kindergarten		2. Klasse		4. Klasse	
	unmittelbar	verzögert	unmittelbar	verzögert	unmittelbar	verzögert
Standardlern	25	21	44	42	54	45
"einfach"Bild	18	19	37	33	54	41
"komplex"Bild	27	25	41	40	52	43

Tabelle 14: Mittlere Anzahl sinngemäß korrekt wiedergegebener Aussagen (in %) sowie korrekt beantworteter expliziter und impliziter Fragen (von jeweils max. 4) für illustrierte (mBild) und nicht illustrierte (oBild) Geschichten, getrennt für unmittelbare und verzögerte Behaltenstests und für die drei Altersgruppen

	Aussagen			
	umittelbar		verzögert	
	mBild	oBild	mBild	oBild
Kindergarten	25 >	21	23 >	21
2. Klasse	41	40	38	39
4. Klasse	54	53	43	43

	explizite Fragen				implizite Fragen			
	unmittelbar		verzögert		unmittelbar		verzögert	
	mBild	oBild	mBild	oBild	mBild	oBild	mBild	oBild
Kindergarten	3.3	3.2	3.3 >	3.1	2.8 >	2.5	2.7 >	2.4
2. Klasse	2.9	3.0	2.9	2.9	2.8	2.6	2.7	2.6
4. Klasse			3.6	3.6			3.3	3.3

>: statistisch signifikant größer

Anders als unter inzidentellen Lernbedingungen konnten bei den oben beschriebenen AVn unter intentionalen Bedingungen Bildeffekte nur bei den Kindergartenkindern beobachtet werden. Die für potentielle Bildeffekte relevanten Mittelwerte sind in Tabelle 14 dargestellt. Kindergartenkinder konnten von illustrierten Geschichten mehr Aussagen wiedergeben als von nicht illustrierten (unmittelbar: $t(54) = 2.94$, $R^2 = .14$; verzögert: $t(54) = 2.01$, $R^2 = .06$), wobei die Effekte nicht sehr groß sind. Eine zusätzliche Analyse, in der nur die sechs Aussagen pro Geschichte berücksichtigt wurden, die bei illustrierten Geschichten auch *tatsächlich illustriert* waren, zeigte, daß illustrierte Aussagen besser behalten wurden als nicht illustrierte (unmittelbar: $\bar{X} = 29\%$ vs. 24%, $t(54) = 2.56$, $R^2 = .10$; verzögert: 27% vs. 23%, $t(54) = 2.21$, $R^2 = .08$), wobei aber der Effekt wiederum nicht sehr deutlich ausfiel. Beim unmittelbaren Behaltenstest zeigte sich sogar wider Erwarten ein vergleichbar großer Bildeffekt, wenn nur die auch bei illustrierten Geschichten nicht bebilderten Aussagen analysiert wurden ($\bar{X} = 22\%$ vs. 19%, $t(54) = 2.31$, $R^2 = .09$). Demgegenüber konnte im verzögerten Test kein Bildvorteil bei diesen Aussagen beobachtet werden (21% und 20%, $t < 1$). Bildeffekte stellten sich ebenfalls ein, wenn die Anzahl korrekt beantworteter impliziter Fragen als Maß der Behaltensleistung fungiert (unmittelbar: $t(54) = 2.55$, $R^2 = .10$; verzögert: $t(54) = 2.01$, $R^2 = .07$) und auch bei expliziten Fragen im verzögerten Test ($t(54) = 1.79$, $R^2 = .05$), nicht aber im unmittelbaren Test (zu den Mittelwerten s. Tabelle 14). Desweiteren nannten Kindergartenkinder mehr spontane Inferenzen zu illustrierten als zu nicht illustrierten Geschichten (unmittelbar: $\bar{X} = 1.1$ vs. .8 pro Geschichte, $t(54) = 2.86$, $R^2 = .10$; verzögert: $\bar{X} = 1.4$ vs. .9, $t(54) = 3.29$, $R^2 = .15$).

Im Gegensatz zu den Kindergartenkindern waren bei den Zweitkläßlern bei den AVn "Aussagen", "explizite Fragen" und "implizite Fragen" keinerlei Bildvorteile erkennbar (zu den Mittelwerten s. Tabelle 14). Gleiches gilt für die Anzahl spontaner Inferenzen, die im übrigen wie bei den Kindergartenkindern relativ gering war ($\bar{X} = 1.1$ pro Geschichte im unmittelbaren und $\bar{X} = 1.2$ im verzögerten Test). Ein Bildeffekt konnte einzig und allein in der Analyse demonstriert werden, in der nur die sechs Aussagen pro Geschichte berücksichtigt wurden, die bei illustrierten Geschichten auch tatsächlich bebildert waren: Illustrierte Informationen wurden besser erinnert als nicht illustrierte (unmittelbar : $\bar{X} = 56\%$ vs. 50%, $t(54) = 2.76$, $R^2 = .06$; verzögert: $\bar{X} = 54\%$ vs. 49%, $t(54) = 2.02$, $R^2 = .03$), wobei die Effekte allerdings nicht sehr stark ausfielen. Wurden nur die auch bei illustrierten Geschichten nicht bebilderten Aussagen betrachtet, war wiederum kein Illustrationseffekt zu verzeichnen (unmittelbar: $\bar{X} = 35\%$ und 35%; verzögert: $\bar{X} = 32\%$ und 34%).

Bei den Viertkläßlern waren sowohl beim unmittelbaren Behaltenstest, bei dem lediglich ein Nacherzählen der Geschichten verlangt wurde, als auch beim verzögerten Test bei allen AVn einschließlich der spontanen Inferenzen ($\bar{X} = .6$ im unmittelbaren und $\bar{X} = 1.0$ im verzögerten Test) keinerlei Bildvorteile erkennbar (alle $t < 1$; zu den Mittelwerten s. Tabelle 14). Es konnte selbst dann kein Bildeffekt demonstriert werden, wenn nur die bei illustrierten Geschichten auch tatsächlich bebilderten Aussagen analysiert wurden (unmittelbar: $\bar{X} = 65\%$ und 63%; verzögert: $\bar{X} = 52\%$ und 52%). Bildvorteile blieben ebenfalls aus, wenn nur die auch bei illustrierten Geschichten nicht bebilderten Aussagen betrachtet wurden (unmittelbar: $\bar{X} = 49\%$ und 49%; verzögert: $\bar{X} = 39\%$ und 39%).

Um zu prüfen, ob sich eine bildhafte Verarbeitung eher auf die Wiedergabe wichtiger oder unwichtiger Kategorien einer Geschichtengrammatik auswirkt, rechneten wir für jede der vier unter intentionalen Lernbedingungen präsentierten Geschichten und für jede

Altersgruppe zusätzlich 3(Instruktionen) x 2(Material) x 6(Kategorien) VAn mit wiederholten Messungen auf dem letzten Faktor. Diese Analysen wurden für jede Geschichte getrennt gerechnet, um zu prüfen, ob sich für einzelne Geschichten bekannte Ergebnisse zur Geschichtengrammatik replizieren lassen und ob sich eventuell Unterschiede zwischen den Geschichten hinsichtlich Bild- und/oder Instruktionseffekten einstellen. Für alle untersuchten Altersgruppen konnten früherere Ergebnisse zur Geschichtengrammatik im großen und ganzen bestätigt werden, wenn es auch bei einzelnen Geschichten leichte Abweichungen gab. Erwartungsgemäß wurden bei den meisten Geschichten die Kategorien "Anfangsereignis" und "Konsequenz der Handlung" sehr gut wiedergegeben und die Kategorie "Interne Reaktion" am schlechtesten. Vor allem die Kindergartenkinder behielten kaum Aussagen der Kategorie "Interne Reaktion", während die Zweit- und Viertkläßler diese Kategorie zwar auch im allgemeinen am schlechtesten wiedergaben, aber die Unterschiede zu den anderen Kategorien nicht so deutlich ausfielen, vor allem nicht bei den Viertkläßlern ($\bar{X}_{\text{Interne Reaktion}}$ = 34%), bei denen die Behaltensunterschiede zwischen den Kategorien auch insgesamt geringer waren als bei den beiden anderen Altersgruppen. Weiterhin bestätigten die Analysen z.T. bereits aus vorherigen Analysen bekannte Resultate. So zeigte sich bei den Kindergartenkindern bei drei der vier unter intentionalen Bedingungen dargebotenen Geschichten im unmittelbaren Test ein bedeutsamer Instruktionseffekt derart, daß eine einfache Bildhaftigkeitsinstruktion zu schlechteren Behaltensleistungen führte als die beiden anderen Instruktionen. Bei der vierten Geschichte war dieser Effekt tendenziell zu beobachten. Ebenso waren bei den Zweitkläßlern bei zwei Geschichten Instruktionseffekte dieser Art im verzögerten Test zu beobachten, während bei den Viertkläßlern ebenfalls in Übereinstimmung mit vorherigen Analysen keinerlei Instruktionseffekte demonstriert werden konnten. Obwohl die zusätzliche Präsentation von Bildern zu besseren Gedächtnisleistungen bei Kindergartenkindern führte, wenn die Bilddarbietung intraindividuell variiert wird, konnte bei interindividueller Variation dieses Faktors und separater Betrachtung der Geschichten ein statistisch bedeutsamer Bildvorteil nur bei einer Geschichte demonstriert werden. Bei den anderen Geschichten zeigten sich nur tendenzielle Bildvorteile. Wie nach den vorherigen Analysen zu erwarten, war bei den Zweit- und Viertkläßlern bei keiner Geschichte ein bedeutsamer Bildvorteil zu verzeichnen. Von besonderem Interesse ist, daß bei keiner einzigen Geschichte die Ergebnisse darauf hindeuten, daß sich eine bildhafte Verarbeitung unterschiedlich in Abhängigkeit von den Kategorien der Geschichtengrammatik auswirkt. Es waren weder Bild x Kategorien- noch Instruktionen x Kategorien-Interaktionen zu beobachten. Dies galt für alle untersuchten Altersgruppen.

Zusammenfassend läßt sich festhalten, daß unsere Erwartungen über den Einfluß einer bildhaften Verarbeitung auf das Textgedächtnis von Kindern unterschiedlichen Alters zum Teil bestätigt werden konnten. Nicht überraschend waren nur schwache oder keine Effekte zusätzlich präsentierter Bilder auf das Behalten nur teilweise illustrierter Geschichten zu beobachten, wenn die Behaltensleistungen für tatsächlich illustrierte und nicht illustrierte Aussagen zusammen erfaßt wurden. Während unter dieser Bedingung beim inzidentellen Lernen Bildeffekte bei allen Altersgruppen zu verzeichnen waren, konnten unter intentionalen Bedingungen Bildvorteile nur bei den Kindergartenkindern demonstriert werden. Wurden die Leistungen für tatsächlich illustrierte und nicht illustrierte Inhalte getrennt analysiert, konnten für illustrierte Inhalte erwartungsgemäß Bildeffekte demonstriert werden, allerdings nur bei den beiden jüngeren Altersgruppen. Keine Bildvorteile zeigten sich mit einer Ausnahme (Kindergartenkinder im unmittelbaren Test), wenn nur nicht illustrierte Geschichtsaussagen betrachtet wurden, ein Ergebnis, das wenig überrascht. Positive Effekte von Vorstellungsinstruktionen konnten nicht beobachtet werden. Auch die Viertkläßler konnten entgegen den Erwartungen nicht von einer komplexen Bildhaftigkeitsinstruktion profitieren, und zwar auch nicht bei illustrierten Geschichten.

6.2.3.2 Metagedächtnis

Zunächst sollen die Ergebnisse zum allgemeinen Gedächtniswissen dargestellt werden, dann die zur Gedächtnisüberwachung und schließlich die zum primär interessierenden aufgabenspezifischen Gedächtniswissen.

Allgemeines Gedächtniswissen. Tabelle 15 gibt für die verschiedenen Altersgruppen und für die acht verschiedenen Subtests der Metagedächtnis-Exploration jeweils den Prozentsatz an Kindern an, die eine richtige Antwort mit einer relevanten Begründung gegeben haben (zu den Auswertungskriterien vgl. 6.1.3.2). Da die Kinder in beiden Experimenten eine völlig identische Metagedächtnis-Exploration erhielten, sind in Tabelle 15 zum Vergleich die Werte für das PAL-Experiment aufgeführt. Die Mittelwerte des Metagedächtnis-Gesamtscores sind in Tabelle 16 verzeichnet (zum Vergleich sind wiederum in Klammern die Werte aus Experiment 1 aufgeführt). Wie schon in Experiment 1 ist eine deutliche Verbesserung vom Kindergarten zur zweiten Klasse erkennbar, und bei einigen Subtests auch noch von der zweiten zur vierten Klasse.

Tabelle 15: Anzahl von Kindern (in %), die auf die verschiedenen Metagedächtnis-Items eine korrekte Antwort mit einer relevanten Begründung gegeben haben (in Klammern die Werte aus Experiment 1)

Subtest	Kindergarten		2. Klasse		4. Klasse	
1. Liste-Geschichte	10	(10)	36	(52)	70	(62)
2. Gegensatz	5	(7)	30	(63)	70	(82)
3. Vorbereitung:Objekt	45	(33)	82	(87)	90	(97)
4. Abruf:Ereignis	35	(30)	78	(68)	98	(97)
5. Studierplan	15	(8)	37	(48)	70	(90)
6. Wort für Wort	10	(5)	40	(40)	82	(78)
7. Wichtigkeit	20	(45)	45	(37)	57	(57)
8. Impulsiv-Reflexiv	13	(28)	45	(27)	67	(53)

Tabelle 16: Mittlerer Metagedächtnis-Gesamtscore (max. 8) für die verschiedenen Altersgruppen (in Klammern die Werte aus Experiment 1)

Kindergarten		2. Klasse		4. Klasse	
1.5	(1.7)	3.9	(4.2)	6.0	(6.2)

Die Ergebnisse aus Experiment 1 und Experiment 2 stimmen weitgehend überein, was den Metagedächtnis-Gesamtscore betrifft (vgl. Tabelle 16). Bei den einzelnen Subtests sind demgegenüber z.T. deutliche Unterschiede erkennbar (vgl. Tabelle 15). Diese Resultate machen deutlich, daß die Ergebnisse einzelner Subtests nur mit Vorsicht zu interpretieren sind, und sprechen dafür, generelles Gedächtniswissen mittels verschiedener Subtests zu erfassen und einen Gesamtscore als Indikator zu verwenden. Diese Empfehlung wird im übrigen auch gestützt, wenn man die Korrelationen der einzelnen Subtests untereinander und mit dem Gesamtscore nach Altersgruppen und Experimenten getrennt betrachtet. Die Interkorrelationsmatrizen einer Altersgruppe aus Experiment 1 und Experiment 2 weisen keine allzu großen Ähnlichkeiten auf, abgesehen von den Korrelationen mit dem Gesamtscore, die sich aber auch z.T. recht deutlich unterscheiden. Für beide Experimente und alle Altersgruppen gilt, daß die meisten Interkorrelationen der Subtests nicht statistisch bedeutsam sind. Die Mehrzahl der Subtests korreliert bedeutsam mit dem Gesamtscore, wobei die Zusammenhänge allerdings nicht sehr hoch, sondern schwach bis mittel sind. In Experiment 2 fallen die Korrelationen mit dem Gesamtscore niedriger aus als in Experiment 1, insbesondere bei den Kindergartenkindern.

Gedächtnisüberwachung. Eine 3(Alter) x 2(Zeitpunkt der Prognose) VA über die Prognosegenauigkeiten (absolute Werte) zeigt einen deutlichen Alterseffekt ($F(2/177) = 29.55$, $R^2 = .25$), der wie in Experiment 1 darauf beruht, daß sich die Genauigkeit der Prognose vom Kindergarten zur zweiten Klasse deutlich verbessert, während die leichte Verbesserung von der zweiten zur vierten Klasse nicht statistisch bedeutsam ist. Die mittleren Prognosegenauigkeiten (Absolutwerte) sind in Tabelle 17 enthalten. Die schlechteren Prognosen der Kindergartenkinder gehen wie erwartet fast ausschließlich auf Überschätzungen zurück, während sich bei den Schulkindern Über- und Unterschätzungen in etwa die Waage halten. Die Kindergartenkinder in diesem Experiment überschätzten sich zwar stärker als die in Experiment 1, aber immer noch weniger als aus anderen Untersuchungen berichtet wird.

Tabelle 17: Mittlere Prognosegenauigkeiten der unmittelbaren Gedächtnisspanne

	PG1	PG2
Kindergarten	.63	.61
2. Klasse	.33	.27
4. Klasse	.26	.17

Aufgabenspezifisches Gedächtniswissen. Anders als in Experiment 1 interessierte hier nicht primär die Frage, ob Kinder sich der positiven Effekte einer Illustration von Geschichten auf deren Behalten bewußt sind. Wir wollten vielmehr herausfinden, ob Kinder ihre Urteile auf quantitative Aspekte gründen oder eher qualitative Aspekte berücksichtigen. Die Kinder sollten zum einen sechs Arten von Illustrationen nach ihrer "Nützlichkeit" für das Behalten von Geschichten in eine Rangreihe bringen. Zum anderen mußten fünf Paarvergleichsurteile pro Geschichte abgegeben werden. Für jede richtige Antwort beim Paarvergleich wurde ein Punkt vergeben, so daß zu jedem Beurteilungszeitpunkt maximal zehn Punkte (fünf pro Geschichte) zu erzielen waren. Als weiterer Indikator für aufgabenspezifisches Metagedächtnis wurden Tau-Korrelationen zwischen den von den Kindern gelegten Rangreihen und der "theoretisch optimalen" Folge gerechnet ("optimale" Folge: drei wichtige Aussagen > drei weniger wichtige Aussagen > dreimal Protagonist = ein Protagonist > kein Bild > unpassendes Bild). Da zu jedem Beurteilungszeitpunkt zwei Geschichten präsentiert wurden, ergaben sich pro Zeitpunkt pro Vp zwei Tau-Werte. Die Aufgabe, sechs Alternativen in eine Rangreihe zu bringen, erwies sich aber für die meisten Kindergartenkinder als zu schwierig. Aus diesem Grund wurden für weitere Analysen bei dieser Altersgruppe nur die Punktwerte als Indikator für aufgabenspezifisches Metagedächtnis herangezogen.

Tabelle 18 gibt die Anzahl der Kinder mit "korrekten" oder "fast korrekten" Rangfolgen an (fast korrekt heißt: maximal ein Fehler – Vertauschung zweier aufeinanderfolgender Möglichkeiten – pro beurteilter Geschichte, d.h. τ-Koeffizienten von mindestens .87) und Tabelle 19 die Anzahl an Kindern mit 8 bis 9 und 10 Punkten (= maximale Leistung) im Paarvergleich. Eine Inspektion der Tabellen 18 und 19 zeigt kaum Veränderungen im aufgabenspezifischen Gedächtniswissen von der ersten zur zweiten Beurteilung. Weiterhin sind nur sehr geringfügige Verbesserungen vom Kindergarten zur zweiten Klasse zu beobachten, aber deutliche Verbesserungen von der zweiten zur vierten Klasse.

Tabelle 18: Anzahl an Kindern mit "korrekten" oder "fast korrekten"Rangfolgen, getrennt für die verschiedenen Altersgruppen (N = 60 pro Altersgruppe)

	Erste Beurteilung		Zweite Beurteilung	
	Perfekt	1 Fehler	Perfekt	1 Fehler
Kindergarten	0	0	0	0
2. Klasse	1	10	4	10
4. Klasse	19	26	24	23

Tabelle 19: Anzahl an Kindern mit 8-9 und 10 Punkten (von max. 10) beim Paarvergleich, getrennt für die verschiedenen Altersgruppen (N = 60 pro Altersgruppe)

	Erste Beurteilung		Zweite Beurteilung	
	10 Punkte	8-9 Punkte	10 Punkte	8-9 Punkte
Kindergarten	0	32	0	26
2. Klasse	7	22	7	27
4. Klasse	23	29	23	31

Entsprechend ergab auch eine Erfragung von Urteilsbegründungen, daß fast alle der befragten Kindergartenkinder (90%) und Zweitkläßler (85%) ihre Urteile auf quantitativen (besser ein unpassendes als kein Bild; je mehr Bilder um so besser) oder irrelevanten Aspekten gründeten (z.B. "das Bild ist so schön, deshalb hilft es beim Behalten"), wohingegen etwa 61% der befragten Viertkläßler qualitative Aspekte betonten (s. Tabelle 20).

Tabelle 20: Anzahl (in %) der befragten Kinder mit keinen oder irrelevanten Begründungen, mit Argumenten, die quantitative Aspekte betonen, oder mit Argumenten, die qualitative Aspekte hervorheben

	keine oder irrelevante Argumente	quantitative Aspekte	qualitative Aspekte
Kindergarten	57	33	10
2. Klasse	55	30	15
4. Klasse	21	18	61

6.2.3.3 Zusammenhang von Metagedächtnis- und Außenvariablen mit der Behaltensleistung

Zur Prüfung des Zusammenhangs zwischen Wissen um Bildhaftigkeit und der Gedächtnisleistung wurden u.a. Assoziationsanalysen und VAn mit aufgabenspezifischem Wissen (gut vs. schlecht) als selegierter UV gerechnet. Gutes aufgabenspezifisches Wissen wurde Kindergartenkindern und Zweitkläßlern mit mindestens acht Punkten im Paarvergleich zugeschrieben sowie Viertkläßlern mit Tau-Werten von mindestens .87 *und* mindestens neun Punkten. Als Maß der Behaltensleistung diente die Anzahl sinngemäß korrekt reproduzierter Aussagen beim intentionalen Lernen (summiert über alle vier Geschichten).

Assoziationsanalysen konnten keine bedeutsamen Zusammenhänge für Kindergartenkinder und Viertkläßler zeigen und mäßige, aber signifikant positive Zusammenhänge für Zweitkläßler (φ = .30, $\chi^2(1)$ = 5.4 und φ = .27, $\chi^2(1)$ = 4.3, für unmittelbare und verzögerte Behaltenstests, s. auch Tabelle 21). Ähnliche Ergebnisse ergeben sich auch bei getrennter Betrachtung der Instruktionsbedingungen und der Behaltensleistungen für illustrierte und nicht illustrierte Geschichten.

Tabelle 21: Tabelle der Häufigkeiten, die aufgabenspezifisches Gedächtniswissen (gut vs. schlecht; 1. Beurteilung) und die unmittelbare (1.) und die verzögerte (2.) Gedächtnisleistung (gut vs. schlecht; AV: Anzahl Aussagen) in Beziehung setzen sowie PEARSONs Punkt-Korrelationskoeffizient (φ), getrennt für die drei Altersgruppen

			Wissen gut	schlecht			Wissen gut	schlecht
Kindergarten	1.	gut schlecht	16 16	14 14	2.	gut schlecht	18 14	12 16
			$\varphi = 0$				$\varphi = .13$	
2. Klasse	1.	gut schlecht	19 10	11 20	2.	gut schlecht	19 10	12 19
			$\varphi = .30$				$\varphi = .27$	
4. Klasse	1.	gut schlecht	15 15	16 14	2.	gut schlecht	17 13	12 18
			$\varphi = -.03$				$\varphi = .17$	

Aus Tabelle 21 wird deutlich, daß auch in diesem Experiment – wie schon in Experiment 1 – gutes aufgabenspezifisches Gedächtniswissen weder notwendig (es dürften keine Werte in der Zelle "gute Leistung, schlechtes Wissen" stehen) noch hinreichend (es dürften keine Werte in der Zelle "gutes Wissen, schlechte Leistung" stehen) für gute Behaltensleistungen ist. Weiterhin fanden sich keine Hinweise darauf, daß stärkere Zusammenhänge bzw. überhaupt Zusammenhänge zwischen Metagedächtnis und Gedächtnisleistung bei reflexiven Kindern zu verzeichnen sind.

Die Ergebnisse der VAn (3(Instruktion) x 2(Bild) x 2(Wissen) x 2(Typ)-VAn mit wiederholten Messungen auf dem zweiten Faktor und mit n=4 Vpn pro Zelle; da wegen des Wissensfaktors unterschiedlich große Zellfrequenzen mit einer Mindestfrequenz von n=4 resultierten, wurden, um gleiche Zellfrequenzen zu erhalten, aus den anderen Zellen Vpn per Zufall eliminiert) bestätigen die Resultate der Assoziationsanalysen. Kindergartenkinder und Viertkläßler mit gutem aufgabenspezifischem Gedächtniswissen zeigten, gemessen an der Anzahl richtig wiedergegebener Aussagen, keine besseren Behaltensleistungen als solche mit schlechtem Wissen. Außerdem profitierten sie ebenso wenig wie Kinder mit schlechtem Wissen von Bildhaftigkeitsinstruktionen und von einer Illustration der Geschichten. Zusammenhänge zwischen aufgabenspezifischem Gedächtniswissen und der Gedächtnisleistung waren nur bei den Zweitkläßlern erkennbar: Kinder mit gutem Wissen zeigten bessere Leistungen als solche mit schlechtem Wissen ($\bar{X}$ = 42% vs. 38%, $t(42)$ = 1.50, $p < .10$, $R^2 = .04$ für den unmittelbaren Test; $\bar{X}$ = 40% vs. 35%, $t(42)$ = 2.53, $R^2 = .10$, für den verzögerten Test), wobei der Unterschied allerdings nur beim verzögerten Test auch statistisch signifikant war.

Um zu prüfen, ob Metagedächtnis-Aspekte bedeutsamere Prädiktoren der Behaltensleistung sind als Variablen wie verbale und nonverbale Fähigkeiten oder kognitiver Stil, wurden dieselben multiplen Regressionsanalysen gerechnet wie in Experiment 1 (vgl. 6.1.3.3). Der Sensitivitätsaspekt wurde wiederum nicht berücksichtigt. Da die "inzidentellen" Geschichten nämlich schwieriger waren als die "intentionalen", stellt sich die Frage, was der Sensitivitätsindikator überhaupt erfaßt: die Sensitivität für Behaltensanforderungen oder das Nicht-Verstehen der "inzidentellen" Geschichten. Sofern in den Regressionsanalysen die Gesamtheit aller Prädiktoren einen bedeutsamen Varianzanteil aufklärte oder zusätzlich zu den Instruktionen einen signifikanten Varianzbeitrag leistete, wurden die verschiedenen Prädiktoren in Teilmengen zerlegt und gingen gemäß ihrer vermuteten Bedeutung in die Analysen ein. Die Indikatoren der verschiedenen Metagedächtnis- und Außenvariablen entsprachen denen von Experiment 1, mit Ausnahme des aufgabenspezifischen Gedächtniswissens. Als Indikator fungierten hier für die Kindergartenkinder nur die Punktwerte aus dem Paarvergleich zum ersten Erhebungszeitpunkt, für die Zweit- und Viertkläßler ein aus τ- und Punktwerten konstruierter Punktwert sowie in zusätzlichen getrennten Analysen die Punktwerte und die mittleren τ-Werte. Es wurden wiederum separate Analysen für die drei Altersgruppen durchgeführt, sowie getrennte Analysen für die verschiedenen AVn: die Anzahl reproduzierter Aussagen, die Anzahl korrekt beantworteter expliziter und impliziter Fragen, jeweils im unmittelbaren und verzögerten Test, wobei noch zwischen inzidentellem und intentionalem Behalten differenziert wurde, und beim intentionalen Behalten zusätzlich noch zwischen illustrierten, nicht illustrierten und allen Geschichten. Auf letztere Differenzierung wurde unter inzidentellen Bedingungen verzichtet, da dort nur zwei Geschichten präsentiert worden waren.

Bei den Kindergartenkindern erwies sich in Übereinstimmung mit den vorhergehenden Analysen das aufgabenspezifische Gedächtniswissen nicht als bedeutsamer Prädiktor intentionaler Behaltensleistungen, auch nicht bei illustrierten Geschichten. Gleiches gilt für das generelle Gedächtniswissen. Lediglich die Prognosegenauigkeit der Gedächtnisspanne vor Erfahrung mit der Aufgabe stellte sich als bedeutsamer Prädiktor heraus, sofern die Gedächtnisleistung über die Anzahl beantworteter impliziter Fragen gemessen wurde (unmittelbar: $R^2 = .10$; unmittelbar, illustrierte Geschichten: $R^2 = .13$; ein ähnliches Ergebnis war auch unter inzidentellen Bedingungen zu beobachten). Außerdem klärte die Variable "nonverbale Fähigkeiten" einen bedeutsamen zusätzlichen Varianzanteil auf, wenn implizite Fragen im sofortigen Behaltenstest beantwortet wurden ($R^2 = .08$).

Tabelle 22: Aufgeklärte zusätzliche Varianz (R^2_{change}) durch aufeinanderfolgende Prädiktorteilmengen und insgesamt erklärte Varianz (R^2_{gesamt}); Stichprobe: Zweitkläßler

AVn		P₀ Instruktion	P₁ Spezif. MG	P₂ Gedächtnisüberwachung	P₃ Allg. MG	P₄ KS, MGxKS MG x Instruktion	P₅ GF, CPM	Insgesamt
inzidentell	Aussagen, verzögert	.01	.04	.01	.20*	.09	.01	.36
	Fragen, explizit, sofort	.03	.07*	.02	.09*	.12	.06	.38*
intentional	Aussagen, sofort	.08	.07*	.01	.05	.13	.00	.34
	Aussagen, verzögert	.20*	.11*	.09*	.08*	.07	.01	.55*
	Aussagen, illustriert, verzögert	.11*	.11*	.09*	.04	.08	.00	.42*
	Fragen, explizit, verzögert	.01	.08*	.06	.00	.16	.03	.34

* = auf dem zuvor spezifizierten 5%-Niveau signifikant

In Übereinstimmung mit den vorherigen Analysen waren bei den Zweitkläßlern – zumindest bei einigen AVn – Metagedächtnis - Gedächtnis Zusammenhänge beobachtbar. Tabelle 22 enthält für die AVn, bei denen durch die Gesamtheit der Prädiktoren ein signifikanter oder zumindest tendenziell bedeutsamer (p < .10) Varianzanteil aufgeklärt werden konnte bzw. bei denen sich die Differenz "R^2_{gesamt} - $R^2_{Instruktionen}$" als signifikant erwies, die durch die aufeinanderfolgenden Prädiktorteilmengen (P₀ bis P₅) jeweils zusätzlich aufgeklärten Varianzanteile (R^2_{change}) und in der letzten Spalte die insgesamt – durch alle Prädiktoren – aufgeklärte Varianz. Unter inzidentellen Lernbedingungen erwies sich überraschenderweise bei zwei AVn (s. Tabelle 22) das allgemeine Gedächtniswissen als bedeutsamer Prädiktor, wobei bei Erfassung der Behaltensleistung über die Anzahl wiedergegebener Aussagen im verzögerten Test mit 20 Prozent ein beachtlicher zusätzlicher Varianzanteil aufgeklärt wurde. Ebenso unerwartet klärte auch das aufgabenspezifische Gedächtniswissen bei einer AV – explizite Fragen im unmittelbaren Behaltenstest – einen bedeutsamen Varianzanteil auf. Unter intentionalen Bedingungen erwiesen sich Metagedächtnis-Aspekte vor allem dann als bedeutsame Prädiktoren, wenn die Behaltensleistungen erst nach einer Woche erhoben wurden. Nur wenn die Gedächtnisleistung über die Anzahl wiedergegebener Aussagen erfaßt wurde, klärte das aufgabenspezifische Gedächtniswissen in Übereinstimmung mit vorherigen Analysen auch dann einen bedeutsamen Varianzanteil auf, wenn die Geschichten schon nach einigen Minuten wiedergegeben wurden. Wurden die Geschichten erst nach einer Woche erzählt, erwiesen sich alle drei Metagedächtnis-Aspekte als bedeutsame Prädiktoren, wobei sich ein ähnliches Ergebnismuster einstellte, wenn nur die illustrierten Geschichten berücksichtigt wurden. Allerdings klärte das allgemeine Gedächtniswissen überraschenderweise weniger Varianz auf als unter inzidentellen Bedingungen. Und was den Überwachungsaspekt betrifft, stellte sich die "Prognosegenauigkeit nachher" sowohl bei Berücksichtigung aller Geschichten (R^2 = .07) als auch bei Betrachtung der illustrierten Geschichten als bedeutsamer Prädiktor (R^2 = .08) heraus. Das aufgabenspezifische Gedächtniswissen erwies sich außerdem im Gegensatz zu den anderen Metagedächtnis-Aspekten auch dann als signifikanter Prädiktor, wenn die Gedächtnisleistung über die Anzahl beantworteter expliziter Fragen erfaßt wurde. Insgesamt konnten unsere Erwartungen zum Zusammenhang "Metagedächtnis - Gedächtnisleistung" für die Zweitkläßler zu einem großen Teil bestätigt werden: Metagedächtnis-Aspekte, insbesondere aufgabenspezifisches Gedächtniswissen, erwiesen sich als bedeutsame Prädiktoren der Behaltensleistung und als bedeutsamer als verschiedene Außenvariablen.

Für die Viertkläßler, für die "Metagedächtnis-Gedächtnis" Zusammenhänge eher erwartet worden waren als für die jüngeren Altersgruppen, konnten nahezu alle Erwartungen nicht bestätigt werden. Die Gesamtheit aller Prädiktoren klärte nur bei den expliziten Fragen (die ja nur im verzögerten Test gestellt worden waren) unter intentionalen Bedingungen einen bedeutsamen Varianzanteil auf. Als entscheidender Prädiktor erwies sich hier das allgemeine metamnemonische Wissen, und zwar sowohl bei Betrachtung aller Geschichten (R^2 = .08) als auch der nicht illustrierten (R^2 = .12).

6.2.4 Zusammenfassung und Diskussion

6.2.4.1 Bildhafte Vorstellungen und Behaltensleistungen

Die Ergebnisse konnten unsere Erwartungen zum Teil bestätigen. Positive Effekte einer zusätzlichen Illustrierung von Geschichten konnten unter inzidentellen Bedingungen für alle Altersgruppen demonstriert werden, allerdings nicht bei allen AVn. Zudem waren die Effekte relativ klein. Unter intentionalen Lernbedingungen förderte eine Illustrierung wie erwartet das Behalten der tatsächlich illustrierten Inhalte, allerdings überraschenderweise nicht bei den Viertkläßlern. Eine Illustrierung wirkte sich demgegenüber, von einer Ausnahme abgesehen (Kindergartenkinder im unmittelbaren Behaltenstest), nicht positiv auf die Wiedergabe der nicht illustrierten Inhalte aus. Dieses Ergebnis spricht dafür, daß Bilder in unserer Untersuchung bei den Schulkindern keinen organisierenden Effekt ausgeübt haben, was nicht überrascht, da bei den nach einer Geschichtengrammatik konstruierten Geschichten ein organisierender Rahmen bereits durch diese Grammatik bereitgestellt wird. Wurde bei der Auswertung nicht nach tatsächlich illustrierten und nicht illustrierten Inhalten getrennt, wurden illustrierte Geschichten nur von den Kindergartenkindern besser behalten als nicht illustrierte. Ob sich eine bildhafte Verarbeitung auch auf die Organisation des Inhalts der bereits gut organisierten Geschichten oder nur auf die Organisation und Elaboration von Mikropropositionen auswirkte, läßt sich nicht eindeutig beantworten, da bei den Schulkindern bei allen AVn überhaupt keine Bildvorteile erkennbar waren. Bei den Kindergartenkindern zeigten sich Illustrationseffekte bei allen AVn, wobei die geringsten Effekte bei expliziten Fragen, die sich auf das Behalten von Mikropropositionen beziehen, zu verzeichnen waren. Insgesamt sprechen die Ergebnisse der Kindergartenkinder dafür, daß bildhafte Vorstellungen, sofern sie überhaupt wirken, auf allen Ebenen der Textrepräsentation von Bedeutung sind und auch die Organisation des Inhalts fördern können.

Die insgesamt beobachteten geringen bzw. ausgebliebenen Bildeffekte sind allerdings nicht ungewöhnlich. In einer Vielzahl von Untersuchungen (vgl. Kapitel 2.2.2.1) konnten zwar deutliche Illustrationseffekte demonstriert werden, allerdings waren in diesen Studien auch fast alle bzw. mindestens ein überwiegender Teil der Textaussagen bebildert. Wurde dagegen nur ein Teil der Aussagen illustriert und wurden im Behaltenstest illustrierte und nicht illustrierte Informationen zusammen und nicht getrennt geprüft, war oftmals ein geringer – nicht immer statistisch bedeutsamer – Bildeffekt und manchmal überhaupt kein Bildvorteil zu verzeichnen (vgl. z.B. Levie & Lentz, 1982). Die ausgebliebenen bzw. relativ geringen Bildvorteile in unserer Untersuchung dürften somit überwiegend darauf zurückgehen, daß zu wenige Aussagen der Geschichten illustriert waren (zu ähnlichen Überlegungen vgl. Peeck & Jans, 1987). So war bei den Kindergartenkindern, bei denen immerhin Bildvorteile erkennbar waren, nur ein Drittel der Geschichten illustriert, bei den Viertkläßlern sogar nur ein Viertel, und die expliziten Fragen bezogen sich bei den illlustrierten Geschichten zu einem erheblichen Teil (ca. 50% im Mittel) auf nicht illustrierte Inhalte (s. Tabelle 12 und Abbildung 7). Nicht ganz in Einklang mit der Annahme, daß fehlende bzw. schwache Illustrationseffekte auf die "zu geringe" Illustrierung der Geschichten zurückgehen, steht allerdings, daß bei den Kindergartenkindern keine stärkeren Bildeffekte demonstriert werden konnten, wenn nur die freien Reproduktionsleistungen für die tatsächlich illustrierten Aussagen betrachtet wurden und daß bei den Viertkläßlern selbst in diesem Fall Bildeffekte ausblieben.

Ob Bildvorteile beim Textgedächtnis beobachtet werden können und wie groß diese Vorteile ausfallen, hängt u.a. davon ab, welche Funktion Bilder bei der Textverarbeitung erfüllen. Levin (z.B. Levin, 1981; Levin et al., 1987; vgl. Kapitel 2.2.2) unterscheidet an relevanten Funktionen die Repräsentations-, Organisations-, Interpretations- und Transformationsfunktion. In der vorliegenden Untersuchung, in der gut organisierte und überwiegend auch leicht verständliche Geschichten präsentiert wurden und in der im allgemeinen einzelne Aussagen und nicht Relationen zwischen Aussagen illustriert wurden (allerdings war es nicht immer möglich, nur den Inhalt einer einzigen Aussage ohne Bezug zu den vorherigen Aussagen zu illustrieren; vgl. Tabelle 12 und Abbildung 7), erfüllten die Bilder überwiegend eine Repräsentationsfunktion, d.h. sie repräsentierten den bereits verbal vermittelten Inhalt noch einmal in anderer (bildhafter) Form. Die Repräsentationsfunktion aber soll zu den geringsten Behaltensvorteilen führen, allerdings, wie die Ergebnisse einer Metaanalyse von Levin et al. (1987) zeigen, immer noch zu deutlichen Effekten, sofern es sich um Illustrationen handelt. Möglicherweise ist der Befund, daß bedeutsame Bildeffekte unter inzidentellen Bedingungen, unter denen jeweils die zwei schwierigsten Geschichten präsentiert wurden, und unter intentionalen Bedingungen nur bei den Kindergartenkindern beobachtet werden konnten, auch zum Teil darauf zurückzuführen, daß in diesen Fällen die Bilder zusätzlich auch eine Interpretationsfunktion erfüllt haben könnten, d.h. das Verständnis des Inhalts förderten.

Die schwachen bzw. ausgebliebenen Bildeffekte in der vorliegenden Untersuchung könnten zum Teil auch auf eine nicht optimale Passung "Art der Bilder - Art der Texte" zurückgehen. Levin (1983) weist darauf hin, daß die "Geeignetheit" der verwendeten Bilder für eine Aufgabe entscheidenden Einfluß darauf nimmt, ob Illustrationseffekte eintreten und wie stark diese Effekte ausfallen. Auch Peeck (1987) hebt die Bedeutung der Art der Bild-Text Relation hervor. Waddill et al. (1988) machen darauf aufmerksam, daß Spezifizierungen fehlen, welche Bilder für welche Textarten effektiv sind. Verschiedene Textarten scheinen unterschiedliche Verarbeitungen nahezulegen (vgl. Kintsch & Young, 1984; McDaniel, Einstein, Dunay & Cobb, 1986). Narrative Texte laden aufgrund der Schemata, die Leser(innen) mitbringen, zu einer relationalen Verarbeitung ein, d.h. zur Organisation der wesentlichen Ideen. Solche gut definierten Schemata existieren im allgemeinen nicht für expositorische (erklärende) Texte. Expositorische Texte, bei denen sich Leser(innen) auf Details konzentrieren, um den Text zu verstehen, laden eher zu itemspezifischer Verarbeitung ein. Waddill et al. (1988) prüften, ob Bilder eine supplementäre oder komplementäre Funktion erfüllen. Erfüllen Bilder eine supplementäre Funktion, sollten sie nur dann von Vorteil sein, wenn sie die Art von Informationen abbilden, zu deren Verarbeitung die Textart vermutlich einlädt, d.h. Details bei erklärenden Texten, Relationen bei Erzählungen. Erfüllen Bilder demgegenüber eine komplementäre Funktion, sollte es sich genau umgekehrt verhalten. Die Ergebnisse, gewonnen an studentischen Vpn, sprechen eindeutig für eine supplementäre Funktion von Bildern. Da in unserer Untersuchung narrative Texte verwendet, aber im allgemeinen nicht Relationen zwischen Aussagen illustriert wurden, sondern der Inhalt einzelner Aussagen, ist das Ausbleiben von Illustrationseffekten angesichts des Ergebnisses von Waddill et al. (1988) nicht überraschend. Der Frage nachzugehen, welche Art von Bildern bei welcher Art von Texten zu Behaltensvorteilen führt, erscheint uns ein sehr vielversprechendes Vorgehen. Die Ergebnisse von Waddill et al. (1988) bedürfen aber der Replikation, insbesondere auch bei Kindern. Obwohl häufig die Art der verwendeten Bilder nicht genau beschrieben wird, vermuten wir doch, daß in vielen Studien mit Kindern, in denen überwiegend narrative Texte präsentiert wurden und Bilder eine Repräsentationsfunktion erfüllten (vgl. Levin, 1981), wie bei uns der Inhalt einzelner Aussagen und nicht Relationen zwischen Aussagen abgebildet waren. Dennoch konnten in den meisten Studien Illustrationseffekte nachgewiesen werden, wie auch in unserer Untersuchung bei den Kindergartenkindern. Außerdem stehen u.E. die Ergebnisse und Überlegungen von Waddill et al. (1988) im Widerspruch zu den Annahmen von Levin (z.B. Levin, 1981; Levin et al., 1987). Nach Levin soll die Organisationsfunktion von Bildern bei gut organisierten Texten keine großen Vorteile bringen, da hier die Organisation des Inhalts durch das Geschichtenschema, das Leser(innen) mitbringen, gewährleistet wird (vgl. auch Peeck & Jans, 1987). Waddill et al. (1988) aber erhielten ein gegenteiliges Ergebnis (bei ihren Erzählungen handelte es sich um gut organisierte Texte und Bilder, die Relationen zwischen Aussagen abbilden, erfüllen sicher primär eine Organisationsfunktion). Die Frage, welche Art von Illustrationen für welche Art von Texten geeignet ist, bedarf auf jeden Fall weiterer Forschung, gerade auch im Hinblick auf die pädagogische Praxis.

Bei allen untersuchten Altersgruppen konnten keinerlei Effekte einer bildhaften Verarbeitung demonstriert werden, wenn die Wahrscheinlichkeit einer derartigen Verarbeitung über die Manipulation der Instruktionen variiert wurde. Dieses Ergebnis entspricht den Erwartungen für die beiden jüngeren Altersgruppen und fällt auch für die Viertkläßler nicht vollkommen erwartungswidrig aus. So weisen z.B. einige Befunde darauf hin, daß selbst Neunjährige ein Training benötigen, um von Bildhaftigkeitsinstruktionen beim Textlernen profitieren zu können (vgl. Pressley, 1977a). Außerdem konnte gezeigt werden, daß Bildhaftigkeitsinstruktionen nicht immer das Behalten fördern oder daß die Effekte klein sind, wenn es sich bei den Texten um Erzählungen handelt. Selbst generierte Bilder erfüllen hier in der Regel eine Repräsentationsfunktion und sind vermutlich deshalb nicht sehr effektiv, weil sie die Anschaulichkeit eines bereits konkreten Textes kaum steigern dürften, im Gegensatz zu Illustrationen, die in der Regel besser strukturiert und konkreter sind (vgl. Levin et al., 1987). Nicht bestätigt werden konnte die Erwartung, daß sich bei den Viertkläßlern und eventuell auch bei den Zweitkläßlern Vorstellungsinstruktionen bei illustrierten Geschichten als effektiv erweisen, da in diesem Fall die Bilder helfen sollten, sich den gesamten, also auch den nicht illustrierten, Inhalt bildhaft vorzustellen. Diese Erwartung war formuliert worden aufgrund von Ergebnissen aus Studien, in denen zusätzlich zu Vorstellungsinstruktionen Teilbilder präsentiert wurden, die nur einen Teil jeder Aussage bzw. wie in unserer Untersuchung nur einen Teil der Aussagen eines Textes illustrierten. Die fehlenden Effekte in unserer Untersuchung könnten erneut darauf zurückgehen, daß nur ein geringer Teil der Geschichtenaussagen illustriert war (nur 25% bei den Viertkläßlern!), während in anderen Studien mit der "Teilbildtechnik" weit mehr vom Inhalt illustriert war. So war bei Dunham und Levin (1979), die keine positiven Effekte von Teilbildern bei fünf- und sechsjährigen Kindern demonstrieren konnten, die Hälfte der Aussagen illustriert, und in der Studie von Guttmann et al. (1977) und deren Nachfolgeuntersuchungen war jeweils nur ein Satzteil nicht illustriert.

Der einzige Instruktionseffekt, der sich in der vorliegenden Untersuchung abzeichnete, war der, daß sich seine einfache Bildhaftigkeitsinstruktion bei den beiden jüngeren Altersgruppen negativ auf die Anzahl reproduzierter Aussagen auswirkte. Vermutlich wurde eine integrative Verarbeitung des Inhalts durch das Generieren "lauter kleiner, separater Bilder" gestört, was insbesondere die freie Wiedergabe negativ beeinflußte.

6.2.4.2 Metagedächtnis

Die Ergebnisse zum generellen Gedächtniswissen und zur Gedächtnisüberwachung entsprechen weitgehend denen aus Experiment 1, weshalb auf eine weitere Diskussion verzichtet werden soll. Beim aufgabenspezifischen Gedächtniswissen wurde u.W. erstmalig geprüft, welches Wissen Kinder im Alter von fünf bis elf Jahren um Bildhaftigkeit beim Textlernen haben, konkret um die Effekte unterschiedlicher Arten von Bildern. Es zeigte sich, daß Kinder aller untersuchten Altersgruppen Illustrationen für behaltensförderlich hielten, obwohl sich in dieser Untersuchung Illustrationseffekte nur bei Kindergartenkindern einstellten. Während beim PAL Verbesserungen im aufgabenspezifischen Wissen insbesondere vom Kindergarten zur zweiten Klasse zu beobachten waren, zeigten sie sich hier insbesondere von der zweiten zur vierten Klasse. Der entscheidende Unterschied zwischen den Viertkläßlern und den beiden jüngeren Altersgruppen bestand darin, daß fast alle Kindergartenkinder und Zweitkläßler ihre Urteile auf quantitativen ("je mehr Bilder, um so besser, auch wenn die Bilder überhaupt nicht zum Inhalt passen") oder irrelevanten Aspekten gründeten, wohingegen erst Viertkläßler auch qualitative Aspekte berücksichtigten. Viele Viertkläßlern waren auch imstande, sechs in qualitativen und/oder quantitativen Aspekten unterschiedliche Illustrationen in eine bzgl. der Behaltenswirksamkeit richtige oder fast richtige Folge zu bringen, während kein Kindergartenkind und nur wenige Zweitkläßler dies konnten.

6.2.4.3 Zusammenhang "Metagedächtnis - Gedächtnisleistung"

Die Ergebnisse zum Zusammenhang "Metagedächtnis - Gedächtnisleistung" entsprechen zu einem großen Teil denen aus Experiment 1: Metagedächtnis-Aspekte erwiesen sich von einigen Ausnahmen abgesehen nicht als bedeutsame Prädiktoren der Gedächtnisleistung. Bei den Kindergartenkindern zeigte sich die Prognosegenauigkeit der Gedächtnisspanne vor Erfahrung mit der Aufgabe – allerdings nur bei impliziten Fragen – als bedeutsamer Prädiktor. Außerdem konnten auch die nonverbalen Fähigkeiten bei dieser Kriteriumsvariablen einen bedeutsamen Varianzanteil aufklären. Wieso sich die Prognosegenauigkeit nur bei impliziten Fragen als bedeutsamer Prädiktor erwies, können wir uns nicht erklären. Möglicherweise handelt es sich um ein Zufallsergebnis. Bei den Viertkläßlern klärte das generelle Gedächtniswissen, also der Metagedächtnis-Aspekt, der nach unseren Vermutungen der schwächste Prädiktor sein sollte, einen bedeutsamen Varianzanteil auf, allerdings wiederum nur bei einer AV, den expliziten Fragen.

Lediglich bei den Zweitkläßlern konnten unsere Erwartungen zum Zusammenhang "Metagedächtnis - Gedächtnis" zu einem großen Teil bestätigt werden. In verschiedenen Analysen zeichnete sich ein bedeutsamer – wenn auch nicht allzu hoher Zusammenhang – zwischen dem Wissen um Bildhaftigkeit und der Gedächnisleistung ab. Dieser Zusammenhang war allerdings nicht bei allen erhobenen AVn zu beobachten, z.B. nicht bei "impliziten Fragen". Er erwies sich außerdem als unbeeinflußt von den Instruktionsbedingungen und im allgemeinen auch von der Bildhaftigkeit des Materials, d.h. Kinder mit gutem Wissen um Bildhaftigkeit konnten nicht mehr von einer bildhaften Verarbeitung profitieren als solche mit schlechtem Wissen. Wissen um Bildhaftigkeit konnte insbesondere bei längerfristigen Behaltensleistungen bedeutsame Varianzanteile aufklären und erwies sich als bedeutsamerer Prädiktor als die beiden anderen von uns erhobenen Metagedächtnis-Aspekte und als verschiedene Außenvariablen. Neben dem Wissen um Bildhaftigkeit konnten auch bei einigen wenigen AVn die Gedächtnisüberwachung und das allgemeine Gedächtniswissen bedeutsame Varianzanteile aufklären. Darüberhinaus entspricht das Ergebnis, daß auch das allgemeine Gedächtniswissen bedeutsame bzw. tendenziell bedeutsame Varianzanteile bei "den Aussagen" aufklärte, nicht unbedingt den Erwartungen, denn Zusammenhänge zwischen allgemeinem Gedächtniswissen und der Gedächtnisleistung sind häufig erst bei älteren Grundschulkindern zu beobachten. Noch überraschender ist allerdings, daß das allgemeine Metagedächtnis unter inzidentellen Bedingungen mehr Varianz erklärte als unter intentionalen. Es stellt sich die Frage, weshalb kein Zusammenhang zwischen dem aufgabenspezifischen Gedächtniswissen und der Leistung bei den Viertkläßlern erkennbar war, wo doch ein Zusammenhang eher bei älteren Kindern erwartet worden war. Außerdem hatten wir einen Zusammenhang auch eher in einer einfachen PAL- als in einer komplexen Textlernaufgabe angenommen.

Das – mit Ausnahme der Zweitkläßler – weitgehende Ausbleiben von Metagedächtnis - Gedächtnis Zusammenhängen läßt sich auf die Faktoren zurückführen, die bereits ausführlich bei der Diskussion der Ergebnisse aus Experiment 1 erörtert wurden (vgl. Kapitel 6.1.3.3), wie die fragliche Reliabilität und Validität der verwendeten Metagedächtnisindikatoren, insbesondere bei jüngeren Kindern. Anders als in Experiment 1 wurde das aufgabenspezifische Gedächtniswissen mit zwei Methoden erfaßt, Paarvergleich und Rangordnungsbildung, wobei allerdings bei den Kindergartenkindern nur die Ergebnisse aus dem Paarvergleich berücksichtigt wurden. Sowohl die Punktwerte aus dem Paarvergleich als auch die τ-Werte aus der Rangordnungsbildung der beiden Erhebungszeitpunkte korrelierten bedeutsam. Gleiches galt auch bei den Schulkindern für die Punkt- und τ-Werte. Das aufgabenspezifische Gedächtniswissen wurde also einigermaßen reliabel erfaßt. Allerdings wurde wiederum nur ein Ausschnitt des aufgabenspezifischen Wissens erhoben. Bleibt noch der Hinweis, daß auch in dieser Untersuchung vermutlich eher ein Zusammenhang zwischen dem Gedächtniswissen und dem strategischen Verhalten hätte demonstriert werden können als zwischen dem Gedächtniswissen und der Gedächtnisleistung. Die strategischen Aktivitäten der Kinder zu erfassen dürfte sich allerdings beim Textlernen noch schwieriger gestalten als beim PAL.

6.3 Gesamtdiskussion und Ausblick

Hauptziel der vorliegenden Untersuchung war die Prüfung des Zusammenhangs zwischen verschiedenen Metagedächtnis-Komponenten – insbesondere dem Wissen um Bildhaftigkeit als aufgabenspezifischem Gedächtniswissen – und der Gedächtnisleistung in zwei verschiedenen Behaltenskontexten: PAL und Textlernen. Außerdem sollte geprüft werden, welche Bedeutung verschiedenen Metagedächtnis-Komponenten im Vergleich zu verwandten Konstrukten wie Intelligenz und Reflexivität-Impulsivität des kognitiven Stils zukommt.

Die Ergebnisse lassen zum größten Teil keinen Zusammenhang zwischen verschiedenen Metagedächtnis-Aspekten und der Leistung beim PAL und beim Textlernen erkennen. Lediglich bei den Zweitkläßlern konnte beim Textlernen ein bedeutsamer – wenn auch nicht allzu hoher – Zusammenhang zwischen Wissen um Bildhaftigkeit und der Gedächtnisleistung demonstriert werden. Die Annahme aber, daß Wissen und Können zusammenhängen und daß entsprechend Kinder mit gutem Wissen um Bildhaftigkeit eher von einem bildhaften Verarbeitungsmodus profitieren, konnte nicht gestützt werden. Außerdem ist der Befund eines positiven Zusammenhangs "aufgabenspezifisches Gedächtniswissen - Gedächtnisleistung" bei Zweitkläßlern beim Textlernen insofern überraschend, als ein positiver Zusammenhang eher bei älteren Kindern und/oder bei der einfacheren PAL-Aufgabe erwartet worden war.

Fehlende Zusammenhänge zwischen Metagedächtnis und Gedächtnisleistung sind mit Vorsicht zu interpretieren, da Zweifel an der Reliabilität und Validität der verwendeten Metagedächtnisindikatoren angebracht sind, insbesondere was die Kindergartenkinder betrifft. Dies gilt nicht nur für die vorliegende, sondern für die meisten Untersuchungen zum Metagedächtnis. Wenn möglich sollte ein Metagedächtnis-Aspekt mittels mehrerer Items und verschiedener Methoden erfaßt werden. Außerdem sollten sich Forschungsbemühungen verstärkt darauf richten, für jüngere Kinder bedeutsame Metagedächtnisaufgaben zu entwickeln.

Um Aufschlüsse über den Zusammenhang "Wissen um Bildhaftigkeit - Gedächtnisleistung" bei verschiedenen Gedächtnisaufgaben und über alterskorrelierte Veränderungen dieses Zusammenhangs zu erhalten, bedarf es weiterer Forschung. In der vorliegenden Untersuchung wurde u.W. erstmals geprüft, welches Wissen Kinder um den Einfluß einer bildhaften Verarbeitung auf Gedächtnisleistungen haben und in welchem Zusammenhang dieses Wissen mit der tatsächlichen Leistung steht. Wir untersuchten aber nur Kinder vom Kindergartenalter bis zur vierten Klasse. Studien, die auch ältere Schulkinder mitberücksichtigen, erscheinen vielversprechend, denn oftmals stellten sich substantielle "Metagedächtnis - Gedächtnis" Zusammenhänge erst bei Siebt- oder Achtkläßlern ein (s. Schneider, 1985a; 1989). Auch die Verfahren zur Erfassung von Wissen um Bildhaftigkeit sollten in zukünftigen Studien verbessert bzw. erweitert werden. Es sollte nicht nur das Wissen um Effekte des Lernmaterials, also Wissen um Aufgabenvariablen, sondern auch Wissen um Strategievariablen und um die Interaktion von Aufgaben- und Strategievariablen erfaßt werden. Von besonderem Interesse wäre auch die Erfassung der Nutzung des "bildhaften" Wissens in einem Gedächtnisüberwachungs-Paradigma, ähnlich wie bei Rabinowitz et al. (1982). Zwischen der Nutzung des Gedächtniswissens und der Gedächtnisleistung ist eher ein Zusammenhang zu erwarten als zwischen dem deklarativen Gedächtniswissen und der Leistung (vgl. Schneider, 1985a; 1989). Da die Gedächtnisleistung nicht nur vom Gedächtniswissen beeinflußt ist, sondern auch von Leistungsparametern wie Informationsverarbeitungskapazität und -geschwindigkeit sowie in der vorliegenden Studie vermutlich auch von Vorstellungsfähigkeiten, sollte auch eher ein Zusammenhang zwischen Metagedächtnis und strategischem Verhalten als zwischen Metagedächtnis und der Gedächtnisleistung zu beobachten sein. Was fehlt, sind für jüngere Kinder geeignete Verfahren zur Erfassung strategischer Aktivitäten beim PAL und beim Textlernen.

Eine besonders interessante Frage betrifft den Zusammenhang zwischen dem Wissen, das Kinder um Bildhaftigkeit besitzen, und ihren Vorstellungsfähigkeiten. Denis und Carfantan (1985b) sowie Katz (1987) konnten zeigen, daß sich Proband(inn)en mit guten und solche mit schlechten Vorstellungsfähigkeiten in ihrem Wissen um die Effektivität einer bildhaften Verarbeitung bei kognitiven Aufgaben nicht unterscheiden (vgl. Kapitel 5.1). Nach Auffassung von Denis und Carfantan stützt dieses Resultat die Annahme, daß Aussagen von (erwachsenen) Proband(inn)en über die Nützlichkeit einer bildhaften Verarbeitung nicht als reliable Indikatoren dafür gelten können, daß die Proband(inn)en tatsächlich einen bildhaften Verarbeitungsmodus verwenden. Auch in unserer Untersuchung wiesen die Ergebnisse in der einzigen Bedingungskombination, in der ein Zusammenhang zwischen Wissen und Leistung erkennbar war, nämlich bei Zweitkläßlern beim Textlernen, nicht darauf hin, daß Wissen und Können zusammenhängen. In zukünftigen Untersuchungen sollten auf jeden Fall auch die Vorstellungsfähigkeiten der Kinder erfaßt werden sowie insbesondere ihr dominanter bzw. präferierter Verarbeitungsmodus (auditiv oder visuell). Sowohl Befunde an Erwachsenen (Richardson, 1978) als auch an Kindern (z.B. Riding & Calvey, 1981; Weed & Ryan, 1985) weisen nämlich darauf hin, daß eher bedeutsame Zusammenhänge zwischen dem präferierten Verarbeitungsmodus und der Gedächtnisleistung zu erwarten sind als zwischen bildhaften bzw. verbalen Fähigkeiten und der Leistung. Außerdem konnte nachgewiesen werden, daß präferierter Verarbeitungsmodus und bildhafte bzw. verbale Fähigkeiten voneinander unabhängig sind (Richardson, 1978; Weed & Ryan, 1985). In unserer Untersuchung wurde im übrigen versucht, in Anlehnung an Riding und Calvey (1981) den dominanten Verarbeitungsmodus zu erfassen, aber das verwendete Verfahren erwies sich als zu schwierig. Zukünftige Untersuchungen sollten der Frage nachgehen, in welcher Beziehung Wissen um Bildhaftigkeit, bildhafte Fähigkeiten und präferierter Verarbeitungsmodus stehen und welche Bedeutung diesen Variablen als Prädiktoren der Gedächtnisleistung zukommt. Da es sich bei bildhaften/ verbalen Fähigkeiten und präferiertem Verarbeitungsmodus offensichtlich um unterscheidbare Konstrukte handelt – im Gegensatz zu der Gleichsetzung bei Denis und Carfantan (s.o.) –, besteht möglicherweise ein Zusammenhang zwischen Wissen und dominantem Verarbeitungsmodus. Weiterhin sollte angesichts des Befundes von Pressley et al. (1987b), daß Kinder um so eher von einer bildhaften Verarbeitungsstrategie profitieren können, je höher ihre Verarbeitungskapazität ist, diese Variable zukünftig ebenfalls mitberücksichtigt werden.

Für besonders wichtig halten wir die Berücksichtigung metakognitiver Strategien. Sie können als das Verbindungsstück zwischen verbalisierbarem Gedächtniswissen und dem Gedächtnisverhalten und der -leistung betrachtet werden. Wissen muß bestimmte metakognitive Strategien hervorrufen, um die Gedächtnisleistung beeinflussen zu können. In der vorliegenden Untersuchung wurde die Reflexivität-Impulsivität des kognitiven Stils u.a. auch als Indikator genereller Informationsverarbeitungsstrategien erhoben. Wir vermuteten, daß die "Metagedächtnis - Gedächtnis" Verbindung stärker bei reflexiven Kindern sein sollte. Diese Annahme konnte nicht bestätigt werden. Es stellt sich allerdings die Frage, ob Reflexivität-Impulsivität tatsächlich ein geeigneter Indikator allgemeiner Informationsverarbeitungsstrategien ist (zur kritischen Diskussion des Konstrukts Reflexivität-Impulsivität vgl. z.B. Tiedemann, 1983; Gjerde, Block & Block,

1985). In zukünftigen Studien sollten zusätzlich andere Indikatoren metakognitiver Strategien erfaßt werden.

Um Aufschlüsse über die Entwicklung, die Persistenz und Generalisierbarkeit des "Metagedächtnis - Gedächtnis" Zusammenhangs zu erhalten, sind nicht zuletzt Längsschnittstudien erforderlich. "Imagery" Trainingsstudien, in denen explizite metamnemonische Informationen vermittelt und die als "short-term" Längsschnittstudien betrachtet werden können, erscheinen ebenfalls vielversprechend. Vorliegende Befunde unterstützen die Annahme, daß ein Transferparadigma (Strategietransfer) für den Nachweis eines Zusammenhangs zwischen Metagedächtnis und Gedächtnisverhalten (vgl. Borkowski et al., 1984; Kurtz & Borkowski, 1987) geeignet ist.

7. Pädagogische Implikationen

Die im vorangegangenen Kapitel geschilderten Untersuchungen sind zwar nicht unter realistischen, schulischen Bedingungen durchgeführt worden. Dennoch sind mit den verwendeten Untersuchungsverfahren – PAL und Textlernen – Anforderungen gestellt worden, denen (nicht nur) Kinder häufig – nicht nur in schulischen Kontexten – ausgesetzt sind. Deshalb soll abschließend zusammengefaßt und bewertet werden, welche pädagogischen Implikationen die berichteten Ergebnismuster enthalten. Unsere Anmerkungen sollten nicht als konkrete Empfehlungen oder gar Rezepte mißverstanden werden und beziehen sich vornehmlich auch nur auf unsere eigenen Ergebnisse. Es soll verdeutlicht werden, daß es bei der Planung, Gestaltung und Realisierung komplexer Lern- und Behaltensvorgänge vor allem darauf ankommt, in Zusammenhängen zu denken. Lernen und Behalten vollziehen sich in komplizierten Wechselwirkungen, und zwar nicht nur – wie in unseren Untersuchungen fokussiert – zwischen Lernenden und dem zu Lernenden, sondern beispielsweise in Wechselwirkungen mit anderen Lernenden, Lehrenden, früheren Lernepisoden oder prospektiven Nutzungsbedingungen und Erwartungen. Konkrete Empfehlungen betonen in der Regel – varianzanalytisch gesprochen – "Haupteffekte" und vernachlässigen Wechselwirkungen, so daß im Grunde genommen stets "es hängt davon ab"-Klauseln zu ergänzen sind.

Sollte das Lernen und Behalten von Informationen durch die *Vorgabe von Bildern* unterstützt werden? Wie unsere Ergebnisse zeigen, sind schon Kindergartenkinder recht dezidiert der Meinung, Bilder seien behaltensförderlich. Die faktische Wirksamkeit von Bildern hängt aber von zusätzlichen Einflußgrößen ab. Vergleicht man z.B. die Ergebnisse unserer beiden Experimente, ist bemerkenswert, daß positive Bildeffekte beim Assoziationslernen ausgeprägter sind als beim Textlernen, wo – zumal bei den älteren Kindern – in den Vergleichen zwischen Texten mit und ohne Illustrationen beim intentionalen Lernen Unterschiede ausblieben. Für geringe oder ausbleibende Bildeffekte bei Texten gibt es mehrere Erklärungsmöglichkeiten, die bereits ausführlich diskutiert worden sind. Generell läßt sich aus den Vergleichen zwischen PAL und Textlernen ableiten, daß Bilder vor allem dann nützlich sind, wenn es darum geht, Neues, bislang Unbekanntes oder Unbezogenes im Zusammenhang zu sehen und zu verknüpfen. Strukturierte Texte, die verständlich sind, Sinn machen und für deren Verarbeitung wirksame und häufig verwendete Wissensschemata verfügbar sind, bedürfen – jedenfalls bei intentionalen Lern- und Behaltensbemühungen – weniger einer Bildunterstützung als z.B. Lernsituationen wie das Vokabellernen.

Antworten auf die "Bildfrage" hängen nicht nur von der Lernsituation ab. Wir sagen nichts Neues, wenn wir darauf hinweisen, daß es u.a. auch auf die Bildfunktion und -qualität ankommt, wenn es darum geht, die Effektivität von Bildern abzuschätzen (s. z.B. Levin et al., 1987). Beim Assoziationslernen erwiesen sich vor allem sog. elaborierte Bilder, die Zusammenhänge und Relationen zwischen den zu verknüpfenden Sachverhalten abbildeten, als effektiv, wobei auch auf die Persistenz des Effekts über ein Behaltensintervall von einer Woche hinzuweisen ist. Wie die Ergebnisse zum aufgabenspezifischen Gedächtniswissen zeigen, ist im übrigen davon auszugehen, daß schon jüngere Kinder über solche Zusammenhänge einiges wissen.

Weiterhin müssen offenbar auch das Alter bzw. der Entwicklungsstand der (des) Lernenden berücksichtigt werden, wenn es um die Wirksamkeit von Bildern geht. In beiden Untersuchungen waren jedenfalls bei jüngeren Kindern stärkere Bildeffekte nachweisbar als bei älteren. Vor einer Generalisierung dieses Befundes auf andere Lernsituationen ist allerdings zu warnen. Man kann sich z.B. leicht Texte ausmalen, bei denen bildliche Hilfen nur für ältere Kinder (oder Experten) relevant sind, während jüngere Kinder (oder Novizen) sogar durch Bilder beeinträchtigt werden können, wenn diese – z.B. bei für sie unverständlichen Texten – vom Inhalt ablenken.

Es bleibt festzuhalten, daß auch nach unseren Ergebnissen nichts dagegen spricht, bei der Wissensvermittlung gezielt von Bildern Gebrauch zu machen. Entsprechende Überlegungen sollten jeder geplanten Lernunternehmung vorausgehen. Nur muß man sich darüber im klaren sein, was bei wem wie erreicht werden soll. Nahezu sämtliche Untersuchungen im pädagogischen und entwicklungspsychologischen Feld, die Bildwirkungen abzuschätzen versuchen, sind auf Wissens- und Behaltensprüfungen abgestellt, die eine kontrollierte, beabsichtigte und explizite Nutzung des Gelernten voraussetzen. Lernerfahrungen können sich aber auch beiläufig, nicht bewußt oder implizit niederschlagen (Schacter, 1987). Prüfsituationen, die Erfahrungsnachwirkungen indirekt erfassen, sollten gerade auch im Hinblick auf pädagogische Implikationen verstärkt berücksichtigt werden. Immerhin ist mittlerweile bekannt, daß bei solchen Prüfverfahren (z.B. beim Identifizieren unvollständiger Bildversionen) alterskorrelierte Unterschiede im Behalten vorausgegangener Bilderfahrungen ausbleiben können (Wippich, Mecklenbräuker & Brausch, 1989). Bildwirkungen sind also in jedem Falle auch unter dem Vorzeichen der späteren Nutzungsbedingungen zu betrachten: Bilder sind dann wirksamer, wenn sie auf zukünftige Aufgaben angemessen vorbereiten. Leider konnten wir beim Textlernen, wo wir bemüht waren, Behaltenswirkungen "mehrdimensional" zu prüfen (Reproduzieren, verschiedene Frageformen beantworten), keine durchgängig differenzierenden Ergebnisse zur Wirkung von Bildern feststellen. Der hier nur angerissenen Frage nach den Nutzungs- und Prüfbedingungen sollte unbedingt weiter nachgegangen werden, wenn Bildeffekte im Hinblick auf pädagogische Implikationen eingeschätzt werden.

Die Wirksamkeit von Bildern ist – auch dies ist eine Selbstverständlichkeit, über die zumeist nicht nachgedacht wird – vor allem davon abhängig, welche informationsverarbeitenden Prozesse ausgelöst, nahegelegt oder gefördert werden. Der trivialste Fall einer ausbleibenden Bildwirkung wäre z.B. dann gegeben, wenn Bilder überhaupt nicht beachtet und bearbeitet werden. In unseren Experimenten haben wir "Bildformen" und "Lerninstruktionen" variiert, um das Zusammenspiel zwischen "Material-" und "Prozeßkomponenten" analysieren zu können. Da Bilder bevorzugt imaginale Bearbeitungsprozesse anregen sollen, haben wir Instruktionsvarianten überprüft, die zur bildhaften Verarbeitung auffordern. Wird das Lernen und Behalten durch *Instruktionen gefördert, die auf bildhafte Verarbeitungsmöglichkeiten aufmerksam machen?* Unter einer angewandten, pädagogischen Perspektive müssen bei einer Antwort auch hier Einschränkungen und Differenzierungen vorgenommen werden.

Die berichteten Ergebnismuster zeigen überzeugend (und in Übereinstimmung mit der vorliegenden Literatur), daß Wirkungen einer Vorstellungsinstruktion von der Instruktionsform abhängig sind. Beim Assoziationslernen waren (im Vergleich zu einer einfachen Lerninstruktion) nur dann Wirkungen zu erzielen, wenn dazu aufgefordert wurde, in der Vorstellung Zusammenhänge zwischen den zu verknüpfenden Sachverhalten herzustellen und abzubilden. Sollten die beiden Sachverhalte separat und ohne Verbindung nebeneinander vorgestellt werden, blieben Wirkungen aus. Beim Textlernen hatte eine vergleichbare Instruktion teilweise sogar negative Folgen. Daraus kann nun nicht abgeleitet werden, daß unter allen Aufgabenbedingungen "relationale" Vorstellungsinstruktionen zu empfehlen sind. Ginge es z.B. darum, zwischen zwei Sachverhalten, die bereits miteinander verknüpft sind, Unterschiede festzustellen und im Wissen zu verankern, ist es nicht abwegig, separate Vorstellungen der zu vergleichenden Items zu bilden.

Aus dem Vergleich der Ergebnisse beider Experimente folgt im übrigen erneut, daß Vorstellungen eher bei unverbundenen, neuartigen Informationen (Assoziationslernen) als bei wohlgeordneten Texten wirksam werden. Daraus den Schluß zu ziehen, in den untersuchten Altersbereichen seien beim Textlernen Vorstellungen belanglos, halten wir allerdings für voreilig. Wir vermuten, daß – zumal bei älteren Kindern – eine elaboriertere Instruktionseinführung und -einübung zu positiven Effekten geführt hätte. Dies ist nach der vorliegenden Literatur insbesondere dann wahrscheinlich, wenn Instruktionen durch zusätzliche Bildhilfen unterstützt werden. Im übrigen können wir natürlich nicht ausschließen, daß zumindest einige der älteren Kinder in der Kontrollgruppe unter den gegebenen Bedingungen spontan bei der Textverarbeitung von Vorstellungen Gebrauch gemacht haben.

Beim Assoziationslernen zeigte sich eine weitere, altersspezifische Einschränkung in der Wirksamkeit "verknüpfender" Vorstellungsinstruktionen. Bei jüngeren Kindern blieb die Instruktionswirkung auf Bilder beschränkt, bei einem längeren Behaltensintervall sogar auf bereits elaborierte Bilder. Erst bei älteren Kindern generalisierte die positive Wirkung der Vorstellungsinstruktion auf Wörter. Ein solches Ergebnismuster ist ebenfalls für die vorliegende Forschungsliteratur typisch. Jüngere Kinder bedürfen zusätzlicher Hilfen (Bildvorlagen), wenn Vorstellungswirkungen über Instruktionen erzielt werden sollen. Auch hier bleibt der Hinweis, daß sich solche Hilfen auch auf die Nutzung des Gelernten (erneute Bildvorlagen in der Prüfphase wie im ersten Experiment) beziehen sollten. Beim Textlernen sind ähnliche Ergebnismuster "altersverschoben" (d.h., bei älteren Kindern) nicht ungewöhnlich.

Bilder bzw. Instruktionen sind in beiden Experimenten vorgegeben bzw. variiert worden, um Vorstellungswirkungen beim Lernen und Behalten prüfen zu können. Insgesamt gesehen zeigen unsere Ergebnisse, daß Vorstellungen schon bei jüngeren Kindern ein wichtiges Medium für Lernen und Behalten sein können. Natürlich behaupten wir nicht, daß Vorstellungen der einzige Weg (oder der "Königsweg") sind, um förderliche Effekte zu erzielen. Wir haben keine systematischen Versuche unternommen, Vorstellungseffekte mit "verbalen" Elaborationstechniken zu vergleichen (s. aber Experiment 1, wo sich elaborierte Bilder im Vergleich zu elaborierten sprachlichen Verknüpfungen als förderlicher erwiesen). Prinzipiell mag es sogar möglich sein, die hier unter "imagery" eingeordneten Variablen in einem anderen theoretischen Kontext umzuinterpretieren. Wir glauben aber, daß es gerade auch unter der Perspektive pädagogischer Implikationen nützlich ist, Vorstellungshypothesen weiter zu verfolgen. Es herrscht weitgehend Einigkeit darüber, daß kognitives Lernen und Behalten keineswegs ausschließlich "verbal" gesteuert wird. Und es ist allemal günstig, sich zusätzliche Medien zur Förderung (z.B. auch bei Sprachbehinderungen) offen zu halten. Auf Lösungen kontroverser Debatten in der Grundlagenforschung zu warten, bevor offensichtlich wirksame Technologien eingesetzt werden, halten wir für verfehlt, zumal technologische Anwendungen vor allem bei Fehlschlägen auch für die Grundlagenforschung informativ sind (vgl. hierzu Wippich, 1984).

Sollen – wie hier über Vorstellungen – Technologien eingesetzt werden, ist es allemal relevant, sich auch über die "Akzeptanz" der Maßnahmen Gedanken zu machen. Unsere Ergebnisse zum Assoziationslernen zeigen, daß schon jüngere Kinder als "aktiv" Lernende bezeichnet werden können und durchaus dazu in der Lage sind, nicht nur vorgegebene

Informationen "passiv" aufzunehmen, sondern instruktionsgeleitet auch Verknüpfungen und Elaborationen herzustellen. Akzeptanz ist also schon in den von uns untersuchten Altersbereichen eine berechtigte Frage. Sie ist dann mit höherer Wahrscheinlichkeit zu erwarten, wenn beim (bei der) Lernenden Vermutungen, Meinungen oder Wissen vorauszusetzen sind, die mit der Technologie nicht inkompatibel sind. So gesehen ist es ein schon für sich genommen wichtiges und autonomes Thema, Metakognitionen bzw. Formen des Metagedächtnisses und deren Entwicklung zu erforschen. Für pädagogische Implikationen relevant ist also auch die hier zentrale Frage nach dem Wissensstand der untersuchten Altersstufen. Über welches *Wissen zu ihrem Gedächtnis bzw. zu Vorstellungen* verfügen Kinder?

Bezogen auf die allgemeine Metagedächtnis-Exploration bestätigen unsere Ergebnisse vorliegende Befunde. Nicht überraschend wissen z.B. ältere Kinder einiges mehr über kognitive Sachverhalte als Vorschulkinder (und/ oder können ihr Wissen besser ausdrücken). Recht geringe Interkorrelationen zwischen einzelnen Subtests zeigen zudem an, daß es sinnvoll ist, von einem mehrdimensionalen Konstrukt auszugehen. Deshalb sind die völlig neuartigen Ergebnisse zum aufgabenspezifischen Wissen von erheblichem Interesse. Zwar zeigten unsere Untersuchungen, daß sich auch hier alterskorrelierte Verbesserungen im Wissensstand nachweisen lassen. Doch scheint uns bemerkenswert, daß ein grundlegendes Wissen um Vorstellungs- (oder genauer Bild-) Effekte schon bei Vorschulkindern diagnostiziert werden kann. Dies gilt sogar unter Bedingungen, wo relativ aufwendig (wie beim Textlernen) über komplexe Sachverhalte nachgedacht und geurteilt werden muß. Wir halten dieses Ergebnis auch unter dem Aspekt pädagogischer Implikationen für sehr wichtig. Zum einen ist es offensichtlich möglich, Untersuchungen zum Wissen über Vorstellungswirkungen schon bei jüngeren Kindern mit relativ reliablen Ergebnissen durchzuführen (dies war bei der Planung unserer Untersuchungen keineswegs eine Selbstverständlichkeit!). Wir denken, daß sich unsere Untersuchungsinstrumente bewährt haben. Zum anderen begünstigen unsere Ergebnisse Versuche, technologische Anwendungen der Vorstellungsforschung bei Kindern zu erproben. Das hier diagnostizierte aufgabenspezifische Gedächtniswissen läßt jedenfalls die Erwartung zu, daß es - etwa in ausgiebigen Trainingsstudien - möglich ist, schon Vorschulkinder von der Wirksamkeit solcher Technologien zu "überzeugen", eine Vermutung, die allein deshalb bedeutsam ist, weil unter solchen Voraussetzungen Transfer, Generalisierung und Persistenz von Trainingserfolgen mit höherer Wahrscheinlichkeit eintreten werden. Zukünftig sollte es darum gehen, weitere metakognitive Aspekte des Vorstellens zuverlässig an Kindern zu erfassen, um sich verändernden subjektiven "Theorien des Vorstellens" auf die Spur zu kommen. Die vorliegenden Ergebnisse ermutigen zu solchen Unternehmungen.

Es mag überraschen, daß wir uns am Ende gerade auch unter anwendungsbezogenen Aspekten zugunsten weiterer Forschungsbemühungen zu Metakognitionen aussprechen. Sind doch bei der wichtigen Frage nach Zusammenhängen zwischen Metagedächtnis-Indikatoren und dem tatsächlichen Gedächtnisverhalten unsere Ergebnisse wenig ermutigend. *Fördert ein ausgeprägteres Wissen um kognitive Phänomene entsprechendes Gedächtnisverhalten?* Ähnlich wie in anderen Forschungsfeldern (vgl. etwa Diskrepanzen zwischen Einstellungsmessungen und einstellungsrelevantem Verhalten oder zwischen Motivindikatoren und motivational relevanten Verhaltensweisen) konnten wir zwischen dem "Wissen" und dem "Können" (durch Gedächtnisleistungen abgebildet) keine durchgängigen und durchschlagenden Zusammenhänge und auch keine Trends zu interpretierbaren Entwicklungsmustern aufdecken. Hierfür können mehrere Gründe angeführt und diskutiert werden, was bereits in Kapitel 6.3 versucht wurde. Am wichtigsten scheint uns zu sein, daß selbst das von uns erfaßte aufgabenspezifische Gedächtniswissen (z.B. über den Schwierigkeitsgrad von Assoziationen) nur dann behaltenswirksam werden *kann* (d.h., sich auch in Leistungsmaßen niederschlägt), wenn dieses Wissen während der Aufgabenbewältigung "aktiviert" wird und wenn zugleich wissensangemessene Konsequenzen (z.B. bei der Verteilung und Fokussierung der Lernbemühungen) gezogen werden bzw. gezogen werden können. (Deklaratives) Gedächtniswissen kann nach diesen Überlegungen also nur dann einflußreich werden, wenn angemessene (prozedurale) Metakognitionsstrategien verfügbar sind und eingesetzt werden und wenn schließlich Metakognitionen auch geeignete Verarbeitungsstrategien "aufrufen" oder wenn unzulängliche Vorgehensweisen modifiziert werden. Metakognitive Strategien sind bei uns wahrscheinlich nur unzulänglich (vgl. den "monitoring"- Indikator) und jedenfalls nicht aufgabenbezogen erfaßt worden. Zu denken gibt allerdings, daß auch von uns erfaßte und für relevant gehaltene Außenvariablen (wie z.B. Reflexivität/Impulsivität) die Beziehungen zwischen Metagedächtnis- und Gedächtnisindikatoren nicht moderierten, obwohl dies zu erwarten ist, wenn metakognitive Strategien auf den Zusammenhang zwischen Metagedächtnis und Gedächtnis einen entscheidenden Einfluß ausüben.

Dem allgemeinen Forschungstrend folgend bleibt hier nur die Aussage, daß es sinnvoll sein wird, Fragen nach Zusammenhängen zwischen "Wissen" und "Können" in größere Zusammenhänge einzubetten. Zu einer solchen Rekonzeptualisierung können vorliegende pfadanalytische Modellierungen (vgl. Kapitel 4.3) herangezogen werden. Bei solchen Rekonstruktionen muß überdacht werden, "wann" Zusammenhänge zu erwarten sind. Neben der "Wann" - Frage, zu der bereits Vorschläge vorliegen (vgl. Kapitel 5.2), ist auch die "Wie"- Frage zu klären. Wie das "Wie" aussehen könnte, haben wir bereits mehrfach erörtert.

Es bleibt also noch einiges zu tun in dem hier erörterten Forschungsfeld. Klärungsbedarf besteht weiterhin zum Thema "Vorstellungen und Textverarbeitung". Unter welchen Bedingungen (welche Texte, welcher Entwicklungsstand und welche Repräsentationsebene?) sind hier förderliche Konsequenzen des Vorstellens (Vorstellungen welcher Art?) zu erwarten? Auch sollte subjektiven "Theorien des Vorstellens" und deren Entwicklung weiterhin nachgegangen werden. Schließlich bleibt die Frage nach Zusammenhängen zwischen Metakognitionen und kognitivem Verhalten sowie Leistungsdaten spannend. Dies alles sind keine einfachen und schon gar einfach lösbaren Probleme. Nach unseren Erfahrungen mit immerhin 360 jungen "Versuchspersonen" (Vorversuche nicht mitgerechnet), die hier dokumentiert worden sind, gibt es einige hoffnungsvolle Zeichen, daß die angeschnittenen Fragen empirisch und experimentell angegangen werden können. Bedenkt man, daß eine systematische Gedankenarbeit zu den hier diskutierten Themen noch relativ jung ist, kann man einigermaßen zufrieden sein, daß an dieser Stelle nicht unbegründet zu pädagogischen Implikationen Stellung genommen werden konnte.

Literaturverzeichnis

Anderson, J.R. (1978). Arguments concerning representations for mental imagery. *Psychological Review, 85*, 249-277.

Anderson, J.R. (1980). *Cognitive psychology and its implications.* San Francisco: Freeman.

Anderson, J.R. (1985^2). *Cognitive psychology and its implications.* New York: Freeman.

Anderson, J.R. & Bower, G.H. (1973). *Human associative memory.* Washington, D.C.: Winston.

Anderson, R.C. & Kulhavy, R.W. (1972). Imagery and prose learning. *Journal of Educational Psychology, 63*, 242-243.

Andreassen, C. & Waters, H.S. (1989). Organization during study: Relationships between metamemory, strategy use, and performance. *Journal of Educational Psychology, 81*, 190-195.

Appel, L.F., Cooper, R.G., McCarrell, N., Sims-Knight, J., Yussen, S.R. & Flavell, J.H. (1972). The development of the distinction between perceiving and memorizing. *Child Development, 43*, 1365-1381.

Atkinson, R.C. (1975). Mnemotechnics in second-language learning. *American Psychologist, 30*, 821-828.

Atkinson, R.C. & Raugh, M.R. (1975). An application of the mnemonic keyword method to the acquisition of a Russian vocabulary. *Journal of Experimental Psychology: Human Learning and Memory, 1*, 126-133.

Ausubel, D.P. (1963). *The psychology of meaningful verbal learning.* New York: Grune and Stratton.

Baddeley, A.D. (1986). *Working memory.* Oxford: Oxford University Press.

Bagnara, S., Simion, F., Tagliabue, M.E. & Umilta, C. (1988). Comparison processes on visual mental images. *Memory and Cognition, 16*, 138-146.

Ballstaedt, S.-P., Mandl, H., Schnotz, W. & Tergan, S.-O. (1981). *Texte verstehen, Texte gestalten.* München: Urban und Schwarzenberg.

Banks, W.P. & Flora, J. (1977). Semantic and perceptual processes in symbolic comparisons. *Journal of Experimental Psychology: Human Perception and Performance, 3*, 278-290.

Baschek, I.-L., Bredenkamp, J., Oehrle, B. & Wippich, W. (1977). Bestimmung der Bildhaftigkeit (I), Konkretheit (C) und der Bedeutungshaltigkeit (m') von 800 Substantiven. *Zeitschrift für Experimentelle und Angewandte Psychologie, 24*, 353-396.

Bates, E., Kintsch, W., Fletcher, C.R. & Giuliani, V. (1980). The role of pronominalization and ellipsis in texts: Some memory experiments. *Journal of Experimental Psychology: Human Learning and Memory, 6*, 676-691.

Begg, I. (1972). Recall of meaningful phrases. *Journal of Verbal Learning and Verbal Behavior, 11*, 431-439.

Begg, I. (1973). Imagery and integration in the recall of words. *Canadian Journal of Psychology, 27*, 159-167.

Begg, I. (1978). Imagery and organization in memory: Instructional effects. *Memory and Cognition, 6*, 174-183.

Begg, I. (1982). Imagery, organization, and discriminative processes. *Canadian Journal of Psychology, 36*, 273-290.

Begg, I. (1983). Imagery instructions and the organization of memory. In J.C. Yuille (Ed.), *Imagery, memory and cognition*. Hillsdale: Erlbaum.

Begg, I. & Paivio, A. (1969). Concreteness and imagery in sentence meaning. *Journal of Verbal Learning and Verbal Behavior, 8*, 821-827.

Begg, I. & Sikich, D. (1984). Imagery and contextual organization. *Memory and Cognition, 12*, 52-59.

Begg, I. & Young, B.J. (1977). An organizational analysis of the form class effect. *Journal of Experimental Child Psychology, 23*, 503-519.

Bender, B.G. & Levin, J.R. (1976). Motor activity, anticipated motor activity, and young children's associative learning. *Child Development, 47*, 560-562.

Bender, B.G. & Levin, J.R. (1978). Pictures, imagery, and retarded children's prose learning. *Journal of Educational Psychology, 70*, 583-588.

Best, D.L. & Ornstein, P.A. (1986). Children's generation and communication of mnemonic organizational strategies. *Developmental Psychology, 22*, 845-853.

Beuhring, T. & Kee, D.W. (1987a). Developmental relationships among metamemory, elaborative strategy use, and associative memory. *Journal of Experimental Child Psychology, 44*, 377-400.

Beuhring, T. & Kee, D.W. (1987b). Elaborative propensities during adolescence: The relationships among memory knowledge, strategy behavior, and memory performance. In M.A. McDaniel & M. Pressley (Eds.), *Imagery and related mnemonic processes*. New York: Springer-Verlag.

Black, J.B. & Bower, G.H. (1980). Story understanding as problem solving. *Poetics, 9*, 223-250.

Borkowski, J.G., Levers, S. & Gruenenfelder, T.M. (1976). Transfer of mediational strategies in children: The role of activity and awareness during strategy acquisition. *Child Development, 47*, 779-786.

Borkowski, J.G., Peck, V.A., Reid, M.K. & Kurtz, B.E. (1983). Impulsivity and strategy transfer: Metamemory as mediator. *Child Development, 54*, 459-473.

Borkowski, J.G., Reid, M.K. & Kurtz, B.E. (1984). Metacognition and retardation: Paradigmatic, theoretical, and applied perspecives. In R. Sperber, C. McCauley & P. Brooks (Eds.), *Learning and cognition in the mentally retarded*. Baltimore: University Park Press.

Bower, G.A. (1970). Imagery as a relational organizer in associative learning. *Journal of Verbal Learning and Verbal Behavior, 9*, 529-533.

Bower, G.A. (1978). Contacts of cognitive psychology with social learning theory. *Cognitive Therapy and Research, 2*, 123-146.

Brainerd, C.J., Desrochers, A. & Howe, M.L. (1981). Stages-of-learning analysis of developmental interactions in memory. *Journal of Experimental Psychology: Human Learning and Memory, 7*, 1-14.

Bredenkamp, J. (1980). *Theorie und Planung psychologischer Experimente.* Darmstadt: Steinkopff.

Bredenkamp, J. (1986). Die Unterscheidung verschiedener Begriffsarten unter besonderer Berücksichtigung einer dreiwertigen Logik. *Sprache & Kognition, 5*, 155-162.

Bredenkamp, J. & Wippich, W. (1977). *Lern- und Gedächtnispsychologie. Band II.* Stuttgart: Kohlhammer.

Brown, A.L. (1978). Knowing when, where, and how to remember: A problem of metacognition. In R. Glaser (Ed.), *Advances in instructional psychology.* Hillsdale: Erlbaum.

Brown, A.L. (1980). Metacognitive development and reading. In R.J. Spiro, B. Bruce & W.F. Brewer (Eds.), *Theoretical issues in reading comprehension.* Hillsdale: Erlbaum.

Brown, A.L. (1984). Metakognition, Handlungskontrolle, Selbststeuerung und andere, noch geheimnisvollere Mechanismen. In F.E. Weinert & R.H. Kluwe (Eds.), *Metakognition, Motivation und Lernen.* Stuttgart: Kohlhammer.

Brown, A.L., Bransford, J.D., Ferrara, R.A. & Campione, J.C. (1983). Learning, remembering, and understanding. In J.H. Flavell & E.M. Markman (Eds.), *Handbook of child psychology. Vol. 3: Cognitive development.* New York: Wiley.

Brown, A.L., Campione, J.C. & Barclay, C.R. (1979). Training self-checking routines for estimating test readiness: Generalization form list learning to prose recall. *Child Development, 50*, 501-512.

Brown, A.L. & Smiley, S.S. (1977). Rating the importance of structural units of prose passages: A problem of metacognitive development. *Child Development, 48*, 1-8.

Brown, A.L. & Smiley, S.S. (1978). The development of strategies for studying texts. *Cild Development, 49*, 1076-1088.

Brown, A.L., Smiley, S.S. & Lawton, S.C. (1978). The effects of experience on the selection of suitable retrieval cues for studying texts. *Child Development, 49*, 829-835.

Bruner, J.S., Olver, R.R. & Greenfield, P.M. (1966). *Studies in cognitive growth.* New York: Wiley.

Butterfield, E.C., Nelson, T.O. & Peck, V. (1988). Developmental aspects of feeling of knowing. *Developmental Psychology, 24*, 654-663.

Calhoun, J.P. (1974). Developmental and sociocultural aspects of imagery in the picture-word paired-associate learning of children. *Developmental Psychology, 10*, 357-366.

Campione, J.C. & Brown, A.L. (1977). Memory and metamemory development in educable retarded children. In R.V. Kail, Jr. & J.W. Hagen (Eds.), *Perspectives on the development of memory and cognition.* Hillsdale: Erlbaum.

Cantor, D.S., Andreassen, C. & Waters, H.S. (1985). Organisation in visual episodic memory: Relationships between verbalized knowledge, strategy use, and performance. *Journal of Experimental Child Psychology, 40*, 218-232.

Carr, M. & Borkowski, J.G. (1989). Culture and the development of the metacognitive system. *Zeitschrift für Pädagogische Psychologie, 3*, 219-228.

Carr, M., Kurtz, B.E., Schneider, W., Turner, L.A. & Borkowski, J.G. (1989). Strategy acquisition and transfer among American and German children: Environmental influences on metacognitive development. *Developmental Psychology, 25*, 765-771.

Case, R. (1978). Intellectual development from birth to adulthood: A neo-Piagetian interpretation. In R.S. Siegler (Ed.), *Children's thinking: What develops?* Hillsdale: Erlbaum.

Case, R. (1980). The underlying mechanism of intellectual development. In J.R. Kirby & J.B. Biggs (Eds.), *Cognition, development, and instruction.* New York: Academic Press.

Case, R. (1985) *Intellectual development: Birth to adulthood.* Orlando: Academic Press.

Cattell, R.B. & Weiss, R.H. (1978). *Grundintelligenztest, Skala 2.* Braunschweig: Westermann.

Cavanaugh, J.C. & Borkowski, J.G. (1980). Searching for metamemory-memory connections: A developmental study. *Developmental Psychology, 16*, 441-453.

Cavanaugh, J.C. & Perlmutter, M. (1982). Metamemory: A critical examination. *Child Development, 53*, 11-28.

Chambers, D. & Reisberg, D. (1985). Can mental images be ambiguous? *Journal of Experimental Psychology: Human Perception and Performance, 11*, 317-328.

Chen, H.-C. & Ng, M.-L. (1989). Semantic facilitation and translation priming effects in Chinese-English bilinguals. *Memory and Cognition, 17*, 454-462.

Clark, J.M. & Paivio, A. (1987). A dual coding perspective on encoding processes. In M.A. McDaniel & M. Pressley (Eds.), *Imagery and related mnemonic processes.* Berlin: Springer-Verlag.

Cohen, J. (1977^2). *Statistical power analysis for the behavioral sciences.* New York: Academic Press.

Cornoldi, C. (1986). *The relationship between memory performance and metamemory (story - technique) in 5 and 7 year-old children.* Paper presented at the European ISSBD Conference, Rome.

Craik, F.I.M. & Lockhart, R.S. (1972). Levels of processing: A framework for memory research. *Journal of Verbal Learning and Verbal Behavior, 11*, 671-684.

Cunningham, J.G. & Weaver, S.L. (1989). Young children's knowledge of their memory span: Effects of task and experience. *Journal of Experimental Child Psychology, 48*, 32-44.

Davidson, R.E. & Adams, J.F. (1970). Verbal and imagery processes in children's paired-associate learning. *Journal of Experimental Child Psychology, 9*, 429-435.

Day, J.C. & Bellezza, F.S. (1983). The relation between visual imagery mediators and recall. *Memory and Cognition, 11*, 251-257.

de Beni, R. & Cornoldi, C. (1988). Imagery limitations in totally congenitally blind subjects. *Journal of Experimental Psychology: Learning, Memory, and Cognition, 14*, 650-655.

Dell, G.S., McKoon, G. & Ratcliff, R. (1983). The activation of antecedent information during the processing of anaphoric reference in reading. *Journal of Verbal Learning and Verbal Behavior, 22*, 121-132.

Deloche, G., Seron, X., Scius, G. & Segui, J. (1987). Right hemisphere language processing: Lateral difference with imageable and nonimageable ambiguous words. *Brain and Language, 30*, 197-205.

Denis, M. (1987). Individual imagery differences in prose processing. In M.A. McDaniel & M. Pressley (Eds.), *Imagery and related mnemonic processes*. Berlin: Springer-Verlag.

Denis, M. & Carfantan, M. (1985a). People's knowledge about images. *Cognition, 20*, 49-60.

Denis, M. & Carfantan, M. (1985b). What people know about visual images: A metacognitive approach to imagery. In D.G. Russell & D.F. Marks (Eds.), *Imagery 2*. Dunedin, New Zealand: Human Performance Associates.

Desrochers, A. & Begg, I. (1987). A theoretical account of encoding and retrieval processes in the use of imagery-based mnemonic techniques: The special case of the keyword method. In M.A. McDaniel & M. Pressley (Eds.), *Imagery and related mnemonic processes*. Berlin: Springer-Verlag.

Desrochers, A., Gélinas, C. & Wieland, L.D. (1989). An application of the mnemonic keyword method to the acquisition of German nouns and their grammatical gender. *Journal of Educational Psychology, 81*, 25-32.

de Villiers, P.A. (1974). Imagery and theme in recall of connected discourse. *Journal of Experimental Psychology, 103*, 263-268.

de Vito, C. & Olson, A.M. (1973). More on imagery and the recall of adjectives and nouns from meaningful prose. *Bulletin of the Psychonomic Society, 1*, 397-398.

Digdon, N., Pressley, M. & Levin, J.R. (1985). Preschooler's learning when pictures do not tell the whole story. *Educational Communication and Technology Journal, 33*, 139-145.

Dilley, M.G. & Paivio, A. (1968). Pictures and words as stimulus and response items in paired-associate learning of young children. *Journal of Experimental Child Psychology, 6*, 231-240.

Dixon, R.A. & Hertzog, C. (1988). A functional approach to memory and metamemory development in adulthood. In F.E. Weinert & M. Perlmutter (Eds.), *Memory development: Universal changes and individual differences*. Hillsdale: Erlbaum.

Duchastel, P.C. (1980). Research on illustrations in text: Issues and perspectives. *Educational Communication and Technology, 28*, 283-287.

Duchastel, P. & Waller, R. (1979). Pictorial illustration in instructional texts. *Educational Technology, 19*, 20-25.

Dufresne, A. & Kobasigawa, A. (1989). Children's spontaneous allocation of study time: Differential and sufficient aspects. Journal of Experimental *Child Psychology, 47*, 274-296.

Dunham, T.C. & Levin, J.R. (1979). Imagery instructions and young children's prose learning: No evidence of "support". *Contemporary Educational Psychology, 4*, 107-113.

Durso, F.T. & Johnson, M.K. (1979). Facilitation in naming and categorizing repeated pictures and words. *Journal of Experimental Psychology: Human Learning and Memory, 5*, 449-459.

Einstein, G.O. & Hunt, R.R. (1980). Levels of processing and organization: Additive effects of individual item and relational processing. *Journal of Experimental Psychology: Human Learning and Memory, 6*, 588-598.

Engelkamp, J. (1976). *Satz und Bedeutung.* Stuttgart: Kohlhammer.

Epstein, W., Rock, I. & Zuckerman, C.B. (1960). Meaning and familiarity in associative learning. *Psychological Monographs, 74*, (4, Whole No. 491).

Erdfelder, E. (1987). *Die Entwicklung psychometrischer Intelligenz über die Lebensspanne.* Frankfurt a.M.: Peter Lang.

Ericsson, K.A. & Simon, H.A. (1980). Verbal reports as data. *Psychological Review, 87*, 215-251.

Ericsson, K.A. & Simon, H.A. (1983). *Verbal protocol analysis.* Cambridge, MA: MIT Press.

Ernest, C.H. (1977). Imagery ability and cognition: A critical review. *Journal of Mental Imagery, 2*, 181-216.

Ernest, C.H. (1987). Imagery and memory in the blind: A review. In M.A. McDaniel & M. Pressley (Eds.), *Imagery and related mnemonic processes.* Berlin: Springer-Verlag.

Evertson, C.M. & Wicker, F.W. (1974). Pictorial concreteness and modes of elaboration in children's learning. *Journal of Experimental Psychology, 17*, 264-270.

Farah, M. (1984). The neurological basis of mental imagery: A componential analysis. *Cognition, 18*, 245-272.

Farah, M. (1985). Psychophysical evidence for a shared representational medium for mental images and percepts. *Journal of Experimental Psychology: General, 114*, 91-103.

Feger, H. & Graumann, C.F. (1983). Beobachtung und Beschreibung von Erleben und Verhalten. In H. Feger & J. Bredenkamp (Eds.), *Datenerhebung* (= Enzyklopädie der Psychologie, Themenbereich B, Serie I, Band 2). Göttingen: Hogrefe.

Finke, R.A. (1980). Levels of equivalence in imagery and perception. *Psychological Review, 87*, 113-132.

Finke, R.A. (1985). Theories relating mental imagery to perception. *Psychological Bulletin, 98*, 236-259.

Fivush, R. (1984). Learning about school: The development of kindergartners' school scripts. *Child Development, 55*, 1697-1709.

Flavell, J.H. (1970). Developmental studies of mediated memory. In H.W. Reese & L.P. Lipsitt (Eds.), *Advances in Child Development and Behavior* (Vol. 5). New York: Academic Press.

Flavell, J.H. (1971). First discussant's comments: What is memory development the development of? *Human Development, 14*, 272-278.

Flavell, J.H. (1978). Metacognitive development. In J.M. Scandura & C.J. Brainerd (Eds.), *Structural process theories of complex human behavior.* Alphen a.d.Rijn: Sijthoff & Noordhoff.

Flavell, J.H. (1981). Cognitive monitoring. In W.P. Dickson (Ed.), *Children's oral communication skills.* New York: Academic Press.

Flavell, J.H., Friedrichs, A.G. & Hoyt, J.D. (1970). Developmental changes in memorization processes. *Cognitive Psychology, 1,* 324-340.

Flavell, J.H. & Wellman, H.M. (1977). Metamemory. In R.V. Kail & J.W. Hagen (Eds.), *Perspectives on the development of memory and cognition.* Hillsdale: Erlbaum.

Fletcher, C.R. (1981). Short-term memory processes in text comprehension. *Journal of Verbal Learning and Verbal Behavior, 20,* 564-574.

Fletcher, C.R. & Bloom, C.P. (1988). Causal reasoning in the comprehension of simple narrative texts. *Journal of Memory and Language, 27,* 235-244.

Fraisse, P. (1968). Motor and verbal reaction times to words and drawings. *Psychonomic Science, 12,* 235-236.

Freeland, C.A.B. & Scholnick, E.K. (1987). The role of causality in young children's memory for stories. *International Journal of Behavioral Development, 10,* 71-88.

Fricke, R. & Treinies, J. (1985). *Einführung in die Meta-Analyse.* Bern: Huber.

Fröhlich, W.D. & Becker, J. (1971^5). *Forschungsstatistik.* Bonn: Bouvier Verlag.

Gjerde, P.F., Block, J. & Block, J.H. (1985). Longitudinal consistency of matching familiar figures test performance from early childhood to preadolescence. *Developmental Psychology, 21,* 262-271.

Glenberg, A., Meyer, M. & Lindem, K. (1987). Mental models contribute to foregrounding during text comprehension. *Journal of Memory and Language, 26,* 69-83.

Goldston, D.B. & Richman, C.L. (1985). Imagery, encoding specifity, and prose recall in 6-year-old children. *Journal of Experimental Child Psychology, 40,* 395-405.

Goodman, C. & Gardiner, J.M. (1981). How well do children remember what they have recalled? *British Journal of Educational Psychology, 51,* 97-101.

Graesser, A.C. (1981). *Prose comprehension beyond the word.* New York: Springer-Verlag.

Griffith, D. (1981). An evaluation of the key-word technique for the acquisition of Korean vocabulary by military personnel. *Bulletin of the Psychonomic Society, 17,* 12-14.

Gruneberg, M.M., Monks, J. & Sykes, R.N. (1977). Some methodological problems with feeling of knowing studies. *Acta Psychologica, 41,* 365-371.

Guttmann, J., Levin, J.R. & Pressley, M. (1977). Pictures, partial pictures, and young children's oral prose learning. *Journal of Educational Psychology, 69,* 473-480.

Hager, W. & Westermann, R. (1983). Planung und Auswertung von Experimenten. In J. Bredenkamp & H. Feger (Eds.), *Hypothesenprüfung* (= Enzyklopädie der Psychologie, Themenbereich B, Serie I, Band 5). Göttingen: Hogrefe.

Hannafin, M.J. (1983). The effects of instructional stimulus loading on the recall of abstract and concrete prose. *Educational Communication and Technology Journal, 31,* 103-109.

Haring, M.J. & Fry, M.A. (1979). Effects of pictures on children's comprehension of written text. *Educational Communication and Technology Journal, 27*, 185-190.

Hasselhorn, M. (1986). *Differentielle Bedingungsanalyse verbaler Gedächtnisleistungen bei Schulkindern*. Frankfurt a M.: Peter Lang.

Hasselhorn, M. & Hager, W. (1987). Probleme bei der Verwendung des Prädiktionsverfahrens in der Metagedächtnisforschung. Vortragsmanuskript (29. Tagung experimentell arbeitender Psychologen, Aachen).

Hasselhorn, M. & Hager, W. (1989). Prediction accuracy and memory performance: Correlational and experimental tests of a metamemory hypothesis. *Psychological Research, 51*, 147-152.

Hasselhorn, M., Hager, W. & Baving, L. (1989). Zur Konfundierung metakognitiver und motivationaler Aspekte im Prädiktionsverfahren. *Zeitschrift für Experimentelle und Angewandte Psychologie, 36*, 31-41.

Hasselhorn, M., Hager, W. & Möller, H. (1987). Metakognitive und motivationale Bedingungen der Prognose eigener Gedächtnisleistungen. *Zeitschrift für Experimentelle und Angewandte Psychologie, 34*, 195-211.

Herrmann, D.J. (1982). Know thy memory: The use of questionnaires to assess and study memory. *Psychological Bulletin, 92*, 434-452.

Herrmann, T. (1973). *Persönlichkeitsmerkmale*. Stuttgart: Kohlhammer.

Hilgard, E.R. (1981). Imagery and imagination in American psychology. *Journal of Mental Imagery, 5*, 5-66.

Holmes, B.C. (1987). Children's inferences with print and pictures. *Journal of Educational Psychology, 79*, 14-18.

Hudson, J. (1988). Children's memory for atypical actions in script-based stories: Evidence for a disruption effect. *Journal of Experimental Child Psychology, 46*, 159-173.

Hudson, J. & Nelson, K. (1983). Effects of script structure on children's story recall. *Developmental Psychology, 19*, 625-635.

Hunt, R.R. & Einstein, G.O. (1981). Relational and item-specific information in memory. *Journal of Verbal Learning and Verbal Behavior, 20*, 497-514.

Hunt, R.R. & Marschark, M. (1987). Yet another picture of imagery: The role of shared and distinctive information. In M. McDaniel & M. Pressley (Eds.), *Imagery and related mnemonic processes*. Berlin: Springer-Verlag.

Intraub, H. (1979). The role of implicit naming in pictorial encoding. *Journal of Experimental Psychology: Human Learning and Memory, 5*, 78-87.

Istomina, Z.M. (1975). The development of voluntary memory in preschool-age children. *Soviet Psychology, 13*, 5-64.

Johnson, C.N. & Wellman, H.M. (1980). Children's developing understanding of mental verbs: 'Remember', 'know', and 'guess'. *Child Development, 51*, 1095-1102.

Johnson-Laird, P.N. (1983). *Mental models*. Cambridge: Harvard University Press.

Jones, B.F. & Hall, J.W. (1982). School applications of the mnemonic keyword method as a study strategy by eighth graders. *Journal of Educational Psychology, 74*, 230-237.

Jones, H.R. (1973). The use of visual and verbal memory processes by three-year-old children. *Journal of Experimental Child Psychology, 15*, 340-351.

Justice, E.M. (1985). Categorization as a preferred memory strategy: Developmental changes during elementary school. *Developmental Psychology, 21*, 1105-1110.

Kagan, J., Rosman, B.L., Day, D., Albert, J. & Phillips, W. (1964). Information processing in the child: Significance of analytic and reflective attitudes. *Psychological Monographs, 78* (1, Whole No. 578).

Kahneman, D. (1973). *Attention and effort*. Englewood Cliffs: Prentice-Hall.

Kail, R. (1984^2). *The development of memory in children*. New York: Freeman.

Katz, A.N. (1983). What does it mean to be a high imager? In J.C. Yuille (Ed.), *Imagery, memory, and cognition*. Hillsdale: Erlbaum.

Katz, A.N. (1987). Individual differences in the control of imagery processing: Knowing how, knowing when, and knowing self. In M.A. McDaniel & M. Pressley (Eds.), *Imagery and related mnemonic processes*. Berlin: Springer-Verlag.

Kaufmann, G. (1981). What is wrong with imagery questionnaires? *Scandinavian Journal of Psychology, 22*, 59-64.

Kee, D.W., Bell, T.S. & Davis, B.R. (1981). Developmental changes in the effects of presentation mode on the storage and retrieval of noun pairs in children's recognition memory. *Child Development, 52*, 268-279.

Keenan, J.M., MacWhinney, B. & Mayhew, D. (1977). Pragmatics in memory: A study of natural conversation. *Journal of Verbal Learning and Verbal Behavior, 16*, 549-560.

Keeney, T.J., Cannizzo, S.P. & Flavell, J.H. (1967). Spontaneous and induced verbal rehearsal in a recall task. *Child Development, 38*, 953-966.

Kerlinger, F.N. & Pedhazur, E.J. (1973). *Multiple regression in behavioral sciences*. New York: Holt, Rinehart and Winston.

Kerst, S.M. & Howard, J.H. (1977). Mental comparisons for ordered information on abstract and concrete dimensions. *Memory and Cognition, 5*, 227-234.

Kerst, S.M. & Howard, J.H. (1978). Memory psychophysics for visual area and length. *Memory and Cognition, 6*, 327-335.

Kerst, S. & Levin, J.R. (1973). A comparison of experimenter-provided and subject-generated strategies in children's paired-associate learning. *Journal of Educational Psychology, 65*, 300-303.

Kieras, D. (1978). Beyond pictures and words: Alternative information-processing models for imagery effects in verbal memory. *Psychological Bulletin, 85*, 532-554.

Kintsch, W. (1974). *The representation of meaning in memory*. Hillsdale: Erlbaum.

Kintsch, W. (1978). Comprehension and memory of text. In W.K. Estes (Ed.), *Handbook of learning and cognitive processes* (Vol. 6). Hillsdale: Erlbaum.

Kintsch, W. & Bates, E. (1977). Recognition memory for statements from a classroom lecture. *Journal of Experimental Psychology: Human Learning and Memory, 3*, 150-168.

Kintsch, W., Mandel, T.S. & Kozminsky, E. (1977). Summarizing scrambled stories. *Memory and Cognition, 5*, 547-552.

Kintsch, W. & van Dijk, T.A. (1978). Toward a model of text comprehension and production. *Psychological Review, 85*, 363-394.

Kintsch, W. & Young, S.R. (1984). Selective recall of decision-relevant information from texts. *Memory and Cognition, 12*, 112-117.

Kirchner, E.P. (1969). Vividness of adjectives and the recall of meaningful verbal material. *Psychonomic Science, 5*, 71-72.

Klatzky, R.L. (1984). *Memory and awareness.* San Francisco: Freeman.

Kolers, P.A. (1979). A pattern analyzing basis of recognition. In L.S. Cermak & F.I.M. Craik (Eds.), *Levels of processing in human memory.* Hillsdale: Erlbaum.

Kosslyn, S.M. (1976). Using imagery to retrieve semantic information: A developmental study. *Child Development, 47*, 434-444.

Kosslyn, S.M. (1978). The representational - development hypothesis. In P.A. Ornstein (Ed.), *Memory development in children.* Hillsdale: Erlbaum.

Kosslyn, S.M. (1980). *Image and mind.* Cambridge: Harvard University Press.

Kosslyn, S.M. (1981). The medium and the message in mental imagery: A theory. *Psychological Review, 88*, 46-66.

Kosslyn, S.M. (1983). *Ghosts in the mind's machine.* New York: Norton.

Kosslyn, S.M. (1987). Seeing and imagining in the cerebral hemispheres: A computational approach. *Psychological Review, 94*, 148-175.

Kosslyn, S.M., Ball, T.M. & Reiser, B.J. (1978). Visual images preserve metric spatial information: Evidence from studies of image scanning. *Journal of Experimental Psychology: Human Perception and Performance, 4*, 47-60.

Kosslyn, S.M., Brunn, J., Cave, K.R. & Wallach, R.W. (1984). Individual differences in mental imagery: A computational analysis. *Cognition, 18*, 195-243.

Kosslyn, S.M., Cave, C.B., Provost, D.A. & von Gierke, S.M. (1988). Sequential processes in image generation. *Cognitive Psychology, 20*, 319-343.

Kosslyn, S.M. & Pomerantz, J.R. (1977). Imagery, propositions, and the form of internal representations. *Cognitive Psychology, 9*, 52-76.

Kreutzer, M.A., Leonard, C. & Flavell, J.H. (1975). An interviewer study of children's knowledge about memory. Monographs of the Society for *Research in Child Development, 40* (1, Serial No. 159), 1-58.

Kulhavy, R.W. & Swenson, I. (1975). Imagery instructions and the comprehension of text. *British Journal of Educational Psychology, 45*, 47-51.

Kurtz, B.E. & Borkowski, J.G. (1984). Children's metacognition: Exploring relations among knowledge, process, and motivational variables. *Journal of Experimental Child Psychology, 37*, 335-354.

Kurtz, B.E. & Borkowski, J.G. (1987). Development of strategic skills in impulsive and reflective children: A longitudinal study of metacognition. *Journal of Experimental Child Psychology, 43*, 129-148.

Kurtz, B.E., Reid, M.K., Borkowski, J.G. & Cavanaugh, J.C. (1982). On the reliability and validity of childrens metamemory. *Bulletin of the Psychonomic Society, 19*, 137-140.

Kurtz, B.E., Schneider, W., Turner, L. & Carr, M. (1986). *Memory performance in German and American children: Differing roles of metacognitive and motivational variables*. Paper presented at the annual meetings of the American Educational Research Association, San Francisco.

Kurtz, B.E. & Weinert, F.E. (1989). Metamemory, memory performance, and causal attributions in gifted and average children. *Journal of Experimental Child Psychology, 48*, 45-61.

Labouvie-Vief, G., Levin, J.R. & Urberg, K.A. (1975). The relationship between selected cognitive abilities and learning: A second look. *Journal of Educational Psychology, 67*, 558-569.

Lachman, J.L., Lachman, R. & Thronesbery, C. (1979). Metamemory through the adult life span. *Developmental Psychology, 15*, 543-551.

Lachman, R., Lachman, J.L. & Butterfield, E.C. (1979). *Cognitive psychology and information processing*. Hillsdale: Erlbaum.

Lange, G., Guttentag, R.E. & Nida, R.E. (1990). Relationships between study organization, retrieval organization, and general and strategy-specific memory knowledge in young children. *Journal of Experimental Child Psychology, 49*, 126-146.

Leal, L., Crays, N. & Moely, B.E. (1985). Training children to use a self-monitoring study strategy in preparation for recall: Maintenance and generalization effects. *Child Development, 56*, 643-653.

Lesgold, A.M., McCormick, C. & Golinkoff, M. (1975b). Imagery training and children's prose learning. *Journal of Educational Psychology, 67*, 663-667.

Lesgold, A.M., Levin, J.R., Shimron, J. & Guttmann, J. (1975a). Pictures and young children's learning from oral prose. *Journal of Educational Psychology, 67*, 636-642.

Levie, W.H. & Lentz, R. (1982). Effects of text illustrations: A review of research. *Educational Communication and Technology Journal, 30*, 195-232.

Levin, J.R. (1973). Inducing comprehension in poor readers: A test of a recent model. *Journal of Educational Psychology, 65*, 19-24.

Levin, J.R. (1981). On functions of pictures in prose. In F.J. Pirozzolo & M.C. Wittrock (Eds.), *Neuropsychological and cognitive processes in reading*. New York: Academic Press.

Levin, J.R. (1982). Pictures as prose-learning devices. In A. Flammer & W. Kintsch (Eds.), *Discourse processing*. Amsterdam: North-Holland.

Levin, J.R. (1983). Pictorial strategies for school learning: Practical illustrations. In M. Pressley & J.R. Levin (Eds.), *Cognitive strategy research: Educational applications*. New York: Springer-Verlag.

Levin, J.R. (1989). A transfer-appropriate-processing perspective of pictures in prose. In H. Mandl & J.R. Levin (Eds.), *Knowledge acquisition from text and pictures*. Amsterdam: North-Holland.

Levin, J.R., Anglin, G.J. & Carney, R.N. (1987). On empirically validating functions of pictures in prose. In D.M. Willows & H.A. Houghton (Eds.), *The psychology of illustration. Vol. 1: Basic research*. New York: Springer-Verlag.

Levin, J.R., Bender B.G. & Lesgold, A.M. (1976). Pictures, repetition, and young children's oral prose learning. *AV Communication Review, 24*, 367-380.

Levin, J.R., Bender, B.G. & Pressley, M. (1979). Pictures, imagery, and children's recall of central versus peripheral sentence information. *Educational Communication and Technology Journal, 27*, 89-95.

Levin, J.R. & Berry, J.K. (1980). Children's learning of all the news that's fit to picture. *Educational Communication and Technology Journal, 28*, 177-185.

Levin, J.R. & Divine-Hawkins, P. (1974). Visual imagery as a prose learning process. *Journal of Reading Behavior, 6*, 23-30.

Levin, J.R., Divine-Hawkins, P., Kerst, S.M. & Guttmann, J. (1974). Individual differences in learning from pictures and words: The development and application of an instrument. *Journal of Educational Psychology, 66*, 296-303.

Levin, J.R., McCabe, A.E. & Bender, B.G. (1975). A note on imagery-inducing motor activity in young children. *Child Development, 46*, 263-266.

Levin, J.R. & Lesgold, A.M. (1978). On pictures in prose. *Educational Communication and Technology Journal, 26*, 233-243.

Levin, J.R. & Pressley, M. (1978). A test of the developmental imagery hypothesis in children's associative learning. *Journal of Educational Psychology, 70*, 691-694.

Levin, J.R., Rohwer, W.D., Jr. & Cleary, T.A. (1971). Individual differences in the learning of verbally and pictorially presented paired-associates. *American Journal of Educational Research, 8*, 11-26.

Levin, J.R., Yussen, S.R., De Rose, T.M. & Pressley, M. (1977). Developmental changes in assessing recall and recognition memory capacity. *Developmental Psychology, 13*, 608-615.

Lienert, G.A. (1973^2). *Verteilungsfreie Methoden in der Biostatistik. Band 1*. Meisenheim am Glan: Anton Hain.

Lodico, M.G., Ghatala, E.S., Levin, J.R., Pressley, M. & Bell, J.A. (1983). The effects of strategy-monitoring training on children's selection of effective memory strategies. *Journal of Experimental Child Psychology, 35*, 263-277.

Lohmöller, J.-B. & Schulte-Cloos, C. (1986). Therapieeffekte: Ein Pfadmodell mit latenten Variablen unter Partialkleinstquadratschätzung (LPS) im Rahmen einer Evaluationsstudie klinisch-therapeutischer Interventionen. In C. Möbus & W. Schneider (Eds.), *Strukturmodelle für Längsschnittdaten und Zeitreihen*. Bern: Huber.

Loper, A.B. & Murphy, D.M. (1985). Cognitive self-regulatory training for underachieving children. In D.L. Forrest-Pressley, G.E. MacKinnon & T.G. Waller (Eds.), *Metacognition, cognition, and human performance. Vol. 2: Instructional processes*. New York: Academic Press.

Lyons, W. (1986). *The disappearance of introspection*. Cambridge: MIT Press.

Maher, J.H., Jr. & Sullivan, H. (1982). Effects of mental imagery and oral and print stimuli on prose learning of intermediate grade children. *Educational Communication and Technology Journal, 30*, 175-183.

Mallory, W.A. (1972). Abilities and developmental changes in elaborative strategies in paired-associate learning of young children. *Journal of Educational Psychology, 63*, 202-217.

Mandler, G. (1975). Consciousness: Respectable, useful and necessary. In R.L. Solso (Ed.), *Information processing and cognition*. Hillsdale: Erlbaum.

Mandler, J.M. & Goodman, M.S. (1982). On the psychological validity of story structure. *Journal of Verbal Learning and Verbal Behavior, 21*, 507-523.

Mandler, J.M. & Johnson, N.S. (1977). Remembrance of things parsed: Story structure and recall. *Cognitive Psychology, 9*, 111-151.

Mandler, J.M. & Ritchey, G.H. (1977). Long-term memory for pictures. *Journal of Experimental Psychology: Human Learning and Memory, 3*, 386-396.

Mani, K. & Johnson-Laird, P.N. (1982). The mental representation of spatial descriptions. *Memory and Cognition, 10*, 181-187.

Marks, D.F. (1973). Visual imagery differences in the recall of pictures. *British Journal of Psychology, 64*, 17-24.

Marks, D.F. (1983). In defense of imagery questionnaires. *Scandinavian Journal of Psychology, 34*, 243-246.

Marschark, M. (1985). Imagery and organization in the recall of high and low imagery prose. *Journal of Memory and Language, 24*, 734-745.

Marschark, M. & Cornoldi, C. (1990). Imagery and verbal memory. In C. Cornoldi & M.A. McDaniel (Eds.), *Imagery and cognition*. New York: Springer-Verlag.

Marschark, M. & Hunt, R.R. (1985). *Imagery effects in paired associate learning: Now you see them, now you don't*. Paper presented at the annual meetings of the Canadian Psychological Association, Halifax, Nova Scotia, Canada.

Marschark, M. & Hunt, R.R. (1986). *Imagery effects in paired associate learning: Now you see them, now you don't, Part 2*. Paper presented at the annual meetings of the Canadian Psychological Association, Toronto, Ontario, Canada.

Marschark, M. & Hunt, R.R. (1989). A reexamination of the role of imagery in learning and memory. *Journal of Experimental Psychology: Learning, Memory, and Cognition, 15*, 710-720.

Marschark, M. & Paivio, A. (1977). Integrative processing of concrete and abstract sentences. *Journal of Verbal Learning and Verbal Behavior, 16*, 217-231.

Marschark, M., Richman, C.L., Yuille, J.C. & Hunt, R.R. (1987). The role of imagery in memory: On shared and distinctive information. *Psychological Bulletin, 102*, 28-41.

Mastropieri, M.A., Scruggs, T.E. & Levin, J.R. (1985). Mnemonic strategy instruction with learning disabled adolescents. *Journal of Learning Disabilities, 18*, 94-100.

Masur, E.F., McIntyre, C.W. & Flavell, J.H. (1973). Developmental changes in apportionment of study time among items in a multitrial free recall task. *Journal of Experimental Child Psychology, 15*, 237-246.

Mayer, R.E. (1989). Systematic thinking fostered by illustrations in scientific text. *Journal of Educational Psychology, 81*, 240-246.

McClelland, J.L. (1988). Connectionist models and psychological evidence. *Journal of Memory and Language, 27*, 107-123.

McCormick, C.B. & Levin, J.R. (1987). Mnemonic prose-learning strategies. In M.A. McDaniel & M. Pressley (Eds.), *Imagery and related mnemonic processes*. New York: Springer-Verlag.

McDaniel, M.A., Einstein, G.O., Dunay, P.K. & Cobb, R.E. (1986). Encoding difficulty and memory: Toward a unifying theory. *Journal of Memory and Language, 25*, 645-656.

McDaniel, M.A. & Pressley, M. (1984). Putting the keyword method in context. *Journal of Educational Psychology, 76*, 598-609.

McDaniel, M.A. & Pressley, M. (1989). Keyword and context instruction of new vocabulary meanings: Effects on text comprehension and memory. *Journal of Educational Psychology, 81*, 204-213.

McKelvie, S.J. (1986). Effects of format of the VVIQ on content validity, split-half reliabilities, and the role of memory in test-retest reliability. *British Journal of Psychology, 77*, 229-236.

McKoon, G. & Ratcliff, R. (1986). Inferences about predictable events. *Journal of Experimental Psychology: Learning, Memory, and Cognition, 12*, 82-91.

McKoon, G. & Ratcliff, R. (1989). Assessing the occurrence of elaborative inference with recognition: Compatibility checking vs. compound cue theory. *Journal of Memory and Language, 28*, 547-563.

McNicol, D. (1972). *A primer of signal detection theory*. London: George Allen & Unwin.

Menne, A. (1966). *Einführung in die Logik*. Bern: Francke.

Milgram, N.A. (1967). Verbal context versus visual compound in paired-associate learning by children. *Journal of Experimental Child Psychology, 5*, 597-603.

Miller, G.E. & Pressley, M. (1987). Partial picture effects on children's memory for sentences containing implicit information. *Journal of Experimental Child Psychology, 43*, 300-310.

Miller, J.R. & Kintsch, W. (1980). Readability and recall of short prose passages: A theoretical analysis. *Journal of Experimental Psychology: Human Learning and Memory, 6*, 335-354.

Möbus, C. & Schneider, W. (Eds.) (1986). *Strukturmodelle für Längsschnittdaten und Zeitreihen*. Bern: Huber.

Morrow, D.G., Bower, G.H. & Greenspan, S.L. (1989). Updating situation models during narrative comprehension. *Journal of Memory and Language, 28*, 292-312.

Morrow, D.G., Greenspan, S.E. & Bower, G.H. (1987). Accessibility and situation models in narrative comprehension. *Journal of Memory and Language, 26*, 165-187.

Moynahan, E.D. (1978). Assessment and selection of paired associate strategies: A developmental study. *Journal of Experimental Child Psychology, 26*, 257-266.

Myers, M. & Paris, S.G. (1978). Children's metacognitive knowledge about reading. *Journal of Educational Psychology, 70*, 680-690.

Neely, J.H. (1977). Semantic priming and retrieval from lexical memory: Roles of inhibitionless spreading activation and limited-capacity attention. *Journal of Experimental Psychology: General, 106*, 226-254.

Nelson, D.L. (1979). Remembering pictures and words: Appearance, significance, and name. In L.S. Cermak & F.I.M. Craik (Eds.), *Levels of processing in human memory.* Hillsdale: Erlbaum.

Nelson, T.O. (1978). Detecting small amounts of information in memory: Savings for nonrecognized items. *Journal of Experimental Psychology: Human Learning and Memory, 4*, 453-468.

Nelson, T.O. (1984). A comparison of current measures of the accuracy of feeling-of-knowing predictions. *Psychological Bulletin, 95*, 109-133.

Nelson, T.O. & Narens, L. (1980). A new technique for investigating the feeling of knowing. *Acta Psychologica, 46*, 69-80.

Nezworski, R., Stein, N.L. & Trabasso, T. (1982). Story structure versus content in children's recall. *Journal of Verbal Learning and Verbal Behavior, 21*, 196-206.

O'Brien, E.J., Shank, D.M., Myers, J.L. & Rayner, K. (1988). Elaborative inferences during reading: Do they occur on-line? *Journal of Experimental Psychology: Learning, Memory, and Cognition, 14*, 410-420.

O'Sullivan, J.T. & Pressley, M. (1984). Completeness of instruction and strategy transfer. *Journal of Experimental Child Psychology, 38*, 275-288.

Paivio, A. (1969). Mental imagery in associative learning and memory. *Psychological Review, 76*, 241-263.

Paivio, A. (1971). *Imagery and verbal processes..* New York: Holt, Rinehart and Winston.

Paivio, A. (1975a). Neomentalism. *Canadian Journal of Psychology, 29*, 263-291.

Paivio, A. (1975b). Perceptual comparisons through the mind's eye. *Memory and Cognition, 3*, 635-647.

Paivio, A. (1978). Mental comparisons involving abstract attributes. *Memory and Cognition, 6*, 199-208.

Paivio, A. (1983). The empirical case for dual coding. In J.C. Yuille (Ed.), *Imagery, memory, and cognition.* Hillsdale: Erlbaum.

Paivio, A. (1986). *Mental representation.* New York: Oxford University Press.

Paivio, A., Clark, J.M., Digdon, N. & Bons, T. (1989). Referential processing: Reciprocity and correlates of naming and imaging. *Memory and Cognition, 17*, 163-174.

Paivio, A., Clark, J.M. & Khan, M. (1988). Effects of concreteness and semantic relatedness on composite imagery ratings and cued recall. *Memory and Cognition, 16*, 422-430.

Paivio, A. & Csapo, K. (1969). Concrete-image and verbal memory codes. *Journal of Experimental Psychology, 80*, 279-285.

Paivio, A. & Csapo, K. (1971). Short-term sequential memory for pictures and words. *Psychonomic Science, 24*, 50-51.

Paivio, A. & Csapo, K. (1973). Picture superiority in free recall: Imagery or dual coding? *Cognitive Psychology, 5*, 176-206.

Paivio, A. & Desrochers, A. (1981). Mnemonic techniques in second-language learning. *Journal of Educational Psychology, 73*, 780-795.

Paivio, A. & Foth, D. (1970). Imaginal and verbal mediators and noun concreteness in paired-associate learning: The elusive interaction. *Journal of Verbal Learning and Verbal Behavior, 9*, 384-390.

Paivio, A. & Harshman, R. (1983). Factor analysis of a questionnaire on imagery and verbal habits and skills. *Canadian Journal of Psychology, 37*, 461-483.

Paivio, A. & te Linde, J. (1982). Imagery, memory, and the brain. *Canadian Journal of Psychology, 36*, 243-272.

Paivio, A. & Yarmey, A.D. (1966). Pictures versus words as stimuli and responses in paired-associate learning. *Psychonomic Science, 5*, 235-236.

Paivio, A. & Yuille, J.C. (1966). Word abstractness and meaningfulness, and paired-associate learning in children. *Journal of Experimental Child Psychology, 4*, 81-89.

Paris, S.G., Lipson, M.Y. & Wixson, K.K. (1983). Becoming a strategic reader. *Contemporary Educational Psychology, 8*, 293-316.

Peeck, J. (1978). Die Effekte von Illustrationen zu Texten. In K.J. Klauer & H.J. Kornadt (Eds.), *Jahrbuch für Empirische Erziehungswissenschaft*. Düsseldorf: Schwann.

Peeck, J. (1980). *Experimenter-provided and learner-generated pictures in learning from text*. Paper presented at the annual meeting of the American Educational Research Association, Chicago.

Peeck, J. (1985). *Effects of mismatched pictures on retention of illustrated prose*. Paper presented at the annual meeting of the AERA, Chicago.

Peeck, J. (1987). The role of illustrations in processing and remembering illustrated text. In D.M. Willows & H.A. Houghton (Eds.), *The psychology of illustration. Vol. 1: Basic research*. New York: Springer-Verlag.

Peeck, J. (1989). Trends in the delayed use of information from an illustrated text. In H. Mandl & J.R. Levin (1989), *Knowledge acquisition from text and pictures*. Amsterdam: North-Holland.

Peeck, J. & Jans, M.W. (1987). Delayed retention of orally presented text with pictorial support. *British Journal of Educational Psychology, 57*, 412-416.

Pellegrino, J.W. (1971). A general measure of organization in free recall for variable unit size and internal sequential consistency. *Behavioral Research Methods and Instrumentation, 3*, 241-246.

Peng, C.-Y. & Levin, J.R. (1979). Pictures and children's story recall: Some questions of durability. *Educational Communication and Technology Journal, 27*, 39-44.

Perrig, W.J. (1985). Imagery and the thematic storage of prose. In D.G. Russell & D.F. Marks (Eds.), *Imagery 2*. Dunedin, New Zealand: Human Performance Associates.

Perrig, W.J. (1988). *Vorstellungen und Gedächtnis*. Berlin: Springer-Verlag.

Perrig, W. & Kintsch, W. (1985). Propositional and situational representations of text. *Journal of Memory and Language, 24*, 503-518.

Philipchalk, R.P. (1972). Thematicity, abstractness, and the long-term recall of connected discourse. *Psychonomic Science, 27*, 361-362.

Piaget, J. & Inhelder, B. (1971). *Mental imagery in the child.* New York: Basic Books.

Potter, M.C. & Faulconer, B.A. (1975). Time to understand pictures and words. *Nature, 253*, 437-348.

Potts, G.R., St. John, M.F. & Kirson, D. (1989). Incorporating new information into existing world knowledge. *Cognitive Psychology, 21*, 303-333.

Pressley, M. (1976). Mental imagery helps eight-year-olds remember what they read. *Journal of Educational Psychology, 68*, 355-359.

Pressley, M. (1977a). Imagery and children's learning: Putting the picture in developmental perspective. *Review of Educational Research, 47*, 585-622.

Pressley, M. (1977b). Children's use of the keyword method to learn simple Spanish vocabulary words. *Journal of Educational Psychology, 69*, 465-472.

Pressley, M. (1982). Elaboration and memory development. *Child Development, 53*, 296-309.

Pressley, M., Borkowski, J.G. & Johnson, C.J. (1987a). The development of good strategy use: Imagery and related mnemonic strategies. In M.A. McDaniel & M. Pressley (Eds.), *Imagery and related mnemonic processes.* New York: Springer-Verlag.

Pressley, M., Borkowski, J.G. & O'Sullivan, J. (1984). Memory strategy instruction is made of this: Metamemory and durable strategy use. *Educational Psychologist, 19*, 94-107.

Pressley, M., Borkowski, J.G. & O'Sullivan, J. (1985). Children's metamemory and the teaching of memory strategies. In D.L. Forrest-Pressley, G.E. MacKinnon & T.G. Waller (Eds.), *Metacognition, cognition, and human performance. Vol. 1: Theoretical perspectives.* New York: Academic Press.

Pressley, M., Cariglia-Bull, T., Deane, S. & Schneider, W. (1987b). Short-term memory, verbal competence, and age as predictors of imagery instructional effectiveness. *Journal of Experimental Child Psychology, 43*, 194-211.

Pressley, M. & Dennis-Rounds, J. (1980). Transfer of a mnemonic keyword strategy at two age levels. *Journal of Educational Psychology, 72*, 575-582.

Pressley, M. & Ghatala, E.S. (1989). Metacognitive benefits of taking a test for children and young adults. *Journal of Experimental Child Psychology, 47*, 430-450.

Pressley, M. & Levin, J.R. (1977a). Developmental differences in subjects' associative learning strategies and performance: Assessing a hypothesis. *Journal of Experimental Child Psychology, 24*, 431-439.

Pressley, M. & Levin, J.R. (1977b). Task parameters affecting the efficacy of a visual imagery learning strategy in younger and older children. *Journal of Experimental Child Psychology, 24*, 53-59.

Pressley, M. & Levin, J.R. (1978). Developmental constraints associated with children's use of the keyword method of foreign language vocabulary learning. *Journal of Experimental Child Psychology, 26*, 359-372.

Pressley, M. & Levin, J.R. (1980). The development of mental imagery retrieval. *Child Development, 51*, 558-560.

Pressley, M. & Levin, J.R. (1981). The keyword method and recall of vocabulary words from definitions. *Journal of Experimental Psychology: Human Learning and Memory, 7*, 72-76.

Pressley, M., Levin, J.R. & Delaney, H.D. (1982). The mnemonic keyword method. *Review of Educational Research, 52*, 61-91.

Pressley, M., Levin, J.R. & Ghatala, E.S. (1984). Memory strategy monitoring in adults and children. *Journal of Verbal Learning and Verbal Behavior, 23*, 270-288.

Pressley, M., Levin, J.R. & Miller, G.E. (1982). The keyword method compared to alternative vocabulary-learning strategies. *Contemporary Educational Psychology, 7*, 50-60.

Pressley, M., Levin, J.R., Pigott, S., LeComte, M. & Hope, D.J. (1983). Mismatched pictures and children's prose learning. *Educational Communication and Technology Journal, 31*, 131-143.

Pressley, M. & MacFayden, J. (1983). Mnemonic mediator retrieval and testing by preschool and kindergarten children. *Child Development, 54*, 474-479.

Pressley, M. & Miller, G.E. (1987). Effects of illustrations on children's listening comprehension and oral prose memory. In D.M. Willows & H.A. Houghton (Eds.) *The psychology of illustration. Vol. 1: Basic research.* New York: Springer-Verlag.

Pressley, M., Pigott, S. & Bryant, S.L. (1982). Picture content and preschooler's learning from sentences. *Educational Communication and Technology Journal, 30*, 151-161.

Pressley, M., Samuel, J., Hershey, M.M., Bishop, S.L. & Dickinson, D. (1981). Use of a mnemonic technique to teach young children foreign language vocabulary. *Contemporary Educational Psychology, 6*, 110-116.

Purkel, W. & Bornstein, M.H. (1980). Pictures and imagery both enhance children's short-term and long-term recall. *Developmental Psychology, 16*, 153-154.

Pylyshyn, Z.W. (1973). What the mind's eye tells the mind's brain: A critique of mental imagery. *Psychological Bulletin, 80*, 1-24.

Pylyshyn, Z.W. (1981). The imagery debate: Analogue media versus tacit knowledge. *Psychological Review, 88*, 16-45.

Rabinowitz, J.C., Ackerman, B.P., Craik, F.I.M. & Hinchley, J.L. (1982). Aging and metamemory: The roles of relatedness and imagery. *Journal of Gerontology, 37*, 688-695.

Ransdell, S.E. & Fischler, I. (1989). Effects of concreteness and task context on recall of prose among bilingual and monolingual speakers. *Journal of Memory and Language, 28*, 278-291.

Rasco, R.W., Tennyson, D. & Boutwell, R.C. (1975). Imagery instructions and drawings in learning prose. *Journal of Educational Psychology, 67*, 188-192.

Raugh, M.R. & Atkinson, R.C. (1975). A mnemonic method for learning a second-language vocabulary. *Journal of Educational Psychology, 67*, 1-16.

Reese, H.W. (1962). Verbal mediation as a function of age level. *Psychological Bulletin, 59*, 502-509.

Reese, H.W. (1970). Imagery and contextual meaning. *Psychological Bulletin, 73*, 404-414.

Reese, H.W. (1974). Cohort, age, and imagery in children's paired-associate learning. *Child Development, 45*, 1176-1178.

Reid, D.J. & Beveridge, M. (1986). Effects of text illustrations on children's learning of a school science topic. *British Journal of Educational Psychology, 56*, 294-303.

Reisberg, D. & Leak, S. (1987). Visual imagery and memory for appearance. *Canadian Journal of Psychology, 41*, 521-526.

Rhodes, G. (1985). Lateralized processes in face recognition. *British Journal of Psychology, 76*, 249-271.

Richardson, J.T.E. (1978). Mental imagery and memory: Coding ability or coding preference? *Journal of Mental Imagery, 2*, 101-116.

Riding, R.J. & Calvey, J. (1981). The assessment of verbal imagery learning styles and their effects on the recall of concrete and abstract prose passages by 11-year-old children. *British Journal of Psychology, 72*, 59-64.

Roenker, D.L., Thompson, C.P. & Brown, S.C. (1971). Comparison of measures for the estimation of clustering in free recall. *Psychological Bulletin, 76*, 45-48.

Rogoff, B., Newcombe, N. & Kagan, J. (1974). Planfulness and recognition memory. *Child Development, 45*, 972-977.

Rohwer, W.D., Jr. (1968). *Socioeconomic status, intelligence and learning proficiency in children*. Paper presented at the meeting of the American Psychological Association, San Francisco.

Rohwer, W.D., Jr. (1970). Images and pictures in children's learning: Research results and educational implications. *Psychological Bulletin, 73*, 393-403.

Rohwer, W.D., Jr. (1973). Elaboration and learning in childhood and adolescence. In H.W. Reese (Ed.), *Advances in Child Development and Behavior* (Vol. 8). New York: Academic Press.

Rohwer, W.D., Jr., Ammon, M.S., Suzuki, N. & Levin, J.R. (1971). Population differences and learning proficiency. *Journal of Educational Psychology, 62*, 1-14.

Rohwer, W.D., Jr. & Bean, J.P. (1973). Sentence effects and noun-pair-learning: A developmental interaction during adolescence. *Journal of Experimental Child Psychology, 15*, 521-533.

Rohwer, W.D., Jr., Lynch, S., Levin, J.R. & Suzuki, N. (1967). Pictorial and verbal factors in the efficient learning of paired associates. *Journal of Educational Psychology, 58*, 278-284.

Rohwer, W.D., Jr., Lynch, S., Levin, J.R. & Suzuki, N. (1968). Grade level, school strata, and learning proficiency. *Journal of Educational Psychology, 69*, 26-31.

Rohwer, W.D., Jr., Rabinowitz, M. & Dronkers, N.F. (1982). Event knowledge, elaborative propensity, and the development of learning proficiency. *Journal of Experimental Child Psychology, 33*, 492-503.

Rohwer, W.D., Jr., Raines, J.M., Eoff, J. & Wagner, M. (1977). The development of elaborative propensity during adolescence. *Journal of Experimental Child Psychology, 23*, 472-492.

Rost, D.H. & Gebert, A. (1980). Zum Problem der Faktoreninterpretation bei Raven's Coloured Progressive Matrices. Psychologische Faktoren oder methodische Artefakte? *Zeitschrift für Differentielle und Diagnostische Psychologie, 1*, 255-273.

Ruch, M.D. & Levin, J.R. (1977). Pictorial organization versus verbal repetition of children's prose: Evidence for processing differences. *AV Communication Review, 25*, 269-280.

Ruch, M.D. & Levin, J.R. (1979). Partial pictures as imagery-retrieval cues in young children's prose recall. *Journal of Experimental Child Psychology, 28*, 268-279.

Rusted, J.M. (1984). Differential facilitation by pictures of children's retention of written texts: A review. *Current Psychological Research Review, 3*, 61-71.

Rusted, J.M. & Hodgson, S. (1985). Evaluating the picture facilitation effect in children's recall of written texts. *British Journal of Educational Psychology, 25*, 288-294.

Sachs, J.S. (1967). Recognition memory for syntactic and semantic aspects of connected discourse. *Perception and Psychophysics, 2*, 431-442.

Sachs, J.S. (1974). Memory in reading and listening to discourse. *Memory and Cognition, 2*, 95-100.

Saltz, E. & Donnenwerth-Nolan, S. (1981). Does motoric imagery facilitate memory for sentences? A selective interference test. *Journal of Verbal Learning and Verbal Behavior, 20*, 322-332.

Sanford, A.J. & Garrod, S.C. (1981). *Understanding written language.* Chichester: Wiley.

Schacter, D.L. (1987). Implicit memory: History and current status. *Journal of Experimental Psychology: Learning, Memory, and Cognition, 13*, 501-518.

Schallert, D.L. (1980). The role of illustrations in reading comprehension. In R.J. Spiro, B.C. Bruce & W.F. Brewer (Eds.), *Theoretical issues in reading comprehension.* Hillsdale: Erlbaum.

Schank, R.C. & Abelson, R. (1977). *Scripts, plans, goals, and understanding.* Hillsdale: Erlbaum.

Schneider, W. (1987). Connectionism: Is it a paradigm shift for psychology? *Behavior Research Methods, Instruments, and Computers, 19*, 73-83.

Schneider, W. (1985a). Developmental trends in the metamemory-memory behavior relationship: An integrative review. In D.L. Forrest-Pressley, G.E. MacKinnon & T.G. Waller (Eds.), *Cognition, metacognition, and human performance. Vol. 1: Theoretical perspectives.* New York: Academic Press.

Schneider, W. (1985b). Metagedächtnis, gedächtnisbezogenes Verhalten und Gedächtnisleistung - Eine Analyse der empirischen Zusammenhänge bei Grundschülern der dritten Klassenstufe. *Zeitschrift für Entwicklungspsychologie und Pädagogische Psychologie, 17*, 1-16.

Schneider, W. (1986). The role of conceptual knowledge and metamemory in the development of organizational processes in memory. *Journal of Experimental Child Psychology, 42*, 218-236.

Schneider, W. (1989). *Zur Entwicklung des Meta-Gedächtnisses bei Kindern.* Bern: Huber.

Schneider, W., Borkowski, J.G., Kurtz, B.E. & Kerwin, K. (1986). Metamemory and motivation: A comparison of strategy use and performance in German and American children. *Journal of Cross-Cultural Psychology, 17*, 315-336.

Schneider, W., Körkel, J. & Vogel, K. (1987a). Zusammenhänge zwischen Metagedächtnis, strategischem Verhalten und Gedächtnisleistungen im Grundschulalter: Eine entwicklungspsychologische Studie. *Zeitschrift für Entwicklungspsychologie und Pädagogische Psychologie, 19*, 99-115.

Schneider, W., Körkel, J. & Weinert, F.E. (1987b). The effects of intelligence, self-concept, and attributional style on metamemory and memory behavior. *International Journal of Behavioral Development, 10*, 281-299.

Schneider, W. & Pressley, M. (1989). *Memory development between 2 and 20.* New York: Springer-Verlag.

Schneider, W., & Sodian, B. (1988). Metamemory-memory relationships in preschool children: Evidence from a memory-for-location task. *Journal of Experimental Child Psychology, 45*, 209-233.

Schwanenflugel, P.J. & Rey, M. (1986). Interlinguistic semantic facilitation: Evidence for a common representational system in the bilingual lexicon. *Journal of Memory and Language, 25*, 605-618.

Schwarzer, R. (1987). *Meta-Analysen: Methodik, Anwendungsbeispiel und Computerprogramm.* Arbeitsberichte des Institutes für Psychologie (FU Berlin), Nr. 7.

Shepard, R.N. & Cooper, L.A. (1982). *Mental images and their transformations.* Cambridge: MIT Press.

Shimron, J. (1975). Imagery and the comprehension of prose by elementary school children. *Dissertation Abstracts International, 36*, 795-A. (University Microfilms No. 75-18, 254)

Singer, M. (1979). Processes of inferences during sentence encoding. *Memory and Cognition, 7*, 192-200.

Speer, J.R. & Flavell, J.H. (1979). Young children's knowledge of the relative difficulty of recognition and recall memory tasks. *Developmental Psychology, 15*, 214-217.

Stein, N.L. & Glenn, C.G. (1979). An analysis of story comprehension in elementary school children. In R.O. Freedle (Ed.), *New directions in discourse processing* (Vol. 2). Hillsdale: Erlbaum.

Stevenson, R.J. (1988). Memory for referential statements in texts. *Journal of Experimental Psychology: Learning, Memory, and Cognition, 14*, 612-617.

Thiel, T. & von Eye, A. (1986). Zum Einfluß von Bildhaftigkeit und Verarbeitungstiefe auf das Behalten von Texten. *Zeitschrift für Experimentelle und Angewandte Psychologie, 23*, 500-518.

Tiedemann, J. (1983). Der kognitive Stil Impulsivität-Reflexivität: Eine kritische Bestandsaufnahme. *Zeitschrift für Entwicklungspsychologie und Pädagogische Psychologie, 15*, 66-74.

Trabasso, T., Secco, T. & van den Broek, P. (1984). Causal cohesion and story coherence. In H. Mandl, N.L. Stein & T. Trabasso (Eds.), *Learning and comprehension of text.* Hillsdale: Erlbaum.

Trabasso, T. & Sperry, L. (1985). Causal relatedness and importance of story events. *Journal of Memory and Language, 24*, 595-611.

Trabasso, T. & van den Broek, P. (1985). Causal thinking and the representation of narrative events. *Journal of Memory and Language, 24*, 612-630.

Tulving, E. (1989). Memory: Performance, knowledge, and experience. *European Journal of Cognitive Psychology, 1*, 3-26.

Tulving, E. & Madigan, S. (1970). Memory and verbal learning. *Annual Review of Psychology, 21*, 437-484.

Turner, A. & Greene, E. (1977). Construction and use of a propositional text base. *JSAS Catalog of Selected Documents in Psychology, 3*, 58.

Underwood, B.J., Runquist, W.N. & Schulz, R.W. (1959). Response learning in paired-associate lists as a function of intralist similarity. *Journal of Experimental Psychology, 58*, 70-78.

Underwood, G. & Stevens, R. (1979). *Aspects of consciousness* (Vol. 1). London: Academic Press.

Undeutsch, U. (1983). Exploration. In H. Feger & J. Bredenkamp (Eds.), *Datenerhebung* (= Enzyklopädie der Psychologie, Themenbereich B, Serie I, Band 2). Göttingen: Hogrefe.

Varley, W.H., Levin, J.R., Severson, R.A. & Wolff, P. (1974). Training imagery production in young children through motor involvement. *Journal of Educational Psychology, 66*, 262-266.

van den Broek, P. (1989). Causal reasoning and inference making in judging the importance of story statements. *Child Development, 60*, 286-297.

van den Broek, P. & Trabasso, T. (1986). Causal networks versus goal hierarchies in summarizing text. *Discourse Processes, 9*, 1-15.

Vanderwart, M. (1984). Priming by pictures in lexical decision. *Journal of Verbal Learning and Verbal Behavior, 23*, 67-83.

van Dijk, T.A. & Kintsch, W. (1983). *Strategies of discourse comprehension.* New York: Academic Press.

Veit, D.T., Scruggs, T.E. & Mastropieri, M.A. (1986). Extended mnemonic instruction with learning disabled students. *Journal of Educational Psychology, 78*, 300-308.

Vernon, M.D. (1953). The value of pictorial illustration. *British Journal of Educational Psychology, 23*, 180-187.

von Eye, A. (1989). Zur Lokalisation des Bildhaftigkeitseffekts beim Lernen verbalen Materials. *Zeitschrift für Experimentelle und Angewandte Psychologie, 36*, 368-385.

Waddill, P.J., McDaniel, M.A. & Einstein, G.O. (1988). Illustrations as adjuncts to prose: A text-appropriate processing approach. *Journal of Educational Psychology, 80*, 457-464.

Wallace, B. (1984). Apparent equivalence between perception and imagery in the production of various visual illusions. *Memory and Cognition, 12*, 156-162.

Waters, H.S. (1982). Memory development in adolescence: Relationships between metamemory, strategy use, and performance. *Journal of Experimental Child Psychology, 33*, 183-195.

Weed, K. & Ryan, E.B. (1985). The effectiveness of imagery and sentence strategy instructions as a function of visual and auditory processing in young school-age children. *Journal of Experimental Child Psychology, 40*, 548-561.

Weinert, F.E. (1984). Metakognition und Motivation als Determinanten der Lerneffektivität: Einführung und Überblick. In F.E. Weinert & R.H. Kluwe (Eds.), *Metakognition, Motivation und Lernen*. Stuttgart: Kohlhammer.

Weinert, F.E. (1986). Developmental variations of memory performance and memory related knowledge across the life-span. In A. Sorensen, F.E. Weinert & L.R. Sherrod (Eds.), *Human development: Multidisciplinary perspectives*. Hillsdale: Erlbaum.

Wellman, H.M. (1977a). The early development of intentional memory behavior. *Human Development, 20*, 86-101.

Wellman, H.M. (1977b). Tip of the tongue and feeling of knowing experiences: A developmental study of memory monitoring. *Child Development, 48*, 13-21.

Wellman, H.M. (1978). Knowledge of the interaction of memory variables: A developmental study of metamemory. *Developmental Psychology, 14*, 24-29.

Wellman, H.M. (1983). Metamemory revisited. In M.T.H. Chi (Ed.), *Trends in memory development research*. Basel: Karger.

Wellman, H.M., Collins, J. & Glieberman, J. (1981). Understanding the combination of memory variables: Developing conceptions of memory limitations. *Child Development, 52*, 1313-1317.

Wellman, H.M. & Johnson, C.N. (1979). Understanding of mental processes: A developmental study of "remember" and "forget". *Child Development, 50*, 79-88.

Westermann, R. & Hager, W. (1986). Error probabilities in educational and psychological research. *Journal of Educational Statistics, 11*, 117-146.

Williams, C.M. (1968). *Learning from pictures*. Washington, D.C.: Association for Educational Communications and Technology.

Willows, D.M., Borwick, D. & Hayvren, M. (1981). The content of school readers. In T.G. Waller & G.E. MacKinnon (Eds.), *Reading research: Advances in theory and practice* (Vol. 2). New York: Academic Press.

Wimmer, H. & Tornquist, K. (1980). The role of metamemory and metamemory activation in the development of mnemonic performance. *International Journal of Behavioral Development, 3*, 71-81.

Winn, B. (1987). Charts, graphs, and diagrams in educational materials. In D.M. Willows & H.A. Houghton (Eds.), *The psychology of illustration. Vol. 1: Basic research*. New York: Springer-Verlag.

Winn, B. (1989). The design and use of instructional graphics. In H. Mandl & J.R. Levin (1989), *Knowledge acquisition from text and pictures*. Amsterdam: North-Holland.

Wippich, W. (1980a). *Bildhaftigkeit und Organisation*. Darmstadt: Steinkopff.

Wippich, W. (1980b). Meta-Gedächtnis und Gedächtnis-Erfahrung. *Zeitschrift für Entwicklungspsychologie und Pädagogische Psychologie, 12*, 40-43.

Wippich, W. (1981). Verbessert eine Einkaufssituation die Vorhersage der eigenen Behaltensleistungen im Vorschulalter? *Zeitschrift für Entwicklungspsychologie und Pädagogische Psychologie, 8*, 280-290.

Wippich, W. (1984). *Lehrbuch der angewandten Gedächtnispsychologie, Bd. 1.* Stuttgart: Kohlhammer.

Wippich, W. (1985). *Lehrbuch der angewandten Gedächtnispsychologie, Bd. 2.* Stuttgart: Kohlhammer.

Wippich, W. (1987). Integrationsprozesse bei der Verarbeitung konkreter und abstrakter Texte. *Zeitschrift für Experimentelle und Angewandte Psychologie, 34*, 506-526.

Wippich, W. & Bredenkamp, J. (1977). Bestimmung der Bildhaftigkeit, Konkretheit und der Bedeutungshaltigkeit von 498 Verben und 400 Adjektiven. *Zeitschrift für Experimentelle und Angewandte Psychologie, 24*, 671-680.

Wippich, W. & Bredenkamp, J. (1979). *Bildhaftigkeit und Lernen.* Darmstadt: Steinkopff.

Wippich, W., Mecklenbräuker, S. & Brausch, A. (1989). Implizites und explizites Gedächtnis bei Kindern. *Zeitschrift für Entwicklungspsychologie und Pädagogische Psychologie, 21*, 294-306.

Wolff, P. & Levin, J.R. (1972). The role of overt activity in children's imagery production. *Child Development, 43*, 537-547.

Wolff, P., Levin, J.R. & Longobardi, E.T. (1972). Motoric mediation in children's paired-associate learning: Effects of visual and tactual contact. *Journal of Expe-rimental Child Psychology, 14*, 176-183.

Wollen, K.A. & Lowry, D.H. (1971). Effects of imagery on paired-associate learning. *Journal of Verbal Learning and Verbal Behavior, 10*, 276-284.

Wollen, K.A., Weber, A. & Lowry, D.H. (1972). Bizarreness versus interaction of mental images as determinants of learning. *Cognitive Psychology, 3*, 518-523.

Wong, B.Y.L. (1985). Metacognition and learning disabilities. In D.L. Forrest-Pressley, G.E. MacKinnon & T.G. Waller (Eds.), *Metacognition, cognition, and human performance. Vol. 2: Instructional processes.* New York: Academic Press.

Woolridge, P., Nall, L., Hughes, L., Rauch, T., Stewart, G. & Richman, C.L. (1982). Prose recall in first-grade children using imagery, pictures, and questions. *Bulletin of the Psychonomic Society, 20*, 249-252.

Worden, P.E. & Sladewski-Awig, L.J. (1982). Children's awareness of memorability. *Journal of Educational Psychology, 74*, 341-350.

Yarmey, A.D. (1974). Effect of labelling-latency of pictures in associative learning of pictorial representations and their word labels. *Canadian Journal of Psychol-ogy, 28*, 15-23.

Yuille, J.C. & Catchpole, M.J. (1973). Associative learning and imagery training in children. *Journal of Experimental Child Psychology, 16*, 403-412.

Yuille, J.C. & Paivio, A. (1969). Abstractness and recall of connected discourse. *Journal of Experimental Psychology, 82*, 467-471.

Yussen, S.R. (1974). Determinants of visual attention and recall in observational learning by preschoolers and second graders. *Developmental Psychology, 10*, 93-100.

Yussen, S.R. & Berman, L. (1981). Memory predictions for recall and recognition in first-, third-, and fifth-grade children. *Developmental Psychology, 17*, 224-229.

Yussen, S.R. & Levy, V.M. (1975). Developmental changes in predicting one's own span of short-term memory. *Journal of Experimental Child Psychology, 19*, 502-508.

Yussen, S.R., Mathews, S.R., Buss, R.R. & Kane, P.T. (1980). Developmental change in judging important and critical elements of stories. *Developmental Psychology, 16*, 213-219.

Zaporozhets, A.V. (1965).The development of perception in preschool children. *Monographs of the Society for Research in Child Development, 30* (2, Whole No. 100), 82-101.

Zimmer, H.D. & Engelkamp, J. (1988). Informationsverarbeitung zwischen Modalitätsspezifität und propositionalem Einheitssystem. In G. Heyer, J. Krems & G. Görz (Eds.), *Wissensarten und ihre Darstellung*. Heidelberg: Springer-Verlag.

Sachregister

A
Abstrakte Repräsentation 12
Analoge Abbildung 9, 10

B
"Bidirectionality hypothesis" 84-88
Bilder und Texte 43-50, 126, 127, 134, 136, 137, 144-146, 153, 155
Bildfunktionen 45, 49, 52, 145, 146
Bildhaftigkeit (vgl. Vorstellungen)
Bildhaftigkeit (von Lernmaterialien) 3-5, 8, 10, 12, 14, 17, 26, 41, 42, 153, 155
Bildhaftigkeit und Paarassoziationslernen (PAL) 17, 22-35, 120-122
Bildhaftigkeit und Textverarbeitung 41-53, 144-147
Bildhaftigkeitsinstruktionen
-bei PAL 14, 25, 26, 29-34, 121, 122, 154, 155
-bei Textverarbeitung 43, 50-53, 146, 147, 154, 155
-einfache vs. komplexe 126, 128, 134, 135, 137, 146, 147, 154, 155
-relationale (bzw. interaktive) 29-32, 93
-relationale vs. separate 14, 25, 26, 30, 32, 103-108, 121, 122, 126, 154, 155

C
"Conceptual peg" Hypothese 23, 24, 49
"Cued recall" 14, 21, 22, 24, 25

D
Deklaratives Wissen 57, 58, 157
Differenzierungsmethode 63-65, 98
Distinktivität (enkodierter Ereignisse) 13, 24
Distinktivität vs. Organisation 14
Duale Kodierungstheorie 7-12, 15-17, 23, 41, 42, 45-47

E
Elaboration
-bildhafte 22, 26, 28, 29, 33, 103, 110, 121, 155
-verbale 22, 26, 28, 29, 33, 103, 110, 121, 155
Elaborationsinstruktionen
-bildhafte (vgl. Bildhaftigkeitsinstruktionen, relationale)
-bildhafte vs. verbale 30
Entwicklungs-Elaborationshypothese 30
Exekutive Prozesse 56

F
"Feeling-of-knowing" 62, 63, 69, 70
Fragen, explizite und implizite 126, 129, 134, 136

G
Gedächtnisüberwachung 65, 66, 93, 99, 106, 113, 114, 123, 139, 147, 148
Gedächtnisüberwachung beim Textlernen 70, 71
Gedächtniswissen (vgl.Metagedächtnis)
Geschichten-Grammatik 38-40, 49, 70, 126, 127, 130, 136, 137, 144

I
Ikonische Repräsentation 16
Inferenzen 38, 42
Interaktives Gedächtniswissen 69

K
Kategoriales Organisieren 73, 74
Kausale Netzwerke 39
Kode-Redundanz 9
Kodierung
-imaginale vs. verbale 7-9
-itemspezifische vs. relationale 14, 24, 43
-multiple 10, 11
Kognitiver Stil "Reflexivität-Impulsivität" 97, 101, 105, 141, 142, 149, 150, 157
Konkretheit vs. Abstraktheit (von Lernmaterialien) 8, 10, 14, 23, 25-27

L
Lernschwache Schüler 84
Leser-Text-Interaktion 36
"Levels of processing"-Ansatz 24

M
Makrostruktur 38, 40, 44, 45, 126
Mentale Vergleiche 5, 9, 10
Metaanalysen 76-80
"Metacognitive acquisition procedures" (MAPs) 88, 89
Metagedächtnis
- allgemeines (bzw. generelles) 96, 99, 100, 105, 106, 112, 113, 138, 143, 144, 147, 149
- aufgabenspezifisches 74, 96, 100, 104, 114-117, 123, 127, 129, 139, 140, 142-144, 147-150
Metagedächtnis-Entwicklung 65-71, 122, 123
Metagedächtnis-Exploration 59, 60, 66, 67, 99, 138, 156
"Metagedächtnis-Gedächtnis" Zusammenhang 73-89, 95-98, 117-120, 123-125, 141-144, 147-151, 156, 157
Metagedächtnis, Taxonomie von 56, 57, 93
Metagedächtnis und Metakognition 55-58
Metagedächtnis und Vorstellungen 91-94, 99, 100, 104, 114-117, 123, 127, 129, 139, 140, 142-144, 147-150
Metakognitive Strategien 150, 151, 157
Metamnemonisches Wissen (vgl. Metagedächtnis)
Mikrostruktur 45
Mnemotechnik (vgl. Schlüsselwort-Methode)
Multivariate Zusammenhänge 80-84

O
Organisations-Redintegrationshypothese 24-26

P
Paarassoziationslernen (PAL) 5, 6, 14, 17, 21, 22, 50, 93, 94, 103-125
Pädagogische Implikationen 153-157
Parallele Verarbeitung 2, 9
Priming 12
Produktionsdefizit 27, 33
Produktionsineffizienz 50
Prognosegenauigkeit 61, 65, 66, 93, 99, 106, 113, 114, 123, 139, 147, 148
Proposition 11, 12, 15, 36-40
Prozedurales Wissen 57, 58, 157

R
Redintegration 14, 24
Repräsentationale Entwicklungshypothese 16, 17

S
Schlüsselwort-Methode 18-20, 28, 31, 32, 94

Sequentielle Verarbeitung 2, 9
Situationsmodell 36, 40, 42-44, 126
Skripte 38-40
Strategientransfer 32, 34

T

Teilbilder 50, 51
Textbasis 37
Texte, expositorische und narrative 146
Textillustrationen (vgl. Bilder und Texte)
Textverarbeitung 10, 11, 17, 36-40, 125-148
- Oberflächenmerkmale 36, 37, 42
- zyklische 37, 38
Trainingsstudien 84-89

V

Verarbeitungskapazitätshypothese 34, 50, 52
Verarbeitungsprozesse
- assoziative 8
- referentielle 8, 9
- repräsentationale 8

Vergleichsurteile 60, 61, 127, 139, 140
Visueller "buffer" 15, 17
Vorhersage der Gedächtnisleistung (vgl. Prognosegenauigkeit)
Vorstellungen (generell) 1-3, 7, 10, 11, 17, 23, 41
- interindividuelle Differenzen 4, 6, 16, 29, 32, 34, 43, 48, 52, 92, 150
- modalitätsspezifische Interferenzen 5
- Oberflächen- vs. Tiefenrepräsentation 15
Vorstellungen und Entwicklung 16-18
Vorstellungen und Wahrnehmen 6, 9
Vorstellungsinstruktionen (vgl. Bildhaftigkeitsinstruktionen)

W

Wissen um Bildhaftigkeit (vgl. Metagedächtnis und Vorstellungen)

Personenregister

A
Abelson, R. 38
Ackerman, B.P. 93
Adams, J.F. 108
Albert, J. 105
Ammon, M.S. 27
Anderson, J.R. 10, 12, 13, 29, 57
Anderson, R.C. 43
Andreassen, C. 96
Anglin, G.J. 44
Appel, L.F. 63, 64
Atkinson, R.C. 18, 19
Ausubel, D.P. 45

B
Baddeley, A.D. 14
Bagnara, S. 6
Ball, T.M. 6
Ballstaedt, S.-P. 36
Banks, W.P. 10
Barclay, C.R. 89
Baschek, I.-L. 3
Bates, E. 36
Baving, L. 61
Bean, J.P. 33
Becker, J. 117
Begg, I. 14, 19, 22, 24, 25, 32, 41
Bell, J.A. 68
Bell, T.S. 27
Bellezza, F.S. 10
Bender, B.G. 30, 47, 49, 52
Berman, L. 99
Berry, J.K. 48, 49
Best, D.L. 96
Beuhring, T. 33, 94, 122
Beveridge, M. 49
Bishop, S.L. 19

Black, J.B. 39
Block, J. 150
Block, J.H. 150
Bloom, C.P. 39
Bons, T. 8
Borkowski, J.G. 30, 32, 60, 74, 79, 84, 85, 87, 89, 96, 97, 105, 113, 151
Bornstein, M.H. 51
Borwick, D. 46
Boutwell, R.C. 43
Bower, G.H. 2, 6, 12, 25, 29, 39, 40
Brainerd, C.J. 23
Bransford, J.D. 32
Brausch, A. 154
Bredenkamp, J. 3, 4, 7, 21, 22, 42, 55, 76
Brown, A.L. 32, 39, 55, 56, 58, 60, 71, 89, 122
Brown, S.C. 74
Bruner, J.S. 16, 120
Brunn, J. 16
Bryant, S.L. 49
Buss, R.R. 70
Butterfield, E.C. 2, 70

C
Calhoun, J.P. 27
Calvey, J. 150
Campione, J.C. 32, 89
Cannizzo, S.P. 67
Cantor, D.S. 96
Carfantan, M. 92, 93, 100, 150
Cariglia-Bull, T. 34
Carney, R.N. 44
Carr, M. 87
Case, R. 34
Catchpole, M.J. 30

Cattell, R.B. 82
Cavanaugh, J.C. 56, 57, 59, 60, 63, 74, 79, 96, 97, 105, 113
Cave, C.B. 16
Cave, K.R. 16
Chambers, D. 6
Chen, H.-C. 12
Clark, J.M. 8, 10
Cleary, T.A. 29
Cobb, R.E. 146
Cohen, J. 77, 78, 119
Collins, J. 69
Cooper, L.A. 6
Cooper, R.G. 63
Cornoldi, C. 6, 13, 14, 97, 124
Craik, F.I.M. 24, 93
Crays, N. 89
Csapo, K. 5, 9
Cunningham, J.G. 65, 123

D
Davidson, R.E. 108
Davis, B.R. 27
Day, D. 105
Day, J.C. 10
Deane, S. 34
de Beni, R. 6
Delaney, H.D. 19
Dell, G.S. 38
Deloche, G. 7
Denis, M. 43, 92, 93, 100, 150
Dennis-Rounds, J. 19, 32
DeRose, T.M. 99
Desrochers, A. 19, 22-24
de Villiers, P.A. 42
de Vito, C. 41
Dickinson, D. 19
Digdon, N. 8, 51
Dilley, M.G. 23, 27
Divine-Hawkins, P. 29, 51
Dixon, R.A. 95, 124
Donnenwerth-Nolan, S. 5
Dronkers, N.F. 33

Duchastel, P.C. 44, 47
Dufresne, A. 70
Dunay, P.K. 146
Dunham, T.C. 47, 51, 128, 147
Durso, F.T. 12

E
Einstein, G.O. 14, 24, 126, 146
Engelkamp, J. 2, 36
Eoff, J. 34
Epstein, W. 25
Erdfelder, E. 58, 59
Ericsson, K.A. 33, 63
Ernest, C.H. 6
Evertson, C.M. 28, 29

F
Farah, M. 6, 16
Faulconer, B.A. 8
Feger, H. 59
Ferrara, R.A. 32
Finke, R.A. 6
Fischler, I. 42
Fivush, R. 38
Flavell, J.H. 27, 33, 55-57, 59, 61, 63, 65, 67, 70, 73, 85, 93, 95, 96, 99, 104, 123
Fletcher, C.R. 36, 38, 39
Flora, J. 10
Foth, D. 26
Fraisse, P. 8
Freeland, C.A.B. 126
Fricke, R. 76
Friedrichs, A.G. 61
Fröhlich, W.D. 117
Fry, M.A. 49

G
Gardiner, J.M. 70
Garrod, S.C. 40
Gebert, A. 105
Gélinas, C. 19
Ghatala, E.S. 68, 70, 85

Giuliani, V. 36
Gjerde, P.F. 150
Glenberg, A. 40, 41
Glenn, C.G. 39, 70, 126, 129
Glieberman, J. 69
Goldston, D.B. 51
Golinkoff, M. 51
Goodman, C. 70
Goodman, M.S. 39
Graesser, A.C. 38
Graumann, C.F. 59
Greene, E. 37
Greenfield, P.M. 16
Greenspan, S.L. 40
Griffith, D. 19
Gruenenfelder, T.M. 32
Gruneberg, M.M. 62, 63
Guttentag, R.E. 96
Guttmann, J. 29, 50-52, 147

H

Hager, W. 61, 76, 109, 113
Hall, J.W. 19
Hannafin, M.J. 48
Haring, M.J. 49
Harshman, R. 92
Hasselhorn, M. 61, 80-84, 113, 123
Hayvren, M. 46
Herrmann, D.J. 59
Herrmann, T. 59
Hershey, M.M. 19
Hertzog, C. 95, 124
Hilgard, E.R. 1
Hinchley, J.L. 93
Hodgson, S. 49
Holmes, B.C. 47
Hope, D.J. 49
Howard, J.H. 6, 10
Howe, M.L. 23
Hoyt, J.D. 61
Hudson, J. 38
Hughes, L. 51
Hunt, R.R. 13, 14, 24, 25

I

Inhelder, B. 16, 30
Intraub, H. 10
Istomina, Z.M. 97

J

Jans, M.W. 49, 145, 146
Johnson, C.J. 30
Johnson, C.N. 60, 67
Johnson, M.K. 12
Johnson, N.S. 39
Johnson-Laird, P.N. 40
Jones, B.F. 19
Jones, H.R. 29
Justice, E.M. 61, 96, 100

K

Kagan, J. 68, 105, 106
Kahneman, D. 52
Kail, R. 65, 70, 84
Kane, P.T. 70
Katz, A.N. 6, 92, 100, 150
Kaufmann, G. 6
Kee, D.W. 27, 33, 94, 122
Keenan, J.M. 36
Kerlinger, F.N. 118
Kerst, S.M. 6, 10, 29, 32
Kerwin, K. 87
Keyney, T.J. 67
Khan, M. 10
Kieras, D. 12
Kintsch, W. 11, 29, 36-40, 42, 146
Kirchner, E.P. 41
Kirson, D. 36
Klatzky, R.L. 1
Kobasigawa, A. 70
Körkel, J. 67, 82, 83
Kolers, P.A. 37
Kosslyn, S.M. 6, 8, 15-18, 29, 120
Kozminsky, E. 38
Kreutzer, M.A. 59, 60, 66-68, 74, 79, 83, 86, 96, 97, 99, 105, 112
Kulhavy, R.W. 43, 52

Kurtz, B.E. 80, 83, 84, 87, 89, 97, 151

L
Labouvie-Vief, G. 32
Lachman, J.L. 2, 63
Lachman, R. 2, 63
Lange, G. 96
Leak, S. 6
Leal, L. 89
LeComte, M. 49
Lentz, R. 44, 47-49, 145
Leonard, C. 59
Lesgold, A.M. 44, 47, 48, 50, 51
Levers, S. 32
Levie, W.H. 44, 47-49, 145
Levin, J.R. 18-20, 27-33, 44-53, 68, 85, 99, 104, 108, 113, 119, 122, 128, 145-147, 153
Levy, V.M. 123
Lienert, G.A. 62, 69
Lindem, K. 40
Lipson, M.Y. 104
Lockhart, R.S. 24
Lodico, M.G. 68, 88
Lohmöller, J.-B. 80
Longobardi, E.T. 30
Loper, A.B. 84
Lowry, D.H. 25
Lynch, S. 28, 29
Lyons, W. 1

M
MacFayden, J. 27-29, 121
MacWhinney, B. 36
Madigan, S. 55, 56
Maher, J.H., Jr. 52
Mallory, W.A. 29
Mandel, T.S. 38
Mandl, H. 36
Mandler, G. 1
Mandler, J.M. 10, 39
Mani, K. 40

Marks, D.F. 6, 93
Marschark, M. 10, 13, 14, 23-25, 42, 126
Mastropieri, M.A. 19
Masur, E.F. 70, 71
Mathews, S.R. 70
Mayer, R.E. 43
Mayhew, D. 36
McCabe, A.E. 30
McCarrell, N. 63
McClelland, J.L. 2
McCormick, C.B. 45, 51
McDaniel, M.A. 20, 126, 146
McIntyre, C.W. 70
McKelvie, S.J. 6
McKoon, G. 38
McNicol, D. 66
Mecklenbräuker, S. 154
Menne, A. 55
Meyer, M. 40
Milgram, N.A 30.
Miller, G.E. 20, 44, 46, 47, 50, 51
Miller, J.R. 38
Möbus, C. 80
Möller, H. 61
Moely, B.E. 89
Monks, J. 62
Morrow, D.G. 40
Moynahan, E.D. 68
Murphy, D.M. 84
Myers, J.L. 38
Myers, M. 67

N
Nall, L. 51
Narens, L. 62, 70
Neely, J.H. 12
Nelson, D.L. 12, 24
Nelson, K. 38
Nelson, T.O. 61, 62, 69, 70, 77
Newcombe, N. 68
Nezworski, R. 39
Nida, R.E. 96
Ng, M.-L. 12

O

O'Brien, E.J. 38
Oehrle, B. 3
Olson, A.M. 41
Olver, R.R. 16
Ornstein, P.A. 96
O'Sullivan, J.T. 85, 94

P

Paivio, A. 1, 4, 5, 7-12, 14, 19, 23, 24, 26, 27, 41, 49, 91, 92
Paris, S.G. 67, 104
Peck, V.A. 70, 89, 97
Pedhazur, E.J. 118
Peeck, J. 48-50, 145, 146
Pellegrino, J.W. 81
Peng, C.-Y. 47, 48
Perlmutter, M. 56, 57, 59, 63, 97
Perrig, W.J. 4, 5, 36, 40, 42, 43, 126
Philipchalk, R.P. 41
Phillips, W. 105
Piaget, J. 16, 30
Pigott, S. 49
Pomerantz, J.R. 29
Potter, M.C. 8
Potts, G.R. 36
Pressley, M. 17, 19, 20, 22, 27-34, 44, 46, 47, 49-52, 65, 68, 70, 80, 85, 86, 88-92, 94, 99, 104, 108, 121, 122, 146, 150
Provost, D.A. 16
Purkel, W. 51
Pylyshyn, Z.W. 11, 12

R

Rabinowitz, J.C. 93, 149
Rabinowitz, M. 33
Raines, J.H. 34
Ransdell, S.E. 42
Rasco, R.W. 43, 52
Ratcliff, R. 38
Rauch, T. 51
Raugh, M.R. 19
Rayner, K. 38
Reese, H.W. 27, 28
Reid, D.J. 49
Reid, M.K. 84, 89, 97
Reisberg, D. 6
Reiser, B.J. 6
Rey, M. 12
Rhodes, G. 7
Richardson, J.T.E. 150
Richman, C.L. 13, 51
Riding, R.J. 150
Ritchey, G.H. 10
Rock, I. 25
Roenker, D.L. 74, 81
Rogoff, B. 68
Rohwer, W.D., Jr. 27-30, 33, 34, 121
Rosman, B.L. 105
Rost, D.H. 105
Ruch, M.D. 47, 51
Runquist, W.N. 22
Rusted, J.M. 49
Ryan, E.B. 150

S

Sachs, J.S. 36
Saltz, E. 5
Samuel, J. 19
Sanford, A.J. 40
Schacter, D.L. 154
Schallert, D.L. 47
Schank, R.C. 38
Schneider, Walter 2
Schneider, Wolfgang 30, 34, 55, 61, 63, 65, 67, 69-71, 74, 76-80, 82-84, 86, 87, 90, 91, 95-100, 106, 113, 122, 124, 125, 149
Schnotz, W. 36
Scholnick, E.K. 126
Schulte-Cloos, C. 80
Schulz, R.W. 22
Schwanenflugel, P.J. 12
Schwarzer, R. 76, 78
Scius, G. 7
Scruggs, T.E. 19

Secco, T. 39
Segui, J. 7
Seron, X. 7
Severson, R.A. 30
Shank, D.M. 38
Shepard, R.N. 6
Shimron, J. 50
Sikich, D. 25, 32
Simion, F. 6
Simon, H.A. 33, 63
Sims-Knight, J. 63
Singer, M. 38
Sladewski-Awig, L.J. 66, 99
Smiley, S.S. 39, 71
Sodian, B. 74, 96
Speer, J.R. 67
Sperry, L. 39
Stein, N.L. 39, 70, 126, 129
Stevens, R. 1
Stevenson, R.J. 37
Stewart, G. 51
St. John, M.F. 36
Sullivan, H. 52
Suzuki, N. 27-29
Swenson, I. 52
Sykes, R.N. 62

T

Tagliabue, M.E. 6
te Linde, J. 6
Tennyson, D. 43
Tergan, S.-O. 36
Thiel, T. 42
Thompson, C.P. 74
Thronesbery, C. 63
Tiedemann, J. 150
Tornquist, K. 73-75, 79, 90, 96, 100
Trabasso, T. 37, 39
Treinies, J. 76
Tulving, E. 1, 55, 56
Turner, A. 37
Turner, L.A. 87

U

Umilta, C. 6
Underwood, B.J. 1, 22
Undeutsch, U. 59
Urberg, K.A. 32

V

van den Broek, P. 39, 71
Vanderwart, M. 12
van Dijk, T.A. 36, 38, 40
Varley, W.H. 30
Veit, D.T. 19
Vernon, M.D. 49
Vogel, K. 67
von Eye, A. 42
von Giercke, S.M. 16

W

Waddill, P.J. 126, 145, 146
Wagner, M. 34
Wallace, B. 6
Wallach, R.W. 16
Waller, R. 44
Waters, H.S. 93, 94, 96
Weaver, S.L. 65, 123
Weber, A. 25
Weed, K. 150
Weinert, F.E. 73, 80, 82, 83, 95, 97
Weiss, R.H. 82
Wellman, H.M. 55-57, 60, 63-65, 67, 69, 70, 71, 73, 93, 95, 96, 104
Westermann, R. 76, 109
Wicker, F.W. 28, 29
Wieland, L.D. 19
Williams, C.M. 49
Willows, D.M. 46
Wimmer, H. 73-75, 79, 90, 96, 100
Winn, B. 47
Wippich, W. 1-4, 7, 10, 14, 18, 21-23, 30, 42, 65, 114, 123, 154, 155
Wixson, K.K. 104
Wolff, P. 30
Wollen, K.A. 25

Wong, B.Y.L. 84
Woolridge, P. 51
Worden, P.E. 66, 99

Y
Yarmey, A.D. 23, 24, 27
Young, B.J. 32
Young, S.R. 146

Yuille, J.C. 13, 27, 30, 41
Yussen, S.R. 63, 64, 70, 99, 123

Z
Zaporozhets, A.V. 30
Zimmer, H.D. 2
Zuckerman, C.B. 25

In der Reihe
ERGEBNISSE DER PÄDAGOGISCHEN PSYCHOLOGIE
sind bisher folgende Bände erschienen:

Band 1: Angstbewältigung in Leistungssituationen
herausgegeben von Heinz W. Krohne

Band 2: Aufmerksamkeitsverhalten
und Leseschwierigkeiten
von Harald Marx

Band 3: Lebensbewältigung im Jugendalter
von Rolf Oerter

Band 4: Sozialisation im Vorschulalter
herausgegeben von Horst Nickel

Band 5: Lernschwierigkeiten und Einzelfallhilfe
von Holger Lorenz

Band 6: Aktion und Reaktion
von Martin Dobrick und Manfred Hofer

Band 7: Bildhaftigkeit und Metakognitionen
von Silvia Mecklenbräuker, Werner Wippich und Jürgen Bredenkamp

Band 8: Motivförderung im Unterricht
von Falko Rheinberg und Siegbert Krug

Band 9: Mathematische Lehr-Lern-Denkprozesse
herausgegeben von Kristina Haussmann und Matthias Reiss
in Kooperation mit Roland W. Scholz

Band 10: Problemlösefähigkeit, Handlungskompetenz
und emotionale Befindlichkeit
von Detlef Sembill

Heidelberger Sprachentwicklungstest (H-S-E-T)
von Prof. Dr. HANNELORE GRIMM und Prof. Dr. HERMANN SCHÖLER
Mappe mit Handanweisung, DM 292,-

Der Heidelberger Sprachentwicklungstest ist ein spezieller Entwicklungstest zur differenzierten Erfassung der sprachlichen Fähigkeiten von Kindern zwischen dem dritten und neunten Lebensjahr. Bei Kindern mit Entwicklungs- und Lernstörungen kann er auch noch in höheren Altersstufen erfolgreich eingesetzt werden.
Seit seinem Erscheinen vor 12 Jahren ist der H-S-E-T in der Forschung und in der Praxis intensiv und erfolgreich eingesetzt worden. Der H-S-E-T zeichnet sich dadurch aus, daß er tatsächlich ein Entwicklungstest ist und als solcher den Sprachbereich so umfassend diagnostiziert, wie dies kein anderes Verfahren leistet.

Hogrefe · Verlag für Psychologie

Erziehungsberatung
Zur Theorie und Methodik. Ein Beitrag aus der Praxis
(Studien zur Pädagogischen Psychologie, Band 26)
von Dipl.-Psych. INGRID FLÜGGE
X/175 Seiten, DM 48,- · ISBN 3-8017-0379-7

In diesem Buch wird das Konzept eines Erziehungsberatungsprozesses vorgestellt, das in langjähriger Arbeit ganz aus der Praxis heraus entwickelt wurde. Der Weg, Theorien ausgehend von Praxiserfahrungen zu erschließen, ist ungewöhnlich. Die Theorien wurden unter dem Gesichtspunkt ihrer Brauchbarkeit ausgewählt und, wo nötig, im Hinblick auf den Praxisbedarf in der Erziehungsberatung modifiziert. Die einzelnen Beratungsphasen von der Eröffnung bis zum Abschluß werden in einem ausführlichen Praxisteil dargestellt. Dabei werden Hilfsmittel und Entscheidungskriterien für das Vorgehen ebenso erörtert wie häufig auftretende und schon bei der Planung zu berücksichtigende Schwierigkeiten. Die praktischen Erfahrungen werden reflektiert, systematisiert und zu fallübergreifenden Gesichtspunkten für ein methodisch durchdachtes Vorgehen verdichtet. In dieser Kombination von Erfahrungsnähe und theoretischer Aufbereitung liegt die besondere Stärke dieser Arbeit.

Hogrefe · Verlag für Psychologie